바닐라 젠의

占, 점입
가경

바닐라 젠의

占, 점입가경

1쇄 발행 2024년 1월 25일

지은이 바닐라 젠

펴낸이 임형경
펴낸곳 라즈베리
마케팅 김민석, 김하람
편집 이은경, 조은우, 조연우, 김재현, 윤지영, 백세미
디자인 렐리시
등록 제2014-33호
주소 (우 01363) 서울 도봉구 해등로 286-5, 101-905
대표전화 02-955-2165
팩스 0504-088-9913
홈페이지 www.raspberrybooks.co.kr
ISBN 979-11-87152-38-5(13180)

바닐라 젠의

늪, 정입 가경

바닐라 젠 지음

Rospberry 라즈베리

점占은 점點이기도 합니다.

점占은 예측하고 규정할 수 없는 것을 '미리, 그리고 굳이' 좌표 위 확정된 점點으로 찍어서 파악하고 장악하고자 하는 인간 심리의 작동입니다. 불확정성에 대한 조바심은 인간의 뿌리 깊은 심성이어서, 제5차 산업혁명 시대를 바라보는 이 시점에도 밤하늘을 올려다보며 별점을 쳤다고 하는 크로마뇽인의 심리에서 근본적으로는 크게 벗어나 있지를 않은 것입니다.

그러니 과학이 발달한다고 해도 우리 마음자리까지 참으로 '과학적'이 되는 것은 아닌 듯합니다. 오히려 불확정성이 더욱 다각화되어가는 사회로 가고 있으니, '점치는 인간'으로서의 속성이 사라지기는커녕 되레 다양한 방식으로 환골탈태하는 상황이 만들어졌습니다.

AI와 빅 데이터의 맹렬한 가속도 앞에서, 원시적 심성의 발현인 점술은 변방으로 튕겨 나가버릴 것 같지만, 아이러니컬하게도 인터넷을 좋은 도구로 삼아 내부로 더욱 파고들면서 진화를 거듭하고 있습니다. 그러니 점입가경漸入佳境이 아니라 점입가경占入佳境입니다.

영국의 시사 주간지 <이코노미스트The Economist>에 '37억 달러에 달하는 한국의 점술 시장'이라는 특집 기사가 2018년도 초에 실린 적이 있었습니다. 무려 4조에 달하는 거대한 운세 시장이라는 것인데, 한국 영화산업 매출의 1.7배가 되는 이 수치를 산출한 기준과 근거에 대해서는 이후 이견도 뒤따랐습니다.

한국역술인협회와 대한경신연합회에 등록된 역술인과 무속인의 누적 수가 각각 30만 명 정도이고, 비회원으로 활동하는 사람들의 수가 결코 적지 않다는 점을 고려하면, 아주 보수적으로 인원을 추산한다고 해도 역술인과 무속인의 수는 총 50만 명 정도에 달할 것으로 보입니다. 100만 명으로 추산하는 기사도 있었습니다만, 점술을 생업으로 삼지 않는 주변부의 허수가 집계에 다소 포함되었을 듯합니다. 점술 시장의 매출을 2조 5천~4조로 추산한 것도 바로 이 점술인들의 인원을 기반으로 한 것입니다.

이러한 점술인들의 숫자, 점술인들에게 점을 보러 가는 사람들의 숫자, 거기서 형성되는 거대한 돈의 흐름, 그 내부 통로에는 점사占辭에 영향을 받은 우리 인생사의 중요한 결정들이 있습니다. 제가 크게 관심을 가진 부분은, 이만큼의 인원과 이만큼의 돈과 이만큼의 보이지 않는 결정들이 왔다 갔다 하는 이러한 필드가 명백히 있음에도 불구하고, 살아 움직이는 이 거대한 장場에 대한 일체의 체계적인 데이터가 전무하다는 점이었습니다.

현재 점술계에는 어떤 기준도 체계도 시스템도 자료도 없습니다. 실력이나 자질을 평가하는 시스템은 전무하고, 오로지 휘발성 강한 단발성 후기들만 넘쳐나지만, 그 역시 뒷광고인지 진짜 후기인지 구별하기 힘든 상황도 많습니다. 간명비나 복채는 1만 원부터 30만 원까지 종잡을 수 없고, 비용을 책정하는 기준도 전혀 없습니다. 온라인 점술 시장이 확대일로에 있는 지금, 이제는 어느 정도의 체계적인 정리가 필요한 마지막 시점까지 왔다고 봅니다.

제게는 이 작업의 시작점이 <바닐라 젠의 탐구생활>이라는 블로그였습니다. 2019년 3월에 첫 포스팅을 시작하여 4년 6개월이 흐르는 동안, <점占 사용설명서>라는 카테고리에 총 170분의 역술인, 무속인에 대한 평론을 실었습니다. 이로써 '점술 평론'이라는 새로운 장르를 시작했습니다. 이 170분의 역술인, 무속인은 제가 지난 47년간 직접 점을 본 분들 가운데 선별한 분들입니다.

47년 동안, 즐풍목우櫛風沐雨의 평범하지 않았던 삶을 살아온 저는 '점이 왜 안 맞는가'라는 근본적인 의문을 가지고 약 900여 분의 점술인들에게 점을 봤습니다. 점집을 고른 기반은, 아주 초기에는 입소문(이때 본 분들은 대부분 돌아가셨습니다), 사람들이 인터넷을 조금씩

하기 시작할 때 돌기 시작한 점집 족보들, 그다음은 한때 막강했던 <용한 점집 엄누>
사이트의 후기, 최근에는 신생 점술 카페, 맘카페, 명리학 공부 사이트, 디시인사이드의 역학
갤러리 등에 올라온 후기의 리스트를 망라했습니다. 이런 다양한 자료를 통해 제가 점을
봤을 때, 역술의 경우 약 네댓 분을 봐야 잘 보는 분을 한 분 만날 수 있었고, 무속인의 경우는
거의 열 분 정도를 봐야 잘 보는 분을 한 분 만날 수 있는 비율이었습니다.
<바닐라 젠의 탐구생활>의 호응이 예상보다 무척 컸고, 선순환을 형성하자는 블로그의
기치에 공감하신 구독자들께서 귀한 후기와 추천을 많이 보내주셨습니다. 따라서 최근 2년
정도의 포스팅에는 구독자들께서 추천한 분들이 많이 포함되어있습니다. 구독자들께서
적중률을 일차 검증한 분들을 추천해주셨기 때문에, 확실히 이때부터는 컷오프되는 비율이
현저히 낮아졌습니다. 어떤 의미에서 이 책은 블로그의 구독자님들과 함께 쓴 치열한
기록이라고도 할 수 있습니다.

        그런 가운데 작년 여름 출판을 제의받고, 신중히 고민하다가 제의를 받아들였습니다.
이번 출간에는 블로그의 170분 가운데 총 111명을 선별했습니다. 블로그에는 포스팅되지
않았는데 이 111명의 리스트에 들어간 분은 창광 김성태 선생님, 가보원 이강산 선생님,
목경 선생님 세 분입니다. 앞의 두 분은 블로그에서 명인들의 안배 상 뒤로 밀어놓았던
분들이라서 별도로 넣었고, 목경 선생님은 관상 관법이 매우 독특해서 마감 직전에 추가한
분입니다.
111명 선별의 일차적 기준은 블로그 구독자님들이 보내주신 다양한 후기가 가장 큰 역할을
했고, 저 역시 제 점사의 적중 여부를 놓고 검토에 검토를 거듭한 결과입니다. 다만, 적중
후기가 들어오고 아니고에는 복불복이 있고 대중적 취향도 많이 좌우하는 것이라서, 이번
출간에 선별되고 아니고가 그 선생님의 능력의 지표는 아니라는 점은 꼭 밝혀두고 싶습니다.

        한동안 중단했던 책 발간을 재개하는 도화선이라는 점에서 이 책은 제게 중요한 의미를
갖는 책입니다. 이 자리를 빌려 두 분 노장님께 감사의 말씀을 전하고 싶습니다.
한 분은 진묵당 진성震黙堂 震性 큰스님이시고 또 한 분은 백암栢巖 정국용 선생님이십니다.
명필이신 진묵당 진성스님께서는 처음에 제1장과 제2장의 제목인 중중무진重重無盡과
무명장야無明長夜를 써주십사고 부탁을 시작한 것이, 그만 글씨에 매료되어 다른 서화를 계속
부탁하게 되었습니다. 바쁘신 중에도 늘 마다치 않으시고 멋진 서화를 보내주신 큰스님께
존경의 삼 배를 올립니다.

백암 정국용 선생님은 제산 박재현 선생님과 가장 가까웠던 제자로, 이번 출간을 위해 박제산 선생님에 관한 귀중한 자료를 아낌없이 넘겨주셨습니다. 사진과 글, 무엇보다 박제산 선생님이 도를 깨치던 순간의 소회, 한학자로서의 면모, 수행하던 도법 등 전혀 알려지지 않았던 스토리들이 가슴 벅찰 정도로 소중합니다. 백암 정국용 선생님께 진심으로 감사의 말씀을 드립니다.

이 책을 바닐라 젠이 만든 <점술의 대동여지도>라고들 표현합니다. 우리 시대를 함께 살고 있는 역술인과 무속인에 대해 최대한 객관적으로 검증된 기록을 만든다는 것이 바늘 한 땀 한 땀 뜨듯이 쉽지는 않은 일이었습니다. 지도가 아직 완성되지는 않았으나, 우리가 살아가고 있는 21세기 한국의 점술계에 대한 기록적 가치를 지닌 최초의 데이터베이스라는 점에 의미를 두면서, 『바닐라 젠의 점, 점입가경』 이 책이 넘치는 정보와 광고 속 혹세무민에 떠밀려 속절없이 점집 골목을 헤매고 다니시는 분들께 작지만 야무진 나침반이 되기를 빌어봅니다.

❁──── 바닐라 젠

일러두기

❶ 평론 리스트의 순서는 매우 예민할 수 있는 부분이어서, 다음의 원칙에 따라
리스트 순서를 정했습니다.

1차적으로는 각 점술을 명학, 점학, 상학으로 크게 분류(하단 도표 참고)한 뒤, 역술인 수가
많은 순서대로 명리, 육효 등 순서로 배치하고, 각 항목에서는 <바닐라 젠의 탐구생활>에
포스팅된 순서에 따랐습니다.

● 점占의 분류

	명학命學	점학占學	상학相學
점술의 종류	명리, 심명철학, 자미두수, 홍국기문, 기문둔갑, 하락이수	주역점, 육효, 육임, 구성학, 호라리, 연국기문, 태을수, 타로, 철판신수, 신점 (신점은 점학으로 분류되지는 않으나, 공수로 커버하는 범위가 점단과 유사해서 여기에 분류함)	관상, 수상, 족상, 풍수지리(음택, 양택)
점사의 기반	연역적 추론, 배열과 규칙의 리딩reading	점치는 순간의 질서와 기운의 파악. 점단占斷	형상과 구조에 대한 관찰
점술의특성	성격, 특징, 행동양식, 직업, 가족관계 파악. 평생 사주의 사이클, 전 인생의 키워드	특정 사안의 성패, 가부, 진퇴 파악. 특정 시각, 지역, 기관(학교 포함), 방향의 길흉 파악	개인의 상相으로 성격, 현재 운세, 두드러지는 운의 특성 파악, 길한 터와 길한 구조의 파악

❷ <바닐라 젠의 탐구생활>에 역술 명인으로 포스팅되지는 않았으나 평론에 새로 들어간 분은 총 세 분입니다. 창광 김성태 선생님, 가보원 이강산 선생님, 목경 선생님입니다. 앞의 두 분은 제가 블로그 포스팅 계획을 장기적으로 잡고 대가들 안배 상 뒤로 계획을 미루고 있던 분들이었습니다. 그동안 이분들을 왜 포스팅하지 않는지 질문 댓글도 많았던 분들이었는데, 갑자기 출간하게 되면서 뒤로 미뤄졌던 이 두 분을 추가했습니다. 목경 선생님은 아주 특이한 관상을 보는 분이라서 이번에 꼭 게재해야겠다 싶어서 최종 마감 직전에 들어가게 된 분입니다.

---

❸ 명리에서는 순서를 조금 조정했습니다.
백암 정국용 선생님은 83세의 노장이시기도 하지만, 제산 박재현 선생님(박도사)의 가장 가까운 제자로서 이번 출간을 위해 매우 중요한 자료를 아낌없이 제공해주셔서, 제일 처음으로 배치했습니다.
창광 김성태 선생님의 순서는 <북창광 남청화>라는 공식을 실감하시도록 박청화 선생님 직후로 배치했습니다. 가보원 이강산 선생님은 명리에서 파생된 심명철학 관법이 주관법이어서, 명리 직후에 순서를 넣었습니다.

---

❹ 선생님들의 나이는 2024년을 기준으로 한 우리 나이로 표기했습니다. 점을 볼 때는 만 나이를 쓰지 않으므로 우리 나이로 통일했습니다.

Contents

머리말 ·· 004

일러두기 ·· 008

용한 점집 찾는 법 ·· 014

카테고리별 전문 분야 ··· 020

바닐라 젠의 점술 대동여지도 ······································ 038

01 팔자 도망은 못 간다던데 - 사주팔자 고치는 법 ········· 042

02 조용필의 꾀꼬리 찾기 - 심심심난가심心心心難可尋 ········· 049

03 가난을 파는 법! - 매빈賣貧 ········· 052

04 '운칠기삼'의 70%는 돛인가, 닻인가, 덫인가 ········· 064

05 '용하다'는 어디서 유래한 단어일까? ········· 069

06 범인 잡을 때 치던 '범인점犯人占' ········· 072

07 장자의 긍경肯綮, 이소룡의 발차기 만 번, 그리고 역술의 묘 ········· 078

08 역술인과 기업인의 밀접한 관계, 대체 왜일까? ········· 082

09 이러나저러나 결국 사람은 '호모 아우구란스', 점치는 인간 ········· 088

10 새해 신수점을 동지부터 보는 이유 ········· 094

11 신수점에서 신수身數는 무슨 의미? ········· 096

12 제갈량이 수명연장을 위해 사용한 비술 - 칠성등 속명법七星燈 續命法 ········· 099

13 '방법'이라 불리는 저주술과 흑주술 ········· 107

14 내 사주에 맞는 반려동물 ········· 114

15 바람점占, 외도에 관한 점인가 풍점風占인가 ········· 121

16 점쟁이의 내신등급 - 완전 꽝, 눈칫점, 신의 경지 ········· 128

17 노래로써 징조를 읽는 '요참'이란? ········· 135

18 여자 팔자 뒤웅박 팔자라고? 요즘은 서로 뒤웅박 ········· 143

19 시름의 근본을 틀어막는 법 - '방기원防基源' ········· 149

20 쓰러진 내 인생에 '복수'가 아닌 '권토중래'를 ········· 152

21 복福의 무게를 더하는 방법 ········· 160

22 땅은 도깨비도 떠메고 갈 수 없다 - 부동산 점술의 역사 ········· 163

23 수數의 신비주의, 그리고 휴대폰 번호의 비밀 ········· 172

24 칭기즈칸의 36계 줄행랑 - 잘 도망가는 것도 공격이다 ········· 180

25 21세기의 혹세무민 ········· 188

26 서산대사와 사명당의 파자점破字占 대결 ········· 191

27 부산이 역술의 메카가 된 사연의 주인공 - 영도다리 점바치 ········· 197

28 시험운과 입시점 요결要訣 ········· 200

29 기도발 좋은 사찰 리스트 - 소원 성취 기도의 화룡점정 ········· 208

30 가장 까다롭고 가장 영험한 속성취 기도 - 나한기도법 ········· 216

子 명리

001 백암 정국용 …… 232	023 리지청 …………… 304	045 매현 안영근 …… 366
002 박청화 …………… 240	024 수여 권도원 …… 307	046 청명 유수환 …… 369
003 창광 김성태 …… 246	025 석우당 김재홍 … 309	047 제원 박재식 …… 372
004 송광 선생 ……… 252	026 등명 서정길 …… 313	048 심안 김분재 …… 375
005 역산 유경준 …… 254	027 소운 성승현 …… 319	049 남광 김효중 …… 377
006 여산 장성대 …… 256	028 남촌 김공성 …… 322	050 이경진 선생 …… 380
007 소천 김성호 …… 258	029 원제 임정환 …… 325	051 현지원 이영애 … 383
008 유초 유경진 …… 260	030 문필암 스님 …… 328	052 혜도 전정훈 …… 386
009 상천 김영수 …… 262	031 기송 이한우 (이지함) 330	053 성진 임동수 …… 389
010 금중 김상철 …… 266	032 도깨비 이연하 … 332	054 첩경 선생 ……… 391
011 이도 전동환 …… 269	033 초심거사 진민호 334	055 신촌 윤대중 …… 394
012 천인지 김병우 … 271	034 인생정담	056 현목 유박사 …… 397
013 조프로 조시우 … 274	(전주 상호 없는 집) 336	057 금산 장인호 …… 401
014 누름다토 이원태 277	035 묵암 김학봉 …… 338	058 우암 김연웅 …… 404
015 응봉 김중산 …… 280	036 와촌 묘심행 …… 340	059 토우 소무승 …… 407
016 백경 정원배 …… 284	037 갑산 이철수 …… 343	060 정이원 이길우 … 411
017 메시 타로 박진수 287	038 백민 양원석 …… 346	061 LA 장영기 …… 413
018 탈도사 김정훈 … 289	039 자현 전형민 …… 350	062 해성 김창욱 …… 416
019 정암 남용희 …… 292	040 정담 임혁 ……… 352	063 홍상우 선생 …… 418
020 노해정 휴먼 멘토링 297	041 미래사주 김준완 354	064 평관 이종희 …… 421
021 교량 이욱재 …… 300	042 학봉 김창수 …… 356	065 보명 신수웅 …… 425
022 서림 김상구 …… 302	043 의선 이경대 …… 358	066 추경 기우윤 …… 428
	044 하루아빠 김남훈 362	067 류하 이상종 …… 431

丑 심명철학

068 가보원 이강산 ········· 433

寅 천도재, 구병시식

069 진묵당 진성스님 ········· 441

卯 육효, 주역점

070 도은 정성화 ········· 447

071 나무철학관 강경희 ········· 449

072 신산 김용연 ········· 451

073 겸사 이시송 ········· 455

074 하정 최인숙 ········· 458

辰 자미두수

075 역산 김동후 ········· 461

076 석계 김성철 ········· 463

077 이두 김선호 ········· 468

078 단계 방용식 ········· 471

079 홍장 송치용 ········· 473

080 유당 김구열 ········· 477

081 현철 윤재열 ········· 482

082 월야 장영주 ········· 484

巳 타로

083 레베카 정 ········· 486

084 심바타로 신동욱 ········· 488

085 임우석 선생 ········· 491

086 오서정 선생 ········· 493

午 기문둔갑, 홍국기문

087 호원 이강국 ········· 496

088 학선 류래웅 ········· 500

089 평강 김용회 ········· 502

未 점성술, 호라리

090 점성가 종준 ········· 505

091 아네 김학진 ········· 507

092 릴리 김봉건 ········· 512

申 구성학

093 보현 한인수 ········· 516

酉 철판신수

094 창궁무영 권인현 ········· 520

戌 신점

095 부산 서면 스님
    (법흥사 도명 스님) ········· 524

096 박대박 박도영 ········· 528

097 백운암 김창숙 ········· 531

098 법화림 김기연 ········· 535

099 춘천 이쁜이네 집
    이순덕 ········· 539

100 청도 막걸리 도사 ········· 542

101 지리산 건강원 박인상 ········· 545

102 방울동자 황지아 ········· 547

103 팔도시장 천수 김연희 ········· 551

104 해선암 김보살 ········· 554

105 군자역 도사 김경란 ········· 557

106 금성당 애동 강민진 ········· 559

107 호주암 ········· 562

108 천무 애동 김아영 ········· 565

亥 관상, 수상, 족상

109 백문 김성문 ········· 570

110 지공 선생 ········· 575

111 목경 장광석 ········· 579

용한 점집
찾는 법

점이 맞지 않는 이유

잘 본다는 점집을 소개받았는데, 막상 가보면 완전 지뢰인 경우가 자주 있습니다.
역술인의 간명 실력이나 무당의 순간적 신기神氣에서 큰 문제가 없었다고 해도 내 점이
안 맞는 이유에는 여러 가지가 있습니다. 우리 어머니 세대에서는 역술인·무속인과의 점
궁합을 '연대가 맞는다', '사대가 맞는다'라고들 표현해왔지만, 찬찬히 점이 맞지 않는 이유를
살펴보면 단순한 케미 여부로 뭉뚱그릴 문제는 아닙니다.

❶ 아주 기초적으로는, 주로 연배가 높은 분들의 문제인데, 생시生時가 정확하지 않은 분들이
제법 있습니다. 만약 이런 분들의 사주가 생시生時에 따라 한 곳이 좌우되는 사주라면 제대로
된 간명看命이 이루어지기 힘듭니다.

❷ 사주 명조 자체가 간명이 몹시 어려운 분들이 있습니다. 드문 글자의 조합이겠는데,
희귀 사주는 역술인들이 자주 다뤄보면서 문리가 틱는 기회가 상대적으로 아주 적으므로
아무래도 다루는 데 있어서 깊이가 없고 어설퍼질 수 있습니다. 이 문제는 다음 항목과도
연결됩니다.

❸ 역술인이 해온 공부와 쌓은 임상 경험에 따라서, 눈에 확 들어오면서 더 잘 읽히는 사주 명조가 있습니다. 반대로 속속들이 한눈에 그림이 떠오르지 않는 명조도 있습니다. 결국 총 8가지 정도 되는 명리 공부의 종류 가운데, 얼마큼 폭 넓게 '간명용 안경'을 장착했느냐, 얼마큼 화소 높은 '간명 렌즈'로 경험을 다져왔느냐가 문점객(問占客)의 인생을 잘 읽어내는 치트키입니다. 쉽게 예를 들면, 우리도 더 잘 외워지는 구구단, 더듬거리는 구구단이 있습니다.

만약 재수가 있어서 유독 내 사주를 잘 다루는 역술인을 만나면 그 사람은 용한 점쟁이가 되겠고, 재수 없게도 유독 내 사주 핸들링이 어설픈 역술인을 만나면 바로 우리가 '지뢰'로 표현하는 그 상황이 되는 겁니다.

❹ 역술인과 무속인의 심신 컨디션도 점사의 적중을 크게 좌우합니다. 심리적으로 힘들거나 건강이 저조할 때는 간명과 공수가 확연히 다릅니다. 가령 격렬하게 부부 싸움을 하고 출근한 역술인이 부부 문제 때문에 상담온 여성에 대해 간명을 할 때, 그 통변에는 자신도 모르게 심리 상태가 투사됩니다. 또한 건강이 좋지 않을 때는 탁 보고 팍 떠오르는 그런 명쾌한 통찰력이 아무래도 많이 떨어집니다.

❺ 역술인·무속인과 문점객 사이의 성격적, 성향적 케미는 간명의 질적 깊이 측면에서는 큰 차이가 없을지라도, 서비스와 응대의 차원에서는 큰 차이가 있습니다. 역술인 스스로도 기피하는 진상 손님의 명조가 있습니다. 인간 사이 궁합이지요. 역술인·무속인은 무감정의 균일한 자세가 유지되는 AI가 아니라 이들도 돌아서면 우리와 함께 더불어 사는 구성원인지라, 당연히 마음에 끌리는 손님에게는 더 친절하고 한마디라도 더 자세하게 말을 해 줄 수밖에 없습니다. 이런 점을 많은 분들이 놓치고 있는 듯합니다.

❻ 앞의 부분과 일부 연결되는 내용입니다만, 문점객 스스로의 태도도 점사의 질을 많이 좌우합니다. 팔짱을 낀 까칠한 태도, 무례한 말투 보다는 통변이나 공수를 일단은 잘 들어주는 수용적 자세와 부드러운 말투는 인간적인 소통을 형성하면서 한결 질 높은 통변을 얻어낼 수 있습니다. 왠지 모르겠으나, 자기 발로 찾아간 점쟁이에게 공격적이고 전투적인 사람들이 있습니다. 복채를 낸 것이 샌드백 치는 비용이라면 모를까, 제대로 된 중요한 조언을 들으려면 이런 태도는 스스로 단속하는 것이 좋겠습니다. 목적은 내게 쓸모있는 역술적 조언을 받는 것이지, 대결에서 이기고 원한을 푸는 것이 아닙니다.

❼ 점을 보고자 하는 해당 문제와 맞지 않는 점술과 역술인을 선택했을 때, 점은 잘 맞지 않습니다. 예를 들어, 특정 시점을 짚거나 임박한 어떤 일의 성사 여부(합불, 계약 등)를 점치는 데는 단시점 점단으로 접근하는 것이 적당하고, 명학命學류로 분류되는 점술로는 세부적으로 예리하게 보기 힘듭니다. 말하자면 송곳으로 파야 할 곳을 망치로 두드리는 격입니다. 또 반대로 파성추破城槌로 쿵 하고 공략해야 할 문제를 과일칼로 깔짝거려서는 전체 흐름을 종잡지 못합니다.

역술인, 무속인들은 보통 자신이 잘 보는 특정 사안의 종류가 있습니다. 한쪽으로 길이 나 있는 경우가 많고, 특히 역술의 경우 전문 분야의 구분이 많이 두드러지는 편입니다. 부동산 운을 잘 보는 역술인한테 가서 바람 피우는 배우자 문제를 의논한다면, 돈을 받았으니 어떻게든 답이야 주겠지만, 그것이 동일 사례를 장기간 다루면서 경험과 임상으로 축적한 간명적 엑기스는 아닐 겁니다.

❽ 말할 필요도 없는 부분이지만, 그래도 짚고 갑니다. 역술인의 공부 부족, 임상 부족, 궁리 부족, 재능 부족은 점이 안 맞게 하는 가장 핵심적 요소입니다. 신점의 경우는 꾸준한 기도 등을 통한 신기神氣의 관리가 없으면, 결국에는 구태의연한 무당의 레토릭, 눈칫점으로 빠지게 됩니다.

❾ 근본적으로 점이 맞지 않는 이유는, 이 내용은 제가 다른 책을 통해서 상세히 다룰 주제입니다만, 위의 여덟 가지 이유와는 무관한 다른 차원의 본질적인 이유가 있습니다. 역술은 우리의 카르마, 즉 업業을 가늠할 수 있는 최소한의 툴tool일 따름입니다. 실제 인생에서 사주가 50~60%밖에 좌우하지 않는다느니, 운칠기삼이니 하는 말들 속에 있는 모든 수치와 공식이 가리키는 최종 지점에는 우리의 카르마가 있습니다. 이 업파랑業波浪이 한번 거세게 '출렁'하면 사주는 전혀 힘을 쓰지 못합니다. 점이 안 맞는 거지요. 유명 명리 대가들이 본인 사주를 오죽 자세히 들고 파겠습니까. 그럼에도 불구하고, 손댄 사업에서 망해 빈털터리가 되거나 운이 뒤틀리면서 감옥에 가는 사례는 무수히 많습니다. 이런 사례가 말해주는 교훈을 놓치고, 사주 간명지看命紙만 붙잡고 있어서는 안 됩니다. 역으로 팔자에는 없는 개운開運이 가능한 이유도 바로 여기에 있습니다.

점집 잘 찾는 법

점집을 고르는 데에도 사전 지식과 선별 요령이 있어야 실패하지 않습니다. 가령 선도 수련이 경지에 올라 건강운을 특출하게 잘 보는 역술인이 있다고 칩시다. 그 사람이 유명하다는 말만 듣고 궁합을 보러 가거나 입시 당락을 점치러 가서는 안 될 겁니다.

우선 점집 잘 찾는 법에 대한 베이스 삼아, 제가 47년 점을 친 만렙 경력으로 단호히 말씀드리는 것은,
① 역술인·무속인 한 사람 말에 전적으로 의존하지 마라.
② 사업, 재물, 배우자 같이 자칫하면 인생 자체가 휘청거리는 문제는 현실적 판단 후에 점으로 큰 틀의 흐름을 참고하라, 즉 선판후점先判後占하라.

목적에 맞는 점집을 찾아내는 방법은 다음과 같습니다.

❶ 일단 내가 점을 통해 알고 싶은 내용이 무엇인지를 정확히 정합니다.
"인생이 왜 이리 꼬이지, 어디서 잘못 된 거지." 하는 의문이 드는 순간은 누구에게나 옵니다. 이런 때에는 내 사주의 근본 성향과 운의 큰 흐름, 삶의 정체성 등을 파악해볼 수 있는 명리, 자미두수, 기문둔갑 등의 역술로 전체 틀을 파악하시는 것이 우선입니다. 제 경험상으로는, 좋은 대운大運이 내게 언제 들어오는지 정도는 파악해 놓는 것이 인생 경영에 큰 도움이 됩니다. 가장 풍요롭고 활기 있는 대운이 전반부에 있는데, 그 시기를 소모적인 생활로 보내면 노후가 불행합니다. 요즘은 100세 시대라서 노후 불행이 장기화하면 그 삶은 비참합니다. 반면에 노년에 가장 좋은 대운이 들어오는 사주라면, 그 시기를 꼭짓점으로 삼고 재능, 경력, 기술, 인맥 등을 누적시켜 놓으면 풍요로운 결실을 볼 수 있습니다. 꼭짓점을 알고 가는 것과 모르고 사는 것의 차이는 하늘과 땅의 차이입니다.

❷ 점으로 알고 싶은 부분이 어떤 사안에 대한 길흉, 가부, 성패, 날짜 짚기 등 점단적 성격이라면, 육효, 타로, 호라리, 구성학, 신점 등으로 문점問占합니다. 대신 전체적 흐름을 보는 1번의 명학命學보다 위험 부담이 훨씬 크다는 점은 반드시 고려하여, 중대사를 놓고 전적인 의존은 반드시 피해야 합니다. 점단은 러시안룰렛 같다고 보시면 됩니다.

❸ 대학 입학을 위해 수시나 정시 지원을 앞두고 입시점을 보시는 분들이 많습니다. 합격·불합격을 보는 것은 입시점의 기본이지만, 간혹 지원 대학 모두를 역술인에게 뽑아달라고 하는 학부모도 있습니다. 입시 전문 컨설팅 실장님의 업무가 역술인에게 넘어간 것인데, 이 정도는 사실 좀 곤란합니다. 점에 가스라이팅 됐다고도 봅니다. 이런 경우는 선생님들이나 전문 컨설팅을 통해서, 또한 학부모의 판단을 통해서 일차적으로 현실적인 선별을 한 뒤, 선별된 대학을 놓고 각각 점단을 하는 정도로 하시는 것이 좋겠습니다. 선판후점先判後占을 잊지 마세요.

❹ 어떤 종류의 점술을 봐야 하는지가 정해지면, 자신의 사안과 역술인·무속인의 카테고리별 전문 분야를 맞춰서 일차 스크리닝합니다. 일차 선별된 리스트를 놓고 각각의 역술인·무속인 평론을 읽어보면서, 상담비 예산을 맞춰봅니다. 만약 20만 원이 가용 예산이라면 20만 원짜리 상담비의 역술인 한 사람에게 보는 것 보다는, 3~5만 원의 상담비를 받는 역술인 여러 명의 점사를 두루 들어보는 것이 좋습니다.

❺ 적절한 상담비가 선택되면, 스크리닝한 역술인·무속인의 특성, 성향, 말투, 분위기, 통변 방식 등이 자신의 스타일과 맞는 사람을 고릅니다. 긴 통변을 선호하는 사람도 있고, 핵심적이고 단순명쾌한 결론을 좋아하는 사람도 있습니다. 드라이하고 객관적인 모노톤의 간명을 선호하는 사람이 있는가 하면, 소통과 교감하는 방식을 선호하는 사람도 있습니다. 문점객의 취향은 천차만별이니, 자신의 성향에 맞는 사람을 평론 본문을 통해서 최종적으로 결정합니다. 다른 구독자의 후기나 추천이 첨부된 본문도 있는데, 다른 분들의 관점도 참고하면 큰 도움이 됩니다.

❻ 신점은 신점만이 갖는 독특한 매력이 있어서, 제 예상보다 신점 애호층이 두터웠습니다. 하지만 신점은 무속인 개인차가 매우 크고, 같은 사람이라도 여러 가지 이유에서 신기神氣의 기복이 있으므로, 결정적 문제라면 공수에 대한 의존이 너무 크지 않는 것이 좋습니다. 유튜브에 무속인 채널이 정말 많은데, 잘 선별하셔야 합니다.

❼ 타로는 잘 보는 선생님의 경우 단시점에 탁월한 경우가 많습니다. 하지만 타로 교육이 활성화되면서 경험이 적은 분들도 온·오프라인으로 진출하고 있는 상황이라서 선택에 신중하셔야 합니다.

❽ 바닐라 젠 블로그에 새 역술 명인 리스트를 포스팅하고 나면 순식간에 댓글이 천 개가 넘어가는 것은 다반사입니다. 이때 특히 눈에 띄는 역술인·무속인에게는 예약이 빗발치면서 두 가지 현상이 관찰됐습니다. 우선 많은 분이 간명비나 복채를 인상합니다. "물 들어올 때 노 저어라."입니다. 두 번째는 상담이 갑자기 많아져 감당이 불감당이고 피곤한 몸과 과로한 정신이 되니 당연히 간명의 질이 뚝 떨어지고 불친절해지며 상담 시간이 짧아집니다. 노 젓는 것이야 우리가 어쩔 수 없겠지만, 이렇게 갑자기 몰릴 때는 급한 일이 아니라면 반드시 한 텀을 두고 한 파도가 가라앉은 다음에 제대로 보시는 것이 좋겠습니다.

❾ 이 책에서 논의할 수 있는 바운더리 라인은 각종 역술과 신점에서 얻어낸 점사占辭의 특성과 적중에 관한 논의까지입니다. 점사 외적인 부분, 즉 역술인과 무속인의 기도, 비방, 굿 등의 권유에 대한 문제는 각자 냉철하게 접근하고 신중하게 판단하셔야 합니다. 보통 점이 잘 맞으면 기도, 비방, 굿 등도 잘할 것이라고 일반화하기에 십상이지만, 두 분야는 전혀 다른 영역입니다. 특히 절박할 때 그런 성향이 커지게 되는데, 바로 그러한 '지푸라기라도 잡는 심정'에 혹세무민이 미끼를 던진다는 것을 유념하셔야 합니다.

❿ 마지막으로, 저서를 내는 것, 강의를 하는 것, 유튜브를 하는 것, 상담비가 높은 것, 유명한 것, 언론에 나오는 것과 점을 잘 보는 것은 완전히 별개의 문제라는 것을 반드시 유념해야 합니다.

카테고리별
전문 분야

특정 분야에서 점사가 특히 잘 맞았던 역술인, 무속인을 주제별로 분류했습니다.

바닐라 젠 블로그의 구독자님들께서 4년 10개월간 보내주신 수천 건의 후기, 우리 사회에서 오래전부터 형성되어왔던 입소문, 제가 47년간 수백 명의 역술인·무속인에게 간명 받은 뒤의 추이와 적중 여부, 여러 중요 인터넷 점술 카페 및 명리 공부 카페의 후기 등을 종합적으로 분석하여 카테고리를 분류했습니다.
다양한 경로로 수집된 후기를 통해 점집 찾는 이유를 주제별 카테고리로 최대한 세분화한 것이라서, 점 보러 갈 때 나올 수 있는 질문은 거의 다 망라된 소중한 자료입니다.
또한 역으로는, 문점객問占客이 내놓는 주제에 따라 점을 봐주는 역술인·무속인들의 측면에서 볼 때, 이 카테고리별 전문 분야는 역술인·무속인들에게도 자신의 간명과 점사의 지평을 가늠해볼 수 있는 좋은 지표이자 좌표가 될 듯합니다.

카테고리에서 작명 분야는 긴 고민 끝에 제외했습니다. 작명은 바닐라 젠 블로그에서 추천 요청이 가장 많은 분야 가운데 하나이기는 합니다. 그러나 작명은 이론이 아주 다양해서 일반적, 주류적 기준이 없고, 따라서 엄정한 검증을 할 방법이 일절 없고, 작명이나 개명이 운에 미치는 영향은 개인차가 매우 커서 사실상 선정이 불가능했습니다.
이 카테고리별 분류는 절대적인 분류가 아니므로, 어떤 사안을 가지고 점집을 찾으실 때 일차적인 참고용으로 활용하시기 바랍니다. 즉 어느 카테고리에 들어있다고 해서 그 분류가 배타적인 성격은 아닙니다.

특정 분야를 잘 본다는 후기나 입소문은 대체로 다음 두 가지 경로로 형성됩니다.
첫째로, 특정 사안에 대해 만족한 상담을 받은 손님으로부터 시작된 소문이 확대
재생산되면서 자연적으로 형성되어 갈 수 있습니다.
둘째로, 역술인 스스로가 개인적 인생 경험에 따라서 더 역점을 두거나 관심을 두게 되면서
적중도가 올라감으로써 형성된 것일 수도 있습니다.

이런 전문 분야는 지속적으로 문점객들의 후기를 통해 재검증이 반복되어가면서
강화됩니다. 따라서 점술은 아무리 바이럴 마케팅을 교묘하게 해도 오래 가지 못하기
마련입니다. 바이럴로 점집 후기에 파고들어 의도적 띄우기로 잠시 반짝할 수는 있겠지만,
결국 전체적 흐름으로, 통시적通時的으로 보면, 분야별로 더 힘이 실리거나 자연적으로
도태되면서 카테고리의 윤곽이 선명해져 가는 것을 볼 수 있습니다.
집단적 지성이나 집단적 감성의 힘이 여기에도 작용하는 것이라고 봅니다.

1

사주 전체 틀과 특성, 운의 큰 흐름,
운로運路, 성격, 본질적 성향, 삶의 정체성

001 백암 정국용
002 박청화
005 역산 유경준
008 유초 유경진
010 금중 김상철
011 이도 전동환
012 천인지 김병우
013 조프로 조시우
016 백경 정원배
019 정암 남용희
024 수여 권도원
025 석우당 김재홍

029 원제 임정환
030 문필암 스님
032 도깨비 이연하
033 초심거사 진민호
035 묵암 김학봉
037 갑산 이철수
038 백민 양원석
039 자현 전형민
040 정담 임혁
042 학봉 김창수
043 의선 이경대
044 하루아빠 김남훈

045 매현 안영근
046 청명 유수환
047 제원 박재식
049 남광 김효중
052 혜도 전정훈
057 금산 장인호
058 우암 김연웅
059 토우 소무승
061 L.A. 장영기
062 해성 김창욱
063 홍상우 선생
064 평관 이종희

067 류하 이상종
068 가보원 이강산
076 석계 김성철
077 이두 김선호
080 유당 김구열

087 호원 이강국
088 학선 류래웅
089 평강 김용회
090 점성가 종준
091 아네 김학진

094 창궁무영 권인현
096 박대박 박도영
110   지공 선생

2

현재 고민 중인 중대한 인생사에 대한 예측 :
문제의 길흉, 가부, 성패, 진퇴, 특정 일의 성사 시기 등

002 박청화
003 창광 김성태
004 송광 선생
007 소천 김성호
009 상천 김영수
015 응봉 김중산
016 백경 정원배
021 교량 이욱재
022 서림 김상구
024 수여 권도원
026 등명 서정길
027 소운 성승현
031 기송 이한우
040 정담 임혁
045 매현 안영근
048 심안 김분재
049 남광 김효중
051 현지원 이영애
054 첩경 선생

058 우암 김연웅
059 토우 소무승
060 정이원 이길우
061 L.A. 장영기
063 홍상우 선생
065 보명 신수웅
066 추경 기우윤
067 류하 이상종
068 가보원 이강산
070 도은 정성화
071 나무철학관 강경희
072 신산 김용연
073 겸사 이시송
074 하정 최인숙
075 역산 김동후
076 석계 김성철
077 이두 김선호
079 홍장 송치용
080 유당 김구열

082 월야 장영주
083 레베카 정
084 심바타로 신동욱
086 오서정 선생
088 학선 류래웅
089 평강 김용회
090 점성가 종준
091 아네 김학진
092 릴리 김봉건
093 보현 한인수
094 창궁무영 권인현
095 부산 서면 스님
096 박대박 박도영
097 백운암 김창숙
104 해선암 김보살
107 호주암
109 백문 김성문
111   목경 장광석

3

질문을 잘 준비하는 경우 어느 분야나 능통

002 박청화

003 창광 김성태

011 이도 전동환

013 조프로 조시우

015 응봉 김중산

024 수여 권도원

025 석우당 김재홍

026 등명 서정길

033 초심거사 진민호

046 청명 유수환

048 심안 김분재

054 첩경 선생

061 L.A. 장영기

068 가보원 이강산

072 신산 김용연

076 석계 김성철

080 유당 김구열

083 레베카 정

084 심바타로 신동욱

089 평강 김용회

095 부산 서면 스님

098 법화림 김기연

104 해선암 김보살

111 목경 장광석

4

재물운

018 탈도사 김정훈

026 등명 서정길

029 원제 임정환

032 도깨비 이연하

036 와촌 묘심행

042 학봉 김창수

045 매현 안영근

049 남광 김효중

051 현지원 이영애

058 우암 김연웅

059 토우 소무승

060 정이원 이길우

061 L.A. 장영기

063 홍상우 선생

064 평관 이종희

066 추경 기우윤

067 류하 이상종

074 하정 최인숙

075 역산 김동후

077 이두 김선호

078 단계 방용식

080 유당 김구열

090 점성가 종준

091 아네 김학진

094 창궁무영 권인현

095 부산 서면 스님

096 박대박 박도영

098 법화림 김기연

100 청도 막걸리 도사

101 지리산 건강원 박인상

102 방울동자 황지아

103 팔도시장 천수 김연희

109 백문 김성문

110 지공 선생

5

사업운, 장사운

010 금중 김상철

011 이도 전동환

018 탈도사 김정훈

019 정암 남용희

026 등명 서정길

027 소운 성승현

031 기송 이한우

033 초심거사 진민호

036 와촌 묘심행

038 백민 양원석

039 자현 전형민

042 학봉 김창수

045 매현 안영근

046 청명 유수환

051 현지원 이영애

053 성진 임동수

055 신촌 윤대중

060 정이원 이길우

061 L.A. 장영기

064 평관 이종희

074 하정 최인숙

078 단계 방용식

079 홍장 송치용

080 유당 김구열

084 심바타로 신동욱

086 오서정 선생

091 아네 김학진

095 부산 서면 스님

096 박대박 박도영

098 법화림 김기연

109 백문 김성문

6

건강, 질병, 병점, 수명

022 서림 김상구

030 문필암 스님

046 청명 유수환

047 제원 박재식

050 이경진 선생

059 토우 소무승

066 추경 기우윤

079 홍장 송치용

081 현철 윤재열

084 심바타로 신동욱

093 보현 한인수

100 청도 막걸리 도사

102 방울동자 황지아

104 해선암 김보살

107 호주암

110 지공 선생

7

나의 현재 상황, 판도, 판세

002 박청화

003 창광 김성태

007 소천 김성호

021 교량 이욱재

026 등명 서정길

028 남촌 김공성

043 의선 이경대

044 하루아빠 김남훈

050 이경진 선생

062 해성 김창욱

065 보명 신수웅

066 추경 기우윤

076 석계 김성철

082 월야 장영주

085 임우석 선생

087 호원 이강국

088 학선 류래웅

092 릴리 김봉건

094 창궁무영 권인현

095 부산 서면 스님

096 박대박 박도영

097 백운암 김창숙

108 천무애동 김아영

109 백문 김성문

8

입시 및 각종 시험의 당락

026 등명 서정길

032 도깨비 이연하

040 정담 임혁

041 미래사주 김준완

048 심안 김분재

054 첩경 선생

057 금산 장인호

065 보명 신수웅

070 도은 정성화

071 나무철학관 강경희

072 신산 김용연

073 겸사 이시송

076 석계 김성철

080 유당 김구열

085 임우석 선생

092 릴리 김봉건

103 팔도시장 천수 김연희

104 해선암 김보살

106 금성당 애동 강민진

9

학생의 진로, 학업 적성, 전공 선택, 학운, 의사 전공과

018 탈도사 김정훈
020 노해정 휴먼 멘토링
032 도깨비 이연하
034 인생정담
041 미래사주 김준완
047 제원 박재식

048 심안 김분재
049 남광 김효중
050 이경진 선생
056 현목 유박사
057 금산 장인호
080 유당 김구열

089 평강 김용회
091 아네 김학진
107 호주암

10

성인 진로, 직업 적성, 직장운, 이직운

017 메시 타로 박진수
018 탈도사 김정훈
020 노해정 휴먼 멘토링
033 초심거사 진민호
038 백민 양원석
041 미래사주 김준완
047 제원 박재식
048 심안 김분재

050 이경진 선생
052 혜도 전정훈
055 신촌 윤대중
056 현목 유박사
061 L.A. 장영기
063 홍상우 선생
065 보명 신수웅
070 도은 정성화

072 신산 김용연
080 유당 김구열
083 레베카 정
084 심바타로 신동욱
089 평강 김용회
090 점성가 종준
091 아네 김학진

11

궁합, 인연   ※명리로 보는 기본적, 장기적 케미인 궁합과 신점으로 보는 인연은 다소 차이가 있음.

002 박청화
009 상천 김영수
011 이도 전동환

013 조프로 조시우
019 정암 남용회
020 노해정 휴먼 멘토링

021 교량 이욱재
030 문필암 스님
055 신촌 윤대중

075 역산 김동후
083 레베카 정
093 보현 한인수

097 백운암 김창숙
101 지리산 건강원 박인상
106 금성당 애동 강민진

107 호주암
111 목경 장광석

12

부부 문제, 이성 문제, 애정운, 외도

002 박청화
005 역산 유경준
006 여산 장성대
007 소천 김성호
010 금중 김상철
014 누름다토 이원태
017 메시 타로 박진수
021 교량 이욱재

026 등명 서정길
030 문필암 스님
051 현지원 이영애
056 현목 유박사
068 가보원 이강산
075 역산 김동후
076 석계 김성철
083 레베카 정

093 보현 한인수
097 백운암 김창숙
098 법화림 김기연
099 춘천 이쁜이네 집 최순덕
101 지리산 건강원 박인상
106 금성당 애동 강민진

13

재회운

007 소천 김성호
011 이도 전동환
013 조프로 조시우
070 도은 정성화

072 신산 김용연
073 겸사 이시송
083 레베카 정
092 릴리 김봉건

097 백운암 김창숙
101 지리산 건강원 박인상

14

부동산 운: 매도, 매입, 경매, 이사 등

016 백경 정원배

023 리지청

033 초심거사 진민호

042 학봉 김창수

053 성진 임동수

058 우암 김연웅

060 정이원 이길우

075 역산 김동후

076 석계 김성철

104 해선암 김보살

107 호주암

15

소송

007 소천 김성호

009 상천 김영수

022 서림 김상구

026 등명 서정길

070 도은 정성화

072 신산 김용연

076 석계 김성철

085 임우석 선생

086 오서정 선생

16

승진

041 미래사주 김준완

061 L.A. 장영기

068 가보원 이강산

070 도은 정성화

071 나무철학관 강경희

077 이두 김선호

084 심바타로 신동욱

098 법화림 김기연

103 팔도시장 천수 김연희

17

선거 당락, 선출직

007 소천 김성호
044 하루아빠 김남훈

068 가보원 이강산
070 도은 정성화

098 법화림 김기연

18

악운, 우환 있을 시기 찾아내기

002 박청화
014 누름다토 이원태
022 서림 김상구
023 리지청
037 갑산 이철수
050 이경진 선생

052 혜도 전정훈
062 해성 김창욱
068 가보원 이강산
075 역산 김동후
078 단계 방용식
087 호원 이강국

088 학선 류래웅
091 아네 김학진
100 청도 막걸리 도사
109 백문 김성문

19

조직 내 인간관계, 소시오그램

005 역산 유경준
006 여산 장성대

064 평관 이종희
065 보명 신수웅

077 이두 김선호
099 춘천 이쁜이네 집 최순덕

20

회사 운영 : 자금 운용 및 직원 관리

004 송광

006 여산 장성대

061 L.A. 장영기

077 이두 김선호

21

상대 속마음 파악

085 임우석 선생

097 백운암 김창숙

101 지리산 건강원 박인상

22

택일 : 출생, 결혼, 사업, 수술 택일

028 남촌 김공성

038 백민 양원석

23

쌍둥이 사주

011 이도 전동환

040 정담 임혁

24

임신 관련: 임신 시기, 시험관 아기 등

044 하루아빠 김남훈 | 076 석계 김성철

25

가족관계, 부모운, 자식운

009 상천 김영수 | 026 등명 서정길 | 105 군자역 도사 김경란
025 석우당 김재홍 | 044 하루아빠 김남훈 |

26

관상

010 금중 김상철 : 명리와 겸간 | 070 도은 정성화 : 육효와 겸간 | 111 목경 선생 : 선禪 수행으로
049 남광 김효중 : 명리와 겸간 | | 얻은 관세음보살 심법心法

27

생시 보정

008 유초 유경진 | 068 가보원 이강산 | 091 아네 김학진

28

개운법, 물상대체, 액땜법, 매매 비방

※ 별도 비용 없이 상담 중 알려줌

009 상천 김영수　　064 평관 이종희　　103 팔도시장 천수 김연희

015 응봉 김중산　　078 단계 방용식　　105 군자역 도사 김경란

018 탈도사 김정훈　　086 오서정 선생　　107 호주암

051 현지원 이영애　　100 청도 막걸리 도사

29

운기를 높이는 색깔, 방위, 음식, 숫자 등

015 응봉 김중산　　036 와촌 묘심행　　089 평강 김용회

027 소운 성승현　　037 갑산 이철수

030 문필암 스님　　064 평관 이종희

30

본인과 맞는 성씨, 피해야 할 성씨

030 문필암 스님　　035 묵암 김학봉　　087 호원 이강국

032 도깨비 이연하　　047 제원 박재식

31

동성애, 양성애, 성전환 등 젠더 문제

026 등명 서정길　　056 현목 유박사

32

반려동물

044 하루아빠 김남훈 │ 073 겸사 이시송 │ 084 심바타로 신동욱

33

해몽

095 부산 서면 스님

34

부적

064 평관 이종희 │ 098 법화림 김기연

35

빙의 여부 감정

069 진묵당 진성 스님

36

천도재, 구병시식, 퇴마

069 진묵당 진성 스님

37

예측 못 했던 일의 적중:
로또 당첨, 새로운 직업, 갑작스런 수술, 질병, 가족 사망 등

022 서림 김상구

058 우암 김연웅

081 현철 윤재열

092 릴리 김봉건

100 청도 막걸리 도사

103 팔도시장 천수 김연희

104 해선암 김보살

111 목경 장광석

38

점 테라피™ :
점과 힐링과 심리적 지지를 동시에

056 현목 유박사

079 홍장 송치용

084 심바타로 신동욱

086 오서정 선생

096 박대박 박도영

39

직설적 화법의 드라이한 간명을 선호하는 경우

024 수여 권도원

029 원제 임정환

042 학봉 김창수

044 하루아빠 김남훈

046 청명 유수환

048 심안 김분재

075 역산 김동후

094 창궁무영 권인현

40

이삼십 대 젊은 층 선호

014 누름다토 이원태

075 역산 김동후

108 천무애동 김아영

041 미래사주 김준완

090 점성가 종준

071 나무철학관 강경희

099 춘천 이쁜이네 집 최순덕

41

사회적 흐름을 반영한 현실적 간명

028 남촌 김공성

035 묵암 김학봉

043 의선 이경대

031 기송 이한우

039 자현 전형민

42

명리 공부 중인 분들의 공부에 도움 되는 간명 :
통변 방식, 워딩 등

013 조프로 조시우

029 원제 임정환

064 평관 이종희

025 석우당 김재홍

038 백민 양원석

089 평강 김용회

대중적 간명비+가성비 ※책이 발간된 이후 간명비가 인상 될 수 있으므로, 반드시 먼저 확인부터 하세요.

사주를 처음 보는 경우나, 운의 기본적 흐름과 사주의 특성, 라이프 사이클의 업다운을 보는 데 있어서 굳이 이삼십 만원의 고가 간명비를 쓸 필요는 없다고 생각합니다.

017 메시타로 박진수 (2만 원)

026 등명 서정길 (25세 이하 3만 원)

036 와촌 묘심행 (2만 원)

041 미래사주 김준완 (2만 원)

042 학봉 김창수 (3만 원)

047 제원 박재식 (3만 원)

048 심안 김분재 (3만 원)

050 이경진 선생 (3만 원)

053 성진 임동수 (3만 원)

065 보명 신수웅 (3만 원)

066 추경 기우윤 (3만 원)

071 나무철학관 강경희 (2만 원)

073 겸사 이시송 (전화 상담은 3만 원)

076 석계 김성철 (3만 원)

081 현철 윤재열 (3만 원)

082 월야 장영주 (3만 원)

083 레베카 정 (3만 원)

085 임우석 선생 (타로만 보면 3만 원)

092 릴리 김봉건 (3만 원)

100 청도 막걸리 도사 (3만 원)

중중무진
重重無盡

인드라망으로 상징되는 우주 법계를 함축한 단어로 『화엄경』에서 언급되었다.
인드라망, 즉 제석천의 그물망 코마다에 달려있는 보주寶珠 보배 구슬인 일체 존재가
서로가 서로를 비추면서 무한히 상호 조건이 되어 교류하고 융합하는 법계의 모습을
묘사한 뛰어난 비유이다. 중중무진연기重重無盡緣起라고도 하며, 우리가 세상에
존재하는 방식인 이 연기緣起란 일체 존재가 서로서로 상대의 조건이 되어 교류,
융합하면서 무한히 관계를 맺는 중층적 세계의 양상이다.

무명장야
無明長夜

무명장야업파랑無明長夜業波浪에 길 못 찾아다녔도다.

어리석음의 기나긴 밤을 덮친 업業의 세찬 파도에 출렁이는 중생의 모습을 단 일곱
글자로 드라마틱하게 묘사한 나옹선사 <토굴가土窟歌>의 한 대목이다.

눈치 大東博物地圖
바깥은 천지

경기도

004 송광 선생
016 백경 정원배
017 메시 타로 박진수
021 교랑 이웅재
025 서우당 김재홍
031 기송 이한우(이지함)
033 조심거사 진민호
058 우암 김연웅
068 가보원 이강산
075 역산 김동후
078 단계 박용시
088 하선 류해웅
089 평강 김용희
093 보현 한인수
094 청운무영 권인현
104 해신점 김보삼
109 백두 김성문

서울특별시

003 청광 김성태
008 유초 우경진
011 이도 전동환
012 천인지 김명우
013 조프로 조사우
020 노해정 휴먼에토링
024 수어 권도원
026 등명 서정길
029 원제 임정환
038 백민 양병석
040 정담 임혁
041 미래사주 김준완
043 이선 이경대
045 매헌 안영근
046 청영 유수환
049 남당 김효중
050 이경진 선생
051 현지원 이영애
052 해도 전정훈

055 신촌 윤대종
059 토우 소무승
065 보명 신수웅
071 나무철학관 강경희
072 선산 김용연
073 검사 이시송
074 하정 최인숙
076 석계 김성철
079 홍장 송치웅
080 유당 김구열
083 래배가 정
087 호원 이강국
091 아내 김하진
092 릴리 김동건
097 백운암 김청숙
098 벽화림 김기언
101 지리산 건강원 박인산
105 군자역 도사 김염란
108 전무 애도 김아영

미국

061 LA 장영기
090 정성가 종준

인천광역시

028 남촌 김금성
053 성진 임동수
081 현철 윤재열
096 바대박 박도영

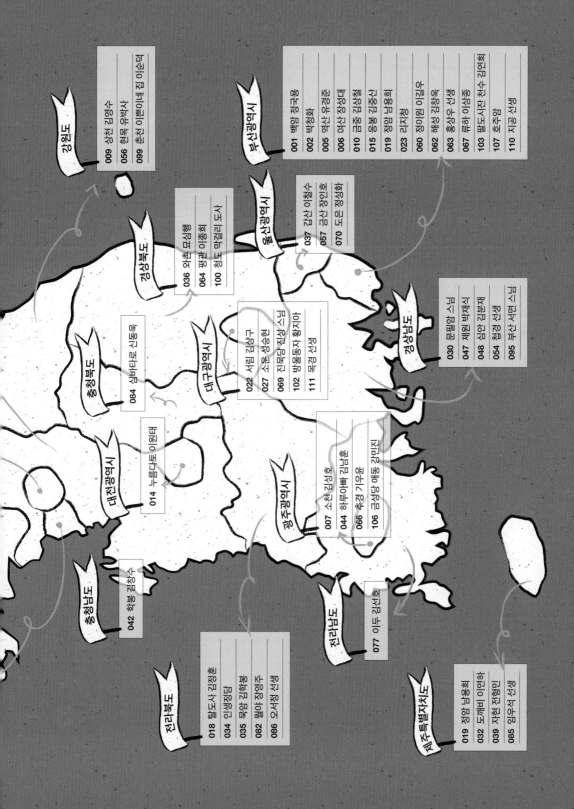

강원도
009 성천 김영수
056 현무 유바사
099 춘천 이쁜이네 집 이순덕

부산광역시
001 백암 정구용
002 박청화
005 역산 우경준
006 역산 정성대
010 금종 김성철
015 응용 김종산
019 정암 남용희
023 리지정
060 정이원 이길우
062 해성 김정욱
063 홍싱우 선생
067 뮤하 이상훈
103 팔도시잔 천수 김언희
107 호주암
110 지굥 선생

경상북도
036 외촌 묘심행
064 평관 이종희
100 청도 막걸리 도사

울산광역시
037 감산 이철수
057 금산 장인호
070 도운 정성화

경상남도
030 문물암 스스
047 제원 박재식
048 심안 김문제
054 청검 선생
095 부산 서면 스님

충청북도
084 심바티로 신동욱

대구광역시
022 서림 김상구
027 소온 성승헌
069 진묵당 진성 스님
102 방울동자 정지아
111 목각 선생

대전광역시
014 누름다로 이원태

광주광역시
007 소천 김성호
044 하루이빠 김남훈
066 추경 기우윤
106 금성당 애동 강민진

충청남도
042 화룡 김청수

전라남도
077 이두 김선호

전라북도
018 탈모사 김정훈
034 인생정담
035 묵암 김하봉
082 일아 장영주
086 오서정 선생

제주특별자치도
019 정암 남용희
032 도깨비 이연하
039 자현 전청민
085 임우석 선생

1장

팔자 칼럼

重重
無盡

중중무진

팔자 도망은 못 간다던데
사주팔자 고치는 법

숙명론으로 빠지기 쉬운 <팔자>에 대한 인식.
그러나 여덟 글자가 영향을 미치지 못하는 더 큰 강물이 우리들 속에 흐른다.

요범문도도了凡問道圖 | 원황이 운곡선사에게 도를 묻는 장면 | 진묵당 진성스님 作

　　팔자에 관해 우리가 알게 모르게 쌓은 생각에는 '정해져서 바꿀 수가
없다'라는 의미가 강합니다. '알게 모르게'라고 말씀드리는 이유는 우리의 문화적
배경 안에서 의식적으로나 무의식적으로 그렇게 인식이 쌓여 왔다는 거지요.
역술에서 말하는 <사주팔자>를 딱히 의미하는 것이 아닌, 깊숙하게 저변을
흐르는 <팔자>에 대한 문화적 함의가 우리에게는 있습니다.

　　옛날에는 '팔자 고친다' 하면 보통은 여자가 개가한다는 의미로 주로

썼습니다. 요즘에는 로또가 맞아 벼락부자가 되거나 좋은 직위를 얻는 경우
남자에게도 팔자 고쳤다고 하지만요.

그런데 이런 갑작스러운 팔자 레벨업을 두고 팔자를 고쳤다고 해야 할 것이
아니라, 바로 그걸 '팔자대로 갔다'라고 해야 맞는 것이 아닐까 싶기도 합니다.
그게 팔자에 있으니 재혼도 하고 로또도 맞고 출세도 하는 것 아니던가요.
제 팔자 개 못 준다고 하고, 팔자는 독에 들어가도 못 피하는 거라는데, 팔자에
관한 우리의 문화적 함의는 바로 '피하기 어려움'을 강조하고 있습니다.

그런데, 이 피하기 어렵다는 팔자를 고치는 방법에 대해 진지하게 가슴을
울리는 얘기가 있습니다. 걷던 걸음을 멈추고 잠시 깊은 생각을 해보게 하는
내용이라서 한번 보기로 하겠습니다.

중국 명나라 강소성에 원황袁黃 1533~1606이라는 사람이 있었습니다. 훗날
관료가 되고 많은 저서를 남긴
사상가입니다. 어려서 아버지를
여읜 원황은 생계를 꾸리기 위해
의술을 배우기 시작했습니다. 15세에
자운사慈雲寺에 들른 원황은 운남에서
온 공孔씨 노인을 우연히 만납니다.
긴 구렛나루 수염의 공 노인은
북송의 소강절본명은 소옹邵雍 1011~1077이
쓴 『황극경세서皇極經世書』에 통달한
노인이었습니다.

2017년 개원한 톈진시 <원황 기념관>에 설치된 요범 흉상

소강절은 『황극경세서』를 통해서
황극수皇極數라고 불리는 특이한 수리철학인 상수학象數學을 창안한 바 있고,
일체의 기수氣數와 명운命運은 모두 정해져 있어서 명운을 오차 없이 추산할 수
있다고 보았습니다.

"소강절 영감도 저 죽을 날은 모르더라."라는 구비 전승이 있는데, 이는 정해진
팔자의 힘과 소강절의 추단 능력 둘 다를 역설적으로 반영하고 있는 대목이라서
매우 흥미롭습니다.

공 노인은 원황의 천문기수를 추산하여 이렇게 말합니다.

"황이 너는 의술을 할 것이 아니라, 벼슬을 할 운명이구나."

"예?"

"황이 너는 내년에 현縣에서 보는 고시에서 14등, 부府에서 보는 시험에서 71등, 마지막으로 성省에서 보는 시험에서 9등을 하겠구나."

원황은 공 노인의 말대로 다음 해에 시험에 응시했습니다. 총 세 번에 걸친 시험에서 원황은 차례대로 14등, 71등, 9등을 하면서 공 노인이 예언한 석차 그대로 합격했습니다.

합격 등수까지 맞힌 것에 멘붕이 된 원황은 다시 공 노인을 찾아갔습니다. 노인이 말했습니다.

"거 봐라. 너는 이제 늠생을 거쳐 공생으로 승진하고, 사천성의 대윤이 될 것이고, 대윤에 부임하고 3년 반 뒤 사임하고 낙향할 것이구나. 고향에서 내내 살다가 53세 되는 8월 14일 축시에 안방에서 죽겠구나. 아하, 안타깝게도 자식이 없구나."

원황은 공 노인의 말 그대로, 관직을 그 날짜 그 순서대로 거치게 됩니다. 원황은 정해진 운명에서 단 하루도, 단 한 치도 벗어날 수 없다는 것을 깨닫고 운명을 고스란히 받아들이기로 마음먹습니다. 죽음이 일찍 오면 일찍 오는 대로, 자식이 없으면 없는 대로. 매사를 운수소관으로, 팔자소관으로, 완전한 숙명론에 젖어 살아갑니다.

숙명론에 빠져버린 원황의 말을 직접 들어볼까요. 점을 보는 사람들이 자주 빠지는 결정론에 함몰되어있는 것을 알 수 있습니다.

"나는 한 사람의 진퇴와 공명의 부침이 모두 운명에 정해져 있고, 운기가 트임이 있어 더디고 빠름도 모두 정해진 때가 있음을 더욱 확신하게 되었다. 심지어 한평생도 이미 운명이 정해져 있기에 나는 세상 일체를 담담히 바라보면서 이익을 추구하는 것을 그만두었다." 『요범사훈 심요』

글쎄요, 세상을 담담히 바라보게 되었다기보다는 포기한 것에 더 가깝겠지요.

1569년 원황이 37세가 되던 해입니다. 원황의 삶에 벼락이 내려칩니다.

남경의 서허산에 갔던 원황은 운곡선사雲谷禪師 법명은 법회法會 1500~1575라는 대
선지식을 만납니다.
선방에서 사흘 밤낮을 자지 않고 좌선하였는데, 운곡선사가 원황에게
물었습니다.
"사흘을 정좌하는 동안, 그대에게 한순간도 망념이 일어나지 않았음을 보았는데,
무슨 까닭이요?"
까닭은 무슨 까닭. 원황은 숙명론으로 도가 터 있었으니, 속 시끄러운 망념이
일어날 필요가 없었겠지요.

　　원황은 열다섯 살 때 공 노인이 자신의 운명을 추단했던 것에 대해
설명했습니다. 운곡선사는 천문기수에 삶이 속박되어 정해진 운수를 사는 것은
평범한 사람들이지만, 이 평범함을 깨고 운명을 변화시킬 방법이 있다는 것을
알려줍니다. 육조 혜능이 "일체 복전은 모두 우리의 심지를 떠나있지 않다."라고
한 말을 인용하면서, 운곡선사는 "운명을 바꿀 수 없다면 앞서 살아간 분들이
평생을 바쳐 무엇 때문에 수행 정진하였겠는가?"라고 되묻습니다.
바로 내적 수양과 외적 복록을 함께 얻을 수 있는 복혜쌍수福慧雙修의
이치이겠습니다.

　　여기서 원황은 기왓장이 깨지는 깨달음을 얻습니다. 이 깨달음으로 원황은
원래 가지고 있던 호號인 학해學海를 버리고 '요범了凡'이라는 호를 쓰게 됩니다.
　　　　　　　　운명에 질질 끌려다니는 평범함을 끝내겠다는 뜻입니다.
요범了凡 도장|
<楷書太上感應篇券 해서태상감응편권>에
수록된 도장을 재구성

멋집니다.

　　운곡선사는 숙명을 넘어서는 방법으로 두 가지를
가르쳐줬습니다. 선행과 악행의 대차대조표를 쓰라는
것, 기도를 하라는 것, 크게 이 두 가지입니다.
한 가지씩 설명해보겠습니다. 특히 준제주準提呪 지송持誦
경전이나 진언을 독송함에 대한 것은 공과격功過格에 비해 많이
알려지지 않아서 자세히 써보겠습니다.

❶ 공과격 功過格

공은 선행을 말하고 과는 악행을 말합니다. 공功과 과過를 기록하는 대차대조표를 공과격이라고 부릅니다. 격格은 식式이라는 뜻입니다. 요즘으로 치면 플래너 같은 것입니다. 각 행위에는 수치화된 점수가 있어서, 공과의 플러스 마이너스를 매일 기록합니다. 쌓고 모으고 까고 퉁치고, 마이너스 통장을 잘 관리하라는 거지요.

이것은 사실 곧 업業의 관리이고 카르마 경영입니다. 다만 불교에서 카르마의 선악은 마이너스 통장처럼 전체적으로 합쳐서 퉁쳐지는 것은 아니라는 것만은 기본적으로 알고 계셔야 합니다.

선악을 기록해서 스스로를 살피는 이런 사고방식은 이미 『주역』과 갈홍의 『포박자』 내편에서도 나오고 있는 개념이었고, 도교를 중심으로 민중 도덕의 근간이 되어 내려오다가, 명나라 이후로는 원황이 운곡선사에게 배워서 실천한 공과격이 큰 영향을 미쳤습니다.

다음의 이 표가 원황이 사용한 공과격입니다.

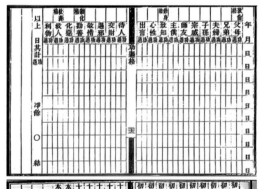

공과격 매일 기록표

공과격 매월 공과 합산표

46

❷ 준제주 準提呪

불교에서 선업 공덕을 쌓는 중요 요소 가운데에는, 위의 <공과격>에 의한
적선積善과 더불어 기도가 중요한 역할을 합니다. 포괄적으로 '기도'라고 말할
때는 정근, 주문, 독송, 사경, 절 등이 모두 포함됩니다. 운곡선사는 원황에게
진언을 지념할 것을 가르쳤고, 그 가운데에서도 준제주를 권했습니다.
준제주는 『천수경』 안에 포함되어 있는 주문입니다. 준제주의 원본 경전인
『칠구지불모심대준제다라니경』에 따르면, 준제인을 수인手印으로 무드라를
취하고 준제주를 80만 편을 외우면, 무량겁 동안 지은 일체 죄업을 소멸한다고
되어있습니다. 그런데 우리나라에서는 천수경에서 이 외에는 별도로 하는 경우가
드문 이 주문을 운곡 선사가 원황에게 굳이 권한 까닭은 무엇이었을까요?
당시의 시대적 배경과 밀접합니다. 그 당시 명나라 선종禪宗에서는 준제법이
유행하면서 준제진언을 수지受持하는 사람들이 많았습니다. 명 말기의 유명한
고승들인 연지대사, 감산대사, 우익대사 모두 준제진언을 전수했다는 기록이
있습니다.
더구나 이 준제진언은 외우기 전에 특별히 재계齋戒를 지켜야 하는 점도 없어서
수행이 쉽고 성취는 잘 되었기 때문에, 당시 불교를 잘 모르던 원황이 수행하기에
적합하다고 운곡선사가 근기根機를 판단한 듯합니다.
준제주는 준제관음의 주문이며, 준제보살은 칠구지불모七俱胝佛母라 하여
준제보살의 모공에서 칠억의 부처님들이 태어났다고 합니다. 칠구지불모에서
'구지俱胝[1]'란 억億을 의미하는 산스크리트어 koṭi의 음사이고, 그러니 칠구지는
곧 7억입니다.
주문은 다음과 같습니다.

나무 사다남 삼먁삼못다 구치남 다냐타

옴 자례주례 준제 사바하 부림 (후렴구 - 세 번)

 여기서 한 가지 특이한 것은 모든 주문의 종결 어미는 '사바하'인데 반해,

---

1) <대방광불화엄경>에 수數의 단위에 대한 언급이 있는데, 그에 따르면 1구지는 10⁷, 즉 천만을 나타낸다. 그러나
우리나라에서는 '칠구지불모'를 통상 '7억 부처님'으로 번역해왔고, <통합대장경>에도 '구지'를 '억'으로 번역하는 경전들이
대부분이다. 특이한 것은 정작 준제주를 다루고 있는 <불설칠구지불모준제대명다라니경>에서는 '구지'를 '무수하게 많은 수'로
번역하고 각주를 달고있다는 점이 흥미롭다.

유독 준제주는 사바하 다음에 '부림'을 추가했다는 점입니다. '부림'은
<일자대륜주>라고 하며, 준제주의 위력을 보강해준다고 보면 됩니다.
운곡선사는 원황에게 이 준제주를 염송하여 염두念頭가 움직이지 않는 경지까지
이르게 되면 반드시 영험해질 것이라고 가르칩니다.

운곡선사의 가르침을 얻고 돌아온 원요범은 3천 가지 공덕을 쌓을 결심을
세웁니다.
운곡선사가 준 <공과격>에 따라 공책을 만들어 그날그날의 선행을 숫자로
적고 악행을 행한 날은 다시 숫자를 지워나가는 식으로 철저히 선행과 공덕을
쌓아갔습니다.
이 경험과 성찰을 모아서 원요범이 죽기 전 4년 전인 69세에 저술한 책이 바로
『요범사훈了凡四訓』입니다. '요범의 네 가지 가르침'이라는 뜻입니다. 운명의
손아귀에서 빠져나와 새로운 인생을 만드는 네 가지 방법을 정리한 내용입니다.
원황이 이 책을 통해서 설파하고 있는 것은 전생의 업인으로 인해 명운에 대한
천문기수가 이미 정해져 있다고 할지라도, 명운의 좋고 나쁨은 이번 생에서
심성을 어떻게 쓰는지에 따라서 순간순간 변화한다는 것입니다.

그러면, 단명에 무자식 팔자이던 원요범의 인생은 과연 변했을까요?
48세에 팔자에 없는 아들이 태어났습니다. 1583년 51세에 마침내 3천 가지
공덕을 모두 달성하고 현감으로 승진합니다. 공 노인이 예언한 죽을 나이는
53세였지요. 원요범은 73세까지 장수하다가 세상을 떠났습니다. 팔자보다
20년을 더 산 것입니다.

이것이야말로 진짜 팔자 고치고 팔자가 핀 이야기입니다.
팔자 도망은 못 간다는 속담이 후줄그레 탈색되는 순간입니다.
사주가 만들어낸 여덟 글자의 힘이 미치지 못하는 큰 강물이 우리 속에 있습니다.
그 강물이 드러나게 될 때까지, 큰 강의 시작인 작은 샘물부터 우리 안에서
찾아보시면 어떨까요.

조용필의 꾀꼬리 찾기
심심심난가심 心心心難可尋

심심심난가심 心心心難可尋

마음 마음 하는 그 마음 찾기가 어렵도다

달마대사의 『혈맥론』에 나오는 구절입니다. 옛
조사祖師의 말이지만 지금도 바로 심정적으로 독해되는
글입니다.
우리가 시시각각 말하는 '나'란 것은 사실 모두
마음이건만, 마음은 막상 찾아보면 어디에도 없습니다.

연인의 배신으로, 사랑하는 사람의 죽음으로, 사업
실패로 길에 나앉아, 마음이 갈피를 못 잡고 쓰라리고
고통스러운데, 대체 어디를 어루만져야 그 고통이
잦아드는 걸까요. 마음이 아프면 실제로 흉통이 있던데,
마음이 그러면 심장에 있는 것일까요, 아니면 뇌에 있는
건가요. 다 아닌 것 같습니다.
우리 마음의 주인공을 찾으려면, 영화
<매트릭스>에서처럼 매트릭스 프로그램 밖의 레오가
되면 되는 건가요? 영화 <아바타>의 나비족 외부에서
조종하고 있는 제이크가 되면 되는 걸까요?
아 답답합니다. 그러니 심심심난가심心心心難可尋.

이 의심과 답답함을 실마리로 시작하는 것이 바로 '이 뭣고' 즉, 시심마是甚麼,
인생의 근본에 대한 의문입니다.

心心心難可尋

월운지성간 감독님 「심심심난가심」 씀

양산 통도사 경봉 정석스님(鏡峰 靖錫 1892~1982) 진영

가왕 조용필의 <못 찾겠다 꾀꼬리1982>가 작곡된 것도 바로 이런 길을 밟고 있답니다.

조용필이 대마초 사건에 연루되어 1979년까지 활동이 금지되었던 일이 있었습니다. 누명으로 밝혀졌다고는 하지만, 이미 심신이 피폐해진 조용필은 마음을 다스려보려고 1980년도 초에 통도사 극락암의 경봉 스님을 찾았습니다. 경봉 스님1892~1982은 유명한 대선사大禪師입니다. 통도사 극락암 선원의 조실(선방 지도선사)로 계시면서 법을 구하러 오는 많은 사람을 지도해주신 분이기도 합니다.

제가 1988년도에 극락암에 갔을 때 경봉 스님은 이미 입적하셨고, 경봉 스님의 상좌였던 명정 스님께서 그 자리를 지키고 계셔서 차를 얻어 마시고 온 적이 있습니다. 적막 속에서 차 따르는 소리가 쪼르륵 나던 것이 지금도 생생합니다. 저 역시 당시 심적 타격이 극심해서 마음을 다스리고자 갔었지요.

경봉 스님은 찾아오는 일반인들의 근기에 따라 그에 맞게 가르침을 주셨다고
합니다. 그걸 관기觀機 근기를 관함라고 하지요.
선풍禪風의 분위기가 물씬 나는 그림으로 유명했던 화가 장욱진1917~1990씨도
1977년도에 경봉 스님을 친견하러 갔습니다. 대부분 작품마다 까치가 등장해서
까치 그림으로 유명한 화가이기도 합니다.
경봉스님께서 묻습니다.
"뭐하는 사람인고?"
"까치를 그립니다."
장욱진 화가의 근기를 살피시고는 입산했으면 도꾼이 됐을 그릇이라며
비공非空이라는 법명을 지어주셨습니다.

경봉 스님은 조용필에게도 똑같이 물었습니다.
"뭐하는 사람인고?"
"노래하는 가수입니다."
"니가 꾀꼬리구나. 네 안에서 노래하는 꾀꼬리의 참 주인이 누군지
찾아보거레이."
이 말씀을 화두로 참 주인을 찾다 찾다
이런 노래가 나왔습니다.

못 찾겠다 꾀꼬리 꾀꼬리 꾀꼬리
나는야 오늘도 술래 (…)
이제는 커다란 어른이 되어 눈을 감고 세어보니
지금은 내 나이는 찾을 때도 됐는데 보일 때도 됐는데
얘들아 얘들아
못 찾겠다 꾀꼬리 꾀꼬리 꾀꼬리
나는야 오늘도 술래

그래서 심심심난가심心心心難可尋입니다.

話頭

가난을 파는 법!
매빈 賣貧

　　돈만 있으면 귀신도 부린다는데, 염라대왕도 돈 앞에서는 한쪽 눈을
감아준다던데…….

근데 문제는 바로 그 돈이 없는 겁니다.

전분세락轉糞世樂, 즉 개똥밭에 굴러도 이승이 좋다지만, 꼭 그렇지만은 않은 것
같습니다. 각자는 각자의 개똥밭이 있겠지만, 이승에서 가장 리얼한 현타가 오게
하는 으뜸을 꼽으라면 바로 가난일 겁니다. 이승이라는 단어는 '이 생生'에서
변화한 단어이고, '저쪽 생生'이라는 저승과 대비 되는 낱말이지요.

　　그런데, 우리가 사는 이승을 <사바세계>라고 부르는 데에는 다 그럴 만한
이유가 있습니다. 돈이면 염라대왕도 한쪽 눈을 감아준다고 했으니, '사바사바'가
통한다고 사바세계인 건가요?

사바娑婆라는 단어는 산스크리트어 사하saha에서 왔습니다.

사하는 인忍이라는 뜻입니다. 이승에서 우리는 "참아야 하느니라."라는 거지요.
참을 인忍 자를 풀어보면, 刃 + 心, 즉 날카로운 칼날刃의 아픔을 마음心이
견뎌내고 있는 그런 형상입니다. 일체가 마음대로 되지 않아도 참아야 하며,
잔인한 칼질같이 아픈 일체 악사와 괴로움을 견뎌야 한다는 겁니다. 그래서 이
사바세계를 인계忍界, 또는 감인토堪忍土라고도 부릅니다.

절에 기도를 부탁드리면, 축원할 때 주소지를 부르는데, "사바세계 남섬부주
해동(또는 동양) 대한민국 서울특별시 ○○구 ○○동 ○○번지" 이렇게 부릅니다.

남섬부주가 지구예요. 저 머나먼 은하계 밖에서 점점 줌인 되어 나에게 초점이
맞춰져 들어오는 것이 느껴지시지요? 근데 억울한 건 내가 부러 사바세계를
선택한 것 같진 않은데(실제로는 업력따라 선택했음), 우짜다가 여기에 태어나서

생으로 참으라는건가 싶습니다.

아, 참고로 일부러 다음 생에 사바세계를 선택하는 분들이 있기는 있어요.
큰 스님들 다비할 때, 속환사바속히 사바세계로 돌아오시라하시라고 하는데, 이건 또
와서 또 함 참아보시라는 악담이 아니라, 열반락에
머물지 마시고 부디 중생들을 깨우쳐주러 속히 다시
와주십사는 기원입니다.

근데 참는다고 가난에서 벗어나지지는 않습니다.
참을 인 자 세 번이면 살인도 면한다고 했는데, 가난이
참는다고 면해지는 건 또 아니니, 이것이 참으로 사람을
골병들게 하는 고약한 종류인 거지요.
넷플릭스 영화 <길복순>에서 킬러들은 "살인 한 번이면
참을 인 자 세 번을 면한다."고 하던데, 듣고 많이 웃은
개그성 대사이기는 해도, 오늘 우리의 주제인 <매빈賣貧
가난을 파는 법>의 결말 부분에 다시 인용될 문구이니, 잠시
기억해놓으시면 좋겠습니다.

영화 <길복순(2023)> 포스터 |
감독 변성현, 주연 전도연,설경구

가난하다는 의미의 빈貧자를 보면 집안에 나눌 것이라고는 하나도 없는
상태를 상형한 겁니다. 얼추 영화 <기생충>의 반지하의 상황쯤 생각하시면
됩니다. 언제 돈이 들어와서 나도 좀 피려나 용한 점이라도 보고 싶건만, 당장 1만
원이나 3만 원 정도의 복채도 아쉽습니다. 보시하면 좋다는 것은 알지만, 등을
켤 돈도 방생할 돈도 없습니다. 불쌍한 사람들을 돕고 싶지만, 내가 어느샌가
그 불쌍한 사람이 되어 있습니다. 사방이 막혀 어찌할 방도가 없으니, 아이처럼
바닥에 누워 울며 몸부림치고도 싶습니다. 환장 그 잡채이지요.
속담에 '노름 뒤는 대어도 먹는 뒤는 안 댄다'고 했는데, 이 말은 노름을 하면
따는 수라도 있지만, 가난한 사람을 먹여 살리는 일은 끝이 안나니 당해내지를
못한다는 의미입니다. 즉 주변이 다 멀어져가겠지요. 가난이 가난을 부릅니다.
가난이 웬수라는 말이 딱 맞지요.
야속한 '텅장'을 들고 마지막 백척간두에 홀로 서보신 분들이라면 이런 생각을

하게 됩니다.
'대체 왜? 대체 어디서부터 고장이 난 건가….'

자, 여기까지 오면, 이제 사고의 전환을 좀 하셔야 합니다.
대체 돈은 왜 가장 완강하게 우리에게 저항하는 것일까요. 그 근원을 잡아내야
합니다.

돈의 흐름은 곧 복福의 흐름이고, 재물은 물질화된 정신, 불교적으로 다듬어서
말하자면 물질화된 카르마karma이기 때문입니다. 우리는 자작자수自作自受 내가 지어
내가 받음하는 업의 메커니즘 안에서 돌고 있기에, 사바세계에 사는 한은 아무리
발버둥 쳐도 마음대로 되질 않습니다. 다른 식으로 발버둥 치는 방법을 찾아야
합니다.
이걸 깨달으려면 관점의 근본적인 전환이 필요한 것이라서, 그마저 못
깨닫는 사람들도 물론 많습니다. 가치나 논리적 층위가 완전히 다른 차원으로
접근한다는 것이 그리 쉽겠나요.
자 그런데 중요한 힌트를 품고 있는 경전을 하나를 찾았습니다. 이거 킬포입니다.
『불설수생경佛說壽生經』을 읽어보면 의미심장한 메시지를 찾아낼 수 있습니다.

근데 혹시 이 『불설수생경』 낯이 익진 않으신가요?
영화 <신과 함께-죄와 벌2017>의 기본 모티브가 바로 이 『불설수생경』이랍니다.
영화 첫 장면도 『불설수생경』의 한 문구를 인용하면서 시작되지요.

영화 <신과 함께-죄와 벌(2017)> 첫 장면

사람이 죽어 망자(亡者)가 되면
저승에서 사십구일에 걸쳐 일곱 번의 재판을 받게 된다.
저승의 일곱시왕은 거짓, 나태, 불의, 배신, 폭력, 살인, 천륜을 심판하며,
모든 재판을 통과한 망자만이 다음 생으로 환생한다.

- 불설수생경[佛說壽生經] -

불설수생경 표지(좌)와 서문(우)

『불설수생경』은 중국에서 찬술되어 고려시대에 전래된 경전으로, 도교적
색채가 짙고 다분히 기복적인 내용입니다. 명부를 다스리는 시왕十王이 인간의
선악을 심판한다는 시왕 사상은 도교에서 들어온 신앙입니다. 그런데 이
『불설수생경』만큼 구체적으로 대놓고 돈과 우리 목숨의 관계에 대해 언급한
경전은 없다고 봅니다.

『불설수생경』에서 말하고자 하는 메시지의 본질을 알려면, 이 경전에서 우리가
빚지고 태어났다고 설명하고 있는 돈의 핵심이 무엇인지 잘 꿰뚫어야 합니다.
일단, 우리가 전생에 명부에 빚졌다고 하는 돈 수생전受生錢 여기서 전錢은 돈 전 자. 壽生
錢이라고도 함이 대체 뭔지 알아볼까요?

경전을 그대로 몇 줄 인용하고 설명하겠습니다.

열두가지 띠를따라 남섬부주 거친세상

사람으로 태어날때 누구누구 할것없이

생명줄을 이어준돈 수생전을 빌리나니

명부에서 빌렸기에 갚아야할 것이니라

「불설수생경」

우리가 전생에 지은 죄로 인해서 인간으로 태어나지 못하고 악도에 떨어질 것이었는데, 명부冥府에서 빌고 빌어 열두 가지 띠를 받아 우야든동 인간으로는 태어나게 됐다는 것, 그리고 명부에서 생명을 받는 조건으로 돈을 빌려왔는데, 그 돈이 바로 수생전이라는 것입니다. '생명 뿌리 본명전, 생명 부채 수생전'이라고 여러 번 이 돈을 정확히 강조합니다.

우리는 애당초 마이너스 통장을 가지고 태어난 거랍니다. 모태 마통이라할까요.

이생에서 이 돈을 갚지 않으면, 살아서는 갖가지 액난과 빈천함을 겪고, 죽어서는 지옥에 떨어지게 된다고 합니다. 사후 심판 때 지옥에 떨어지지 않기 위해, 이 경에서 제시하는 조건은 두 가지입니다. 살아있을 때 수생전을 불살라 생명 부채를 갚을 것, 금강경을 독송할 것, 이 두 가지입니다.

피상적으로 이 내용을 보면 어쩌면 유치할 법도 한 내용이지만, 도교적 설정인 명부 빼고, 민중 친화적인 기복적 줄거리 빼고 나서 남는 핵심을 보면, 결국 『불설수생경』은 우리 업業에 대한 문제를 다루고 있습니다.

비유와 상징을 뚫고 핵심을 깨달아야 합니다.

『능엄경』에 보면, 모든 지혜가 있는 사람은 비유로써 깨달음을 얻는다고 했습니다. 諸有智者 要以譬喩 而得開悟

생명과 함께 가져온 빚이란 금생까지 가져온 우리의 업을 말합니다. '돈은 곧 물질화된 카르마'라는 표현을 제가 위에서 한 이유입니다. 선업의 과보라면 이승에서 물질이 풍족할 것이고, 악업의 과보라면 가난과 업신여김을 면치 못하는 것이겠지요.

더구나 돈을 갚으라는 것과 함께 제시한 방법이 금강경 독송인 것을 봐도 이것이 업과 관련된 문제라는 것을 더욱 뒷받침해줍니다. 세속적인 힘의 최고인 돈으로써 복덕을 닦고, 영적·정신적 힘의 최고인 다이아몬드 수트라, 즉 금강경으로 공덕을 닦아 업장소멸을 하라는 의미이겠지요. 보시와 수행으로 복과 혜를 함께 닦으라는 복혜쌍수福慧雙修인 거지요.

자, 그러면 이 수생전을 불살라 갚으라고 했는데, 대체 어찌 갚는 건가요?

생전 예수재 | 자료 제공 : 서귀포 대원사

이 '모태 마통'을 대체 어떻게 해야 불태울 수 있는 건가요? 그 의식이 바로 윤달에 주로 지내는 <생전 예수재生前 豫修 齋>입니다.

우리나라에서 생전 예수재가 성립된 시기는 고려시대이고, 본격적으로는 조선 중기부터 왕실에서 실행되다가 점차 민간으로 퍼져나갔습니다. '예수'가 왜 불교에 나오느냐고 생각하시는 분들도 있으시겠는데, 그 예수님이 아닙니다. 여기서 예수란 미리豫 닦는다修는 의미이고, 산 사람에 대한 49재 격이라서 '산 재'라고도 부르고, 사후에 행할 천도재를 살아서 거꾸로 지낸다고 역수逆修라고도 합니다.

이 생전 예수재에서 가장 흥미로운 것은 태어난 띠 별 육십 갑자에 따라서 각자 갚아야 돈의 액수, 읽어야 할 금강경 횟수, 소속 창고, 담당관의 성씨가 자세히 나와 있어서, 수행과 보시로 유도하기 위한 설정인 줄 알면서도 너무 구체적이라서 뭔가 뼈 때립니다.

가령 갑자생인 사람이 갚아야할 돈 흠전欠錢은 53,000관, 간경은 17권, 제3 창고, 납조관(담당 사무관) 원 씨 등등으로 도표가 만들어져 있습니다.

예수재 의례의 핵심은 역시 금은전이라는 부르는 지전紙錢 종이돈입니다. 요즘은 인쇄된 것이 있지만, 예전에는 스님들이 절에서 직접 목판으로 찍어서 만들었습니다. 노란 종이에 찍어서 금전을 만들었고, 흰 종이에 찍어서 은전을 만들었지요. 지전은 바로 쓰지 않고 명부의 돈으로 환전하는 의식을 거쳐야 제대로 효과가 나오며, 이 환전 의식을 조전 점안造錢 點眼 돈을 만드는 점안이라고 합니다.

함합소緘合疏 | 전생 빚을 갚았다는 영수증

예수재 마지막에 각자의 수생전을 불사르는데, 돈을 불살라 빚을 갚고 나면 위와
같은 영수증도 줍니다.

　함합소緘合疏라고 불리는 이 증명서는 이전에는 반으로 잘라 반은 불사르고
반은 나중에 관 속에 넣어주었었는데, 명부에 가서 이전에 불살랐던 반 조각과
맞춰보고 맞으면 그 공덕을 인정받는다고 합니다. 요즘은 마지막 봉송 때
금은전과 함께 모두 다 태웁니다.

　그런데 여기서 큰 딜레마에 빠집니다.
재를 지낼 돈이 없습니다. 재는커녕, 곧 초파일인데 등을 달 돈 없고, 1킬로 당
7천 원 하는 메기 방생할 돈도 없는 겁니다.
빈털터리인데, 어떻게 공덕을 쌓는다는 말인가요.
바로 이 딜레마를 타파하고 관점 전환을 해주는 것이 '가난을 팔라는
가르침'입니다.
가난을 파는 것을 매빈賣貧이라 하며, <가전연 교노모매빈품迦旃延教老母賣貧品>에서
나온 말입니다.

　가전연迦旃延 존자, 또는 마하 가전연은 부처님 10대 제자 가운데 한 사람으로,
논리적 분석력이 탁월하여 논의제일論議第一로 불린 제자입니다. 이 가전연 존자가
빈천한 노파에게 매빈을 설한 <가전연 교노모매빈품>은 『현우경賢愚經』 안에
수록되어 있습니다. 『현우경445』은 중국 위나라의 혜각 등 8명의 승려가 서역

우전국에 가서 삼장법사들로부터 들은 설법을 중국에 돌아와서 엮은 책으로,
불교 설화문학의 3대 백미 가운데 하나입니다.

<가전연 교노모매빈품>의
내용은 다음과 같습니다. 글
중간에 가난을 파는 법에 대해
가전연 존자가 설하는 내용을
잘 읽어보시기 바랍니다.

가전연 교노모매빈품 | 가전연 존자의 가르침대로 노모가 발우에
물을 보시하는 장면 | 진묵당 진성스님 作

부처님이 아리제국阿梨提國에
계실 때 어느 장자가
있었답니다. 엄청난 부자였으나
포악하고 잔인하기 이를 데
없었습니다. 그 집에 늙은
여종이 한 사람 있었는데, 이른 새벽부터 밤늦게까지 일하고 또 일했지만, 조금만
잘못해도 두들겨 맞았고, 옷은 몸을 가리지 못하고 먹는 것은 배를 채우지
못했습니다.
늙은 여종은 어느 날 물병을 가지고 강으로 나가 물을 긷다가 신세가 서러워 목을
놓아 울고 또 울었습니다.
그때 가전연 존자가 지나가다가 통곡 소리를 들었습니다.
"노모老母는 어찌 그리 울고 계시는 건가요?"
"스님, 저는 이미 많이 늙었는데 끝도 없이 일하고 있습니다. 너무 빈궁해서 입고
먹는 것이 넉넉지 않아 죽고 싶으나 죽을 수도 없습니다. 그래서 울고 있습니다."
"노모께서는 가진 것은 무엇이 있습니까?"
"저는 가진 것이라고는 아무것도 없습니다."
"그러면 노모는 큰 부자이시군요."
노파는 놀라서 고개를 들어 가전연 존자를 바라봤습니다.
"노모는 가난함이 가득한 부자 아닙니까? 왜 그 가난을 팔지 않습니까?"
"누가 가난을 사가겠습니까? 가난을 어떻게 판다는 말입니까?"
"가난을 파는 길이 있습니다."

"스님, 알려주십시오."

"보시를 하십시오."

"스님, 제게는 지금 손바닥만 한 성한 옷도 없고, 이 물병도 장자댁 것이니 제가 무엇을 보시해야 하나이까?"

가전연 존자는 자신의 발우를 건네주면서, "이 발우를 깨끗이 씻은 다음, 깨끗한 물을 담아 목마른 나그네에게 바치십시오. 그러면 가난이 팔려 나갑니다. 가난이 하나씩 팔려나가면, 그 팔려나간 자리에 복과 재물이 쌓입니다."

노파는 발우에 깨끗한 물을 떠다가 가전연에게 바쳤고, 가전연 존자는 물을 받아 마시고 노파를 축원하였습니다. 『현우경』 7권, 가전연교노모매빈품 일부

설령 노파가 강물에 몸을 던져 생을 마감했다 하더라도, 다음 생 또한 가난한 과보는 반복될 것이겠지요. 가난의 과보를 단절시키려면 업의 전환이 필요한 것이고, 바로 그 점을 가전연 존자가 설파한 것입니다.

가난한 사람이 업의 전환을 위해 어떻게 보시해서 공덕을 쌓고 매빈할 것인가, 돈이 없는데 무엇을 보시할 것인가, 이 부분을 정리해보겠습니다. 석가모니의 설법이 가장 원형에 가깝게 남아있는 초기 불교 경전인 『맛지마 니까야』에 보면, '보시의 결과'라는 말이 정확히 나옵니다. 다만 우리는 지금 이 현생이 급한데, 다음 생까진 생각할 겨를이 사실 없지요.

보시의 결과는 현생에서도, 다음 생에서도 나옵니다. 누적된 공덕의 힘은 아무도 예측하지 못합니다.

다음의 이 전생담은 두 가지 면에서 중요합니다. 첫째, 밥 한 그릇의 보시도 큰 공덕이 된다는 것, 둘째 보시하는 대상에 따라 과보에 차등이 있다는 점입니다. 부처님의 10대 제자 가운데, 아나율 존자(아누룻다 존자)라고 있습니다. 금수저를 물고 태어난 부귀한 제자였지요. 이 아나율 존자는 밤낮으로 잠을 안 자고 수행하여, 육신의 눈은 멀고 대신 천안天眼을 얻어 천안제일天眼第一이라고 불렸습니다.

이 아나율 존자의 전생담을 보면『설본경說本經 (중아함660)』, 아나율은 전생에 너무 가난했습니다. 아주 빈곤했던 아나율은 고물을 주워 생활하고 있었는데,

석굴암에 조각된 가전연 존자(좌)와 아나율 존자(우)

당시 가뭄이 들어 흉년이 극심해졌습니다. 이때 우빠릿타라는 벽지불혼자 깨친
연각이 온종일 탁발을 다니고도 빈 발우를 들고 다니는 것을 아나율이 봤습니다.
아나율은 자신이 먹을 밥을 빈 발우에 넣어주면서 "다시는 가난하다는 말을 듣지
않게 해주소서!"라고 기원했습니다.

아나율은 벽지불에게 보시한 공덕으로 이후 생에서 재산이 한량없고 보배도
두루 갖춘 큰 부자로만 태어나다가, 마침내 현생에서는 아라한이 된 것입니다.
아나율은 전생에 나라를 구한 것보다 더 큰 과보를 받은 거지요. 이런 큰 과보가
밥 한 그릇을 보시한 힘만은 아니었을 겁니다. 왜 그런 걸까요.

『맛지마 니까야』 가운데 제15장 여섯 감각장소품에 <보시의 분석경>이
있습니다. 축생부터 부처까지 총 14가지 개인을 위한 보시에서 과보의 차등을
말하고 있습니다. 과보가 몇 배로 온다 이런 수치화된 설명이 흥미롭습니다.
(※수치에 집착하기보다는 순서를 잘 살펴보세요.)

- 축생에게 보시하면 백 배의 과보.
- 행실이 나쁜 범부에게 보시하면 천 배의 과보.
- 행실이 바른 범부에게 보시하면 십만 배의 과보.

- 외도이지만 삼매에 든 사람에게 보시하면 천억 배의 과보.
- 그다음 순서는 수다원 이상의 사향사과四向四果의 성자들과 벽지불, 아라한, 여래까지인데, 여기 보시하는 공덕은 이루 말할 수 없습니다. 종교가 다른 분들은 이 순서에 예수님이나 기타 성인들을 포함해서 생각하시면 됩니다.

이런 차등이 있다는 점을 참고하면서, 가난해서 재보시財布施를 할 수 없는 사람들이 할 수 있는 보시 방법을 정리해보겠습니다.

❶ 우선은 공덕을 깎아 먹는 마음가짐이나 행동부터 단속하는 것이 필요. 이런 마음가짐과 행동은 마치 쥐가 문짝을 쏠 듯, 좀이 옷을 좀 먹듯, 있던 복을 감해냄. 복의 누수 단속.

① **질투심** 내가 잘되는 것보다 남이 안 되는 것을 더 좋아하는 성품을 다스릴 것. 이런 에너지의 방향은 결국 자신에게도 돌아옴.

② **악플, 험한 댓글** 이게 진짜 문짝을 쏠아대는 쥐새끼임. 일시적으로 시원하고 재미있을 수는 있으나, 깨진 유리 조각같이 위험한 악업이 됨. 드립성 재미와 빗나간 공명심을 위해 복을 생으로 깎아 먹는 어리석음을 성찰할 것.

❷ 어려운 상황에 있는 사람에 대한 봉사. 가장 기본의 보시이자 공덕도 큼. 대부분 몸을 쓰는 활동이 많고, 재능을 베푸는 능력 보시도 포함. 불교 공부를 많이 해서 좋은 가르침을 힘든 사람들에게 알려주는 법 보시도 여기 포함될 수 있음.

❸ 유기견, 유기묘를 위한 봉사. 지역마다 있는 유기견 센터에 가면 청소나 산책, 목욕 등의 봉사를 할 수 있음.

❹ 함께 기뻐해 줌. ❶ - ①의 질투심과 반대되는 공덕. 주변인들의 기쁜 일을 순수하게 함께 기뻐해 주는 행동은 제8식에 저장된 내 악업의 탁한 기운을 정화시킴. 불교 카페나 방생 카페 등에 보면 '사두 사두 사두'나 '수희찬탄 합니다'같이 함께 기뻐해 주는 댓글이 주르륵 달리는데, 모두 '굿굿, 엄지척!'의 의미. 금강경의 '선재선재善哉善哉'도 다 같은 의미임. 질투는 나의 힘인 분들은 이런 댓글로라도 우선 연습.

❺ 절이나 교회에서 봉사. 법당 청소, 공양 준비 거들기, 설거지, 마당 청소, 울력 등.

❻ 화안애어和顔愛語, 즉 화평한 얼굴과 부드러운 말.

❼ 매일 밥 할 때, 한 컵의 쌀을 모아두었다가 절에 갈 때 법당에 쌀 공양 올리기.

❽ 집에서 기도할 때마다 500원, 여유가 되는 날에는 천 원씩을 봉투에 모아두었다가 절에 갈 때 복전함에 넣기. 500원짜리 동전은 지폐로 바꾸는 것이 좋음.

❾ 회향 보시. 즉 기도 후나 선한 일을 한 후에 그 공덕을 다른 사람들에게도 돌려서 회향함. 공덕을 함께 나누는 것인데, 내 공덕이 나눠지는 것이 아니라, 다른 초에 불을 붙여가듯, 점점 더 환해짐. 보통은 "이 공덕을 우주법계에 회향합니다. 이 공덕을 삼계중생에게 회향합니다. 이 공덕을 선망조상님께 회향합니다."로 하며, 특정 인연자들에게 회향하기도 함.

위의 보시 방법들은 수십 년 동안 저도 모두 해 본 방법입니다.
천 리 길도 한 걸음부터이고 시작이 반이니, 이미 한 걸음만 내디디셔도 반은 가며, 선업 공덕이 방울방울 모이면 다음 생까지 가지 않아도 어느 날 엔가부터 갑자기 일이 풀리기 시작한답니다.
부처님 오신 날에 올리는 일 년 등이 이젠 보통 10만 원이 됐으니, 녹록지 않습니다. 등 값이 없으신 분들은, 기죽지 마시고 법당에 가셔서 향 피우시고 초 밝히시고, "올해는 돈이 없어 등 공양을 못 합니다. 다른 공덕을 부지런히 지어 내년에는 꼭 등을 올려보겠습니다. 힘든 제 길에 가피加被 내려주십시오."라고 삼 배 하시면서 기원해보세요.

결론 삼아, "살인 한 번이면 참을 인 자 세 번을 면한다."라고 한 영화 <길복순>의 대사를 한 바퀴 더 돌려볼까요.
"보시 한 번이면 사바세계 참을 인 자 세 번을 면한다."

'운칠기삼'의 70%는
돛인가 닻인가 덫인가

'부지런한 놈 위에 머리 좋은 놈, 머리 좋은 놈 위에 운 좋은 놈'이라는 말이
있습니다. 기분 나쁜 공식이지만, 세상 살아보면 맞는 말입니다. 더 자주 쓰는
말로는 '운칠기삼'이라는 것이 있지요.

운칠기삼運七技三. 즉, 인간사에 운運이 7 작용하고 본인의 기技 재주, 인간의 노력가
3 작용한다는 말입니다. 정해진 운명에 따라 운명대로 사는 것이 70%, 본인의
노력으로 개척하는 것이 30%라는 의미이지요. 7대 3 가르마면 충분하지, 뭘
운명이 7할이나 된다는 건가요?

잘 풀린 사람이 겸손 삼아서 "에이 뭐, 운칠기삼이니 운이 좋았던 거지요."라고
쓰기에 좋고, 잘 안된 사람이 "운칠기삼이라는데 내 마음대로 되겠나요."라고
합리화하는 수치로 쓰기에는 좋아 보입니다. 아예 잘 된 사람을 보고
자포자기하여 체념에 빠져버리면 '운칠복삼運七福三'이라고까지 합니다.

'운칠복삼'은 운도 좋은데 복까지 많아 잘 풀린다는 것으로 아무리 해도 따라갈
수 없게 재수 좋은 사람에게 붙이는 수식어입니다.

늘 문제는 이 애매한 비율 70%라고 생각됩니다.

70%는 참으로 희한하게도, 이리 붙여도 변명이 되고 저리 붙여도 설득이 되는
비율입니다.

60%는 모자란 듯해서 만회하기가 버겁고, 80%는 이미 거의 다 간 심리적인 8부
능선입니다.

이 모호한 비율의 70%라는 운명의 힘은 인생에서 헤매고 있는 사람에게는
포기의 <덫>이 될 수 있습니다.

반면에 잘 풀리는 사람에게 70%의 힘은 자신감과 긍정적 효과를 줘서, 마치

돛단배에 돛을 단 듯 술술 나갈 수 있어 <돛>이 될 수 있지요.
이 애매모호한 70% 공식에 지레 휘둘려서 모두 운명의 탓으로 돌려버리면
인생은 고만고만한 항구에 <닻>을 내려 정박해버리고 요지부동 더 나갈 수 없게
됩니다.
이 때문에 자기도 모르는 사이에 어떤 정보가 생각의 기준이 되어 거기서
벗어나지 못하는 현상을 '닻내림 효과'라고 말하기도 하지요.

생사를 운명론으로 유도하기 딱 좋은 운칠기삼運七技三이라는 말을 과연
인생사의 공식으로 봐도 타당한 걸까요?
경마에서도 이 공식에 따라 마칠기삼馬七騎三 말의 능력 7할, 기수의 기량 3할이라 하는데,
대체 왜 모두 한결같이 7:3으로 나누는 것인지 너무나 궁금합니다. 0:10까지는
바래지도 않아요. 왜 1:9 운일기구運一技九는 없는 건가요?
하다못해 그냥 반대로 운삼기칠運三技七이라도 없는 건가요?

요재지이(1766년 발간) 표지와 본문, 그림 | 포송령 저

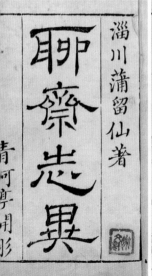

포송령(1640-1715) | 청대 괴이문학의 최고봉

별로 썩 기분이 좋지는 않은 이 말이 유래된 것은 『요재지이聊齋志異』라는 책입니다.

『요재지이』는 중국 청나라 때인 1766년에 발간된 괴이 문학의 대표작이지요. 『요재지이』를 쓴 작가 포송령1640~1715이 무려 40년간 매달려 완성한 작품입니다. '요재聊齋'라는 것은 포송령의 서재 이름이기도 하고 자신의 아호이기도 합니다. 포송령은 몹시 가난한 집 출신으로 과거에 급제하지 않는 이상은 아무리 해도 출세가 불가능한 신분이었지요. 흙수저이자, 운칠복삼運七福三을 뼈저리게 느끼며 산 사람이겠지요.

"붓끝에 신기가 어리고 글에서 기이한 향내가 난다."라고 까지 아주 젊어서부터 칭찬을 들은 포송령이지만, 아무리 해도 과거 시험에 합격이 되지 않고 재수, 삼수, 사수…. 계속 낙방하면서 나이 사십도 금세 넘겨버립니다. 겨우겨우 1차에 합격한 것이 환갑을 넘어서이니, 정말이지 운도 어지간히 없습니다.

포송령은 당장 먹고살기 위해 부잣집 가정교사로 다니면서 목구멍에 풀칠을 하게 되지요. 이 고달프고 서러운 삶에서 포송령이 선택한 것이 바로 작가의 길입니다. 무려 40년에 걸쳐 『요재지이』를 완성해 괴이 문학 불후의 명작을 남기게 됩니다. 이 기담 모음집은 속칭 <귀호전鬼狐傳>이라고도 불립니다. 장국영, 왕조현 주연의 그 유명한 <천녀유혼1987>도 이 요재지이에서 유래한 이야기라면 놀라시겠지요.

『요재지이』의 포송령이 쓴 7:3의 운명론은 바로 60세가 넘도록 과거에 급제하지 못했던 자신의 라이프 스토리를 각색한 것입니다. 얘기는 다음과 같습니다.

옛날에 한 선비가 흰 수염이 나도록 과거 공부를 했습니다.

그 선비보다 변변치 못한 사람들은 모두 과거에 급제했지만, 선비는 늙도록 급제를 못 하고 패가망신 지경에 이르렀지요.

선비는 옥황상제를 찾아갔습니다. 자신이 평생을 공부해도 급제를 못 하는 그 부당함을 마구 따져 물었지요.

그러자 옥황상제가 말했습니다.

"좀 기다려봐라. 내가 신神을 일단 두 명 부를게. 시방 내가 여기 부를 신은, 흠, 뭐시냐 그… 운명의 신이랑 정의의 신이다. 두 신에게 술 내기를 시켜보자. 정의의 신이 술을 더 많이 마시면, 인생이 부당하다고 하는 네 말이 정녕 옳은 것일 테고, 운명의 신이 더 많이 마시면 세상사가 그런 것이려니 하고 네가 포기해라."

곧 술 내기 판이 벌어졌습니다.

운명의 신 일곱 잔, 정의의 신이 석 잔을 마시는 것으로 내기가 끝이 났습니다.

운명의 신 일곱 잔 vs 정의의 신 석 잔. 여기서 나온 7:3의 법칙.

근데 사실 신들이 내기를 고스톱으로 했어도, 낚시로 했어도, 축구로 했어도, 결과는 어차피 7:3이었을 겁니다.

이 이야기는 결국 포송령 자신이 아무리 노력해도 급제하지 못하자, 운명의 막대한 힘을 인식하면서도, 나머지 30%의 재능과 노력에 희망을 걸어보았다는 깊은 여운을 남깁니다. 포송령이 자신의 비참한 신세를 완전히 운명의 탓으로만 돌리고 포기했었다면, 이 이야기에서도 아마 정의의 신이 사례가 걸려 술을 한 잔도 못 마시고, 운명의 신이 10잔을 모두 마시는 것으로 묘사했을 겁니다. 이건 운십기영運十技零이지요.

포송령은 새로운 길을 개척해서 무려 40년을 바친 대작을 완성함으로써 중국 문학사에 길이 남은 것이지요. 혹여, 포송령이 70%의 운으로 관직에 올랐다면, 이런 역사적인 대문호로 남을 수 있었을까요?

그리고 60살을 넘겨 결국에는 1차 합격하는 그 기다림과 그 집념.

포송령은 70% 운명의 덫에도 걸리지 않았고, 닻을 내려 안주하지도 않았던 것입니다.

운명의 신이 마신 일곱 잔의 술과 포송령의 인생의 이야기는 우리에게
생각할 여지를 많이 남깁니다. 삼성그룹을 세운 호암 이병철 회장은 생전에 주변
사람들에게 붓글씨를 자주 써주었는데, 이 세 글자를 즐겨 썼다고 하지요.
'운運 둔鈍 근根'
즉 사업에 성공하려면 운이 따라야 하고, 당장에 운이 없으면 우직하게 기다릴
줄 알아야 하며鈍, 운이 닿더라도 근성根이 있어야 운을 내 것으로 만들 수 있다는
것이지요. 매우 현실적이고 체험적인 가르침으로 다가옵니다.

한편으로 선대의 많은 도인이 궁리한 것이 바로 70%를 어떻게 최대한 줄이고
30%를 어떻게 최대한 늘이는가였지요. 그 답으로서 수천 년 동안 공통으로
제시된 것 확실한 두 가지는 바로 선행과 기도입니다.
종교적인 어떤 의미로서가 아닌, 이 두 가지는 정해진 운명의 괴팍한 힘을
어떻게든 밀어내고 우리의 의지와 꿈을 훨씬 더 자유롭게 해줍니다.

참, 그리고 노력이 반드시 있어야 하는 이유를 마지막으로 알려드릴게요.
로또 1등 당첨자의 70%는 자동 번호로 당첨이 된다는 공식 통계가 있습니다.
이거야말로 빼도 박도 못하는 운칠기삼입니다. 놀랍지요?
하지만 노력이 필요한 이유.

어느 실직자가 신에게 간절히 빌고 또 빌었습니다.
제발 복권에 당첨되게 해달라고요.
10년을 간절히 손바닥이 헤지도록 빌어도 신은 기도에 응답해주지 않았습니다.
그 실직자가 눈물을 흘리며 신을 원망했습니다.
"아무리 그래도 그렇지 이토록 간곡하기도 힘든데 그 소원 하나 못 들어주시는
겁니까??!!!"
신이 담담하고 시크하게 대답했습니다.
"애야, 아무리 그래도 그렇지, 복권은 사야 할 것 아니냐?"

'용하다'는 어디서 유래한 단어일까?

운룡도 | 황지아 作

'용한 점쟁이'라는 말은 요즘도 많이 씁니다.

주로 의원의 의술이 뛰어나거나 무당이 영험할 때, 이 '용하다'는 형용사를 쓰지요. 재주가 특출해서 무언가를 뛰어나게 잘한다는 뜻입니다. 영靈한 점쟁이와 동의어이지만, 뉘앙스의 차이는 분명 있습니다.

그런데 이 '용하다'는 단어는 대체 어디서 온 것일까요?

이 단어는 이미 16세기 문헌에 등장합니다. 1588년 『소학언해』 거의 500년이나 사용한 제법 오래된 단어이군요.

어근으로 쓴 이 '용'은 뭘 뜻하는 걸까요? 바로 '용龍'이랍니다. 『표준국어대사전』에 용하다의 어근을 용龍이라고 명시

사악하고 적대적인 존재인 서양의 드래곤과는 달리, 동양의 용은 복, 수호, 권위, 변화무쌍한 조화 능력을 상징하는 영수靈獸입니다. 용은 시복신施福神, 즉 복을 가져다주는 신이자 길상의 상징입니다. 또한 극양極陽의 상징이면서 구름과 비를 움직여 만물에게 베푸는 대길한 상징이기도 합니다.

용은 등 쪽에 커다란 비늘이 한 줄로 주욱 81개가 있습니다. 하고 많은 비늘 수를

81개로 특정한 이유는 무엇일까요. 9×9=81이지요. 9는 양陽의 수이고, 그런 9를 두 개 중복시킴으로써 용은 극양極陽의 의미를 띕니다. 주역에서도 용은 모두 여섯 개의 양효陽爻로만 이루어진 건괘乾卦의 상징이기도 합니다. 여섯 마리의 용이 이 건괘를 상징하는데, '육룡이 나르샤'가 바로 여기서 기원하는 것이지요.

또한 물을 지배하는 수신水神의 성격이 대종을 이루면서 민간에서는 용신龍神 신앙을 형성하기도 했습니다. 불교에서는 팔부신중八部神衆의 하나가 됐지요. 신중탱화에 용왕이 들어가도록 그린 탱화도 많습니다.

결국 동양권에서 용은 신령함과 변화무쌍함의 대명사였다고 보면 됩니다. 용꿈을 최고로 치는 까닭도 여기에 있겠지요. 한마디로 요즘 식대로 표현하자면, '용이 용했네'입니다.

16세기 그 당시에 언어유희에 밝은 누군가가 이런 식으로 신조어를 처음 만들었을 법합니다. '용龍'의 신통함에 '하다'를 붙여 어떤 일에 특출한 사람에 대해 처음 쓰게 된 것이고, 그러다가 주로 의원이나 무당에게 사용했고, 그것이 요즘 우리가 쓰고 있는 '용한 점쟁이'의 시초가 된 것이겠지요.

참, 위에서 용 비늘이 나온 김에, 조금 샛길로 빠지긴 하지만, 흥미로운 것 한 가지 알려드릴까요? 영수靈獸인 용을 킹 받게 하는 방법을 살짝 가르쳐드릴게요. 용 목 밑쪽을 보면 지름이 한 자나 되는 큰 비늘이 한 장 있습니다. 그 비늘을 중심으로 반대 방향으로 49장의 비늘이 붙어있어요.

이 비늘들을 '역린逆鱗'이라고 해요. 거슬러 난 비늘이라는 뜻이지요. 거기가 용의 급소예요.

역린을 건드리면 굉장한 통증이 오며, 당연히 용은 미친 듯이 화가 나서 건드린 사람을 반드시 물어 죽인다고 하지요.

'역린을 건드린다'라는 말이 바로 여기서 나온 말이랍니다.

천룡신중도에 묘사된 용왕

천룡신중도 | 조선시대 | 두훈斗薰 作 | 국립중앙박물관 소장

범인 잡을 때 치던
'범인점犯人占'

과학 수사가 열일하는 요즈음입니다. 거짓말 탐지기, 유전자 검사, 포렌식 분석, 프로파일러, 9초마다 노출되는 CCTV 등 완전 범죄가 비집고 들어갈 틈이 어디 있겠나요. 하지만 과학 수사가 없었던 옛날에는 신원 확인부터가 어려웠으니 조그만 마을에서 범죄를 저지르고 먼 곳으로 달아나 버리면 범인을 찾기가 어려웠겠지요.

저잣거리에 수배자 몽타주가 붙는다 해도, 그게 먹과 붓을 가지고 그린 것이라서 어지간한 특징이 있지 않은 다음에야 수배자 본인이 바로 옆에서 함께 그림을 보고 있어도 못 찾을 것 같습니다.

조선시대에는 이 지명수배자 몽타주를 <용모파기容貌疤記>라고 불렀어요.

<용모파기容貌疤記>란 범죄를 저지른 사람을 잡기 위해서 용모와 특징을 그린 기록입니다. 한지에 먹으로 그렸고 의금부 나졸들이 붙이고 다녔다고 합니다. 임꺽정의 지명수배 전단 <용모파기>에 대한 기록1559은 명종실록에까지 기록될 정도로 유명하지요.

tvN 드라마 <왕이 된 남자(2019)>

용모파기 몽타주는 사극에서 자주 보셨지요. 몇 가지만 볼까요.

드라마 <왕이 된 남자2019>에 나온 몽타주입니다. 여진구 씨가 왕(광해군)과 광대(하선)의 1인 2역을 하지요. 이 몽타주는 의금부에서 붙인 것이 아니라,

누군가가 문제를 터뜨리려고 방을 붙인 것이었지요. 글쎄요, 저 정도의 그림으로 얼굴의 주인공을 찾아낼 수 있었을까요?

이다음 몽타주는 범인을 수배하는 <용모파기>는 맞는데, 이런 입체적이고 사실적인 용모파기는 조선시대에 없었겠건만, 드라마에서 너무 세밀화로 그려서 흑백사진 같이 돼버렸네요.

MBC 드라마 <옥중화2016>의 장면입니다. 역모 죄인 옥녀라고 되어있고 달걀형 얼굴의 미색, 5척의 키 등 특징을 적어놓았네요.

MBC 드라마 <옥중화(2016)>

사실 용모파기로 사람을 잡으려면 수배자가 아주 특별한 특징이 없는 이상 아니라고 잡아떼도 그만이겠습니다. 적어도 다음 그림 정도의 특징은 있어야 잡을 수 있을 것 같군요. 이제 이것이 진짜 방榜으로 붙은 몽타주 형식입니다.

공주 현감이 낸 방문榜文입니다. 부녀자를 겁탈한 용의자이군요. 특징은 얼굴 좌측에 있는 시커먼 왕점과 6척의 신장, 큰 얼굴, 짙은 눈썹, 높은 코, 큰 입이라고 설명해놓았습니다.

하나만 더 볼까요.

이 용의자는 소도둑으로, 특징은 안면 우측에 자상刺傷 같은 긴 흉터가 선명하고 신장과 체구가 크다고 합니다. 요즘 같으면 점이나 흉터는 모두 레이저로 지우고 활보하겠지만, 옛날이야 왕점과 긴 자상刺傷을 없앤다는 것이 불가능했겠지요.

조선시대 당시에도 과학 수사를 하려고 나름의 연구를 많이 했답니다. 놀랍게도 법의학서와 과학 수사지침서가 있었습니다. 그 내용을 보면 당시로서는 첨단 기법이었겠구나 하는 생각이 들 정도입니다. 우리나라의 법의학서는 15세기 초에 발간된 『신주무원록 新註無寃錄 1440』이 최초입니다. 중국 원나라 왕여가 지은 『무원록』을 저본으로 세종의 명으로 최치운 등이 편찬했습니다. '무원'이란 원통함이 없게 한다는 뜻이니, 억울한 사람들이 나오지 않도록 애쓴 흔적이 제목에서도 엿보입니다.

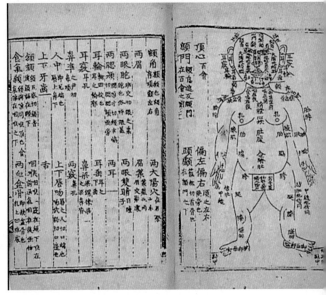

신주무원록(1440) | 우리나라 최초의 법의학서

당시 관리들의 필독서였다는 『신주무원록』에 나온 조사 기법 두 가지만 볼까요.

❶ 살인 현장에서 흉기로 의심이 된 칼을 발견했으나, 범행 흔적은 찾을 수 없는 경우.
➡ 칼을 숯불에 달군 뒤, 식초로 칼을 씻습니다. 흉기로 사용된 것이라면 선명하게 핏자국이 나타난다고 합니다. 단백질이 산성과 만나 응고되는 현상을 이용한 것이지요.

❷ 독살이 의심되는 경우.
➡ 은비녀를 쥐엄나무 껍질 삶은 물에 씻은 후, 독살당한 사람의 목구멍에 넣고 종이로 밀봉했다가 꺼내 봅니다. 은비녀가 청흑색으로 변색되었으면 독살입니다. 유황이나 비소가 은에 노출되면 검은 막을 형성하는 원리를 이용한 것이지요.

영화 <혈의 누(2005)> 포스터

이러한 독살 확인 장면이 영화에서도 묘사된 것이 있었는데, 조선시대 수사반장 격인 <혈의 누2005>에서 였고, 차승원 씨가 수사관으로 나왔습니다.

때는 1808년. 화재 사건을 해결하기 위해 외딴섬으로 수사관 이원규 일행이 파견되는데, 그 섬에서 연쇄 살인 사건이 일어납니다.

바로 여기서 독살을 확인하는 장면이 있었지요. 수사팀은 이렇게 검게 변한 은비녀를 확보합니다. 은비녀를 구강과 식도에 넣어 독살을 확인하다니, 조선판 <CSI>의 과학 수사라고 해도 될 만합니다.

검시 및 비녀 사진 | <혈의 누>에서 은비녀로 독살을 확인하는 장면

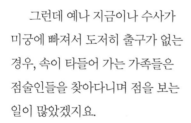

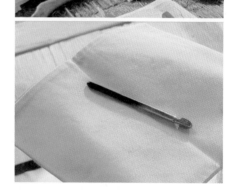

그런데 예나 지금이나 수사가 미궁에 빠져서 도저히 출구가 없는 경우, 속이 타들어 가는 가족들은 점술인들을 찾아다니며 점을 보는 일이 많았겠지요. 그리고 실제로 그런 실화가 영화로 만들어진 것이 있어서 흥미롭습니다. 영화에서 담당 형사와 역술인의 실명을 그대로 사용해서 화제가 되기도 했습니다. 바로 공길용 형사와 역술인 응봉應峰 김중산 선생입니다. 영화는 <극비수사2015>이고 이 사건은 1978년 대한민국을 떠들썩하게 만들었던 정효주 양 유괴사건입니다. 아이가 유괴되고 범인과 연락이 두절되자, 애가 타는 가족들은 유명 점집을 돌아다니며 점을 봅니다. 그러나 어디를 가나 아이는 이미 죽었다고 합니다. 마지막으로 찾아간 역술인이 바로 김중산 선생.

유해진: 저는 도사 '김중산' 역을 맡았어요. 모두 아이가 죽었다고 했을 때, 유일하게 아이가 살아있음을 확신하죠. 사주풀이를 해보니 아이를 찾을 수 있는 딱 한 명이 있더라구요. 바로 공 형사님!

영화에서 '김도사'로 불리는 김중산 선생은 아이가 분명히 아직 살아있으며, 보름이 지나면 범인으로부터 첫 연락이 온다고 했습니다. 보름째 말 그대로 범인으로부터 연락이 왔고, 결국 33일 만에 아이는 부모 품으로 무사히 돌아오게 됩니다.

응봉 김중산 선생은 성철스님 문중으로 출가했다가 환속해서, 1971년에 부산에서 박도사 제산 박재현 선생을 만나 명리에 입문한 분입니다. 영화에서는 김중산 선생 역으로 유해진씨가 나오는데, 선생의 실제 모습은 이러하십니다. 유해진 씨 뒤에 있는 족자나 책은 모두 김중산 선생으로부터 잠시 빌린 것이랍니다.

응봉 김중산 선생 | 자택 서재

이렇게 어떤 사건의 범인을 찾아내려고 점을 치는 것은 사실 역사가 오랜 것인데, 이것을 〈범인점犯人占〉이라고 부릅니다. 예전부터 민간에서 내려오는 범인점의 여러 양상이 무라야마 지준이 채집 정리한 『조선의 점복과 예언村山智順 저. 동문선』에 나와 있어서, 흥미로운 몇 가지만 발췌해봤습니다. 지금 우리가 보기에는 실소를 금할 수 없는 완전한 미신이지만, 이러한 습속이 실제로 활발하게 <범인점>으로 행해진 것이라면, 그것이 나름대로 뭔가 맞췄기 때문에 대대로 내려온 것인지, 아니면 범죄 혐의자의 공포심을 유발하여 자백을 유도하는 장치였었는지 궁금합니다.

- 도난 사고가 있었을 경우, 범인의 발자국에 마른 겨자를 태우면 범인이 발에 통증을 일으켜 도주하지 못하고 금세 검거된다. (전라남도)

- 범인으로 지목되는 혐의자가 많아 진범을 밝혀내기가 어려울 때는, 달걀을 화로 속에 묻은 다음 그 주위에 혐의자들을 주욱 앉힌다. 그러면 달걀이 파열하면서 진범의 눈으로 튀어 쉽게 밝혀진다. (함경북도)
  이 방법은 옛날 관리들이 자주 사용하던 방법이랍니다. 과학 수사가 아니고 계란 수사.

- 범인이 누군지 알 수 없을 때, 소고기 한 점을 부엌의 밥솥 옆에 두고 매일 밥을 지을 때마다 콩을 붙이면서 범인이 나타나기를 빈다. 그러면 며칠 안으로 반드시 범인의 얼굴에 종기가 생겨 그것으로 범인을 밝혀낸다.

- 도둑을 잡으려면, 마을의 집집마다 쌀 세 알씩을 각출해서 인형 모양의 떡을 빚은 후 인형의 눈에 바늘을 꽂는다. 그리고 나서 이 인형을 마을 공동 우물 하수구에 묻어두면, 도둑은 석 달 이내에 눈이 멀거나 중병에 걸린다. (충청남도)

제일 끝에 인형 떡은 무섭네요.
근데 저 달걀 껍데기, 어디로든 튀기는 튈 텐데 행여나 무고한 사람이 범인으로 지목되는 일은 없었겠지요? 바로 이런 이유 때문에 최초의 과학 수사지침서에 『무원록無冤錄』이라는 제목을 붙인 것이겠지요. 원통함이나 억울함이 없도록 한다는 의미이니까 말이지요.

장자의 긍경肯綮,
이소룡의 발차기 만번,
그리고 역술의 묘

'긍경'이라는 이 이상한 단어는 장자莊子가 언급한 단어입니다. 글자만으로 보면, '긍'은 뼈에 붙은 고기, '경'은 힘줄을 뜻합니다. 아무리 봐도 정육점과 관계될 단어 같은데, 도가道家의 대표적 인물인 장자는 이 단어를 왜 사용한 걸까요?

이 긍경이 쓰여진 것은 <포정해우庖丁解牛>라는 장자의 우화에서입니다. 나비의 꿈, <호접지몽胡蝶之夢>만큼이나 유명한 우언寓言이지요. 포정(백정)이 소를 발골하는 방법으로써 도道를 설명했으니, 참으로 장자다운 발상의 우화입니다. 이 우화에서 강한 인상을 남기는 부분을 잠시 보고, '긍경'이 역술이 갖춰야 할 묘妙와 어떻게 연결될 수 있는지를 훑어보겠습니다.

긍경 | 진성당 목리 용운

포정은 칼로 소를 해체하는 유명한 소잡이였습니다. 일본어에 '호쵸包丁 포정'가 식칼이라는 의미로 쓰이는 것도 여기서 유래한 표현입니다. 만화 <나루토>에서만 봐도 수절포정首絶包丁 쿠비키리보쵸이라는 닌자도가 나오는데, 그게 목을 자르는 참수 식칼이고, 그 근원이 모두 이 장자 우화의 포정인 거지요. 포정의 발골 기술에 넋을 놓은 문혜군에게, 포정은 자신의 기술은 손끝의 재주 따위가 아니라, 바로 도道라고 설명합니다. 포정이 쓰는 칼은 19년이나 되어 수천

포정해우 | 서書 진묵당 진성스님 作

마리의 소를 잡았지만, 칼날은 방금 숫돌에 간 것과 같다고 합니다.
보통의 초짜 소잡이인 족포族庖는 매달 칼을 바꾸는데 그것은 무리하게 뼈를
가르기 때문이요, 다음 단계의 솜씨 좋은 소잡이인 양포良庖는 1년마다 칼을
바꾸는데 그것은 무리하게 살을 가르기 때문이라고 합니다.
포정도 처음에 소를 잡을 때는 소만 보여서 손을 댈 수도 없었지만, 3년이 지나자
어느새 소의 전체 모습은 눈에 보이질 않았고, 마침내는 눈의 작용이 멎고 정신의
자연스러운 작용만 남았다고 합니다.
"요즘 저는 정신으로 소를 대하지 눈으로 보지는 않습니다.臣以神遇 而不以目視"
이것이 바로 술術을 넘어서 묘妙가 되고 도道가 되는 과정입니다.

　'긍경'은 포정이 살과 힘줄을 건드리지 않고도 소를 해체했다 하여 등장한
단어이고, 후에 '사물의 급소와 요처'를 의미하게 됐습니다. '중긍경中肯綮'이라고
하면, 일의 급소를 찌르는 것, 요점을 정확히 파악하는 것을 뜻하는 것이지요.
장자가 <포정해우>를 통해서 말하는 것은, 단순히 '달인의 경지'라든가 '도가
텄다'고 우리가 보통 말하는 경지로 간단히 설명되지 않는 커다란 맥락이 있기는
합니다. 그저 기술의 묘妙만 칭찬하는 우언이 아니고, 양생養生의 도가 거기서
설명이 되는 거지요.

하지만 우리는 너무 멀리 가지 않고, 재주로서의 술術을 넘어서 묘妙가 되는 여기까지의 차원에서만 역술과의 접점을 찾아보기로 합니다.

우리는 늘 우리의 사주를 '중궁경' 할 수 있는 역술인을 찾습니다. 즉 우리 운명에 대해 급소 좀 찔러보라는 말이지요. 위에서 포정은 소를 눈으로 보지는 않는다고 했습니다. 여기서 '본다'는 볼 시視 자로 썼습니다. 사주를 '보는' 것은 간명看命이라고 합니다. 우리 명을 간看하는 작업인데, 이 '볼 간看'이란 한자를 보면 눈 목目에 손手을 대고 자세히 보는 모습을 상형한 글자입니다. 눈의 작용을 멈추고 정신으로 만나야 사물의 급소를 찌를 수 있다 했는데, 이는 사주를 간명 하는 데에 있어서도 마찬가지입니다. 눈의 작용을 멈춘다 함은 사주 각 글자의 조합으로 외운 기계적인 리딩과 단순한 간看에서 벗어남이며, 정신으로 사주를 대한다 함은 자연의 규칙과 이치를 알아 통찰로써 안다는 뜻이겠습니다. 이런 경지를 직관적으로 이해하기 쉽도록 일례를 들어보겠습니다. 관상의 대가이신 회당晦堂 신기원 선생님이 이전에 하신 말씀 가운데, 관상을 볼 때 눈 코 입 하나하나의 형태를 곧이곧대로 보는 것이 아니고, 그저 전체를 턱 보면 "엇! 좋은 관상이구나!" 하는 감이 온다고 하셨는데, 바로 이런 통찰이 그런 경지입니다.

그러면, 사주의 급소와 핵심을 찌를 수 있는 중궁경의 경지는 어떻게 해야 얻어지겠는지요? 포정은 19년 동안 수천 마리의 소를 잡았다고 했습니다. 그러다 보니 손끝의 재주가 아니라 도가 됐다고 합니다. 반복이 요량이 되었고, 요량이 성찰이 되었고, 성찰이 통찰이 되었겠지요. 불광불급不狂不及, 미치지 않으면 못 미친다, 즉 미친 듯이 해야 도달할 수 있다는 것입니다.

이런 도리를 단순명쾌하게 설명하는 명언 하나를 소개합니다. 남녀를 불문하고 한때 참으로 열광했던 이소룡. 이소룡의 다음 이 말이 그것입니다. "내가 두려워하는 사람은 만 가지 킥을 한 번씩 연습한 사람이 아니라, 오로지 한 가지 킥을 만 번 연습한 사람이다."

많은 생각을 불러일으키는 말이지요.

수 없이 '사주 킥'을 날려 마침내 긍경에 닿고 급소를 가격하는 역술인을 우리는 목마르게 찾습니다.

이소룡 | "내가 두려워하는 사람은 만 가지 킥을 한 번씩 연습한 사람이 아니라, 오로지 한 가지 킥을 만 번 연습한 사람이다."

I fear not the man who has practiced 10,000 kicks once,
but I fear the man who has practiced one kick 10,000 times.

역술인과 기업인의 밀접한 관계, 대체 왜일까?

보통 '박도사'로 알려진 부산의 제산 박재현 선생은 도계 박재완 선생, 자강 이석영 선생과 더불어 한국 역술계의 빅 3 가운데 한 분 입니다.
100개 이상으로 문파가 많은 한국의 명리학계이지만, 이 세 분 선배 역술인에 관한 평가에는 흔들림이 없다고 생각합니다.
박도사는 박정희 전 대통령의 죽음을 예언했다가 중앙정보부에 끌려가기도 했다는 유명한 일화도 남아있습니다. 이때 박도사는 박 대통령의 사주 명식을 정확히 알고 있었다고 합니다. 지금부터 10년 전쯤에 박도사 제산 박재현 선생의 간명지를 모아놓은 자료철의 일부가 유출되는 일이 있었습니다. 제가 잘 아는 역술인 몇 분도 이 간명지 복제본을 가지고 있더군요. 박도사가 직접 쓴 것이 아니라, 옆에서 돕는 사서들이 작성한 필사본 묶음입니다. 당시 파장이 제법 컸습니다.

| 박도사 간명지의 제산 박재현 선생 |
자료 제공 : 역산 유정준 선생

박도사 간명 필사 복제본은 지금까지도 중고 책방에서 5만 원 정도에 거래가 되고 있지만, 초기에는 수백만 원씩에 유포됐었습니다. 이 일이 파장이 컸던 이유는, 제산 박재현 선생이 수십 년 동안 운세를 봐준 정계, 재계, 기타 많은 사회 지도층의 수많은 정보가 담겨 있었기 때문입니다.

태어난 시부터, 숨겨놓은 사실까지, 그야말로 탈탈 다 털린 겁니다. '어머니가 둘이다' 라거나 '이복형제가 있다' 등 이런 민감한 사실들까지 간명지에 다 적혀있었다지요.

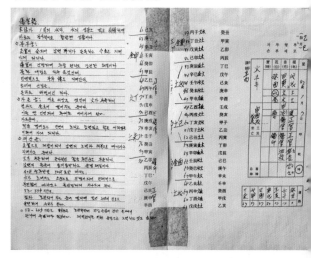

박도사 간명지 | 자료 제공: 역산(曆山) 유경준 선생

요즘 역술인의 블로그나 유튜브에서 유명 인사의 사주풀이를 하는 경우가 자주 보이는데, 예전 정·재계 인사들의 사주는 여기서 흘러나온 것이 제법 많습니다.

하긴 정계·기업인과 역술인·무속인의 관계는 어제 오늘의 일은 아닙니다.

지금 바로 이 시간에도 선거 결과를 예측해보려고, 사업을 상의하려고, 쉽게 답이 안 나오는 문제를 점쳐보려고 역술인이나 무속인을 찾는 사람들이 많겠지요. 정 답답하면 부적도 써볼 것이고, 정 안 풀린다 생각하면 굿도 할 것이고요.

삐끗해서 일을 그르치면 일반인들보다 더욱 거센 파장을 맞을 사람들인데, 궁금한 것은 이런 계층의 일부 사람들이 가지고 있는 점복에 대한 그 신념이 어디서 오는 것인가 하는 것입니다. 그 연원을 찾아가 보면, 일단 점술사의 말을 듣고 크게 성공한 긍정적인 경험이 한 번 이상은 있었다고 봅니다.

두 가지 예를 들어보겠습니다. 우선 국내 대기업 모 회장의 경우입니다. 1990년 무렵에 증권회사에 근무하던 한 점술가가 있었습니다. 신내림을 받은 사람이라고도 하고 역술 공부를 했다고도 하며 설은 분분합니다. 이 점술가는 대기업 모 회장의 신임을 엄청나게 받았다고 합니다. 『주간현대』 김길태 기자 기사에 따르면, 자녀들에게 이 점술가를 아버지처럼 대하라고 말할 정도로 신뢰했다고 하지요. 실제로 이 점술가는 재력가들의 선물투자에 뛰어난 조언으로 고수익을 올려줬다고 합니다. 모 회장의 경우도 수 차례 큰 성과를 내면서 이 점술가를 자회사 고문으로까지 임명하게 됩니다.

그런데 이 선물투자로 결국에는 수천억의 손실을 보게 됩니다. 그 이후에는 다시 어떻게 전개됐는지는 모릅니다만, 2011년도까지의 이 사건은 이런 양상이었습니다. 수익을 내게 할 때와 손해를 보게 할 때, 즉 점이 척척 맞아 들어갈 때와 전혀 맞지 않는 때, 이 양극단은 대체 무엇으로 설명해야 하는 걸까요?

두 번째 예로, 한보 그룹의 정태수 전 회장의 일화는 사실 더 유명합니다. 영화로까지 나왔으니까요. <국가 부도의 날2018>입니다.

영화 <국가 부도의 날(2018)> 포스터

영화는 1997년 한보 그룹이 최종 부도 처리되면서 비롯된 외환위기의 이야기로 시작합니다. 김혜수가 당시 재계 14위의 대기업 한보 그룹 사옥을 찾아가는 장면이 나오는데, 한보 그룹의 본사는 도심의 고층 빌딩이 아닌 대치동 은마 아파트 상가에 조그맣게 자리 잡고 있었지요. 한보 정태수 전 회장이 은마 아파트를 본사로 삼은 것은 역술인의 풍수지리에 따른 것이었다고 합니다. 그 자리가 명당이었다고 하네요. 원래 세무 공무원이었던 정태수 전 회장이 공무원 생활을 접고 사업을 시작한 것도 한 역술인에게 점을 보고 나서입니다. 지금은 작고한 그 역술인은 당시에 김종필 전 국무총리, 삼성그룹 임원들이 많이 찾던 역술인이라고 합니다. 그 역술인은 정태수 전 회장에게 흙土과 관련된 사업을 권했고, 정 전 회장은 헐값으로 광산을 인수하면서 한보 그룹의 시초를 마련합니다.

또한 역시 흙土과 관련된 사업으로 건설업에 손을 대 미도 아파트, 은마 아파트를 건설했고, 이 아파트들을 완판하면서 2천억을 거머쥐게 됩니다.

아파트 완판 신화 이후, 다시 금金을 만져야 큰돈을 번다는 역술인의 말대로
제철업을 시작했던 것이 무리한 확장이 되면서 IMF의 첫 시작을 알리게 되는
겁니다. 바로 이것이 한보 사태이지요.
이때 완전히 망한 정태수 전 회장이 박도사를 애타게 찾아다녔다는 소문도
있더군요. 처음에 잘 맞는다고 하던 土에서 金으로 바뀐 이치는 모르겠습니다만,
아무튼 그 金이 쇠가 아니라 금융이었다는 역술인들의 재해석이 후에 이어졌다고
합니다.

삼성의 창업주인 고 이병철 회장이 사원 면접 자리에 박도사 제산 선생을
동석시킨 것은 이미 너무나 유명한 사실입니다. 삼성과 관련된 이런 일화도
있습니다.
2005년도에 용인시가 경기도 기흥의 구區 명칭을 다시 정하려 했을 때, 특히
삼성전자가 급 브레이크를 걸어서 이루어지지 않았다고 합니다. 기흥은
삼성전자의 세계적인 반도체 생산기지가 있는 지역입니다. 기흥器興은 '그릇이
흥한다'라는 뜻인 데 반해 새로운 명칭인 구흥駒興은 '망아지가 흥한다'는
의미라서 삼성은 당시 몹시 속앓이를 합니다. 더구나 이 망아지 구駒 자에는
'흩어지고 모여들지 않는 모양'이라는 뜻이 있어서 원래 이름인 '기흥'에
들어있던 '그릇'의 의미와는 정반대가 되어 버린 거지요. 정보 저장의 그릇인
반도체라는 의미가 흩어질 판이었으니 결사반대했다는 뒷얘기입니다.

기업의 명운을 풍수지리에 거는 일은 사실 삼성전자의 이런 일화 이외에도
제법 많습니다. SK 그룹의 본사인 SK 서린 빌딩 자리는 불의 기운이 강한 터라
해서, 고 최종현 회장의 요청으로 1990년대 초 이 건물을 설계할 때부터 불의
기운을 막도록 했습니다. 그 결과 건물 네 귀퉁이를 떠받치는 기둥 하부에 물결
모양의 무늬로 거북의 발 모양을 형상화했고<서울경제>, 고병기 기자, 주 출입구 계단
양쪽에 거북의 머리와 꼬리 모양을 만들어놓았습니다. 우리나라에서 거북은 오래
산다고 하여 상서로운 동물이기도 하지만, 해태와 더불어 화기火氣를 막아주는
영물, 수신水神으로서의 상징도 강한 것이지요.

역술에 대한 일부 사업가들의 믿음이 미신에의 의존이라고 칼같이 말할 수는 없습니다. 역술 자체가 완전한 미신인지 유사 과학인지 학문인지 제3의 무엇인지 자체가 분명하지 않으니, 어떤 규정을 짓는다는 것이 빈손으로 허공에 칼질하는 격이겠지요.

확실한 것은 정·재계의 인사들이 점술에 끌리는 성향이 있다면 그 이유는, 이들이 '불확실성'이 매우 강한 분야에 있기 때문이 아닐까 싶군요. 예측이 없으면 외줄타기 같은 현재를 견딜 수가 없겠지요. 한 치의 결정 앞에서도 중압감이 크고, 한 치의 차이로 엄청난 파급력이 몰려오는 순간들의 연속에 살고 있으니까요.

그렇기는 해도, 역술이 끝까지 그 인생을 함께해주는 것 같지는 않습니다.

결국 어느 순간에는 모든 결정에 대한 결과를 자기 자신이 오롯이 맞아야 하는 것이기 때문입니다.

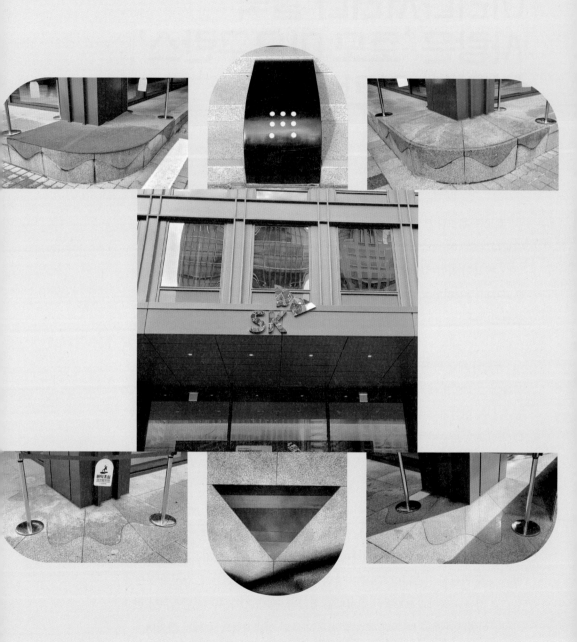

SK 서린빌딩에 형상화되어 있는 거북 모양. 위쪽이 머리, 아래가 꼬리이다.

이러나저러나 결국
사람은 '호모 아우구란스',
점치는 인간

호모 아우구란스homo augurans는 인류의 특성 가운데 점占을 치는 특성을
말합니다.민속학자인 김만태 교수의 신조어 인간을 뜻하는 호모homo에 '아우구로auguro
점치다'를 붙인 라틴어입니다. 점을 쳐서 앞날을 알아보려고 하는 인간의 행동은
태고부터 동서양을 막론하고 나타나니, 호모 루덴스 만큼이나 설득력 있는
특성입니다.

박도사 제산 박재현 선생이 장판의 색깔과 방 안에 있던 대접에 담긴 맑은
물을 보고 한약방에 올 손님의 이름이 '황하수黃河水' 라는 것을 알아맞혔다는 전설
같은 실제 이야기에 우리는 환호합니다. 실사판 무릎팍 도사의 영험한 점사에
대한 탄복은 도무지 가늠이 안 되는 불투명한 현실에 반짝 성냥불을 그어 비춰준
예지 능력에 대한 탄복이겠지요. 물론 불의 크기는 모기향 불부터 횃불까지
다양하긴 하겠습니다.
점 보려고는 사람이 많으면 당연히 점을 쳐주는 사람도 많겠지요. 현재 우리나라
역술인과 무속인을 모두 합한 점술인 인구가 100만을 넘는다고 하는 신문
기사를 본 적이 있습니다. 조선시대에도 점을 얼마나 많이 봤는지를 가늠해볼 수
있는 공식 기록이 있습니다. 18세기 말의 공식 통계가 남아있는데, 당시에 무당을
업으로 하는 사람만 2,600명이 있었다고 합니다. 민가 20가구마다 단골무당 한
사람꼴이었다고 하니, 거기에 역술로 점을 봐주던 점술사들의 수까지 합치면,
'점치는 사람'이 인간의 특성인 것은 예나 지금이나 맞기는 맞습니다.

조선조 임금들의 경우는 무당은 멀리했지만, 역술인, 특히 시각 장애인 역술인들을 곁에 두고 조언을 구하는 일이 많았습니다. 이름을 떨치던 시각 장애인 점술사로는 홍계관, 유운태, 함순영 등이 기록에 남아있습니다. 시각 장애 역술인들이 능력이 출중했던 이유는 시각 장애라는 육체적 제약이 아마도 심안心眼이나 영안靈眼을 더 밝게 해준 것이라는 생각이 듭니다. 하지만, 왕은 물론이고 정치인들과 가까이 있는 점술가들은 불행을 많이 겪기도 하고 권력 다툼에 이용을 많이 당하기도 했습니다. 동양이나 서양이나 이런 현상은 공통적이었지요.

히틀러는 다섯 명의 점성술사를 곁에 두고 관저로 자주 불러서 국사를 의논했습니다. 그 가운데 에릭 얀 하누센Erik Jan Hanussen 1889~1933이라는 가명으로 활동하던 점성술사는 히틀러와 그 제국의 몰락을 예언했다가 감옥에 갇히는 비운을 겪게 됩니다.

이처럼 예측을 해주었다가 죽임을 당하거나 해를 입은 점술사들의 사례는 동서양을 막론하고 어렵지 않게 찾아볼 수 있습니다. 점사가 틀려도 죽고 맞아도 죽으면 대체 어떻게 하라는 건가요.

중국 진晉나라 곽박郭璞 276~324이 그런 슬픈 예 가운데 하나입니다. 곽박은 풍수지리의 최고봉이라고 일컫는 『금낭경 錦囊經. 장경藏經이라고도 부름』을 쓴 학자로, 박학하기 이를 데 없고 시문에 뛰어나고 천문과 점술에 능한 천재였습니다. '풍수'라는 단어의 본적이 바로 이 곽박이 쓴 『장경藏經』에 있습니다.

곽박(276-324) | 중국 진晉나라 시인이자 학자

곽박은 48세 되던 해에 동진의 대장군이던 왕돈의 휘하에 있었습니다. 왕돈은 모반을 일으켜 황제 자리를 차지하려는 계획을 마음에 품고 있었습니다. 어느 날 왕돈은 곽박을 불러 역모 계획의 성사 가능성을 점치도록 했습니다.

곽박은 한마디로 딱 잘라, "일이 성공하지 못할 것입니다."라고 점쳤습니다.

왕돈은 아주 낙담을 하더니, 다시 자신의 수명을 점치게 했습니다.

"만약 병사를 일으키면 곧바로 화가 닥칠 것이요, 철병하면 오래도록 장수할 것입니다."

왕돈의 혈압이 순식간에 상승했습니다.

"뭬이야??!!"

화가 크게 난 왕돈은 이렇게 다시 물었지요.

"그럼 곽박 네 수명은 얼마나 되는고?"

곽박은 담담히 말했습니다.

"제 수명은 진작에 점쳐봤습니다. 제 명은 오늘로 끝이 납니다."

왕돈은 곽박이 목숨을 걸고 진언하는 것은 알고 그냥 보내주었습니다. 그러나 아무리 생각해도 의문의 일 패를 한 것에 못내 분을 삭이지 못하고 그날 저녁 곽박을 다시 잡아다 죽이고 말았습니다. 후세에 귀중한 저서들을 남긴 뛰어난 학자이자 점술의 기재奇才는 이렇게 삶을 마감합니다.

금낭경 표지와 본문 | 곽박 저 | 『장경葬經』이라고도 불리며, 『청오경青鳥經』과 더불어 풍수지리의 양대 기서 | 서울대학교 소장

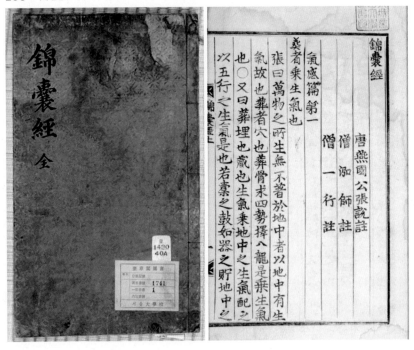

조선 중기에 살던 점술가로, 이름은 밝혀지지 않은 어느 시각 장애인 점쟁이의 기록도 유사합니다. 광해군의 즉위와 더불어 부와 권세를 거머쥔 이이첨1560~1623이라는 문신이 있었습니다. 광해군의 비호하에 두려운 것이 없던 이이첨이 1622년 임술년 어느 여름날 퇴청하고 있던 때입니다. 시각 장애인 한 사람이 온몸이 피투성이가 되어 걸어가는 것을 보았지요. 얼굴이며 몸이며 성한 곳이 없고 피가 뚝뚝 떨어지고 있었습니다. 이이첨은 시각장애인에게 다가가서 무슨 연유인지를 물었습니다. 그는 흐느끼면서 퉁퉁 부은 입으로 가까스로 대답했습니다. "이이첨 대감의 아들들이 소인을 부르더니, 아버지의 점을 쳐달라고 했습지요. 소인은 점이 나온 대로, 내년 계해년 3월에 아주 위험하다 했더니, 세 아들이 득달같이 달려들어 저를 두들겨 패고 행패를 부려 이렇게 됐습니다요. 아이고~사람 잡네~ 점친 대로 말한 소인이 뭔 죄인가요~~." 아하, 다음 해 인조반정이 일어났습니다. 광해군의 총애를 받던 이이첨은 반정이 일어나자 처자식을 데리고 도망가서 숨어있다가 체포되어 저잣거리에서 참수되었고 세 아들도 모두 처형되었습니다.

조선시대 점술사로 유명한 홍계관의 죽음에 얽힌 이야기도 남아있습니다. 아차산에 얽힌 전설이 되기도 한 유명한 이야기지요. 명종 때 점술사인 홍계관이 어느 날 자기 운을 점쳐보니 모월 모일 횡사한다는 점사가 나왔습니다. 깜짝 놀란 가슴을 진정시키고 횡사를 피할 방도를 다시 점 치자, 임금의 용상 밑에 숨어있으면 횡사를 면한다는 점괘가 나왔지요. 임금의 점을 자주 봐주던 홍계관은 왕에게 사정을 고하고 승낙을 받았습니다. 홍계관은 용상 밑에 웅크리고 숨어있는데, 멀리서 쥐가 한 마리 지나갔습니다. 왕은 홍계관의 실력을 알아보려는 마음이 발동해서 쥐가 몇 마리 지나갔는지를 물었지요. 홍계관은 시각 장애인입니다. "세 마리입니다. 전하!" 이런 엉터리 야매 점쟁이에게 여태 점을 봐온 것에 화가 난 왕은 홍계관의 목을 베라고 명했습니다. 홍계관이 형장에 도착하면서 점을 쳐보니 한 시간 정도만 버티면 살 수 있겠다고 나왔지요. 형리에게 사정 사정을 해서 집행을 늦추고 있었습니다. 그 시간에 왕은 짚이는 데가 있어 쥐를 잡아 배를 갈라보았습니다. 배 속에 새끼 두 마리가 들어있었습니다.

홍계관의 점술에 놀란 왕은 급히 신하를 보내어 참형을 멈추라 했습니다. 신하는 허둥지둥 달려가 형장이 멀리 보이는 곳에서 형리를 향해 멈추라고 소리치며 손을 막 흔들었지요. 홍계관의 사정에 형을 늦추고 있던 형리는 집행을 서두르라는 신호로 알아듣고 홍계관의 목을 치고 말았습니다. 신하가 돌아와 왕에게 자초지종을 고하자, 왕은 "아차!!! 늦었구나!!!" 하고 매우 안타까워했다고 합니다. 그 형장이 있던 고개가 바로 '아차산'이 된 연유입니다.

점술사를 권력 쟁탈에 악용하는 일도 자주 있었지요. 『명종실록』에 보면, 문정왕후의 동생이던 문신 윤원형은 점술사를 이용해서 권세를 이어가려고 했습니다. 당시 왕의 곁에서 점을 봐주던 국복圖ㅏ 김영창이 있었습니다. 역시 시각 장애인이었습니다. 조선조는 세자빈의 간택에서 사주가 매우 중요한 역할을 하던 시대입니다. 윤원형은 자신과 친한 황대임 대감의 딸과 세자를 혼인시켜 권세를 얻을 계획을 하고, 국복 김영창에게 훗날을 기약하면서 황 대감 딸의 사주를 몰래 길한 사주로 바꿔치기합니다. 사주를 바꾸어 세자빈으로 간택 되게 하다니, 엄청난 일을 저지른 겁니다. 그런데 황 대감의 딸이 자꾸 복통을 앓는다는 것이 밝혀지면서 윤원형은 결국 세자빈을 둘러싼 대립에서 오히려 불리한 처지에 놓이게 됩니다. 황 씨는 결국 세자빈에서 밀려나고 새로운 세자빈이 오르게 됩니다.

예나 지금이나, 점을 쳐주건 점을 보건, 참으로 얄궂고 때론 요망한 것이 바로 이 점占 같습니다. 그런 걸 알면서도 굳이 또다시 점을 보는 인간, 과연 '호모 아우구란스'가 맞습니다.

소경문수써고(연도 미상) | 김준근 作 | 출처 공유마당

새해 신수점을
동지부터 보는 이유

태양 마차 | 태양 숭배를 보여주는 북유럽 청동기 시대(B.C1,700-B.C500년 경) 유물. 발견되었던 지명을 따서 <트룬드홀름 태양 마차Trundholm sun chriot>라고 불리며, 원시적 사고로써 묘사된 태양의 움직임이 흥미롭다. | 덴마크 국립박물관 소장

신년운을 보는 기점이 동지부터인 것은 맞습니다. 보통 생각으로는 입춘이 맞을 듯한데요, 밤이 가장 긴 날인 동지가 왜 다가올 신년의 기점이 되는 건지 이상하지요?

동지는 고대 농사력에서 매우 중요했는데, 그 이유는 밤이 가장 길어 어둠이 극한에 이르렀으되, 그와 동시에 새로이 양陽의 기운이 돋아오르기 시작하는 시점이기 때문입니다. 태양의 부활이 막 시작되는 날인 것이지요. 이것을 '일양이생一陽始生했다'하여 상서롭게 보고, 고대인들은 이날 태양신에게 제사를 올리기도 했던 것입니다. 원시적 심성에서 태양이나 불에 대한 숭배는 어느 지역에서나 절대적이었습니다. 당시에 태양이나 불은 죽느냐 사느냐, 굶느냐 먹느냐의 문제와 직결되는 것이었으니까요. 옛날에는 동지를 이장履長이라고도 불렀는데, 동짓날 어른들에게 신발履과 버선을 바쳤고 신발과 버선으로 그 상서로움을 오래長 밟고 있으라는 의미를 지니고 있다는 기록이 있습니다. 조식 『조자건집』

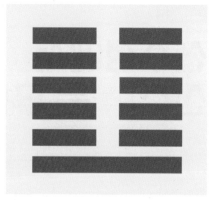

주역의 지뢰복地雷復 괘

『주역』에서도 태양의 시작을 동지로 보아 '복괘復卦'를 11월에 배치했습니다. '복괘'는 본래 상태로 돌아온다는 뜻입니다. 위 괘의 이름은 '지뢰복地雷復'인데, 그냥 그림만 보셔도 음이 가득한 바닥에 양이 하나 올라오기 시작하지요. 음이 극에 달하면 양이 다시 돌아온다, 달도 차면 기우나니, 곧 우주의 이치입니다.

흥미로운 것은 성탄절 날짜를 12월 25일로 잡게 된 것도 이런 배경 때문이라는 겁니다. 초기 기독교는 고대 미트라교의 동지 축제일이나 태양 숭배의 풍속을 받아들여 아기 예수의 탄생일로 삼았습니다. 로마 율리우스력으로는 12월 25일이 동지이며, 그날은 죽었던 태양이 부활하는 날이자, 미트라교에서는 태양신 미트라가 살아 돌아오는 미트라 축일로 삼고 있었습니다. 이 축일이 로마에 전해지고 354년 교황 리베리우스가 예수님의 탄생일로 선포하면서 오늘날의 성탄절이 된 것이지요.

중국의 주나라와 당나라에서도 모두 동짓달음력 11월을 한 해의 시작으로 삼았습니다. 이 역법을 우리나라도 그대로 받아들여 고려 충선왕 이전까지는 동지에 설을 지냈습니다. 그러다가 충선왕 이후로 원나라의 역법을 사용하게 되면서, 정월 초하루인 설날이 한 해 시작일이 되었고, 이후로는 동지를 아세亞歲. 亞는 버금간다는 의미, 즉 '작은 설'로 부르기 시작한 것입니다.

신수점에서
신수身數는 무슨 의미?

　새해운 보는 것을 신수점이라고 하는데, 이 신수라는 것은 우리가 '신수가
훤해졌네!', '신수가 좋네!' 할 때와 같은 한자이고 같은 뜻입니다.
신수身數란 한 사람의 운수를 말합니다. 통상적으로는 한 해 운을 볼 때 신수를
본다고 합니다. '신수를 가린다'라고도 말하고, 연운年運과 비슷한 말이지요.
신수점은 한 해의 길흉을 점쳐서 피흉추길避凶趨吉하려는 것이 목적인데, 우리 앞
세대까지만 해도 정월달이 되면 점집 앞에 토정비결을 본다고 길게 줄을 서서
보고 그랬었지요.

　신수 보기는 꼭 점집에 가지 않아도, 조선시대 민간에서는 한 해 길흉화복을
보는 여러 형태의 점을 집에서 쳤었습니다. 『동국세시기』나 『청장관전서』 등에
신수점 치는 속신에 대한 기록이 자세하게 남아있습니다. 윷점 같은 것은 많이
알려져 있지만, 콩을 우물에 넣어두었다가 콩이 붇는 상태를 보고 한 해 신수를
점치는 '집불이'라던가, 사발에 물을 담아두고 얼음이 언 상태를 보고 한 해
신수를 점치는 '얼음점(=사발점)' 같은 것은 참으로 흥미롭습니다.

　그런데 이 신수身數라는 말에 중요한 글자가 하나 숨어있습니다.
운의 흐름을 보는 건데, 대체 왜 숫자를 가리키는 '수數'라는 글자가
들어있을까요? 일상에서 자주 쓰는 운수運數나 재수財數라는 한자에도 역시
수數가 들어있지요. 현진건의 단편소설 <운수 좋은 날1924>과 코메디 영화
<운수대통1975>기억하시는 분들 있으시지요. 우리는 수數라는 이 단어를
은연중에 많이 쓰면서도, 왜 숫자를 가리키는 말이 운세에 들어가는지는 모르고
있습니다.

주역 팔괘

　수數로써 운을 본다는 개념은 이미 고대부터 존재했습니다. 훗날 중국 한나라 때 '수리학數理學'으로 개념화가 되기는 했어도, 이미 상고시대 복희씨가 주역의 팔괘八卦를 창안할 때부터 세계는 수의 지배를 받는다는 관념이 있었던 것이지요. 즉 수리학, 조금 더 범위를 좁혀 말하자면 수비학數秘學은, 신神은 숫자로써 그 의지를 나타낸다고 생각하고 그 수를 통해서 길흉화복을 예측할 수 있다고 생각하는 고대적 관념입니다.

그런데 『주역』이 바로 숫자를 가지고 하늘의 의지를 읽어내는 방법이었습니다. 주역은 수數라는 매개물로 상象을 얻어내어 점을 치는 과정이지요. 주역점의 주류를 이루는 '시초점'은 시초라는 이름의 풀을 가지고 점을 치는 방법입니다. 시초蓍草 풀을 말리고 다듬고 잘라서 점치는 데 사용했습니다. 이 시초점을 수점數占이라고도 부르는 것을 보면, 수數가 점을 치는 데 있어서 중심적 요체인 것을 알 수 있습니다.

이런 수점數占의 기록이 재미난데,
두 개만 볼까요?
한무제는 도마뱀과 비슷하게 생긴
수궁守宮이라는 동물을 키웠는데, 어느
날 한무제가 수궁을 그릇 속에 넣고
점술사들을 불러 그릇 안에 무엇이
들어있는지 맞혀보도록 했습니다.
모두들 난감하여 가만히 숨을 죽이고
있는데, 이때 삼천갑자三天甲子만큼
살았다고 해서 '삼천갑자 동방삭'으로

시초풀 | 줄기를 말리고 다듬어서 시초점 치는데 사용했다.

유명한 동방삭BC154~BC93이 이렇게 말했습니다. "소인이 주역을 조금 아는 데
시초를 가지고 점을 쳐보겠습니다."
"그릇 속에 들어있는 것은, 용과 같지만 뿔이 없고 뱀과 같지만 발이 달려있고
벽을 잘 타니, 그것은 수궁이 아니면 도마뱀입니다." 『한서, 동방삭전』

　　수점數占의 정확성을 말해주는 다른 기록으로, 남북조 시대의 안악두顔惡頭라는
점술가의 일화가 남아있습니다. 임신한 한 여성이 임신 7개월에 점을 보러
왔는데, 숫자를 뽑는 추산推算을 하고서는 이렇게 말했다는군요. 안악두는 임신
사실을 몰랐습니다.
"높은 언덕에서 아래를 굽어보니 물속은 깊은데, 인기척은 들리지만 사람은 뵈질
않네." 『북사, 안악두전』
바로 임신 상태에 대한 형용이지요.

　　하늘의 뜻을 알 수 있다고 생각되던 신비한 실재로서의 수數는 주역, 점서占筮,
수리학, 수비학 등의 역사적 배경 속에서, 오늘날 우리가 사용하는 '운수, 재수,
신수'라는 단어 속으로 들어와서 운과 재물과 몸의 수數가 어떠한지를 본다는
뜻으로 자리 잡은 것입니다.

제갈량이 수명연장을 위해 사용한 비술
칠성등 속명법 七星燈 續命法

"삼국지를 세 번 읽은 사람과는 다투지 말라."는 말이 있지요.
『삼국지연의』에는 온갖 병법과 책략과 인간의 심리가 생생하게 펼쳐져 있습니다.
세 번 정도 읽은 사람은 삼국지에서 인간사의 무수한 면모를 배운 것이 많으니,
다투어 봐야 패한다는 의미로 쓰이는 말입니다. 여러분도 어떤 형식의 장르이건,
그러니까 소설이건 영화, 드라마, 만화, 게임 어떤 형태로건 '삼국지'를 접하지
않으신 분은 없으실 겁니다.
그런데 이런 말도 있어요.
"삼국지를 읽다가 책을 내던지는 순간이 세 번 있다."
여러분은 어떤 순간에 "에라잇~!!!" 하면서 책을
집어던지게 되시던가요?

제갈량(181-234)

『삼국지』를 내던지는 세 번이란, 관운장 죽을 때, 유비
죽을 때, 그리고 제갈량 죽을 때, 이 세 번입니다.
제 경우 제일 멀리 내던지고 마음을 앓은 것은
제갈공명이 죽을 때 같군요. 그러면서도 다시 주워다가
반복해서 또 보고, 영화나 드라마도 그 장면만 돌려서
보는 건 대체 무슨 심리이겠나요. 제갈공명이 죽는
'추풍 오장원' 부분은 하도 읽어서 그 부분만 까맣게 돼
있었지요.

　제갈량이 12년 생명 연장을 위해 사용한 북두칠성
비술은 어떤 것이었을까요. 북두칠성 비술에 통달하고

있던 제갈공명181~234이 앞서 죽은 유비의 대업을 이루기 위해, 부득이 자신의
수명을 연장하고자 사용한 비술의 이름은 <칠성등 속명법七星燈 續命法>이라고
합니다.
부하 장수 위연이 7일 기도 중인 제갈공명의 막사에 뛰어 들어오는 바람에
주등主燈 제갈공명 자신을 의미하는 주된 등불을 발로 차 꺼트리면서 제갈공명의 기도는
실패로 끝이 났습니다.
본디 매우 신통한 기도이기는 했지만, 위연이 주등을 꺼트리는 바람에 모두
수포로 돌아간 것 자체가 하늘의 뜻이 아니었겠나요.

이 '칠성등 속명법'을 이순신 장군1545~1598도 잘 알고 있었습니다.
1598년 노량해전 때, 명나라 수군 제독 진린陳璘이 별을 관찰하다가 이순신
장군에게 서찰을 보낸 일이 있습니다. 당시에 진린 제독은 이순신 장군과 더불어
왜군에 대항하는 연합함대의 장군이었습니다.
노량해전 중에 진린이 이런 서신을 보냅니다.

<불설북두칠성연명경>에 나오는 칠원성군(칠성)과 각 성군에 해당하는 부적 칠군부七君符.
오른쪽부터 1.탐랑성 2.거문성 3. 녹존성 4. 문곡성 5. 염정성 6. 무곡성 7. 파군성

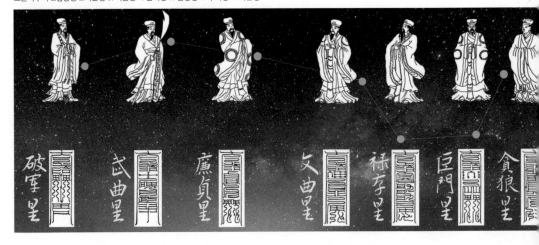

"제가 밤에 하늘의 형상을 보고 인사를 살피는데, 동쪽의 장군별이 빛을 잃어가니 공公 이순신 장군에게 화가 미칠 날이 멀지 않은 듯 보입니다. 공이 어찌 이를 모르겠소이까. 그런데도 어찌하여 제갈무후(제갈공명)의 예방법을 쓰지 않는 것입니까!"

진린 제독의 걱정 어린 서신에 이순신 장군은 이렇게 답합니다. 이것이 마지막 편지가 됩니다.

"장군, 저는 충성이 제갈무후에 미치지 못하며, 덕망도 무후에 미치지 못하며, 재주도 무후에 미치지 못합니다. 이 세 가지 모두 무후에 미치지 못하거늘, 제갈무후의 비법을 쓴다 한들 어찌 하늘이 응하겠습니까?"

다음 날 이순신 장군은 전사합니다. 54세의 나이였습니다. 우연의 일치이지만, 제갈공명이 세상을 떠난 나이와 똑같은 나이로군요.

이순신 장군이 서찰에서 '제갈무후의 비법'이라고 지칭한 것, 진린 제독이 '제갈무후의 예방법'이라고 칭한 것, 그것이 바로 <칠성등 속명법七星燈 續命法>입니다.

지금부터 자세하게, 그에 관한 얘기를 풀어가 보겠습니다.

제갈공명은 별을 보면서 자주 점을 쳤으며, 한 치의 틀림이 없던 것으로 유명하지요. 유비가 익주에 가 있을 때 이런 편지를 보낸 것을 봐도 알 수 있습니다.

"신 공명이 밤에 별자리를 살펴봤습니다. 올해가 계사년인데 강성(북두칠성 손잡이 별)이 서쪽에 있고 태백(금성)이 낙성 땅에 나타나니 주장主將의 신상에 흉함이 있을까 걱정이 되옵니다."

유비의 책사로 유명하던 주장 방통은 아니나 다를까, 낙성으로 진격 중에 매복에게 화살을 맞고 36세의 나이로 요절합니다.

제갈공명이 오장원에서 위나라 사마의와 대치하고 있던 서기 234년으로 거슬러 가보겠습니다.

오장원이라는 지역은 평지보다 약 5장丈 1장은 3.33m이 높아 붙여진 이름입니다. 높은 위치에 있는 요충지라서 제갈공명은 위나라의 4분의 1밖에 되지 않는

병력으로도 승리를 장담하고 있었지요. 하지만, 오랜 대치 국면에다가 과도하게
업무를 보던 제갈공명은 병이 깊어지고 있었습니다.

8월 어느 날, 낮에 한차례 혼절하였던 공명은 부축을 받으며 초저녁별을
관찰하러 나옵니다.
석양의 끝자락이 채 가시지 않은 아름다운 하늘에서 영롱히 빛나는 별들을
관찰하던 공명이 갑자기 비명을 질렀습니다.
"어허헉!! 아, 이것이, 이것이!!"
공명은 몸을 휘청거리기 시작했습니다. 부하가 급히 제갈공명을 막사
안으로 모시고 눕히자, 공명은 강유姜維 자는 백악를 찾았습니다. 강유는 무명의
장수이었으나, 제갈공명에게 발탁되어 나중에 그 후계자가 될 무장입니다.

삼태성 | 큰곰자리의 발바닥 부분의 세 쌍의 별로, 앞 발부터 상태, 중태, 하태라고 칭한다.

지략이 뛰어났다고 기록에 남아있습니다.

"승상…."

"백약, 잘 들거라. 내가 천문을 살펴보니 내 명이 이제 조석지간에 달린 듯하다."

강유는 자신을 발탁하여 키워준 승상을 보며 굵은 눈물을 뚝뚝 흘리며 말했지요.

"승상, 어찌 그리 말씀하십니까? 아직 선제(유비)의 대업도 다 이루지를 못하셨는데…."

"천문을 보니 삼태성三台星 가운데로 객성客星이 침범했더구나. 객성은 갑절이나 광채를 발하고 주성主星인 삼태성은 희미하고 광채가 없던데, 천상天象이 이러하니 내 명이 오래 가지 못하겠구나."

강유가 흐느끼며 말했습니다.

"승상! 천상天象이 그러하다시면 왜 비법을 쓰지 않으십니까? 승상께서는 수명을 연장시키는 기도법을 깨우치신 것을 소신은 알고 있습니다."

"그래, 내가 양법禳法은 안다만, 하늘이 허락할지 모르겠구나."

여기서 말하는 양법이라는 것이 바로 <칠성등 속명법七星燈 續命法>입니다. 또는 <칠성등 연수법延壽法>이라고도 부릅니다.

'양법'이란 우리 할아버지 할머니들이 시골에서 '양밥'이라고 말하기도 하는 것으로, 액운을 막기 위해 기도하는 것을 말합니다. 여기서는 정확히 말해서 양성禳星으로, 별이 불길한 조짐을 보일 때 액운을 막기 위해 기도하는 것을 말하지요.

제갈공명과 강유의 대화를 조금 더 보겠습니다.

하늘의 뜻은 감히 알지 못하나, 일단 촉나라를 위해 생명을 연장해보기로 결심한 제갈공명은 다음과 같이 강유에게 준비를 시킵니다.

"백약, 너는 갑사甲士 갑옷 입은 군사 마흔아홉 명에게 검은 옷을 입히고 검은 깃발을 들고 장막을 둘러싸고 지키게 하라. 검은 깃발에는 28수 별자리를 그려 넣거라."

"나 공명은 천막 안에 들어가서 칠일 간 단식하며 북두칠성 기도를 드릴 것이다. 만약 주등主燈이 칠일 간 꺼지지 않는다면 내 수명은 12년 연장될 것이다. 만약 칠일 안에 등불이 꺼진다면 나는 죽을 것이다. 칠일 간 잡인의 출입을 엄금하고 내가 쓸 물건은 소년을 시켜 들이거라."

제갈공명은 목욕재계하고 머리를 풀고 천막 안으로 들어가서 드디어
<북두칠성 속명법> 기도를 시작합니다. 음력 8월, 가을 밤하늘이 별들로 찬란한
가운데, 제갈공명은 천막 안에 향을 피우고 제물을 차렸습니다.
하늘의 뜻은 과연 어떠한 것일까요?

가장 중요한 것이 우선은 등불입니다. 북두칠성 형태의 일곱 개 등불이
있어야 합니다.
이 북두칠성 모양의 등불 배치를 <칠성등>, <속명등續命燈 명을 연장시키는 등불>,
<초혼등招魂燈 혼을 부르는 등불>이라고도 부릅니다.
그 가운데, 위 사진에서 중앙에 가장 큰 등불 보이시지요? 이것은
<본명등本命燈>이라고 불리는데, 기도 드리는 사람의 수명을 상징하는 가장
중요한 주등입니다. 칠성등 바깥쪽으로는 좌우로 49개의 등불을 길게 배치해
놓습니다.
이 <속명법>에 성공하면 수명이 연장되는데, 왜 하필 12년이 연장된다는
것일까요? 10년이 아니고 왜 12년일까요?
수명의 일주기가 12년이기 때문입니다. 한 주기가 더 연장되는 것이지요.

또 하나 중요한 것이 바로 북두칠성 모양대로 걸으면서 주문을 외우는 의식입니다. 이것을 <보강답두步罡踏斗>라고 합니다. 도교에서 내려오는 방법이지요. <보강답두>란 별과 북두칠성을 따라 걷는다는 의미로, <보두주步斗呪>라고도 합니다. 제갈공명은 이 <보강답두>를 밤이 새도록 계속합니다.

제갈공명이 등불을 켜고 보법을 하며 6일째 되던 날. 하루를 남긴 그날, 일이 터집니다. 제갈공명이 이끄는 촉나라 군대와 대치하고 있던 위魏나라 사마의가 문득 천문을 봤습니다. 사마의 역시 천문을 잘 봤습니다. 제갈공명에게 하도 주눅이 들어서 그렇지 나름 잘 봅니다. 별을 본 사마의는 깜짝 놀랐습니다.

'흠, 공명이 천상을 가지고도 장난을 치는 건가? 이건 아무리 봐도 촉나라 진영의 장성將星이 보이지를 않는데… 아차차차!!!'

사마의는 신이 나서 장군 하후패를 불러 이렇게 말합니다.

"공명이 중한 병에 걸려 지금 생명이 위태롭다. 장군별이 안 보인다, 안 보여. 아싸. 1천 군마를 줄 터이니 오장원으로 출격해라!"

제갈공명의 기도 6일째. 본명등은 밝게 빛나고 있어 제갈공명은 한 줄기 희망을 품고 있었건만….

촉의 진영으로 적군이 공격해 들어오는 것을 본 위연이 제갈공명에게 보고를 한다고 급히 천막 안으로 뛰어 들어옵니다. 훗날, 위연의 관상이 반골反骨의 관상 시조가 되는 순간이지요.

"승상! 승사앙~~!"

아, 그러다가 위연의 발에 차인 주등이 구르면서 그만 불이 꺼지고 맙니다. 강유가 격노해서 위연을 죽이려 하지만, 제갈공명은 손에 들고 있던 칼을 떨어트리면서 탄식합니다.

"놔두거라. 생사가 하늘에 달린 것 아니겠느냐. 누구를 탓하겠느냐."

그러고는 그대로 피를 토하며 쓰러집니다.

제갈공명은 자신이 써놓았던 책 24권을 모두 강유에게 물려주고, 마대와 양의를 불러 밀계를 내리면서, 자신의 사후에 일어날 일을 세세하게 대비해 놓았습니다.

마지막 순찰을 하며 제갈공명은 하늘을 올려다봅니다.

"끝도 없이 푸른 하늘아. 어찌 이리도 야속하더냐."
그리고는 북두성을 올려다보다가 부하들에게 그 곁의 한 별을 손가락으로
가리킵니다. 흔들리며 가물가물하는 것이 보였지요.
"저 장성將星이 나의 별이다."
영롱하도록 역사에 빛나던 그 별은 234년, 음력 8월 23일, 서럽게 떨어집니다.
제갈공명의 나이 54세였습니다.

　　제갈공명이 남만 정벌 때 올돌골의 병사들 3만 명을 모조리 화공으로
태워죽이면서, 송장 타는 냄새가 진동하자 눈물을
흘리며 이렇게 말했다고 하지요.
"내가 비록 나라에는 공이 있으나, 제 명은 다하지 못할
것이다."
이렇게 탄식했다던데, 바로 이것이, 이 업인業因이
<칠성등 속명법> 기도가 듣지 않았던 이유였던가 잠시
생각해봅니다.

七星燈續命法

칠성등 속명법 | 진묵당 진성스님 作

106

'방법'이라 불리는 저주술과 흑주술

2020년 tvN에서 방영된 <방법>이라는 드라마 보신 분들 많으실 겁니다. 저주술을 통해 악인을 단죄하는 스토리였지요. 이 드라마 <방법>에서 보면 신기神氣 충만한 10대 소녀 무당 백소진이 사회부 기자인 임진희에게 이런 말을 급박하게 내뱉습니다.

"언니! 진종현을 빨리 방법해야 해요. 그놈은 진짜 악귀예요!"

'방법을 하다'니 이건 대체 무슨 말인가요? 방법이란 저주라는 뜻입니다.

tvN 드라마 <방법(2020)> 포스터

그런데 과연 이런 저주가 실재하는지, 또는 실재하는 것은 알겠으나 그게 먹히는 게 사실인지, 궁금하신 분들이 많으시지요? 우리는 마음먹은 어떤 일이 잘되도록 여러 가지 기도를 하기도 하고, 젊은 층에서는 떠나간 사랑을 되찾으려고 재회 부적이나 나비 부적을 하기도 합니다.

이런 식으로 좋게 원하는 방향의 주술이 가능하다면 반대 방향도 가능합니다. 플러스의 힘인가 마이너스의 힘인가의 차이이지, 주술적 원리는 똑같은 거지요.

다만 플러스의 기운이건 마이너스의 기운이건 제대로 부리는 사람은 극히 드물
뿐입니다.

이전에 잠실에 계시던 노부부로 할머니는 무당이고 할아버지는 법사였는데,
이 두 분의 치성 드리기가 영험해서 집 나간 배우자를 돌아오게 하고 끊어진
사랑을 이어주는데 백발백중이기도 했었지만, 반대로 누군가를 저주해
떨어져 나가게 하는 데에도 영험해서 20년 전쯤 그 당시에 손님이 끊기지를
않았었습니다.
또 노원구에 부적만 써주는 70대 할머니가 있는데, 이 분의 부적빨이 굉장했지요.
연초에 그 해의 악운을 미리 정리하는 부적을 처리해 주는 단골만 백 명이
넘었어요. 부적 한 장 비용이 수십 년 동안 3만 원에서 변한 적이 없는데, 대개 몇
가지를 섞어서 하는 것으로 알고 있습니다. 제압할 대상에 대해서 격삼부와 귀부,
호부 세 가지를 섞어 쓰고 부적을 물에 띄워 보내기도 하는데, 영험하다고 합니다.

이런 흑주술黑呪術은 인간의 가장 깊은 곳의 욕망에 맞닿아 있습니다.
저주의 시작은 증오의 극한이지요. 인생에서 한 번쯤 피눈물을 뿌리는 처절한
증오를 겪어보신 분들이라면 이해하실는지요? 인생을 다 바친 연인이나
배우자에게 완벽한 배신을 당하고 온 삶이 송두리째 망가졌을 때, "그래
용서하마. 그러나 잊진 않겠다."라는 정도로 쿨하게 정리하면 참으로 다행인
거지요.
쿨하게가 안 되면 최소한 '오뉴월에 서리'는 내릴 것이고, 더 나가면 다른 질서를
찾게 되는 거지요.

<부부의 세계> 재방송을 치과에서 순서를 기다리면서 보고 있는데, 옆에서
드라마를 보던 중년여성이 친구에게 이런 말을 하더군요.
"뭘 저리 복잡하게 저래. 무슨 음모를 꾸미고 그래. 확 저주굿을 해버리지!"
저주굿이라…. 그러고 보니, 이런 실화도 있었지요. 10년 전쯤 한때 유명한
얘기였는데, <부부의 세계> 극강 현실판이라고나 할까요. 바람을 피우는 것이
분명한 남편에게 사람을 붙였답니다. 붙어서 따라다니던 아저씨가 경악했다는
스토리를 들어보면, 일단 외도 대상인 여성을 찾아냈다고 합니다. 그 여자를

따라갔더니, 도시 외곽 점집에 들어가더랍니다. 영리한 아저씨는 손님인 척하고 들어가서 순서를 기다리면서 소곤소곤 그 여성이 얘기하는 것을 듣고는 기절할 뻔했다는 거지요. 사귀고 있는 남자의 부인을 저주하는 방법이 없겠는지 의논을 하더라는 겁니다. 그 아저씨 그 신당의 명함까지 턱 받아왔다는군요.

우선 알아두실 것은 최근에는 이런 저주술을 행하는 주술사들은 지극히 드물다는 사실입니다. 일부 역술인이 저주 부적을 쓰기도 하고 무속인과 퇴마사가 저주술에 손을 대기도 하지만, 대개는 돌아오는 과보果報가 두려워서 아주 꺼려하는 분야가 됐습니다. 저주술을 쓴 사람 본인이 잘못되기도 하지만, 제일 꺼리는 이유는 자식이 잘못된다고 해서 그렇다고 하네요. 저주굿을 하고 나서는데 그 길로 간판이 날아와 무속인이 머리를 크게 다쳤다는 말도 들었고, 배신한 여자가 병이 나라고 저주술을 부탁받은 퇴마사의 아이가 불치병에 걸렸다는 얘기도 들었습니다. 남자를 배신한 그 여자도 실제로 중병을 앓았다니, 듣고도 믿기 어려운 현실과 초현실입니다.

증오와 원한을 풀지 못하는 것이 결국 문제이지요.
풀리지 않는 것을 어떻게든 풀자니 사용하는 것이 바로 저주인데, 원한에 대한 물리적 공격이 아닌 비현실적 공격수단이라고도 할 수 있습니다. 비물질적인 세계의 흐름을 부적, 기도, 주문 등을 써서 흔들어놓음으로써 실존의 세계에 영향을 미치려는 시도겠지요.

무속인의 신당

영향력이 실제로 있든 없든, 그 시도까지는 명백히 존재합니다. 뭐 쉽게는 진짜로 싫어하는 반 친구의 이름을 빨간 글씨로 쓰는 것이 아주 원시 심상 형태의 저주겠지요. 초딩 저주지요. 역사적으로 나가면 궁중에 신당을 차려 중전을 저주한 장희빈이 유명하고요.

조선시대에는 저주술을 막기 위해서 여러 방식으로 정책을 수립할
정도였다고 합니다. 유교 사회였기 때문에 무속을 음사로 규정했고 형법상
금지했지만, 민간에서 은밀하게 맥을 이어온 것이지요. 『조선왕조실록』에는
민간에서 행해진 저주 사건의 사례가 기록되어 있습니다. 저주를 행한 사람과
저주 대상은 서로 어떤 관계가 가장 많았을까요? 궁금합니다.

가장 많은 사례는 첩이 본처의 자식에 대한 저주를 한 것, 그리고 노비가
주인에게 한 저주이고, 그다음이 며느리가 시댁에 한 저주입니다. 세 가지 모두
역시나 증오의 극한이겠지요. 가령 늘 상전에게 몽둥이로 두들겨 맞던 몽이라는
이름의 노비는 산에 가서 사람의 뼈를 구해 잘게 부숴서 상전이 잠자는 방의 벽
안쪽과 구들 밑에 넣어놓고 저주하여 그 상전이 죽었다는 기록이 『추관지』에
나와 있습니다. 서러운 증오이자 무서운 저주입니다.
이런 저주는 이미 원시시대부터 있었으며, 우리나라에서는 방법, 방자方子,
무고巫蠱, 방方, 방정 등의 이름으로 불리던 주술입니다. 특히나 숙종 때는 남을
저주해서 병으로 죽게 하는 저주를 '방재'라고 집중적으로 표현하고 있었습니다.
이처럼 저주는 실재했고 오늘날까지도 아주 은밀하고 폐쇄적으로 전승이
되어왔습니다.

이제 이야기를 돌려 드라마 <방법>의 저주 방법과 실제 저주 방법, 저주를
푸는 방법을 알아볼까요?
우선 '방법'이라는 단어부터 잠깐 보겠습니다.
방법이 순우리말인지 한자方法, 謗法인지는 확실한
자료가 없지만, 도교의 좌도 방술사方術士의
술법에서 나온 말이라면 方法이라는 한자일
수도 있고, 양밥이라는 우리 말에서 온 것이라면
한자는 없을 겁니다.
이런 것도 있습니다. 2002년쯤 디시인사이드에
올라온 짤방입니다.

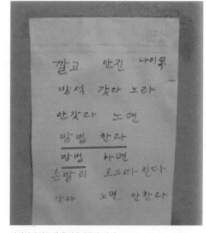

디시인사이드에 올라온 '방법' 사진

깔고 안진 나이롱 방석 갓다 노라

안갓다 노면 방법 한다

방법하면 손발리 오그라진다

갓다 노면 안한다.

나이롱 방석이 없어졌는데 안 갓다 놓으면 손발이 오그라지는 저주를 하겠다는 뜻이네요. 저주는 저주인데 이거는 왜 웃음이 나는 건가요?

드라마 <방법>에서는 저주를 행하는 10대 소녀 백소진을 '방법사'라고 표현했는데, '방법사'는 원래 우리나라에 없던 단어입니다. 일본의 경우는 법사음양사가 저주를 행했지만, 우리나라에는 별도의 호칭이 없었습니다. 또한 드라마 <방법>에서 저주에 필요한 물건으로 나오는 것은 한자 이름과 소지품(만년필 뚜껑, 라이터 등)이지요. 그런데 실제로 저주에 필요한 물건은 일상적 소지품이라기보다는, 저주 대상의 신체 일부이거나 그 사람과 밀접한 물건입니다. 가장 많이 사용하는 것이 머리카락과 속옷입니다. 특히나 머리카락은 저주에 많이 사용되고, 일본 음양사의 경우 자주 사용했습니다. 일본에서 떡과 머리카락이 우물 바닥에 가라앉아 있었다는 음양사 관련 자료가 있더군요. 으스스합니다. 이름은 꼭 한자 이름일 필요는 없고, 생년월일을 알아야 하는 경우도 있습니다.
저주는 딱히 아니지만, 외도하는 남편을 돌아오게 하려고 베개나 빗에 붙어있는 남편의 머리카락을 가져다주는 경우는 많이 봤습니다. 남편 속옷 역시 자주 쓰이지요. 근데 혹시나 자기 머리카락을 잘못 집어서 가져다주면 어찌 되는 건가 궁금했드랬습니다.

원래 흑주술로서 저주는 '무고巫蠱'라고 불렀습니다. 이건 무서운 주술로 중국에서는 주로 '고독蠱毒'이라고 불리며 가장 잔인한 저주로 유명합니다. 무고의 고蠱 자는 갑골문에 이미 등장하는 글자인데, 글자를 잘 보세요. 그릇皿 속에 벌레蟲가 들어있는 형상이지요. 이 '고'는 그릇 안에 여러 마리의 유독 동물들을 넣어 놓고는 서로 잡아먹게 하여 끝까지 살아남은 가장 독이 치성한 동물을 뜻한답니다. 알려진 기록에 따르면, 5월 5일에 100 여종의 독충, 뱀, 두꺼비 등을

무고_{巫蟲} 항아리

한 항아리에 넣고 최후에 살아남은 것을 이용합니다. 일종의 배틀로얄인데, 배틀의 승자인 이 유독 동물은 사람도 해칠 수 있는 초능력을 소유하게 된다고 합니다. 여기서 의미가 확장되어가면서 흑주술 저주를 무고라고 부르게 되었던 것입니다.

우리나라 민간은 물론이고 궁중에서도 이 저주 사건이 끊임없이 있었는데, 그 내용을 보면 간담이 서늘합니다.

조선 중종 때 세자가 사는 동궁의 북서쪽에 꼬리와 네 발을 자르고 눈, 입, 귀를 불로 지진 쥐 한 마리가 은행나무에 걸려있는 저주 사건이 있었지요. 이 사건은 무고로 규정돼서 대대적인 옥사가 일어났습니다. '작서(=불탄 쥐)의 변'으로 유명한 사건입니다. 또 인종의 후궁 조씨는 인종을 죽게 하려고 무녀 앵무에게 저주술을 배웠다고 합니다. 무녀 앵무는 궁중 후문으로 드나들면서 방술을 가르쳐줬다는데, 이 기록이 제일 무섭네요.「효종실록」

인종의 후궁 조씨는 죽은 사람의 두개골, 손발, 치아, 손발톱, 머리카락, 관 조각, 무덤 위에 있는 나무, 시체에서 흘러나온 물을 적신 솜 등등 저주에 필요한 물건을 모아서는 야음을 틈타 대비와 왕이 거처하는 방과 다니는 길에 파묻게 했다고 하니, 참으로 끔찍합니다.

이렇게 해골 등 흉악스런 물건을 땅에 묻어 저주하는 술법을 '매흉술_{埋凶術}'이라고 부르는데, 영조 때 독갑방이라는 이름의 무당이 이 매흉에 능했다고 합니다.

그런데 다행히도 저주를 막는 술법도 있지요. 불교 진언 가운데에도 저주를 막거나, 저주를 보낸 사람에게 되돌아가게 하는 진언이 있는데, 잘 듣습니다. 무당

가운데 저주를 잘 다스리는 사람들은 그 집안에 들어가면 이런 흉물(저주물)이 있는 장소를 찾아낼 수 있다고 하지요. 『조선무속고』를 저술한 이능화 선생의 말에 따르면, 1900년대 초에 '주좌'라는 이름의 중국 사람을 만났는데 자신이 주술사라고 하더랍니다. 그 주좌가 이렇게 운을 떼더라지요.

"중국에도 이런 무고가 아주 많습니다. 특정 술법을 사용해서 저주를 풀면 그 저주가 거꾸로 저주를 건 사람에게 돌아가는 겁니다. 나도 그 술법을 잘 구사할 줄 압니다."

이능화 선생이 "내게도 좀 알려주시오." 했더니, 이런 답이 돌아왔다고 합니다.

"나는 지금 타향에서 떠도는 신세로 이 술법을 팔아 먹고사는 것 아닙니까? 이 술법을 남에게 전수하면 나는 곧 영험이 없어지는지라 남에게 보여줄래도 보여줄 수가 없소이다." 『조선무속고』

사악한 저주의 기운을 눌러버리는 이런 주술을 압승, 염승, 혹은 금주禁呪라고 부르고, 일본 음양사의 경우는 불제라는 용어를 씁니다. 우리나라에도 현재 이런 염승법을 아시는 분, 실제로 잘하시는 분이 몇 분 계십니다.

저주는 서슬 퍼런 원한, 증오, 앙심에서 옵니다. 그 마이너스적 에너지가 얼마나 센가 하면, 신라 때 신충이라는 사람이 약속을 지키지 않는 왕을 원망하는 <원가>라는 향가를 지어 잣나무에 붙였더니, 그 잣나무가 그 자리에서 누렇게 되더랍니다. 『삼국유사』 이 잣나무는 예전에 효성왕과 신충이 서로의 신의를 굳게 맹세했던 나무였습니다. "내가 너를 어찌 잊겠느냐!"며 잣나무를 두고 서로 다짐했건만, 자신을 배신한 임금에게 원한이 독이 되도록 사무친 것이지요. '여자가 한을 품으면 오유월에도 서리가 내리는' 것도 모두 같은 이치인 겁니다.

내 사주에 맞는 반려동물

우리 민속에는 검은 개는 귀신을 보고, 흰 개는 잡귀를 쫓고, 누런 개는
복을 부른다는 믿음이 있었습니다. 간혹 '절에서는 개를 키우지 않는다'라는
말도 있는데 이건 완전히 잘못된 헛 버전이고요, 다음 얘기를 들어보시면 왜
헛소문인지를 알 수 있습니다.
고려 불화에 이런 그림이 있었습니다.

스님 발치에 하얀 개가 보이시지요?
이 개의 이름은 '선청'이라고 해요. 흰 삽살개이고요. 이 개는 신라의 왕자로서
스님이 된 김교각 스님이 아끼던 개였습니다. 이 불화 속 주인공은 중국에서까지
추앙받는 김교각 스님696~794으로, 신라 33대 성덕왕의 장남입니다. 21세의
나이716에 중국 당나라로 건너가기 위해 돛단배에 몸을 실었을 때, 오로지 동행한
것은 흰색 삽살개 한 마리뿐이었습니다. 당나라에 당도한 김교각 스님은 흰
삽살개 '선청'이를 데리고 구화산으로 들어가 용맹정진을 시작합니다.
삽살개 선청이는 김교각 스님이 구화산에서 고행하며 지장보살 염불 정진을 할
때, 스님 발치를 항상 지키고 철벽 방어하며 잡귀가 침범하지 못하도록 스님을
지켜준 영물이었다고 합니다. 불화에 개를 그려 넣었다는 희귀한 일이, 바로
'선청'이의 의미를 말해주는 거지요.

아, 그러고 보니 김유신 장군도 전쟁터마다 삽살개를 군견으로 데리고
다녔습니다.
삽살개는 눈빛이 세고 강렬해서, 황희 정승과 눈싸움을 할 정도라는데, 18세기에
어유봉이 그린 삽살개 민화를 보면 정말 그렇습니다. 눈이 삼백안三白眼을 지나
사백안四白眼입니다. 관상에서 사백안 무서운 거 잘 아시지요?

지장보살도 | 14세기 전반 | 일본 원각사 소장   지장보살도 부분 확대

지장시왕도 부분 확대   지장시왕도 | 고려 | 베를린 동양미술관 소장

삽살개는 그 이름이 그냥 붙여진 게 아니랍니다.

<삽살개>라는 이름 자체가 삽揷가래 揷 떠내다, 없애다의 의미이고, 살이란 살煞을 뜻합니다. 급살을 맞았다, 살이 끼었다라고 할 때의 그 살 맞습니다. 옛날에 화가 치받치면 할머니들이 잘 쓰던 말, "저저저, 저런 급살 맞을 년(놈)이 있나!!" 바로 이거지요. 살한자로 煞 또는 殺이란 사람이나 생물, 물건 등을 해치는 잡귀잡신적인 흉악한 기운을 말합니다. 그러니까 삽살개란 이 살, 즉 흉신凶神을 없애주는 개라는 뜻인 거지요. 수행 정진을 해야 했던 김교각 스님, 전쟁터에서 무운武運을 빌어야 했던 김유신 장군이 삽살개를 가까이 둔 이유를 알 법도 합니다.

엎드린 삽살개 | 18세기 | 어유봉 作 |
삽살개의 신령함을 강조하기 위해서, 불꽃 형태의 일종의 광배를 묘사.

풍수지리상으로도 이 삽살개의 재앙 막는 기운을 이용한 것이 있는데, 바로 전주에 있는 <황방산>입니다. 황방산은 풍수지리로 볼 때, 북서쪽 지기地氣가 공허했다고 합니다. 그래서 황방산의 '방' 자를 삽살개 방尨 자로 바꿔서, 허한 북서쪽을 누른 삽살개가 밤새 짖으며 재앙이 들어오지 못하도록 지키게 한 것입니다.

그런데 흥미로운 것은, 요즘도 시골 어르신들에게서 가끔 들을 수 있는 말씀인데, "그 집은 개가 안 되는 집"이라는 것이 있습니다. 개가 안 되는 집이란, 개가 자꾸 시름시름 앓거나 단명한 경우를 말하지요. 범띠인 사람이 개를 키우면 개가 오래 못 산다는 속신도 있기는 합니다.
보통 이런 경우는 세 가지 이유 때문이라고 우리 민속에서 전해옵니다.
첫째는 주인에게 살煞=殺이 있기 때문이라고 합니다. 민간신앙에서 말하는 살이니 명리 이론에서의 살과는 개념이 좀 다릅니다. 19세기 말 난곡 선생이 지은

삽살개 | 1743 | 김두량 作

『무당내력』에 보면 제반 살격을 제거하려면 오방신장의 기운의 빌어야 한다는 말이 있는 걸 보면 알 수 있지요.

둘째는 풍수상 집터의 기운이 강아지와 맞지 않기 때문이라고 하지요. 예전에는 마당에 개를 매 놓던 자리에서 자꾸 개가 앓거나 죽으면, 자리를 다른 곳으로 옮겨 키워보기도 했었습니다.

셋째는 대수대명代數代命 때문이라고 합니다. 대수대명이란 무속에서 쓰던 용어로 재액을 남에게 옮기는 것을 의미합니다. 그러니까, 이 경우는 주인이 받을 재액이 강아지에게로 간 것이라는 뜻이지요. 이 대수대명 역할은 흔치 않을 것 같지만, 꼭 그렇지도 않습니다. 개가 대명代命까지는 아니더라도, 위의 삽살개가 흉악하고 잡스러운 에너지를 막아주었듯이, 키우는 개가 어느 정도 '삽살' 내지 '대수代數'의 역할을 하기는 합니다.

지금은 강아지나 고양이 등 반려동물을 키우는 가구가 1,000만에 이르는 시대가 됐습니다. '반려동물 천만 시대'가 사람들 입에 붙었고, 인스타그램과 유튜브에 강아지, 고양이 사진과 동영상에 넘쳐나지요. 이러다 보니, 여태까지는 볼 수 없던 새로운 상황이 나타나기 시작했습니다. 내 사주와 맞고 내 기운을 보완해 주는 것이 강아지인지 아니면 고양이인지를 알려고 하는 분들이 많다는 겁니다. 왜 키우는 강아지마다 자꾸 중병을 앓는지, 그게 내 사주 때문인지에 대해 여러 명리 카페에 질문도 심심치 않게 올라옵니다.

이건 다시 말해서 '개 팔자가 상팔자'라는 말이 진담이 됐다는 거지요. 아마도 반려견이나 반려묘를 키워보시지 않는 분들은 이런 질문을 이해하기가 힘드실지도 모르겠습니다. 사주 자체를 믿지 않으시는 분도 많은 터에 반려동물의 사주라니….

옛날 같으면, 짐승에서 가축을 지나 애완견을 넘어 '반려견'이 나타난 이런 세상을 어찌 상상이나 했겠나요. 사주를 공부하시는 분들이 교과서로 쓰는 명리학 고전들이 저술되던 시기에는 이런 질문 자체가 도저히 성립될 수가 없었을 겁니다.

그렇지만 현실은 새로운 대상에 대한 새로운 사주풀이 방법을 요구하기 시작했다는 것이 중요하지요. 큰 줄기가 시작되는 처음은 늘 이렇잖나요. 이미 반려동물을 위한 레이키는 많이 퍼졌고, 종교계에서 반려동물의 장례나 천도를 요구하는 신자들의 수가 크게 증가하고 있다고 합니다. 카드사에 반려동물 카드도 생겼고 반려동물을 위한 보험도 생겼으니 상전벽해 맞습니다.

사람들의 이런 궁금증에 대해 현대 역술에서는 과연 어떻게 접근해야 하는 건지 사실 몹시 궁금했습니다. 사주 상, 음양만 구분해서 양陽인 사람은 고양이를 키우는 것이 좋고 음陰인 사람은 강아지를 키우는 것이 좋다는 것은 자주 들어보는 말입니다. 역술인 가운데에서도 이런 새로운 세태에 대해 의문을 가지고 궁리해보신 분들도 많으실 겁니다. 옛날식 간명에 현실을 꿰맞추는 것이 아니라, 급변해버린 시대를 해석할 새 방법을 달리 생각해 보는 열린 마인드의 분들이 그렇겠지요.

마침 <간명 재능기부> 관계로, 자미두수로 간명하시는 석계碩溪 김성철 선생님과 통화하는 중에 제가 찬스를 잘 잡아 이런 말씀을 드렸습니다.

"요즘 자기 사주랑 반려동물 관계를 점으로 묻는 분들 혹시 있나요? 없을랑가…."
"없기는요, 희한하게 조금씩 늘어나요. 일부러 그거로 점을 보진 않지만, 점 보는 도중에 묻는 게 확실히 늘어났어요. 한 2~3년 사이 그런 거 같은데."
"오, 그게 자미두수로도 봐져요?"
"당연하죠."

석계 김성철 선생님이 반려동물과 사주에 대해 설명해 주신 부분 가운데, 실전 역술에서 사용했던 흥미로운 부분만 추려봤습니다.

Q 개나 고양이를 키워서 도움이 된 경우를 상담해보셨어요?

A 그럼요. 폭력을 행사하는 남편과 조용히 헤어지고 싶어 하는 30대 여성이 왔었어요. 늘 여기저기 퍼런 멍이 떠나지를 않는다고 했어요. 임신하고 만삭 때 배를 차여서 양수가 터지기도…. 잠깐 울더라구요. 이 여성이 남편을 밀어내려면 힘이 돋궈질 필요가 있었다고 봤습니다.
이 여성이 힘이 세지고 남편이 힘이 약해질 때, 바로 그때 글자가 뭐냐고 보면 그게 호랑이寅인 거죠. 호랑이!!
그래서 일단 그 여성에게 고양이를 키우라 했어요. 고양이는 호랑이와 같이 봅니다. 호랑이를 키울 순 없잖아요. 그리고 집안에 호랑이 그림을 최대한 많이 두라고 했구요. 침실부터 다, 집안에 거의 도배하다시피 하라고 했어요.
2년 있다가 결국 조용히 이혼하고 끝났습니다.

Q 사주상 음양 구분해서 개나 고양이 키우는 거 근거 없는 얘긴가요?

A 아니에요, 근거 있어요. 이론은 어려우니까 쉽게 줄여 말하자면, 바닐라 젠님처럼 음陰인 사람이 개를 키우면 좋은 거 맞아요. 개는 여름 뙤약볕 저장고 역을 하거든요. 사주에 열 창고가 필요한 사람에게 좋은 거지요.

Q 명리 말고 자미두수에도 이런 게 있다는 거지요?

A　당연하죠. 자미두수 명반 술궁戌宮에 살성이 있는 사람은 자동으로 개를
멀리하게 되구요, 명반 인궁寅宮에 살성이 있는 사람은 고양이를 싫어하구요.

Q　개 고양이 키우는 게 재물과 연관될 수도 있나요?

A　아, 가능하죠. 자미두수 명반 상, 술궁戌宮 개자리에 돈=money. ≠돼지이 들어있는
경우는 개를 키우면 재복이 분명히 좋아져요. 아니면 개가 속하는 방향
서북쪽으로 기도해도 좋은 거구요.
장사가 안 풀리는 분한테 이 얘기를 해줬거든요. 점을 보자마자 바로 스탠다드
푸들이라던가, 왜 그거 신세계 정용진 회장이 키우는 종류요, 사람만한 푸들,
이마트 몰리샵이 그 개 이름이라면서요. 그 개를 키우기 시작했다네요. 매일
거실에 앉아 관음 기도를 서북향을 보고 했다 하구요.
이 사람 대박 터졌다고 한턱 내더라구요. 신수가 훤해져서 왔어요.
고양이도 같아요. 인궁寅宮 호랑이 자리에 돈이 들어있으면 고양이를 키우라고
말해주지요. 기도 방향은 동북쪽인 거죠.

바람점占, 외도에 관한 점인가 풍점風占인가

언제부턴가 바람점占이라는 용어를 배우자의 외도에 관해 치는 점이라는 의미로 일부에서 사용하기 시작했다.

'바람 났다, 바람 피운다' 이 말은 부부 사이에는 물론이고 커플 사이에도 가장 힘든 상황의 하나가 아닐까 싶습니다. 간통죄가 폐지된 2015년 2월 이후에 <서울신문>에서 전국 19세~59세의 남녀를 대상으로 한 대대적인 조사 결과 내놓은 <불륜 리포트>가 있는데, 흥미롭습니다.
기혼 남녀의 간통 경험률은 24.2%라고 합니다.<서울신문> 2015.09 이 24.2%를 남자와 여자로 구분하면 느낌이 조금 또 다르군요. 남성 39.3%, 여성 10.8%입니다. 중국의 경우 '혼외연婚外戀 훈와이롄'에 대한 2018년도 통계는 남성 37.5%, 여성 29.6%였고요.

평생 점집 한 번 가지 않던 사람이 배우자의 외도 때문에 처음 점을 봤다는 경우도 많습니다. 이것이 바로 소위 '바람점'이지요. 그런데 사주를 보거나 신점을 치면, 바람 피운 배우자에 대한 해결책이 제시되는 걸까요?
적어도 궁합에서 몹시 나쁜 요소는 알 수가 있을 것이고, 일회성으로 끝날 바람인지 지속될 바람인지에 대한 것도 나올 수 있겠지요. 맞바람을 피운 부부가 심리상담을 온 것을 본 적이 있는데, 남편과 아내 각각의 대응 방법과 태도가 사뭇 달랐지요.
배우자의 지속적 간통에 대한 자료가 있는데, 세대마다 많은 차이가 있는 것을 볼 수 있습니다. 8년 전 자료라서 지금은 또 양상이 조금씩 다르겠지만, 기본적 사고는 비슷할 듯합니다.

	소송하지 않고 헤어진다	모르는 척 한다	망신, 위협만 주고 용서한다	소송 후 헤어진다
만 19~29세	27.1%	9.4%	22.4%	38.8%
30대	38.8%	12.3%	19.9%	22.4%
40대	34.7%	25.3%	21.2%	12.8%
50대	30.1%	34.3%	22.0%	8.9%
자녀 없음	28.2%	54.1%	14.1%	3.5%
자녀 1명	41.9%	40.3%	11.4%	3.1%
자녀 2명	44.1%	24.2%	17.5%	10.5%
자녀 3명 이상	43.2%	20.1%	18.7%	14.7%

서울신문(2015.09)

흥미로운 실제 예를 한 가지 풀어볼까요?

제 가까운 친구 한 사람이 어렵게 연애해서 결혼을 했습니다. 결혼하기 전부터 이미 양다리가 아니라 세 다리를 걸치고 있던 남성이었지요. 옛날 말로 치면 '난봉꾼', '오입쟁이'를 만난 겁니다. 이 친구가 너무 재수가 없었던 것이 남자의 생일을 잘못 알고 궁합을 봤답니다. 음력으로 15일생을 14일생으로 잘못 알고 좋은 궁합으로 믿고 결혼했지요.

좋은 궁합은커녕 신혼부터 말 그대로 '바람 잘 날'이 없더니, 친구는 점점 바람둥이 남편의 본질을 깨달아가면서 절망하기 시작했습니다. 친구 남편은 점점 신新 외도방법 개발을 거치며 거듭된 진화를 했고요.

친구 남편은 급기야는 애인이 딸린(애가 딸린 게 아니고 애인이 딸린) 유부녀와 바람을 피웠습니다. 외도에서 5각 관계이니 참으로 보기 드문 관계도입니다.

남편은 그 유부녀의 애인을 떼내려고 미행을 하고 점을 보고 부적을 쓰고, 유부녀에게는 환심을 사기 위해 명품을 사주는 등등에 몰두하다가 제 친구에게 또 걸린 거지요.

대답은 언제나 그렇듯 "잘못했다. 정리하고 정신 차릴게." 였다지요. 이런 말은 그 불륜관계가 더욱 은밀한 방식으로 지속될 것이라는 의미입니다.

그 당시 친구는 정말 여러 군데 점을 봤습니다. 바로 이게 '바람점占'이고, 친구의 남편이 자기 애인의 애인 때문에 본 점도 어떤 면에서는 '바람점占'이겠군요.

이런 일을 당한 남편이나 아내 누구나 그렇듯이, 제 친구에게는 '과연 계속 살아야 하나?' 이런 근본적인 질문이 다가왔습니다. 친구가 그 무렵 저에게 점집을 워낙 많이 물어와서 저도 슬픈 속 사정을 다 알게 되었고, 실제 점 보는 곳도 많이 같이 갔습니다.

자, 과연 그 당시 점집에서는 뭐라고 했을까요? 내로라하는 역술인들이 친구의 앞날을 맞혔을까요? 대략 10명의 역술인과 무당에게 봤다고 치면, 그 가운데 세 분은 가정 유지가 힘들다고 말했습니다. 나머지 일곱 분이 내놓은 점사는 몇 년만 참으면 바람도 가라앉고 정신 차린다고 나왔고요. 매우 유명한 어떤 역술인, 저서도 많이 냈다는 한 분은 친구에게 이혼은 무슨 이혼이냐, 참고 살라고 타박을 줬다 합니다.

당시에 친구는 어떤 점을 믿었을까요? 아니, 믿고 싶었을까요? 당연히 바람이 앞으로 가라앉고 정신 차린다는 점사였겠지요. 절박하도록 믿고 싶었겠지요. 자신과 딸의 삶이 걸린 문제였으니까요. 친구와 그 바람둥이 남편은 과연 어떻게 되었을까요?

타고난 도화살의 흐르는 물

울트라 게이지
심오일 운사시원
강휘
水

〈관상〉제작진의 역학시리즈

궁합

2월, 보러오시오!

영화 〈궁합(2018)〉 포스터

그 이후에 또 벌어진 또 다른 외도 충격으로 결국 암까지 걸린 친구는 마침내 일생일대의 결심을 하고 결국 이혼소송을 냈습니다. 그때까지의 삶은 제로로 돌아갔지만, 자기는 제로 베이스에서 이제 앞날이라도 사람답게 살아보고 싶다고 하더라고요.

"끓는 물에 산 채로 넣은 빵게처럼 이젠 안 살래."

그간의 고통이 얼마나 큰 것이었는지 절절히 느껴졌지요. 슬펐습니다.

부부나 이성 간의 배신이라는 의미의 '외도外道'를 순 우리말로 '바람'이라고 표현하는 것이 저는 몹시 흥미로운 표현이라고 생각합니다.

풍수지리에서 핵심적인 요소의 하나가 바로 이 풍風입니다. 풍수라는 것은
장풍득수藏風得水의 줄임말입니다. 바람이 흩어지지 않게 가둔다는 의미지요.
바람이 흩어지는 것, 퍼지는 것은 풍수상 좋은 것이 아니라는 것입니다.
명당이라면 생기가 바람을 타고 흩어지지 않는 곳이지요.

우리가 관용구로 쓰는 말 중에도 은연중에 바람이 움직이면 좋지 않다는 의미의
말들이 많습니다. 가령 '바람이 들었다'는 다 돼가는 일에 탈이 생겼을 때 쓰는
말이지요. '차돌에 바람이 들면 석돌보다 못하다'는 말도 단단한 사람일수록 한번
타락하면 걷잡을 수 없게 된다는 의미이고요.

불도징(232-348)

바람을 보는 진짜 점占이 사실은
따로 있답니다. 지금은 거의 찾아볼
수 없는 점占의 종류인데, 매우
신묘했었다고 합니다. 그것을 풍점風占,
혹은 풍각점風角占이라고 합니다.
중국 5호 16국의 하나인 후조後趙에
'불도징부도징, 불도등 232~348'이라는
유명한 승려가 있었습니다. 중앙아시아
출신의 이 승려는 신통력이
기이했는데, 바람에 흔들리는
풍경소리를 들으면 길흉을 귀신같이
알아맞혔다고 해요.

어느 날, 탑 위에 걸린 풍경이 바람
없이 저절로 울었다고 해요. 불도징은
그 소리를 읽었다고 합니다.

"나라에 큰 상喪이 나는데, 올해를 넘기지 못하겠구나…."
과연 오래지 않아 황제 석륵이 죽었습니다.

우리나라에도 유명한 풍점風占이 있다는 것 아시는지요?

바로 바람을 관장하는 풍신風神인 영등 할매영등 할머니, 영등 할미, 영동 할멈, 영등 할망/ 제주도는 영등 하르방가 지상으로 내려오는 날음력 2월 1일과 하늘로 올라가는 날음력 2월 20일, 바람이 어떻게 부는지를 살펴 그해 풍흉을 점치는 점입니다. 가령 해운대에서는 음력 2월 1일 영등 할매가 왔을 때 바람이 많이 불면 그 해 풍해風害가 있다고 점친답니다. 지방마다 바람의 징후를 살펴서 점치는 내용은 조금씩 차이가 있고요.

근데 영등 할미는 오르내릴 때, 딸이나 며느리를 데리고 다니는데, 딸을 데리고 올 때는 딸의 치맛자락이 팔랑팔랑 예쁘게 흔들리도록 바람을 불게 하고, 며느리를 데리고 올 때는 며느리 치마가 젖어서 얼룩이 지도록 비를 내리게 한다지요. 거 참.

중국『후한서後漢書』에는 이 풍점, 풍각점을 보는 전문 술사에 대한 기록이 자세히 나와 있습니다. 이 풍각점을 보는 점술사를 풍각가風角家라고 불렀어요. '풍각風角이란 사방팔방의 바람을 살펴서 길흉을 점치는 것'이라는 기록이 있습니다. 풍점의 원칙을 살펴봐도 역시나 '바람이 움직이지 않아야 할 곳에서 움직이는 것은 흉'하므로 반드시 점을 보도록 되어있습니다. 유효균,「술수와 수학 사이의 중국문화」

부부간의 이상한 풍세風勢는 곧 '비물질적인 바람의 이상한 움직임 = 바람 피우다'라는 의미로 외연 확장을 할 수 있다는 것을 이해하시겠지요.

영등할망 | 제주시 한림읍 영등할망 신화공원

풍각가 몇 사람의 재미있는 기록을 살펴보기로 합니다. 한漢나라 화제재위 89~105 때 이남李男이라는 풍각가가 있었습니다. 그 일화입니다.

한화제 연간에 마릉이라는 이름의 태수가 있었다. 마릉은 도적 사건에 연루되어 파면을 당했다. 마릉이 괴로워서 식음을 전폐하고 방바닥에 뒹굴고 있는데 풍각가 이남이 마릉을 찾아왔다.

"태수님, 축하 인사 드리러 왔습니다요."

"이 사람이 돌았나? 내가 시방 죄인이 되어 이 지경인데, 위로는 못 해줄망정 축하라니! 썩

나가라, 나가. 아, 내가 정말이지 돌겠구나. 아이고!!"

그러자 이남은 물러가기는커녕 차 한잔 달라면서 이렇게 말했다.

"오늘 새벽에 한바탕 시원한 바람이 불었습니다. 내일 정오쯤 태수님은 길한 소식을 듣게 될

것입니다. 축하드릴 일 아닌가요?"

워낙 능통한 풍각가가 한 말이라서 마릉은 다음 날 '혹시나….' 하면서 목을 길게 빼고

소식이 오기를 기다렸다.

정오가 지났건만 아무 낌새도 없었다.

'점쟁이 말을 믿은 내가 바보지…. 길한 소식은커녕 개미 새끼 한 마리 없지를 않나….'

그런데 오후 2시가 가까워지자 멀리서 말발굽 소리가 들려왔다. 마릉이 맨발로 달려

나가보니 역참의 관리가 황제의 조서를 들고 온 것이 아닌가.

"황제의 명으로 태수 마릉의 죄를 사하고 복직을 명하노라."

"아이쿠. 황제의 성은이 망극하옵니다!!!"

조서를 받아든 마릉이 궁금증이 나서 관리에게 넌지시 물었다.

"혹시 좀 늦게 오신 거 아닌겨?"

"어찌 그것을 아십니까? 도중에 말발굽이 망가져서 고치고 오느라고 조금 늦었습니다.

제대로 왔으면 정오 무렵에 당도했을 것이었지요."

『후한서』 이남전. 유효균 저서에서 재인용 및 재구성

한나라의 위선魏鮮, 남북조시대의 왕조王루, 후한의 번영樊英 등도 풍각점으로

이름을 떨친 풍각가들입니다. 남북조 시대에 살았던 왕조는 거목이 흔들릴

정도의 일진광풍을 보고는 정오에 서남쪽으로부터 백마 한 필, 붉은 말 한 필을

끌고 급한 전령이 온다는 것을 점치고 미리 준비하고 있었다고 하는 기록이

있으니 대단합니다.

후한의 번영이라는 풍각가는 서쪽으로부터 갑작스러운 돌풍이 이는 것을 보고는,

"천 리 밖에 있는 성도에 불이 났구나."

라고 말하고 입 안에 물을 머금고는 서쪽을 향해 "푸우" 하고 뿜어냈지요.

그리고는 주변 사람들에게 그 일시를 잘 적어놓으라고 일렀습니다. 얼마 후

성도에서 온 나그네에게 그 일시의 일을 물었습니다.

"아 그날 일, 이상해서 기억하지요. 큰불이 나서 온통 난리였지요. 그런데 갑자기 동쪽에서 먹구름 한 조각이 날아오더니만, 거짓말같이 삽시간에 큰비를 쏟아붓더라구요. 그 덕에 다행히 불이 다 꺼졌습니다." 『후한서』 번영전

아마도 바람, 불, 비 이런 조합을 보시면 『삼국지연의』의 <적벽대전>에서의 제갈량을 생각하시는 분들 있으실 겁니다. 제갈량이 동남풍을 불어오게 한 것은 이 풍각점과는 무관하고, 천문에 밝아 미리 바람의 방향을 알고 있던 제갈량이 동남풍을 부른 것처럼 보이게 한 술책이었지요.

우리 삶에서 바람의 방향은 언제 어떻게 바뀔지 모르며, 언제 일진광풍이 불지도 한 치 앞에서도 알지 못합니다. 바람의 방향이 바뀌리라는 것을 제갈량처럼 미리 알 수도 없고, 풍각점 치는 점술사처럼 앞일을 훤히 알 수도 없습니다.

하지만 우리도 한 가지는 확실하게 잘 압니다. 맨날 따스한 동남풍만 불지 않듯이, 맨날 살을 에는 북풍만 불지도 않으리라는 것을요.

점쟁이의 내신등급
완전 꽝, 눈칫점,
신의 경지

역술인들 사이에서는 명리, 자미두수, 육효, 기문둔갑, 태을수, 육임 등등 어떤 공부를 했는지가 중요하겠지요. 역술을 각 분야별로 다루는 유튜브나 인터넷 카페도 많습니다.

그러나 점을 보는 일반인들에게는 어느 역술 종류인지, 어느 문파인지는 사실 크게 중요하지 않습니다. 뭘 보려면 어떤 역술로 보는 것이 좋다고 세분하기 시작한 것도 사실 채 몇 년 되지 않습니다. 그것도 점에 관심이 많은 극소수의 사람들이고요.

점을 보는 사람들에게 중요한 것은 오로지 '얼마나 맞히느냐?'뿐입니다. 간혹 역술인들은 이 간단명료한 핵심을 잊는 것 같기도 합니다.

역술인들의 적중률은 이렇게 구분합니다.

60%를 맞히는 술객은 평범한 용복 庸ト, 80%를 맞히면 뛰어난 명복 名ト, 95%를 맞히면!!! 귀신도 저리 가라 신복 神ト.

그런데 사실 점을 보러 다니는 입장에서 말하자면, 80%를 맞히는 분들은 극히 드뭅니다. 일반적으로 역술인들 자신도 70% 정도면 잘 보는 것이라고 말하고 있고요.

오늘은 점쟁이들이 남긴 일화로 역술인들의 적중률 내신등급을 한번 보기로 할까요?

우선 '완전 꽝'으로 여태 그 이름이 전해져오는 점복사입니다. 조선시대에 광통교(광교)에 김을부라는 점쟁이가 살았습니다. 광통교 선사라고 불렸지요.
광통교 선사 김을부가 바이럴을 했는지 유튜브를 했는지는 몰라도, 아무튼
처음에는 사람들이 점 잘 보는 집이라며 많이 찾아갔다지요. 문전성시였다고
합니다.
그런데 점이 안 맞아도 정도 문제지, 너무 맞지를 않아서 한양 여인네들
사이에서는, "광통교 선사가 말하는 것을 반대로 생각하면 딱 맞아." 이럴 정도로
악소문이 돌기 시작했답니다. 요즘 같으면 후기 악플이 막 붙은 거지요.

　　참판 벼슬을 하던 어떤 양반의 아들이 과거 시험을 보게 되어, 아들의 점을
보려고 광통교 선사에게 점을 치도록 했습니다. 광통교 김을부는 참판 아들이
써놓은 글을 훑어보더니, 이렇게 말했습니다.
"이런 이런, 글이 너무 속돼서 급제하긴 글렀구려."
아하, 점사가 잘 안 나와서 '잘 모를 때는 좋게 말해주는 것이 낫다'라는 불문율을
김을부 선생이 몰랐나 봅니다. 참판의 아들은 아무튼 시험에 응시를 했습니다.
과거 급제자 명단이 방으로 붙었는데, 참판의 아들은 급제를 했으며, 그것도 아주
좋은 점수로 뽑혔답니다. 다시 입소문이 자자하게 퍼졌고, 그 소문이 현대에까지

광통교 | 출처 문화재청

전해온답니다.

"광통교 김을부가 흉하다고 하면 길하다!"

요즘으로 치면 '지뢰'라고 하는 완전 꽝점인 것이었죠.

판수경닉고(연도 미상) | 김준근 作 | 출처 공유마당

이런 완전 꽝점이 민간에서는 입소문으로 끝나지만, 궁중에서 점을 잘못 봤다가는 문제가 다릅니다. 책임을 면하기 어려웠습니다.

태종의 아들 성녕대군이 완두창(천연두)으로 위독할 때의 일입니다. 완두창이라 이름 붙인 것은 물집 크기가 완두콩만 해서라고 하니, 당시에는 얼마나 두려운 전염병이었겠는지요. 성녕대군은 태종과 원경왕후 사이에서 40세가 다 되어 얻은 막내아들로, 총명하고 공손하고 인물이 수려해서 태종이 총애하던 아들이었습니다. 태종은 승정원에 명해서 점을 잘 치는 사람들을 불러 성녕대군의 길흉을 점치게 했습니다.

장안의 점 잘 본다고 소문난 한각운, 정신오 등의 점복사들이 불려왔고 무당들도 불려왔습니다. 점술사들은 성녕대군의 점괘를 뽑고 한결같이 "쾌차합니다!!"라고 말했습니다. 하지만 성녕대군은 끝내 세상을 떠나고 맙니다. 그러자 신하들은 점복사들과 무당들에게 책임을 물을 것을 왕에게 청합니다.

"점치는 자들이 그 업業에 정밀하지 못하여 성녕대군의 목숨이 위태롭지 않다고 아뢰었으니, 청컨대 모두 법대로 처치하소서!"

여기서 '업業에 정밀하지 못했다' 함은 곧 실력이 없어 점이 맞지 않았다는 의미입니다. 하지만 이런 경우 점복 실력에 뛰어나서 '죽는다'고 점사를 내었다가, 만에 하나 살아나면, 또 그건 그것대로 불충하다고 가만히 두지 않았을 것이니, 사실 참 안타깝고 딱한 입장입니다.

결국 그 가운데 시각 장애 점술사들은 방면해주었으나, 굿을 잘못했다는 죄를
물은 보인이라는 무당은 장형을 받은 후 울산에 관비로 보내지려다가, 가기도
전에 성녕대군을 모시던 사람들로부터 구타당해 살해됐다고 합니다. 『태종실록』

　이번에는 '지뢰'의 극단에 위치한 신의 경지의 점쟁이를 볼까요?
시각 장애인 점술사로 조선시대에 이름을 떨쳤던 홍계관은 정말 출중한
신복神卜이었습니다. 특히 신수점은 굉장했다고 합니다. 쥐의 마릿수 때문에 결국
아차산에서 형장의 이슬로 사라진 홍계관의 이야기는 이미 해드렸으니, 다른
일화를 소개합니다.
한양에 '홍계관리里'라는 마을 지명이 있었는데, 시각 장애 점쟁이 홍계관이
살던 곳입니다. 홍계관은 양주의 향족 집안에서 유복자로 태어났습니다. 낳고
보니 아들이 시각 장애가 있어 어머니가 울고 또 울면서 집 뒤 돌부처 앞에서 늘
빌었다고 합니다. 아들이 사람 구실을 할 수 있게 해달라고요. 가난했어도 음식이
조금이라도 생기면 항상 그 돌부처 앞에 제사부터 드리고 나서야 먹을 정도로
정성을 다했습니다.

　홍계관이 나이 15세가 되던 어느 날, 홍계관의 꿈에 그 돌부처가
나타났습니다. 돌부처는 아이에게 "점치는 일이 생길 터이니 내가 시키는 대로만
하거라." 하면서 뭔가를 일러주었습니다.

홍계관 | 여유만만(KBS2)에서 재현

이튿날 아침 한 사람이 오더니 자기 매가 없어졌는데 좀 찾아달라 했습니다.
홍계관은 아무개 재상집 벽장 속에 매가 들어가 있다고 알려줬는데, 정말 거기서
매가 나왔습니다. 그걸 보고는 그 재상이 홍계관을 찾아와 붙들고 늘어졌습니다.
외동아들이 병이 났는데 제발 낫게 해달라고 울며불며 사정하는 것이었지요.
홍계관은 어떤 어떤 약을 쓰라고 일러주며 며칠 지나면 완전히 낫겠다고
알려주었습니다.
정말 그 약을 쓰고 며칠이 지나니 외동아들의 병은 씻은 듯이 나았지요. 재상은
큰절을 하며 자그마치 1천 냥을 홍계관에게 주었습니다.
그날 밤. 꿈에 다시 돌부처가 나타났습니다.
"그 돈 천 냥으로 선물을 훌륭하게 마련하거라. 선물을 가지고 이 점쟁이에게
가서 제자로 삼아달라 하고 점술을 배우거라."
홍계관은 날이 밝는 대로 선물을 마련해서 돌부처가 지목한 그 점쟁이를 찾아가
제자가 되었고, 점복술을 완전히 전수 받았습니다. 그리고는 스승보다 뛰어난
점복술의 제1인자로 조선사에 남게 됩니다.

　　홍계관이 남긴 여러 사례 가운데, 조선시대의 문신 홍윤성과 관련된 점사가
있는데, 홍계관의 신과 같은 경지의 점술을 엿볼 수 있는 유명한 이야기입니다.
홍윤성1425~1475은 수양대군을 도와 계유정난에 깊숙이 관여하고 결국 세조의
총애를 받아 영의정까지 오른 사람입니다. 홍윤성은 수양대군과 만나기 전, 점을
잘 친다고 유명한 홍계관을 찾아가 점을 봐달라고 했습니다. 홍계관은 한참을
있다가, 무릎을 꿇고 공손하게 말했습니다.

홍윤성(1425-1475) | 조선 전기의 문신

"공께서는 귀하게 될 명수를 타고나셔서,
어느 해 0월 0일에 형조판서를 담당하게
되실 겁니다. 그때 제 아들이 죄를 짓고
옥에 갇혀 사형을 당하게 될 것입니다.
공께서 부디 저를 생각하시어 제 아들을
살려주시기 바라옵니다."
그리고는 아들을 불러 홍윤성에게 인사를
시키면서,
"너는 어느 때 옥사를 당해 심문에 나갈

것이니 그때 맹인 점쟁이 홍계관의 아들이라고 말하거라."

홍윤성은 놀라기도 하고 믿기도 어려워서 답을 하지 않았다고 합니다.

그로부터 10년이 채 되지 않아 홍윤성은 세조의 총애를 받아 형조판서가 됩니다.

홍윤성이 옥에 갇힌 자를 국문하던 중에, 누군가가 부르짖었습니다.

"제가 맹인 점쟁이 홍계관의 아들입니다요!!"

깜짝 놀란 홍윤성은 탄복에 탄복을 하며 그 죄수를 풀어주었다고 합니다.

대단하다고밖에 달리 할 말이 없습니다. 예나 지금이나 광통교 김을부 선사와 홍계관의 중간 영역에 수많은 역술인의 스펙트럼이 포진되어 있겠지요.

마지막으로 실력이 아니라 운과 눈칫점으로 명인 점쟁이의 허명을 얻은 점쟁이 두터비 얘기를 빼놓으면 안 되겠습니다.

정말 재미난 얘기입니다. "이 두꺼비 이제 죽네."는 대체 뭘까요?

어느 재상의 어릴 적 이름이 돌㐑이었습니다. 돌이 어릴 적 함께 놀던 죽마고우는 이름이 '두꺼비두타비頭他非'였는데, 이 두꺼비는 다 장성해서 그만 눈이 멀어 장애인이 되었습니다. 호구지책으로 점쟁이가 되긴 했는데, 점이 하나도 맞지를 않아 수입이 없어 동냥을 해서 먹고살아야 했습니다. 하지만 재상 친구가 뒤를 돌봐 주는 덕에 일단 잘 보는 점쟁이로 유명해질 수는 있었습니다.

어느 날 임금이 옥대를 잃어버리고 찾지를 못해 장안에 소문이 자자한 두꺼비를 궁으로 불렀지요. 두꺼비는 궁으로 가면서 근심에 잠겨 너무 힘이 들었습니다. 못 맞출 것을 자신도 뻔히 알았거든요.

두꺼비는 길에 서서 땅이 꺼져라 한숨을 쉬면서, "에이고 에이고…. 불가설이不可說耳구나…."라고 장탄식을 했습니다. '무어라 말할 수가 없구나'라는 말입니다.

근데 임금의 옥대를 훔친 사람의 이름이 뭔지 아세요?

이름은 '불개火狗', 직급이 '서리' ⇨

불개서리.

도둑은 겁을 먹고 곧장 두꺼비에게

달려와 옥대가 있는 곳을

이실직고했습니다. 궁의 서쪽

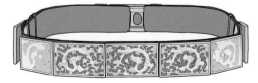

옥대(옥을 박아서 장식한 허리띠) 복원품 | 국립고궁박물관 소장

오른쪽 계단 아래에서 옥대를 찾게 된 임금님은 참으로 영험하다고 좋아하면서, 한 가지 더 시험을 해보려고 했습니다. 궁중 뜰에 있는 두꺼비를 한 마리 잡아다가 돌 밑에 깔아놓고는 눈이 보이지 않은 점쟁이 두꺼비에게,

"과인이 조금 전에 숨겨놓은 것이 무엇인지 맞혀보거라. 맞히지 못하면 너를 마땅히 죽일 것이요, 맞히면 큰 상을 내릴 것이로다."

실력 없는 두꺼비가 그걸 알 도리가 있겠나요? 죽음을 목전에 두고 장탄식을 합니다.

"아이고, 돌 때문에 이 두꺼비가 이제 죽네~~"

재상이 된 친구 아명이 돌틀인 것 아시지요? 그 녀석이 자기를 유명한 점쟁이로 만든 덕에 나 두꺼비가 이제 죽네~ 이 얘기지요. 임금은 경악하면서,

"아하!!! 천하의 신령스러운 점쟁이로다!!"

하면서 어마어마한 상을 내렸다고 합니다.

　　신통력 수준의 홍계관이나, 완전 반대의 점사를 내놓을 정도의 나이롱 점쟁이 광통교 김을부나, 허명虛名과 눈칫점의 두꺼비나, 우리가 지금 살고 있는 이 시대에도 이처럼 여러 유형의 점술인들이 있겠지요. 점집을 찾아다니는 우리는 그나저나 현대판 홍계관을 만나기를 학수고대합니다. 아니, 홍계관 정도의 신복神卜까진 안 가더라도, 80% 적중률의 역술가를 만나기를 고대합니다.

노래로써 징조를 읽는 '요참'이란?

가수들이 부르는 노래의 가사대로 그 가수의 인생이 좌우된다 해서 한때 사람들 입에 자주 오르내리는 일이 있었습니다. 가령 모두 고인이 된 배호 씨와 차중락 씨, 김정호 씨 등의 노래가 그렇습니다.

가수 배호 씨는 29세에 요절한 가수입니다. 배호 씨의 '안개 속에 가버린 사람', '마지막 잎새'가 그의 인생을 그대로 압축해서 보여준다고 했었습니다. 故 배호 씨가 마지막 섰던 무대에서 부른 노래에는 '흐느끼며 떨어지는 마지막 잎새' 이런 가사가 들어있었지요. 27세 요절한 차중락 씨의 '낙엽 따라 가버린 사랑', 33세에 세상을 떠난 김정호 씨의 '하얀 나비'의 가사에도 죽음을 예감하는 듯한 내용이 있었습니다.

인생의 절반도 가지 못한 채, 푸르른 나이에 주옥같은 노래를 남기고 요절한 분들입니다.

이런 연유로 해서, 한때는 '노래방에 가서 부르는 자신의 애창곡을 슬픈 것으로 절대 부르지 말라'는 말도 있었답니다. 물론 어떤 노래가 마음에 드는 이유는, 자신의 현재 감정이나 처지를 담고 있어서 그런 경우가 많겠지만, 또 한편으로는 같은 가사를 자꾸 반복해서 부르면 마치 '주문처럼', '자기 최면처럼' 자신에게 감응되고 세뇌되고 이입이 될 수도 있다고 생각해서인 듯합니다.

이제부터 말씀드릴 <요참謠讖 노래예언>에 대한 역사적 사건들을 들어보시면 왜 그런 생각이 들 수도 있는지 이해가 가실 겁니다.

노래를 통해 징조가 퍼져가는 것이 사실 무섭습니다. 특히 순수하고 맑은

SBS 드라마 <녹두꽃(2019)> 포스터

어린이들이 부르는 동요를 통해서 민심에 파고들어, 어떤 인물이나 사건 또는 나랏일에 대한 예언이 되기도 했고, 간혹 정치적 계산이나 사적인 목적에 의해 의도적으로 어린아이들이나 민간에 퍼뜨리는 일도 있었습니다. 가령 여러분도 잘 알고 있는 <서동요>가 그런 것이지요.

여기서는 그런 의도된 경우는 제외하고, 자연적으로 퍼져나간, 순수하게 징조를 담은 노래만을 다루어 보기로 합니다.

예언적인 노래를 참요讖謠 예언 노래라고 합니다. 참요(예언 노래)와 요참(노래 예언)은 어디에 포인트를 두는가의 차이이지 핵심은 같습니다.

SBS 드라마 <녹두꽃> 보셨지요? 드라마의 배경이 된 동학혁명이 일어날 무렵과 실패할 무렵에 돌던 참요들이 몇 가지 있습니다. 여러분이 잘 아시는 <파랑새요謠 노래> 보다 이전, 동학혁명이 막 시작될 때 이런 노래가 퍼져나갔습니다. <가보세요謠>라는 노래입니다.

가보세 가보세 을미적 을미적 병신 되면 못 가보리.

이건 '가자, 빨리 가자, 미적미적거리다가 병신 되면 못 갈 거다.'라는 가사로 들립니다.

그런데 그 바탕에는 다른 뜻이 있는 것으로 해석이 됩니다. 희한합니다. 한글 단어와 육십갑자를 절묘하게 섞어 중의적으로 사용했습니다.

갑오세 갑오세甲午歲 을미적 을미乙未적 병신丙申되면 못 간다.

동학혁명이 갑오년1894에 서울까지 밀고 올라가서 성공을 거두지 못하면, 그다음 해 을미년1895에 미적거리다가 병신년1896에 거사에 실패할 것이라는 의미입니다. 실제로 이 노래대로 동학혁명은 결국 갑오년에 실패로 끝이 났지요. 전봉준은 체포된 다음 해인 을미년 1895년에 교수형으로 처형됩니다.

여러분이 잘 아시는 <파랑새 노래(파랑새요)>는 농민군들이 부르면서 진격했다는 해석도 있고, 동학혁명 실패 이후의 민심을 아프게 표현한 것이라는 해석도 있지만, <참요>로도 해석합니다.

서울로 압송되는 전봉준(상)과 전봉준의 얼굴(하)

새야 새야 파랑새야 녹두밭에 앉지 마라.
녹두꽃이 떨어지면 청포 장수 울고 간다.

녹두는 전봉준1855~1895의 별명입니다. 전봉준은 키가 5척(약 152cm)의 단신이라서 녹두라는 별명이 있었고, 후에는 녹두장군이라고 불리지요. 파랑새 노래에서 녹두꽃은 전봉준을 가리킵니다. 녹두밭은 우리나라를, 청포 장수는 백성들을 상징한다는 해석은 동일합니다. 다만 파랑새가 백성을 상징한다는 해석이 일반적이기는 하지만, 푸른색 군복의 일본군을 뜻한다는 해석『광명시지(1993)』, 『민족문화대백과사전』도 있습니다.

간혹 파랑새를 '팔왕새八王'로 보고 八王 = 全 = 전봉준을 의미한다는 해석도
있습니다. 전봉준이 이긴다는 의미로 왕王자를 붙였고요.

이 노래를 채집해서 발표1932한 이은상에 따르면 일제 강점기 때에도
민중들은 이 <파랑새 노래>를 동학혁명 이전에 만들어진 예언적인 노래로 믿고
있었다고 합니다. 전봉준에 대한 기대와 안타까움이 신비화 현상을 만들어낸
것이겠지요.
이 <파랑새요謠>의 가사가 혹시나 긍정적이고 활달했으면 번번이 패하지는 않을
수도 있었지 않을까요? 가령 이랬다면요….

새야 새야 파랑새야 녹두밭은 어림없다. 녹두꽃이 활짝 펴서 청포 장수 대박났다.

위에서 '요참'이란 노래 예언이라고 했지요. 꿈으로 예언하는 것을 '몽참夢讖',
시로 예언하는 것을 '시참詩讖', 징조를 보고 예언하는 것을 '조참兆讖'이라 하는
것과 같은 구조로, '참讖'이란 예언이라는 뜻입니다.
이런 노래 예언은 역사적으로 보면 한 왕조가 망하려 할 때 거리의 아이들이나
백성들 사이에서 어디서 어떻게 퍼졌는지 모르는 채로 묘한 노래들이 돌아다니는
예가 많았습니다. 시운時運이 변하는 것을 예언하는 노래들입니다.

전봉준 선생 고택지 | 출처 국가문화유산포털

가령 중국에서도 후한 말기에 왕권이 쇠퇴하고 간신이 정권을 잡자 순식간에 수많은 노래가 나돌았습니다. 한 영제 때 간신 동탁董卓이 정권을 잡고 전횡을 일삼고 있었습니다. 흉악하고 방자하고 잔인해서 역대 악인의 대명사로 꼽히는 사람의 하나입니다. 항복한 백성들의 혀를 자르고 손발을 끊고 눈알을 파내어 삶았으며, 미처 죽지 못한 사람들이 바닥에서 뒹굴어도 태연히 주안상을 놓고 먹고 마셨다고 하는 기록이 있습니다.

그런데 백성들 사이에 도는 노래 가운데, 동탁이 잔혹하게 군림하다가 나중에 9족이 멸문지화를 당한다는 예언이 있었던 겁니다. 어떤 식으로 표현되었을까요?

천리초가 어찌 그리 푸르른가
십일복은 살아날 수가 없다네.

천리초千里草 ⇨ 합치면 동 : 董 = 풀 초⁺⁺ + 천千 + 리里
십일복十日卜 ⇨ 합치면 탁 : 卓 = 복卜 + 일日 + 십十

곧 '동탁이 지금 그리 세도가 푸르러도 결국 살아날 수 없을 것이다.'라는 의미를 담고 있는 노래 예언입니다. 동탁은 여포에게 살해당한 뒤 시체는 거리에 버려지고 일족은 멸족되었지요.『후한서』 매우 뚱뚱했던 동탁의 배꼽에 심지를 꽂아 불을 붙였더니 며칠을 탔다는 끔찍한 기록도 있습니다.

조선시대로 가보겠습니다.
태조 이성계 왕권 말기에 이런 동요가 나돌았습니다.

남산의 돌을 치면 남은 정도 없어진다.南山伐石去 釘無餘

남산의 돌을 치고 나면 정돌을 쪼는정 釘이 남는 게 없다는 뜻인데요, 이건 뭘 예언하는 노래일까요? 이 노래는 <남산요> 또는 <정무여요(남은 정 없어요)>라고 합니다. 이것은 태종 이방원에게 두 신하 남은과 정도전이 주살 당할 운명임을 예언한 노래입니다. 정도전, 남은은 세자를 방석芳碩으로 내세웠다가 하루 아침에 사태 역전으로 이방원이 권력을 잡게 되면서 무참히

살해당합니다. '남은 정'이란 남은과
정도전을 말합니다. 남산의 돌 석石은
방석을 의미하겠지요.
왕권 계승을 둘러싼 회오리 속에서 두
신하가 죽을 전조前兆를 읊어, '남은과
정도전 없어요'라고 예언한 노래가 바로
이 <남은 정 없어요>인 것이지요. 김안로
『용천담적기龍泉談寂記(1525)』

정도전(1342-1398) | 조선 개국 공신

왕권을 둘러싼 골육상쟁 못지않게
왕을 둘러싼 왕비나 후궁들의 상쟁 역시
피를 불러오기도 했습니다. 조선 9대 성종
때 이런 동요가 한양에 퍼져나갔는데,
섬찟합니다. 김안로 『용천담적기龍泉談寂記(1525)』

꺼져, 싫어한다고, 끝났어
한자로는 이렇게 됩니다.

망마다望馬多 싫어하니 가! **승슬어이나**勝瑟於伊羅
싫어해, 끝났어!

왕이 왕비가 싫다며 끝내자고 하나 보네요. 성종의 계비 윤씨는 임금이
호색한 것에 대한 질투를 이기지 못한 비운의 왕비로, 결국 숙종의 얼굴에
손톱자국을 낸 사건으로 폐비가 됩니다. 그리고 얼마 후에 사약을 받고
사사됩니다. 이 <망마다요>가 섬찟한 이유는 폐비 윤씨가 사약을 먹고 피를
토해놓은 적삼이 또 한 번의 피의 회오리를 몰고 오게 되기 때문이지요.
폐비 윤씨의 아들로 조선의 제10대 왕이 된 임금이 누군지 아시지요? 바로
연산군입니다. 폐비 윤씨는 피를 토하고 죽으면서, 친정어머니에게 "피 묻은
이 옷을 간직했다가 훗날 동궁에게 전해주세요, 어머니…."라고 말하며 숨을
거둡니다.
이것이 바로 소설가 박종화의 『금삼의 피』이며, 수많은 영화와 드라마의 주제가

된 피 묻은 적삼입니다. 연산군은 외할머니로부터 어머니의 피 묻은 적삼을
전해 받은 뒤, 폐비 윤씨 사건의 내막을 알게 됩니다. 연산군이 포악 방탕해지기
시작한 것이 바로 이 일로부터이며, 이것은 피바람 부는 갑자사화의 시작이
됩니다. 연산군은 어머니에게 사약을 내리게 한 인수대비를 찾아가 할머니의
배를 머리로 들이받았다고 합니다.

포악 방탕해진 연산군은 전국에 채청사를 파견하여 양갓집 미녀를 뽑아
들였습니다. 또한 채홍사도 파견해서 예쁜 기생들만 뽑아 들였는데, 그 수가
1만여 명이나 됐다고 기록에 나와 있습니다. 이렇게 뽑아 올린 기생들을
'홍청興淸'이라고 불렀습니다.
그런데, 이 무렵에 동요가 나돌았지요. <삼합노고요三合盧古謠>라고 불리는
동요입니다.

웃는 노구솥, 더러운 노구솥, 깨진 노구솥 세 짝

노구솥노고 盧古이란 놋쇠나 구리쇠로 만든 솥을
말합니다. 세 짝三合이라는 것은 대중소 크기의
노구솥 한 세트를 말합니다. 토정 이지함 선생이
평소 갓처럼 쓰고 다니다가 끼니때가 되면 벗어서
밥해 먹고 다시 머리에 쓰고는 하던 솥이기도 하지요.

노구솥 | 출처 e뮤지엄

'웃기고 더럽고 깨진 노구솥'이란 바로 패도 광란의 끝 간
데를 모르고 세상의 웃음거리가 된 연산군을 의미하며, 깨졌다고 하는 것을 보면
파멸에 이를 것을 예언하고 있습니다. 뽑아 올린 기생들을 '홍청'이라 부른다고
했지요. 그러다가 망해서 바로 '홍청망청'이라는 말이 만들어진 것이랍니다. 홍청
하다가 망했다고 백성들 사이에서 만들어진 말입니다.
그러니 위의 요참은 연산군의 종말을 그대로 예언한 참요라고 하겠지요.

조선 후기 실학자 이익李瀷은 『성호사설』에서 천하가 장차 어지럽게 되려
하면 귀신의 도가 성행한다고 하면서, "귀신이 어린아이에게 붙어서 말을
내게 되고, 또 그게 믿을 만하기 때문에 반드시 동요로 일어나게 된다."라고

말했습니다. 『성호사설』 권22, 경사문經史門

즉 이익은 이러한 참요들이 흉흉한 시기에 앞으로 일어날 일을 예시하는 기능을 가졌다고 본 것입니다. 참요의 징험함을 '귀신'이 움직이는 것으로 묘사했으니, 실학자의 견해치고는 특이합니다.

여자 팔자 뒤웅박 팔자라고?
요즘은 서로 뒤웅박

　　요즘 정서로는 광화문 네거리에서 손가락질받을 속담이지요.
속담은 당시 사회와 생각을 반영하는 것이어서, 유교 사상으로 무장하여 500년
지속된 조선시대에 여성은 지극히 수동적인 삶을 살 수밖에 없었습니다. 그러다
보니, 여자 팔자는 남자 만나기 나름이라는 뜻으로 이런 속담이 나오게 된
거지요. 물론 여기서 '팔자'는 여성의 삶이라는 의미로 쓴 것이지 명리에서의
사주팔자는 아닙니다.

　　'뒤웅박'이라는 단어 자체도 낯선 분들이 많으시지요. 이 속담이
현재의 우리 사회 정서에 맞지 않아 퇴색하고 있다는 증거가
아닐까 싶습니다. 뒤웅박은 바가지입니다. 지방에
따라서 두룸박 등으로도 불립니다.
그냥 바가지로 불리는 생활 용구는 지금 젊은
세대도 잘 아시지요. 박 + 아지<small>작다는 의미의</small>
<small>접미사. 강아지, 송아지 등</small>로 구성된 낱말이지요.
지금은 모두 플라스틱 바가지로
대체됐지만, 무엇을 푸거나 담는 용도에
만능으로 쓰는 것에는 예나 지금이나
똑같습니다. 지금 플라스틱 목욕 바가지의
다용도성을 생각하시면 되지요.
푸고 뜨고 담아놓은 용도이니, 물바가지로도
쓰고 쌀바가지로도 쓰는 것은 저도 어릴 때 많이

뒤웅박 | 출처 국립민속박물관

봤습니다. 밥하기 전에 쌀을 불릴 때도 저기에 넣고 불렸었지요. 안쪽은 부드럽고
수분을 빨리 흡수해서 물이 닿으면 금방 색이 진하게 됐던 것이 기억납니다.
잔소리를 많이 하는 아내를 보고 '바가지를 긁는다'라고 표현하는 것은 사실
지금도 많이 쓰는 말인데요, 바가지를 긁는다는 것도 다 유래가 있어서 나온
말입니다.

　옛날에는 마을에 쥐통, 쥣병, 즉 요즘 말로 콜레라가 돌면 무당을 불러 굿을
했습니다. 세균이라는 것을 몰랐던 시대에 할 수 있는 공통적인 병마 퇴치 방법은
세계 어디서나 주술행위였습니다.
굿이 시작되면 대청마루에 소반을 놓고 그 위에 바가지를 올려놓은 다음,
무당이 바가지를 숟가락으로 벅벅 긁었다고 합니다. 그 듣기 싫은 소리에 병마가
혼비백산해서 달아난다고 믿은 거지요. 여기서 '바가지를 긁다'라는 말이 유래된
것입니다.

무녀신무 | 신윤복(1758~?) 作

그런데 이 바가지와 달리 뒤웅박은 박을 자르는 방법이 달랐습니다. 박을 반으로 가르지 않고, 꼭지 부분에 주먹 정도 크기의 구멍을 뚫고 속을 파냅니다. 그런 다음 잘 말려서 뒤웅박을 만듭니다.

옛날에 이 뒤웅박은 그 집의 살림살이를 잘 말해줄 수밖에 없는 것이, 부잣집에서는 귀한 쌀이나 달걀을 담아놓았고 살림이 어려운 집은 잡곡이나 여물을 담아놓았습니다. 금이 가기 시작하면 뒷간을 퍼내는 용도로 썼구요. 이처럼 여자도 어떤 남편을 만나느냐에 따라 처지가 달라진다는 것을 말하기 위해 '여자 팔자는 뒤웅박 팔자' 혹은 '두룸박 팔자'라고 비유하게 된 것입니다. 또 이 뒤웅박 모양새가 위쪽에 좁은 구멍이 있어서 한번 갇히면 빠져나오기 어려워 보이니 여자가 한번 신세를 망치면 헤어나기가 어렵다는 함의도 가지고 있었지요. 이 뜻을 알고 뒤웅박 사진을 보면, 파리지옥 같고 섬뜩합니다.

그러나 속담은 세월이 지나면 시대에 부합하지 않게 되는 것도 많습니다. "암탉이 울면 집안이 망한다."라는 속담이라던가 "여자는 제 고을 장날을 몰라야 팔자가 좋다." 같은 속담들도 그렇지요. 요새 집안에서 주부가 움직이지 않으면 어떻게 될 것이며, 대형 마트 휴무일을 주부가 모르면 어떻게 되겠나요? 유교적 여성상이 지배했던 시대에는 사실 궁합을 본다 해도 우선은 시대적인 가치관이 앞섰을 겁니다. 쉽게 말하자면 궁합을 본다 해도 남자에게 유리한 부분만을 보았을 것입니다.
이해하기 쉽도록 실제 있던 일로 예를 들어보겠습니다.
의사 부부의 리얼 스토리입니다. 14년 전쯤의 얘기입니다.
아주 가부장적이고 유교적인 집안에서 자란 남자와 평범한 집안에서 자란 여자가 결혼을 했습니다. 신부는 일반의 자격증을 딴 상태였고 신랑은 인턴 생활을 하고 있었지요. 시어머니는 아들과 맞는 좋은 궁합을 찾고 찾으면서 수도 없이 선을 보고 궁합을 맞춰봤습니다.
여기서 아들과 맞는 궁합을 어떤 것으로 생각했느냐 하는 것에 문제가 있었습니다. 유교적이고 가부장적인 가치관으로 궁합을 맞춰본 거지요. 이 시어머니는 아들에게 무조건 복종하고 따르며 남편보다 돌출되지 않는 사주의 여성을 며느릿감으로 찾았던 겁니다. 둘이 다 행복해야 궁극적으로는 아들에게도 좋다는 것은 생각하지 않은 거지요. 쉽게 말해서 아들이 손에 쥐고 흔들 수 있는 신붓감을 찾은 겁니다. 결국 궁합이 가장 잘 맞아 찾아낸 것이 그 여의사였습니다.

일단 이 여의사는 전문의로 가는 길을 포기해야 했습니다. 남편에게 불편을 끼친다는 이유였지요. 순순히 포기하고 보건소에서 일했습니다.
그 부부의 신혼 시절에 몇 번 만난 적이 있었습니다. 여름이었던 하루가 기억나네요.
덩치도 큰 그 여의사는 남편 쪽으로 15도 각도로 몸을 기울이고 다소곳이 앉아 있었습니다. 식탁에 올려져 있던 시원한 물수건을 곱게 세로로 접어 남편의 팔이 얹어주는 것이었지요. 더울까 봐서요. 순간 저도 좀 멍했습니다. 이 부부는 지금 어떻게 됐을까요. 과연 이 여의사는 계속 순종적이고 수동적으로 살았을까요?

결국 여의사는 견디지 못하고 이혼을 선언하고 나가버렸습니다.
그럼 그렇게 수도 없이 본 궁합은 대체 뭐란 말인가요?
궁합을 볼 때는 가치관이 반드시 앞서 있다는 뜻입니다.
요즘은 궁합을 볼 때도 평등한 관점에서 궁합을 봐주는 역술인들도 제법 많아졌습니다. 시대적 흐름이 반영된 거지요. 남편의 극심한 외도나 가정 폭력에 시달리는 여자에게 무조건 참고 살라고 하는 역술가는 지금은 아마 없을 겁니다.
또 반대의 경우도 성립하지요. 남자의 신세도 여자 만나기 나름이 된 겁니다. 남자 팔자 뒤웅박 팔자라고 말할 수도 있고, 잘못 만나면 서로 뒤웅박이라고도 말할 수 있는 거지요. 이젠 상대적 개념이 됐다는 의미입니다.

제가 경험하기에 역술인들의 말이 서로 다른 부분이 가장 많은 것은 바로 궁합과 성명이었던 것 같습니다. 간명을 잘하는 역술인들이 뽑은 궁합은 얼추 비슷합니다. 적어도 좋다, 안 좋다는 윤곽은 나오지요. 우리가 보통 알기로 4살 터울은 좋다고 말하지만, 그게 수학 공식이

영화 <궁합(2018)> 포스터

아니니 꼭 그런 것은 또 아닙니다. 6살 터울이거나 원진살이 있으면 좋지 않다고
하는데 그것도 일률적으로는 말할 수 없습니다.

역술인들이 공통으로 말하는 것은 운이 나쁠 때는 자신에게 좋지 않은
배우자감을 만날 확률도 높아진다는 것입니다. 허긴 운이 나쁜 시기에는
배우자만 잘못 만나겠나요. 사업도 하필 그럴 때 시작하게 되는 경우가
많더라고요.

역술인들은 이제는 똑똑한 점ᚼ 소비자들이 많아져서 사실 좀 피곤할 수도
있다고 생각합니다. 사주를 보러 가기 전에 미리 만세력 앱에서 자신의 사주를
뽑아가는 사람도 많습니다. 또 취미로 명리를 공부하는 사람도 많아지고 인터넷
카페나 동호회도 많이 생겼지요.

그래도 전문가는 역시 전문가이며, 특히 인생 경험과 임상 경험이 많은 노장으로
반듯하게 살아오신 분이면 훨씬 좋습니다. 지독한 악운이 확실하게 보일
때일지라도, 바로 날카롭게 비수를 꽂듯 직설적으로 말해주는 것이 반드시
훌륭한 점사라고 할 수는 없습니다.

그 때문에 역술인이 가지고 있는 가치관이 몹시 중요합니다. 잘못 만나면 그
역술인의 가치관에 끄달려 가스라이팅이 되거나 심리적으로 타격을 입을 수도
있거든요. 내담자 팔자가 뒤웅박 팔자가 돼서는 안 되겠지요.

한 유명한 역술인에게 부부 궁합을 본 경험을 한번 들어보시면 좋겠다는
생각이 듭니다. 역술인들이 상담에 얼마나 신중해야 하는 것인지를 이해하실
겁니다.

이 분은 매우 유명한 역술인이고 자신의 문파도 거느리고 있고 명리학 저서도 낸
분입니다.

당시에 저는 도를 넘어가는 남편의 모습에 아주 힘들어하던 때였습니다. 이
역술인을 소문으로 알게 되어 상담하게 됐습니다.

이 역술인이 하는 말은 이랬습니다.

"어차피 이 남자의 노예같이 사는 운이다. 이혼할 생각은 마라. 이혼해 봐야
젊지도 않은데 뭐하겠냐?"

여러분 생각은 어떠신지요. 이건 상담일까요, 태클일까요, 의문의 1패일까요?

이 분은 분명히 엄청나게 가부장적이고 철저히 유교적 사고를 가진 사람임에는
틀림이 없었습니다. 화법의 문제는 분명 아니었거든요.

고통에 질려서, 지푸라기라도 잡아보겠다고 점 보러오는 내담자들의 인생에
자신의 가치관을 투사하고 도마 위에 올려놓고 식칼로 다져댄다는 것, 이건 문제
있는 직업의식 아닐까요.

아마도 두루 생각하는 역술인이었다면, 상담자의 삶을 위주로 얘기하면서도
전달할 말은 에둘러서 다 건네주었을 것이라고 생각합니다. '노예'라는 그런 단어
선택 없이도요.

누가 그랬지요. 좋은 운에 좋은 점쟁이를 만난다고.

시름의 근본을 틀어막는 법
'방기원防基源'

"늘 방기원하라!" 이 말은 원래 공자孔子가 하신 말씀입니다.
'방기원'이 대체 뭘까요? 아무리 검색해봐도 같은 이름의 탈모 샴푸만 나옵니다.
공자님께서 늘 탈모 샴푸하라 하실 리는 없고….

방기원에 관해 이런 재미난 이야기가 전해옵니다.
갑자기 먹구름이 하늘을 휘감아 몰리더니 소나기가 세차게 내리기 시작했습니다.

해태 | 화재를 막아준다는 상징성이 있는 상상의 동물 |
방기원 서書 진묵당 진성스님 作

글을 읽던 선비는 세찬 빗줄기를 보며
멀리 심부름 보낸 하인이 빨리 오기만을
기다립니다. 이렇게 비가 내리면 논을
막아 물을 가두어야 할 텐데, 하인은
보이지를 않습니다.
기다리다 못해 선비는 삽을 직접 들고
논으로 나가봤습니다. 아니나 다를까,
물은 철철철 다른 곳으로 흘러 내려가고
있었지요. 선비는 삽으로 흙을 떠서
흐르는 물길에 쌓아놓았습니다.
"됐다!"
되기는 뭐가 되겠나요. 흙더미는 세찬
물길에 쓸려 금세 흩어져 떠내려갔고,
물은 계속 콸콸 흘러 내려갔습니다. 삽은
또 왜 이리 무거운 건가요.
"꿍!"

선비는 삽으로 흙을 다시 떠서 물길 막기를 수십 번을 했지만 어림도 없었습니다. 빗줄기와 땀이 범벅이 될 무렵, 멀리서 허둥지둥 달려오는 하인의 모습이 보였습니다. 하인은 논에 당도하자마자 삽을 낚아채더니, 삽으로 흙을 떠서 논물 귀 안쪽에 쌓고는 탁탁 두드려댔습니다.

그러자 흘러나가던 물줄기가 삽시간에 막히고 마침내 선비의 논에 물이 고이기 시작했습니다. 멍하니 쳐다보던 선비는 자기 머리통을 두드리며 이렇게 말했습니다.

"참 맞다, 공자님이 '방기원'이라 했지!!"

방기원防基源이란 '그 근원을 막아라'라는 뜻입니다.

문제 되는 상황과 시름은 '그 근본을 틀어막아'야지, 선비처럼 자꾸 지엽적인 것만 두들겨봐야 상황은 반복되고 악순환을 끊지 못하는 것이지요. 선비는 공자의 '늘 방기원하라常防基源也'를 주야장천 글로 읽고 외웠다지만, 실제 이치는 모르는 것이었겠고요.

8년 전 얘기를 하나 들려드릴게요.

이상하게도 자꾸만 유부남과 사랑에 빠지고는 불행한 뒤끝으로 늘 고통스러워하던 여성이 있었습니다. 그 여성과 대화를 나누면서, 처음은 그럴 수도 있겠다고 생각했지만, 자기 자신은 물론 여러 사람에게 상처를 주는 사랑만을 택하는 것을 오래 지켜보니, 그것은 습習이고 성향이었습니다. 유부남과 사랑하려면 마스카라를 바르지 말라는 말이 있지요. 눈물이 마를 날 없기 때문입니다. 바람 앞의 촛불 같은 사랑을 유지하려고 점집을 하염없이 헤매다니고, 부적도 하고, 치성도 드리고, 본부인을 떼는 굿도 하고, 여우 생식기도 구해서 지녀보고 했지만, 그 여자는 늘 불행했습니다. 끊어지려는 사랑을 이어보려고 극단적 방식까지 생각하는 그 여성을 데리고 큰 스님을 찾아가기에 이르렀습니다.

80세가 넘으신 노스님께서 따라주신 차가 다 식었습니다. 모두 말이 없던 가운데, 카랑카랑한 목소리로 노장 스님께서 침묵을 깼습니다.

"정 보살, 니가 왜 자꾸 사련邪戀에만 빠지는 줄 아나?

니 업식이 니 마음을 조정하는 기라. 니
마음이 니 행동을 조정하는 기라. 니 행동이
또다시 니 업이 되는 기라.
거기서 인자 그만 나오거레이."
여자는 차탁 앞에 미동도 없이 하얗게 앉아
있었지요.
어떤 때는 장고長考 오랜 동안의 생각보다, 일순간에
생각 한번 돌리는 것이 사람을 180° 바꾸기도
합니다. 여자는 그 말씀에 기왓장이 깨지듯
느끼는 바가 있었던가 봅니다. 산사에서
돌아와, 간당간당하던 마지막 사랑을 단숨에
정리하고 이사하고 단발 컷으로 바꾸더니,
다시는 그런 사련邪戀에 불나방처럼 몸을
던지는 법이 없었습니다.

공자(BC 551~BC 479) | 중국 춘추전국시대
노나라의 정치인, 철학자

　　이런 실제 스토리를 왜 제가
말씀드릴까요?
바로 '인생 시름의 근원'을 성찰하고 그것을 틀어막으면 삶이 달라진다는 말씀을
드리고 싶어서랍니다.
원천을 보지 못하고 '시름에서 나오는 현상'들만 자꾸 만지작거려봐야, 물 위의
그림자 만지듯, 체로 물을 뜨듯, 아무 소용이 없는 것이지요. 이것이 바로 흐르는
물길에 헛되이 흙을 쌓는 것이 아니라 그 입구를 막아주는 '방기원防基源'이
말하려고 하는 바이겠고요.

　　일이 안 풀리고 자꾸 막힌다면 아만我慢에 빠져 오만하지는 않았으나 그
원천을 살피고, 돈이 없어 곤궁하다면 복덕을 쌓지 않았는지 선업의 창고를
헤아려보고, 부부가 원수처럼 싸우며 화탕지옥에 살고 있다면 점占을 보기에 앞서
어떤 악연이었기에 금생에서 만난 것이었을까를 생각해 보는 것도 좋겠지요.
시름은 그림자일 따름입니다.

쓰러진 내 인생에
'복수'가 아닌
'권토중래'를

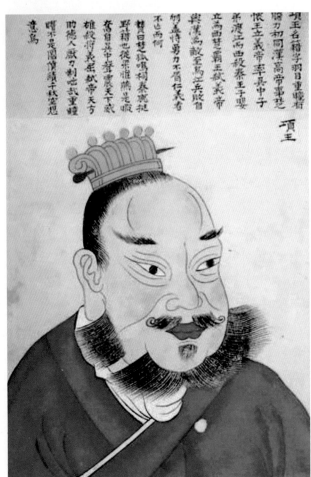

항우(BC 232~BC 202)

초나라 패왕 覇王 항우 이야기부터 해보겠습니다. '권토중래 捲土重來'라는
고사성어를 태어나게 한 장본인이니까요.

항우는 창과 검이 뛰어나기로 유명했습니다. 고서마다 전해지는 항우의 그림은
노안 老顔으로 보이는 것이 많습니다. 어떤 그림은 한 60살은 되어 보입니다.
그러나 항우가 첫 전투를 시작한 것이 22세.
그리고 만 30세에 죽었으니, 푸르고 푸른 청춘이었지요.

중국 역사상 최고의 장수로 평가받는 항우 項羽 BC232~BC202 본명 항적는 8년간
70여 차례의 전투를 치르면서 단 한 번의 패배도 없었습니다. 단 한 번의 패배가
있었으니, 그것이 마지막 전투였습니다.

8척 장신으로, 오추마 烏騅馬를 타고 붉은 망토를 휘날리며 흙먼지를 말아 일으켜
달리면, 적군 병사들이 겁에 질려서 납작 엎드려 길을 터줄 정도였다고 하지요.
무력과 용력과 기개가 가히, 힘은 산을 뽑고 기세는 세상을 덮는다는 '역발산
기개세 力拔山 氣蓋世'대로 였습니다. '항우 장사'라는 말도 여기서 유래한 것이지요.

항우에게는 평생 단 한 명의 사랑하는 여인이 있었으니, 바로 <패왕별희>에서
항우와 함께 등장하는 우희 虞姬 우미인 虞美人입니다. '패왕 항우가 우희와
이별하다'라는 이 제목 한 줄이 슬픈 결말을 예고합니다. 장국영 주연의
<패왕별희> 영화는 많은 분이 좋아하시는데, 이 제목이 원래는 두 사람의 사랑과
죽음을 다룬 중국 경극 京劇의 희곡의 제목이었습니다.

항우는 전장 戰場마다 우희를 데리고 다녔습니다. 최후의 결전인 해하 전투에서
한 고조 유방의 군대에게 포위되어 식량마저 떨어진 사면초가에 몰려 있을 때,
항우는 장막 안에서 우희와 마지막 술 한잔을 나누며 유명한 <해하가 垓下歌>를
읊습니다.

힘은 산을 뽑고 기개는 세상을 덮었도다

때가 불리하니 추 騅 오추마가 나아가지 않는구나

추가 나아가지 않으니 이를 어쩔거나

우희야 우희야, 그대를 어찌해야 좋은가

『사기』 항우본기

우희는 하염없이 눈물을 흘리다가 칼을 뽑아 자결하고 맙니다. 우희와 죽음으로 이별한 뒤, 항우는 마지막 남은 26명의 군사를 데리고 한나라 군사에게 쫓겨 오강烏江 강가에 다다릅니다. 이 오강이 건너지 못할 강이 되어, 넘실대는 강물 앞에서 항우는 칼을 뽑아 목을 베어 자결합니다. 30세의 푸르른 나이였습니다. 오추마도 강에 뛰어들어 충성하던 주인과 목숨을 함께 했다지요.

우희의 자결로부터 영웅호걸의 요절까지, 이 절박하고 극적인 사실史實은 두고두고 후대 사람들 가슴앓이의 대상이 되었습니다. 항우가 죽은 B.C 202년에서 무려 천년이 또 흐른 어느 날에도 그랬습니다.
그 어느 날, 당나라 시인 두목杜牧 803~852이 오강에 다다라 정자에서 쉬면서, 천 년 전 항우의 죽음을 떠올리며 유명한 칠언절구 시를 짓습니다. 바로 이 시 <제오강정題烏江亭> 맨 마지막 행에서 '권토중래'가 나오는 것이지요.
시인 두목이 하고 싶었던 말은 "항우는 그때 왜 죽었더란 말인가? 한번 패했더라도 세력을 회복하여 흙먼지 휘날리며 다시 왔더라면(권토중래) 재기하지 않았겠는가?" 바로 이것이었지요.

이후로 '권토중래'는 좌절을 딛고 훗날을 도모하는 것, 어떤 일에 패하였어도 힘을 축적해서 다시 재기하여 성공하는 것을 말할 때 사용하게 됐지요.
권토중래는 사업에 실패한 사람, 사랑에 실패한 사람, 가정이 깨진 사람, 불행한 일로 처참한 사람, 그 모두에게 일어날 수 있는 가능태可能態 다이나미스가 아닐까요?

이제 제가 말하고 싶은 우리 시대의 권토중래 이야기를 시작해봅니다.
항우가 권토중래하지 않고 오강烏江의 죽음을 택한 그 날로부터 2222년이 지난 지금이네요.
우선, 권토중래는 복수와 동의어일까요?
그렇지는 않습니다. 권토중래나 복수나 둘 다 '다시 돌아오는 움직임'은 맞습니다.
권토중래의 중래重來는 다시 온다, 복수의 복復은 돌아오다, 갚다의 의미입니다.
하지만 복수는 그 대상이 외부에 있고, 받은 대로 돌려주는 앙갚음입니다.
무협영화, 무협 소설의 근간이 바로 이 복수의 서사이지요. 최민식 주연의 <올드 보이> 기억하시지요. 15년 동안 오대수에게 군만두를 먹이면서 결국

영화 <패왕별희(1993)> 포스터

근친상간으로 끌어간 유지태가 복수의 드라마틱한 전형이지요. <올드보이>는 <친절한 금자씨><복수는 나의 것>과 함께 복수 영화 3부작으로 일컬어집니다. 모두 '눈에는 눈, 이에는 이' 식의 동태 복수(유사유형 앙갚음)입니다. 바람피운 배우자에 대한 맞바람도 이런 동태 복수겠지요.

그런데, 권토중래는 본질 자체가 다릅니다. 돌아왔으되, 손 볼 그 대상이 외부의 누군가가 아니라 바로 자기 자신입니다. 권토중래의 핵심은 재기再起, 극복, 다시 선다는 데에 있습니다.

　지금은 팔순이 넘은 한 남성의 얘기를 들려드리겠습니다.

부유한 집안에서 태어난 이 분은 일곱 살 때 아버지를 여의었습니다. 아버지의 막대한 유산을 탐낸 작은 아버지는 어머니를 다른 곳으로 멀리 개가시키고 형제들을 모두 다른 집으로 양자를 보냈습니다.

형제는 뿔뿔이 흩어졌고, 이 아이는 전기도 없는 두메산골에 양자로 들어갔습니다. 말이 양자이지, 사실은 일꾼이었습니다. 일곱 살 어린 나이에 대가족의 모든 잔심부름을 도맡아 했고, 아침에는 요강을 비우고, 낮에는 짚신을

권토중래 | 진묵당 진성스님 作

두목(杜牧. 803-852)
'권토중래'라는 단어를 처음 사용한 당나라 시인

신고 나물을 뜯으러 다녔고, 매일 새벽마다 한 시간씩 걸리는 산길을 걸어 읍내에
두부를 사러 갔다 와야 했답니다.

이 분은 지금도 나물과 두부를 안 드십니다. 국민학교에 들어갈 나이였지만,
학교에 못 가는 날이 더 많았고 늘어가는 것은 일뿐이었지요. 조금 크니
양아버지의 손찌검도 시작됐습니다. 머릿니 서캐가 생긴다고 머리를 빡빡
밀어버려서, 학교 가는 중간에 있는 마을을 지나갈 때마다 동네 애들의 놀림감이
됐습니다. 옷도 남루하기 짝이 없어 "거지"라고 손가락질하고 돌을 던지니,
아이는 몰래 돈을 훔쳐 자전거 체인을 구해서 손에 들고 다녔습니다. 동네 애들이
놀려대기 시작하면 체인을 휘두르면서 방어하기 시작했다지요. 어린아이에게는

원한과 증오와 악만 남아갔습니다.

그러던 어느 겨울날, 동도 트지 않은 새벽에 두부를 사러 읍내로 갔다 돌아오는 길, 추위에 곱은 손에서 두부가 떨어지고 말았습니다. 아이는 얼른 두부를 주워 흙투성이가 된 두부를 털어내며 엉엉 울었습니다. 양아버지로부터 날아들어 올 매가 두려웠기 때문입니다.

열 살의 아이는 그 길로 집에 들어가지 않고 도망쳤습니다. 돌아와 복수하리라…. 복수를 꿈꾸면서요.

아이는 폭력배로 자랐습니다. 국민학교는 졸업도 못 했고요.

오로지 고통만으로 점철된 유년기에 대한 복수를 위해, 갖은 방법을 다해 돈을 벌고 사람을 모으고 힘을 길렀지요. 오른팔에는 '복수'라고 한자로 문신을 새겼습니다.

서른 살의 나이를 앞둔 어느 날, 그러니까 20여 년이 지나 남자는 움직이기 시작했습니다.

"이제 손 봐야겠다."

당연히 작은아버지부터 찾았겠지요.

그러나 작은아버지는 그 많던 재산을 모두 날리고 이미 죽었고, 사촌들 넷 가운데 둘은 정신병자가 되어 있더랍니다. 숙모만 단칸방에서 지내는 것을 보고는 '하늘이 그래도 있긴 있네.'라고 생각하며 돌아섰다고 합니다.

극심한 악업에 대해 금생에서 바로 돌려받는 이런 걸 업액業厄 악업의 앙갚음으로 받는 액 이라고 하지요.

양아버지가 남아있었습니다.

남자는 자동차 여러 대에 부하들을 몰고 그 집으로 찾아갔습니다. <올드 보이>의 유명한 장도리 씬처럼 손에 도끼를 그러잡고 고함을 질렀습니다. 일곱 살부터 맺힌 원한이 폭발했겠지요.

"야~~!!! 너, 나와~~~!!! 나와서 두부 사와!!!"

하, 그런데….

남자는 도끼를 힘없이 툭 떨어뜨렸습니다. 낡은 마루로 걸어나 온 사람은, 20년간 가슴에서 되새김질하고 또 되새김질했던 악독하고 포악한 양아버지가 아니라, 늙어 쪼그라지고 치매에 걸린 여든 살 노인네였습니다.

복수는 불가능했습니다.

차를 돌려 철수하면서, 남자는 생각했습니다.

'뭐가 이리 허탈하냐…'

왜일까요? 복수에만 자신의 모든 것을 쏟아부었기 때문입니다. 맺힌 한恨을 외부적으로 풀어보려 한 것이지요. 원한과 분노를 자신의 받침대로 써서 권토중래했다면 이 남자는 그렇게 공허하지는 않았겠지요.

남자는 폭력배 생활을 청산했습니다. 복수의 대상이 사라져버리자, 그 자리에 자신을 채워야 한다는 갈망이 대신 들어서기 시작했습니다. 만학도가 되어 검정고시를 거쳐 대학까지 졸업했고 밤낮을 가리지 않고 서예를 익혔습니다. 붓으로 한 자 한 자를 새기듯 써 내려가면서 원한을 지워갔습니다.

이 분은 지금은 작품 활동을 하며 여유롭게 서예를 즐기는 여든의 삶을 살고 있습니다. 오른쪽 팔의 '복수復讐'라는 문신은 그대로이지만, 기나긴 세월 속에 퇴색되어 무의미해 보였습니다.

사실은 제가 권토중래와 비교해서 복수에 대한 말씀을 드리는 이유는 따로 있습니다.

한참 전 포스팅에 '방법이란 저주'에 대한 글을 쓴 적이 있습니다. 생각보다 많은 분이 최근까지도 저주 부적에 관해 물어와서 깜짝 놀랐습니다. 원한이 너무 깊어, 이 방법 아니면 그 나쁜 놈(년)의 징벌이 불가능하다는 그런 내용들이었습니다.

현실적으로는 방법이 없으니, 영적인 어떤 것을 움직여서라도 복수하겠다는 것이지요. 한恨으로 철철 넘치는 사연을 들어보면 심정은 충분히 이해하고도 남습니다.

하지만 제 답은 늘 똑같았습니다.

"내가 잘됨으로써 보란 듯이 보복하세요."

권토중래겠지요.

누구에게나 좌절의 독배는 찾아옵니다.

사업에 돈에 사람에 연인에 남편에 자식에 건강에 좌절하여, 인생을 포기하고

널브러져 있는 시간에서 빨리 깨어나면 깨어날수록 좋겠지요.

이를 갈고 마음을 썩이며 절치부심할지언정,

흙먼지 일으키며 기필코 다시 돌아와 처참한 내 인생을 다시 일으키는 청춘이,

중년이, 노년이 되기를,

가능태가 변하여 아름답고 강한 현실태가 되기를,

모쪼록 권토중래하시기를,

두 손 모아 기원해봅니다.

복福의
무게를 더하는 방법

사주팔자로써 우리가 인생에서 누리는 복福에 대해서 모두 말할 수 있는
것일까요?
한 마디로 "그렇지는 않습니다."
인도 역사상 최고의 군주였던 아소카 왕에 관한 설화로 '복의 무게'에 관해 운을
띄워봅니다.

아소카 마우리아(BC304~BC232) |
마우리아 왕조의 3대 황제

아소카 마우리아는 왕이 되기 위해 무려
99명의 이복형제를 죽였고, 500명의 신하, 선왕의
후궁들을 모두 숙청했습니다. 핏물의 강 속에서
즉위한 뒤, 인도제국의 통일을 위해 지옥을 방불케
하는 어마어마한 도륙을 자행한 포악무도한
왕이었지만, 기이하게도 세계사에는 인도제국
최고의 성군聖君으로, 속세에 출현한 전륜성왕으로,
복지 군주로 기록되어 있습니다.
대체 무슨 일이 있었던 것일까요?

최초의 통일 왕조가 완성되어갈 무렵,
아소카왕은 군사를 몰고 북해의 용왕 정벌에
나섰습니다. 설화에서는 북방 용왕으로 표현하지만,
실제로는 북방 주변국의 국왕이었겠지요. 용왕은
석가모니의 사리를 모시고 있던 터라 아소카에게
복종하지 않고 머리를 빳빳이 쳐들고 있었으니,

만만치 않은 격렬한 대결이 펼쳐지기 일보 직전이었습니다.

그러나 용왕의 전략이었을까, 아소카왕의 군사가 아무리 도발해도 용왕은 응전할 기미를 한 톨도 보이지 않고 자취를 싹 감춰버렸습니다.

분함을 삭히지 못하고 있는 아소카 왕에게 한 지혜로운 신하가 다가옵니다.

"대왕께서는 지금 황금 한 근의 무게로 각각 대왕의 몫과 용왕의 몫을 만들어 저울에 달아보십시오."

약이 올라 씩씩대던 아소카는 신하의 말대로 황금 한 근씩을 준비해 저울에 달아봤습니다. 똑같은 한 근이니 당연히 저울이 기우는 쪽이 없어야 하겠지요. 아, 그런데 저울은 용왕 쪽으로 축 처지는 것이 아닌가요.

"아니 이게 대체 무슨 조화냐! 같은 한 근 아니더냐!"

"이 전쟁은 대왕께 승산이 없는 전쟁입니다. 꼭 용왕을 정벌하시고자 한다면, 일단 퇴각하시고 대왕님 쪽 저울이 더 무거워질 때까지 기다리는 수 밖에는 없겠습니다."

"어찌해야 내 쪽이 더 무거워질 수 있다는 말이냐? 용왕은 사리도 모시고 있는데…"

"길은 한 가지뿐입니다. 복福과 덕德을 많이 쌓으시어, 보이지 않는 복福의 무게를 저울에 더하소서."

아소카는 철군했습니다.

그리고는 즉위 후에 저질렀던 무자비한 살육에 대해 깊이 참회하고 불교를 널리 펼치기 시작하였고, 백성을 위한 덕치를 베풀기 시작했습니다. 병원, 보육원, 양로원 등을 대대적으로 건립했고, 놀라운 것은 인류 역사상 처음으로 동물병원과 수의사 제도를 만들었습니다. 피비린내 진동하던 포악한 군주가 중생복지衆生福祉의 성왕으로 거듭난 것입니다.

아소카의 복福의 무게는 증량이 됐을까요?

3년이 지난 뒤 아소카는 자신과 용왕 몫의 금 한 근을 다시 저울에 올려놓았습니다.

아, 저울은 아소카 쪽으로 푹 기우는 것이었습니다!!

아소카 왕은 기세를 몰아 북해 용왕을 정벌하기 위해 군대를 몰고 먼지구름을 일으키며 달려갔습니다. 하지만 용왕은 이미 미리 나와 아소카를 기다리다가, 아소카의 군대가 당도하자 가지고 있던 사리를 내놓으며 납작 항복을 하는 것이었습니다.

무슨 말씀을 여러분께 드리고자 하는지 이미 잘 아시지요?
사주에 몸을 맡기고 산다면, 저울에는 더할 무게가 없답니다. 보이지 않는 어떤 힘이 작용할 여지가 없는 것이지요. 정해진 듯이 느껴지는 사주의 틀을 용기 있게 벗어 내버리고, 시들시들하고 서글픈 내 팔자에 없는 복福을 받고 싶다면, 그 길은 있습니다.
해 본 사람만이 그 막강한 힘을 아는 이것, 바로 선근善根을 쌓는 것입니다.
선善을 쌓는다는 것, 즉 적선, 보시, 방생, 이런 것들의 불가사의한 힘은 내 팔자의 질량을 다르게 하고 복福의 무게에 없던 무게를 얹어주는 것이랍니다.
이런 사례가 있었습니다.
저수지를 메우게 되어 저수지에 살던 물고기들을 모두 횟집으로 넘기려던 일이 있었습니다. 건설회사 직원 한 사람이 있던 돈을 다 털어서 물고기 값을 치르고, 모두 강에 방생해주었다고 합니다. 늘 팔자 더럽다고 푸념하던 그 직원, 얼마 지나지 않아 고속 승진했다는 실화가 있습니다.
누군가를 살려 푸르른 여생을 주고, 누군가가 나에게 사무치게 감사하다고 생각할 때, 그때 강력하게 발산되는 생기 에너지가 나에게 오는 것이라고 생각하면 되겠지요.

아 참, 매우 중요한 부분.
애써 선근을 쌓고 복을 쌓아놓은 것을 가장 깎아 먹는 것이 뭔지 알려드릴까요?
달라이 라마도 얘기했고, 틱낫한 스님도 말 한 그것, 바로 화火내는 것이랍니다.

아소카 대왕의 석주 | 사르나트에서 출토

땅은 도깨비도 떠메고 갈 수 없다
부동산 점술의 역사

　"돈은 도적 맞을 수 있어도 땅은 도깨비도 떠메고 갈 수 없다."라는 우리
속담이 있습니다.
이 속담이 함의하고 있는 것은 결국 땅이 없어질 걱정이 없는 가장 안전한
재산이라는 우리나라 사람들의 무의식적 사고입니다. 살아가는 터에 대한 애착은
유목민의 DNA에서는 도저히 형성될 수 없는 생각이겠지요.

　인생사에서 대부분의 애착은 점占으로 귀결되는 경우가 많습니다. 애착하다
보면 마음대로 안 되니 답답하거든요. 답답한데 뾰족한 방법을 모르면 인간은
동서고금을 막론하고 점을 쳤습니다. 호모 아우구란스, 점치는 인간이라는 말이
괜히 나왔겠나요?
애지중지하는 집과 땅에 애가 쓰이면 문점問占 점에 물어봄하는 것이 우리의 공통적
속성인 듯합니다. 부동산과 점술의 교집합 현상이 어제오늘의 일이 아니었던
거지요.
물론 본격적으로 우리가 요즘 생각하는 방식의 부동산에 관한 문점問占이
시작되는 것은 아무래도 한양을 중심으로 집 구하기가 극도로 어려워지고 부동산
투기가 극성을 부리던 조선시대였기는 하지만, 그 한참 전부터도 살 터에 대해
점을 치는 습속은 상존했었습니다.

　부동산에 관한 점에 관해 남아있는 기록 위주로 살펴볼 때, 크게 분류하면
다음과 같습니다.
❶ 집 터에 대한 점을 친 삼국시대
❷ 가옥의 구조도 보는 풍수가 흥성하기 시작한 고려

❸ 현대와 거의 동일한 부동산 문제들이 있었던 조선시대와 그 당시의 매매점賣買占

이렇게 큰 줄기를 잡을 수 있겠습니다.

아주 흥미로운 기록들이 조선시대에 있는데, 조선시대를 보기 전에

삼국시대와 고려의 예를 한두 가지만 보고 가겠습니다.

이미 『삼국유사』에 보면, 살 만한 집터를 정하기 위해서 점을 치는 일은

다반사였습니다. 이를 점지占地와 복거卜居라고 합니다. 땅과 주거를 점친다는

뜻이지요. 기록에 보면, 마땅히 살만한 터를 찾기 위해서, 중국 황실에서 온

소사라는 여성이 신선의 술법대로 솔개가 머무는 곳에 집을 지은 이야기, 간자簡子

점치는 점대를 던지거나 화살을 쏘아 좋은 터를 잡는 이야기가 나옵니다. 『조선의 점복과

예언』

삼국시대만 해도 주로 집터에 관한 점이었던 것이, 고려시대로 내려오면

풍수지리가 당나라로부터 유입되면서 집 자체에 관한 점으로까지 확장이 됩니다.

그 유명한 예가 고려 왕건을 낳게 되는 집의 구축 형태에 관한 기록입니다.

후일 고려의 국사가 될 도선이 왕건의 아버지에게 다음과 같은 조언을 해주는

것이 『고려사』 세계世系편에 나옵니다.

"당신은 수명水命이니, 물의 대수大數에 따라 집을 6636구區로 지으시오. 6636구가

되면 천지의 대수와 맞아떨어져 내년에 반드시 귀한 아들을 낳을 것이니, 이름을

왕건이라 하시오."

도선의 이 말을 조금 풀어보자면, 물水을 하도생성河圖生成의 숫자로 바꾸면

16인데, 그중에 6은 대수大數로서 (1은 小數) 이 6을 중첩해서 6636 6×6=36,

즉 36구區로 집을 구축하여 거기 살면 나라를 통합하는 국왕을 낳게 된다는

것입니다.

집의 구축법을 6636으로 정하는 그 정도의 기량은 풍수지리에 통달하지 않으면

나올 수 없다는 것이 후대의 평가입니다. 설령 이 스토리가 왕건이 건국한 이후에

만들어진 견강부회 격 설화라고 쳐도 풍수적 깊이는 마찬가지라고 합니다.

자, 이제 조선시대로 가볼까요.

19세기에 제작된 『동국여도』에 그려진 도성도를 보면, 이미 1800년대에 사대문

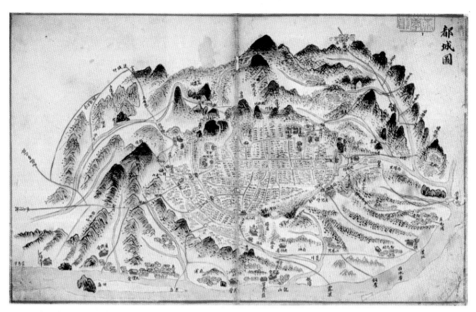

동국여도의 도성도 | 19세기에 제작된 <동국여도>의 일부

밖으로 집들이 확장되어 나가기 시작했다는 것을 알 수 있습니다.

우리가 너무 모르고 있던 조선시대의 부동산 문제를 반드시 훑어보아야, 부동산과 점술의 교집합이라는 얘기의 맥을 잡을 수 있을 겁니다.
한양은 1392년 조선 건국 이래, 요즘 우리가 보고 있는 부동산 현상들을 거의 유사하게 드러내고 있다는 점이 사실 충격적이기까지 합니다. 여러 가지 요인으로 나라 전체가 한양 지향적이 되다 보니, 선비도 백성도 모두 한양으로 한양으로 몰려들었습니다. 한양에 가야만이 관직도 길이 있고 돈벌이, 상업, 문화, 정보 모든 것들이 가능했기 때문이지요.
세종에서 정조 때까지, 한양 인구는 2배로 불어났고(1783년 정조 7년의 한양 인구는 20만 7천여 명), 정조 때 이미 한양 인구의 절반이 사대문 밖에서 살았다니, 한양의 과밀화와 주택난이 얼마나 심각했는지를 알 수 있습니다.
사람들은 모여들고 집은 없으니, 형편이 좋으면 전세를 구했지만 대부분은 남의 집 방 한 칸에 세를 얻어 살았습니다. 퇴계 이황도 집값이 너무 비싸서 서소문에서 전세를 살았다고 하네요.

조선 중기 전세 제도는 이미 현재와 거의 유사한 형태였다고 합니다.
세계에서 유일하다는 우리나라의 전세 제도가 그러니까 이때부터 정착한 것으로
보입니다. 조선 중기 무렵부터 사대문 안쪽의 집값은 엄청나게 폭등해서, 중종
14년1519 기록을 보면, 당시의 노른자위 땅으로 지금의 강남 격이던 인사동의
집값은 정 9품 관료의 월급 50년 치였다고 합니다. 『100년 부동산 투자의 본질』 황태연 저
이런 틈을 노려, 한양의 토착 관료, 아전, 시전 상인들을 중심으로 부동산 투기가
극심했다는 기록이 『조선왕조실록』에 남아있습니다. 여러 채를 매입한 뒤, 비싸게
매도하거나 전세나 달세를 주어 짭짤한 수익을 올린 거지요.
이런 웃기는 셰어 하우스도 있었어요. 어영청 대장 윤태영은 10칸짜리 집을 하루
사이에 30칸으로 쪼개고 쪼개어 열악하기 그지없는 쪽방을 만들어 세를 줬다는
기록도 남아있습니다. 『일성록日省錄』 정조 15년 1781년

영끌, 빚투, 중개 사기, 이런 것도 역시 있었습니다.
정조 때 유만주1755~1788가 남긴 일기집 『흠영欽英』에는, 한양에 정원이 있는
좋은 집을 갖고 싶어 무리하게 빚을 내어 100칸짜리 기와집을 매입한 뒤, 1년

1722년도 매매명문賣買明文 | 조선시대 토지매매계약서. 글을 못 쓰는 사람들은 손바닥을 올려놓고 금을 그어 서명을 대신했다.

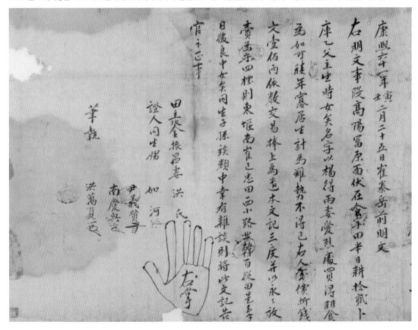

만에 헐값에 팔고 처참하게 망해버린 내력이 아주 자세히 기록되어 있습니다.
유만주가 망한 뒤 시름시름 앓다가 33세에 요절하자, 노론계의 문인이던 아버지
유한준이 아들의 일기를 모아 『흠영』이라는 제목으로 책을 출간했습니다.
이 책에는 1784년 30세 나이에, 유만주가 명동의 100칸짜리 기와집을 2천
냥에 매입하는 과정, 집주릅에게 농간을 당하는 과정, 1년 뒤 800냥에 집을 팔고
변두리 초가집으로 들어가는 과정이 힘들어하는 심경과 함께 생생하게 기록되어
있습니다.

    유만주가 명동 집값으로 치른 2천 냥은 어느 정도의 가치였을까요?
당시 한양 최고가 집값의 10분의 1, 당시 전셋값의 7~8배, 125개월의 생활비,
여덟 식구가 25년 동안 먹을 수 있는 쌀의 양에 해당하는 쌀 3천 말 값에
해당합니다. 유만주 특별전 e-Book
그런데 당시에 버는 돈이 없던 유만주가 이런 큰돈을 대체 어디서 영끌해온
걸까요?
우선 친척들의 돈을 끌어모았습니다. 유만주의 아버지는 노론老論의 저명한
문인이었고 나름대로 큰 가문이었거든요. 그 다음으로 사채를 끌어다 썼습니다.
당시 사채는 경강상인들이 주도하고 있었는데, 이자율 30%의 고리였습니다.
경강상인京江商人이란, 조선 후기에 한강을 중심으로 활동하던 거대한 사상私商
조직으로 자본 규모가 막대했습니다.

    유만주가 매입한 명동의 집은 100칸짜리 기와집이었는데, 100칸은 약 180평
정도입니다. 이 집을 중개한 집주릅은 유만주에게 농간을 부려 매매가를 훨씬
올려서 중개했습니다.
'집주릅'이 누군지 아시나요?
집주릅집주름. 집주릅이 표준어, 또는 가쾌家儈란 지금으로 치면 부동산 중개업자로, 집
알선, 집 도면 작성, 가격 흥정, 매매 계약서 작성 등의 일을 해주고 중개 수수료를
받았습니다. 보통 1냥을 받았다고 하는데. 유만주는 고급 먹, 붓, 담배 등을 따로
선물하기도 했다는 일기 기록이 있네요.
다음 페이지의 도면은 매매 계약서에 첨부되는 집 도면입니다. 점선으로 구획된
아래쪽 집이 유만주가 매입한 2천 냥 짜리 집과 유사한 규모라고 합니다. 위쪽

집은 2,700냥이라고 하네요. 방의 칸 수, 가옥의 방향, 전체 구조 정도를 파악할 수 있는 약식 도면인데, 아무튼 흥미롭습니다.

　꿈에 그리던 집을 가진 기쁨도 잠시, 1년 뒤 유만주의 아버지가 관직을 잃고 가세가 급격히 기울면서, 유만주는 2,000냥에 매입한 집을 800냥에 팔고, 타고 다니던 나귀도 팔고, 창동의 다 쓰러져가는 초가집으로 들어갑니다. 그 3년 뒤에 유만주는 병으로 사망했습니다.

　이런 조선의 사회상이 현대의 우리와 많이 오버랩되지요.
그런데 실제로는 이것이 동떨어진 두 양상의 오버랩이나 기시감이 아니라, 한양 지향성과 집의 재화적 가치에 집중하는 집단적인 성향이 그대로 지금까지 이어져 온 것일 따름이겠지요.
그러면, 지금 우리가 부동산 문제로 속 끓이면서, 점술 카페마다 매매운을 보는 데에 육효가 더 맞네, 신점이 더 맞네, 타로가 잘 맞네 갑론을박하면서 점사 후기가 올라오는데, 조선시대 사람들은 집을 구하고 사고파는 문제로 점을 안 봤을까요?

조선시대 매매 계약서에 첨부되던 집 도면

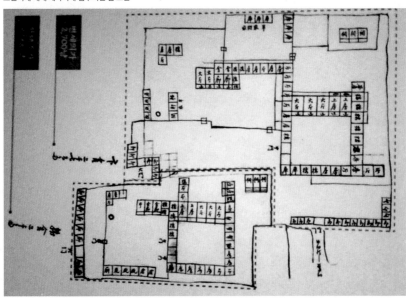

168

당연히 지금보다 더 봤고, 집에서 혼자 점도 쳐보고 했다는 군요. 그게 바로
매매점賣買占이었습니다.

조선시대에는 점술이 사회 전반에 성행하여, 생활에 없어서는 안 될 필요사로
인식되었다는 기록이 있습니다. 조선 중기 실학자인 이수광은 『지봉유설1614』
제18권(기예·외도편)에서 다음과 같이 쓰고 있는데, 당시 점술의 위치를
가늠해볼 수 있는 문장입니다.
"의약은 죽음에서 삶은 구하는 것이고, 점은 흉을 피하고 길함을 좇는 일이다. 그
시초는 모두 성인에게서 나왔으니, 진실로 이를 소홀히 할 수가 없다."
이런 점술에 의지해서 당시에 사람들이 많이 문점問占하던 것은, 일생 운세와
그해 신수, 어떤 사안의 성불성成不成 성사되거나 성사 안 됨과 득실得失, 병과 재액의 원인,
소송, 입시, 궁합, 택일, 승부, 그리고 매매였습니다.
요즘 우리가 점 볼 때 물어보는 것과 너무 판박이이지요.
이 가운데, 집과 관련된 점으로서, 집을 구하고, 집을 살 돈이나 전셋돈을 구하고,
사고팔고, 투자하는 등의 문제는 바로 사안의 성불성成不成과 득실, 그리고 더
구체적으로 매매점이 해당되는 것이지요. 이런 문점은 대부분 통칭 점쟁이들에게
찾아가서 이루어졌고, 기록에 따르면 "조금이라도 이름이 있는 점복자의
문전에는 문복자들로 성시를 이루었다."「조선의 점술과 예언」고 합니다.

조선 중기부터 폭등한 한양의 집값, 한양으로 밀려 들어오던 사람들의 주택난,
그런 와중에 극성을 부린 투기 등등 이런 부동산 문제들이 점으로 이어지는 것은
당시 사회에서 당연하고 자연스러운 일이었습니다.
집을 구하는 문제, 사고파는 문제, 돈 구하는 문제, 투기나 투자의 득실에
골머리를 앓았던 사람들이라면, 일반 백성이나 양반을 막론하고 불투명한 미래를
점쳐보았던 것입니다. 위에서 명동의 100칸 기와집을 샀던 유만주가 집값 사기를
당하고 이런 탄식을 하는 일기 글이 있습니다.
"집을 사는 일이 참으로 어렵구나. 모두 이와 같다면 어떤 사람이 집을 사려고
물어보겠는가?"1784년 음력 8월 6일
이런 탄식과 고민이 어찌 유만주 한 사람만의 일이었겠나요.

그런데, 놀랍게도 최고의 실학자이자 개혁가였던 다산茶山 정약용1762~1836
또한 한양살이에 대한 특별한 생각이 있었습니다.

보통 정약용도 '인 서울'주의라고들 간단히들 말합니다만, 제 생각은 조금
다릅니다. 다산 정약용이 주역과 점복占卜의 대단한 전문가였다는 것을
대부분 알지 못하고 있기 때문입니다. 다산의 저서 가운데 『주역사전周易四箋』,
『역학서언易學緖言』은 주역과 역학에 대한 전문서로 그 학문적 깊이가 대단한
저서들입니다. 특히 『주역사전』은 다산이 스스로 자신이 집필한 500여 권의 책
가운데에서 베스트 2로 꼽을 정도로 가장 아끼는 저서였습니다. 그만큼 다산은
주역에 관심이 많았고, '역학적 접근방법으로 격물치지를 달성하고자 하는 뜻'이
『주역사전』에 고스란히 담겨있다고 봅니다.

그런 다산 정약용이 1810년부터 18년간 전라도 강진에서 유배 생활을
하면서 두 아들에게 보낸 이 편지를 보시지요.

우리나라는 서울 문밖에서 몇십리만 떨어져도 태고처럼 원시사회가 되어 있는데
하물며 멀고 먼 시골임에랴! (…)
앞으로의 계획인즉 오직 서울의 십 리 안만이 가희 살 수 있다.
만약 집안의 힘이 쇠락하여 서울 한복판에 들어갈 수 없다면,
잠시 서울 근교에 살면서 생활을 유지하다가 재산이 조금 불어나면 그때
도시 한복판으로 들어가도 늦지 않다.

『유배지에서 보낸 편지』 창비

놀랍게도 지금 우리의 상황이지요?
다산 선생이 200년 후의 '서울 공화국'을 예견하신 것은 아니었을까요?
우리가 21세기에 서서 조선시대의 부동산 문제를 바라보면서 기시감을
느끼듯이, 다산 정약용은 한양 부동산 문제를 겪으면서 주역으로 점친 200년 후
서울의 모습에 기시감을 느낀 것은 혹여 아니었을까요?

丁若鏞先生真像

賁弟花史劇摹

周易四箋 一之二

侯菴經集

다산 정약용(1762~1836) 초상

정약용의 『주역사전』| 서울대학교 소장

수數의 신비주의,
그리고
휴대폰 번호의 비밀

서양의 수비학과 동양의 상수학

　타로를 하시는 분들은 수비학數秘學 numerology을 잘 아실 것으로 생각됩니다.
타로 카드에 적힌 숫자가 바로 이 수비학의 전형이지요. 수비학이란 숫자와
관련된 상징, 형이상학, 수와 관련된 주술을 다루는
서양의 비교秘敎 신비주의, 에소테리즘를 말합니다.
수비학을 의미하는 영어 단어 스펠링에서 앞에
붙어있는 'numero'는 숫자, 넘버라는 뜻입니다.
서양에서 숫자에 관한 신비주의적 전통을 만든
사람이 누구인지 아시는지요?
놀라지 마세요. 바로, '피타고라스의 정리'로
어릴 적 우리로 하여금 치를 떨게 했던 수학자
피타고라스BC580~BC500랍니다. 정확한 수학의
이치를 공부한 사람이 신비주의 학파의 시조라는
점이 이상하다고 생각되시지요. 더군다나 이
피타고라스 학파는 윤회를 믿는 강력한 신비주의
종교 집단이었답니다. 그 외에도 서양에는
'게마트리아 수비학' 같은 것도 있어서 숫자와
문자를 연결해 성서에서 비밀의 메시지를 얻어내는
방법도 있었습니다.

유대교 신비주의 카발라에서 수의 상징을 담은 세피로트 나무

고대에는 동서양을 막론하고 술수와 수학이 구분되지 않았습니다. 즉, 수학은 계산으로서의 양적인 측면과 상징적 우주의 기호로서의 질적인 측면이 함께 있어온 것이지요. 고대부터 다양한 방식과 체계로 숫자와 관련된 신비주의가 전해 내려져 왔는데, 쉽게는 4, 7, 8, 9, 666 같은 특정한 수를 행운이나 불운의 상징으로 여기는 문화도 다 이런 베이스에서 형성이 된 것입니다.

그러나 진정으로 수의 신비와 상징적 경지를 깊이 있게 이룩한 것은 역시 동양입니다. 가장 쉽게 마방진을 예로 들겠습니다. 스토쿠와 비슷한 마방진 아시지요? 이 마방진은 처음에 중국에서 나와서 서양으로 퍼져나갔는데, 그 기원은 중국 하夏나라의 우왕禹王입니다.

우왕이 왕이 되기 전에, 황하의 상류인 낙수洛水에서 9년 동안 홍수를 다스리는 치수 사업을 할 때, 엄청나게 커다란 거북이 한 마리가 물에서 엉금엉금 올라왔지요.

거북의 등에서 우왕은 점점이 뭔가 그려진 것을 봤습니다. 우왕禹王이 머리가 비상했나 봅니다. 다른 사람 같으면 "우왕! 징그런 점박이 거북이네!" 하고 말았을 것을, 거북 등의 그림에서 우왕은 천지의 수리에 관한 깨달음을 얻습니다. 이것이 이후 모든 예언과 수리數理의 기본이 됩니다. 점으로 찍힌 그 그림 좀 볼까요.

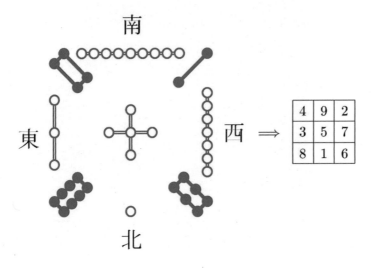

낙서(洛書)에 나타난 마방진

4	9	2
3	5	7
8	1	6

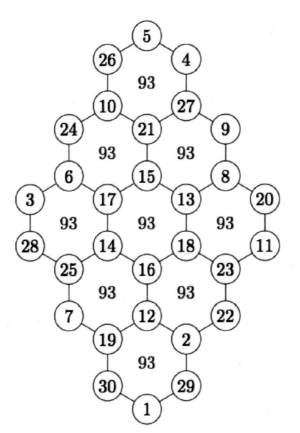

지수귀문도(地數龜文圖) | 조선 숙종 때 영의정이었던 최석정이 지은 「구수략」에 게재

그림의 왼쪽 상단의 숫자 표를 보세요. 이게 바로 마방진입니다.
세로로 더하나, 가로로 더하나, 대각선으로 더하나, 모두 합은 15입니다.
조선 숙종 때 영의정 최석정1646~1715은 왼쪽 하단의 그림 같은 거북이 마방진을
만들었습니다. 육각형의 숫자 어느 것을 합하든지 모두 93이 나오지요.
놀랍습니다.
이것은 단순한 산수 퍼즐이 아니라 자연의 이치와 질서를 읽는 일이었습니다.

우왕이 발견한 낙서洛書 낙수에서 찾은 서는 복희씨의 하도河圖와 합쳐져서 주역의
근본을 이루게 됩니다. 주 문왕을 거치면서 완성된 주역은 바로 동양의 수비학
격인 상수학象數學의 핵심입니다.
술수術數라는 말 아시지요? 권모술수라는 부정적 의미로 지금은 많이 쓰이지만,
원래는 숫자로 자연현상을 파악하는 숫자의 비밀을 뜻했습니다. 즉 상수학의
일부를 말하는 의미였던 것이지요. 중국 한漢나라 때 유행하던 상수학은 북송
소강절邵康節 1011~1077에 이르러 풍성한 결실을 보게 됩니다.
소강절은 북송 시대의 성리학자이며, 상수학자입니다. 신비적 수학을 설파한
것으로 유명한 학자로 본명은 소옹이고, 우리가 소강절이라고 부르는
그 강절은 시호입니다. 전설적인 학자라서 '뻥'급의 야사도 많습니다만,
'매화역수梅花易數'라는 고급스러운 역술 이름이 나오게 한 비하인드 스토리를
소개합니다.

여기는 송나라, 때는 용띠 해, 음력 12월 17일 신시申時 오후 5시경.
소강절은 마루에서 내려오다가 우연히 뜰앞 매화나무를 바라보게 됩니다. 매화
가지에 핀 설중매를 앞에 두고 참새 두 마리가 앉아 있기에,
"그 모습 참 예쁘구나…" 하려던 참인데….
갑자기 참새 두 마리가 서로 부리로 쪼아대며 소리를 지르고 악을 쓰며 싸우는
것이었지요. 그러더니만 공격에 견디다 못한 참새 한 마리가 땅에 툭 떨어져
버리는 것이 보였습니다.
"흠… 부동不動이면 부점不占 움직임이 없으면 점을 치지 말라이지만, 이것은 참으로 기이한
움직임이니 궁금허이. 점을 쳐볼까."
소옹의 상수점은 귀신 같은 필중必中으로 그 영험함이 유명했었지요.

용띠 해 5 + 12월 + 17일 = 34 를 가지고 소강절은 괘를 만들어 점을 칩니다. 나온 괘를 풀어보자, 내일, 저녁, 여자, 꽃, 낙상, 다리 부상 이런 것들이 나왔습니다.

다음 날 저녁, 이 상수점이 현실이 됩니다. 이웃에 사는 소녀가 매화나무에 올라가서 매화꽃을 꺾다가 하인에게 들켜 그만 나무에서 떨어져 다리를 다치고 만 것이었습니다. 여기서 바로 '매화역수'라는 이름이 유래했습니다.

어느 날 문득 소강절은 거실에 있는 의자의 위치를 보고는 매화역수로 연월일시의 수를 만들어 점단을 합니다. 그리고는 점이 나온 대로 '○년 ○월 ○시에 선객仙客이 찾아와 이 의자에 앉아 이 의자가 부서질 것이다'라는 글을 그 의자 바닥에 적어놓았다고 하지요.

그날 그 시각에 한 노인이 소강절의 집에 방문했습니다. 노인이 문제의 의자에 앉았는데, 앉자마자 의자가 와지끈하고 부서져 버렸습니다.

'오호라…. 그럼 이 노인장이… 신선이라는 말인가?'

소강절은 노인에게 혹시 신선 되시느냐고 물어보려 하는 순간, 이미 노인은 바람과 함께 사라졌다는 얘기입니다.

신선이 아니라, 의자값 때문에 사라진 건 아니겠지요?

숫자는 측정이나 계산의 기능뿐만이 아니라 예측, 피안의 세계, 신의 세계 등과의 상응한다는 생각이 동서고금에 동일한 것이었습니다. 물론 문화와 풍습에 따라서 특별하게 다른 의미를 지니기도 합니다. 우리나라는 3과 7에 각별한 의미를 둡니다. 단군신화만 봐도 3위태백三危太白, 천부인 3개, 무리 3천 명, 3·7일 등이 유난히 눈에 뜨입니다. 일연스님도 『삼국유사』에서 삼칠일이라는 것이 곱셈이냐 덧셈이냐를 고민할 정도로 3과 7이 많이 등장하지요.

계량적인 산수 이외에 이런 신비주의적 가치에 관심이 많았던 것은 우리나라도 마찬가지였겠지요. 운수運數, 재수財數 같은 단어를 봐도 일상사에서도 운과 숫자를 연결 지었다는 것을 알 수 있습니다.

가령 집안에 환자가 있을 때, 그 길흉을 예측하는 방법으로 이런 상수법도 있었는데, 흥미롭습니다.

집안에 갑작스럽게 환자가 생기고 알 수 없는 병으로 고통받을 때

❶ 솔잎이나 성냥개비 149개를 준비한다.

❷ 거기서 25개를 덜어낸다.

❸ 환자의 나이만큼 덜어낸다.

❹ 3개씩 계속 덜어낸다.

최종 남은 수가 4개이면 흉하고, 3개이면 중태이며, 2개이면 고통이고, 1개이면 길하다.

이제 우리 현대 일상생활에서 응용되는 수의 비밀을 알아볼까요?
생각보다 많은 분이 휴대폰 번호에 대해 관심이 많습니다. 8282 이런 어감의
문제가 아니라, 숫자가 합쳐졌을 때 고유의 에너지의 길흉을 보는 것이지요.
휴대폰 번호 매장에 가서 물어보면 특징이 없는 번호인데도 특정 번호는 어느
통신사에 가도 없는 경우가 있습니다. 주로 동이 나는 번호는 합이 일정하답니다.
중국의 경우도, 1, 6, 8번은 프리미엄이 붙어있는, 너도나도 노리는 길한 수라고
들었습니다.
제가 가지고 있는 자료는 수행하시는 어느 분으로부터 한참 전에 받은 것입니다.
이렇게 만든 번호 조합을 주역점으로 확인까지 하면 정말 좋다고 합니다만,
일단은 나쁘다는 숫자만 피해도 좋을 듯합니다.

휴대폰 번호 및 네 자리 비번의 길흉 알기

● 1~10까지 각 수의 의미

① 봄을 만남

② 분리 이별

③ 만물 소생

④ 부정격, 흉함

⑤ 능성 만물, 길함

⑥ 음덕, 좋은 덕

⑦ 강건, 전진, 외롭게 혼자 선다

⑧ 모든 문이 열린다

⑨ 궁핍

⑩ 만사 공허

- 휴대폰이나 비밀번호 네 자리 숫자 ○○○○에서 ①②③④라고 치면,
①은 조상, ②는 부모, ③은 나, ④는 자식

- 네 숫자의 합이 같아도 숫자의 위치가 다르면 주역점이 다르게 나온다.

- 휴대폰이나 비밀번호 네 자리의 합이 뜻하는 운수는 다음과 같다. 앞자리도
일치하면 좋지만, 뒷자리를 주로 본다.
(앞자리는 미래, 뒷자리는 현재라는 풀이도 있다.)
① 강한 의지, 개척
② 의지박약
③ 활동적, 하늘의 복
④ 방황, 불안
⑤ 성공, 좋은 일로 변화
⑥ 조상이 돌봄
⑦ 의지력, 리더십
⑧ 진취, 기상
⑨ 깨짐, 흩어짐
⑩ 고독
⑪ 부귀
⑫ 실패
⑬ 다재다능
⑭ 궁핍
⑮ 수단, 수완
⑯ 부귀, 공명
⑰ 강인함
⑱ 성공
⑲ 실패, 허망함
㉑ 파괴

㉒ 독립성

㉓ 질병, 허망

㉔ 권세

㉕ 지략, 지혜

㉖ 권의, 총명

㉗ 기이함, 변칙, 영웅적

㉘ 풍파, 실패

㉙ 무너짐

㉚ 성공

㉛ 실패

㉜ 의지박약

㉝ 희망

㉞ 위풍당당

㉟ 파괴, 위기

㊱ 화합, 승진

㊲ 시비, 구설

수비학과 상수학, 흥미롭지요. 숫자를 떠나서 살 수 없는 환경이지만,
역시 재미로 보시면 좋겠군요.

칭기즈칸의 36계 줄행랑
잘 도망가는 것도
공격이다

'늑대의 리더십' 혹은 '이리의 리더십'이라는 제목으로 2015년도에
페이스북에 올라간 사진 한 장이 순식간에 전 세계로 퍼져나간 일이 있었습니다.
늑대의 리더십에 대한 감동의 물결을 넘어, 늑대의 리더십을 본받자고 인간 조직
운영의 교본으로까지 회자된 사진입니다. 그런데 얼마 지나지 않아 그 사진과
그 내용이 완전한 뇌피셜이라는 것이 밝혀지면서, 열광했던 사람들은 그만
머쓱해지고 말았지요.

현대판 이솝 우화가 된 것 같기도 하지만, 이런 허구가 아니라도, 사실상
늑대는 그 상징성에서 눈여겨봐야 할 대상인 것은 맞습니다. 늑대는 동서양을
막론하고 두려움의 대상이었습니다. 그런데 늑대의 이미지는 이상하게도
동서양이 큰 차이를 보입니다. 포악함과 영민함 때문에 서양 문화권에서는
양≄과 대비되는 나쁜 이미지의 표상입니다. 동화『빨간 모자』에 나오는 등장하는
약아빠지고 위험한 늑대가 대표적이지요.
그러나 동양권에서는 서양처럼 포악하고 사악한 이미지가 아니라, 늑대 토템이
있을 정도로 숭상받던 동물이었습니다. 그 숭배의 이면에는 가공할 공포가
있었겠지요. 은빛으로 휘날리는 두텁고 긴 털, 소가죽도 한 번에 구멍 내는
날카로운 이빨, 빠른 기동력, 무서운 조직력, 초인적(아니고 초늑대적) 절제와
인내심. 이런 속성이 유목민들로 하여금 늑대를 토템으로 숭상하게 만들었을
겁니다.
이런 속성을 더 느껴지게 하는 단어는 사실 늑대보다는 '이리'라고 생각됩니다.

우리 어릴 적 동화책에는 이리라는 단어를 더 많이 쓴 것 같습니다. 정확하게는
서로 구분되지만, 늑대와 이리는 한자나 영어에서는 동일한 단어를 씁니다.
이리는 한자로 '랑狼'입니다. 이 포스터 한번 보시지요.
이리의 관상, 즉 낭상狼相이지요. 수양대군을 묘사한 상입니다.

　　핏발이 선 눈, 잔인한 표정, 깊은 흉터. '이리 같은' 인간의 모습을 이렇게
표현한 것이지요.
인간의 관상에서조차 이런 공포로 묘사되는 늑대. 정찰, 포진, 매복, 기습에
능란하며, 길들여지지 않는 정신이 곧 본능인 늑대는 동북아시아에서는 토템으로
숭배되었습니다.
늑대 토템은 중국 강족으로부터 견융족, 훈족, 흉노족, 몽골족에게로 퍼져있는
광범위하고도 역사가 오랜 토템입니다. 이들 유목민에게 늑대는 전투의

영화 <관상(2013)> 포스터 | 수양대군 역 이정재

신神이었습니다. 늑대 토템의 숭배가 흉노족에게 가장 강하게 뿌리내렸다면, 전신戰神으로서의 늑대가 가장 깊이 뿌리내린 것은 바로 몽골족입니다. 작가 장룽이 쓴 자전적 소설『늑대 토템2004. 한국어 번역 2008』에서 몽골족의 늑대 병법兵法을 얘기하고 있는데 매우 흥미롭습니다. 가장 놀라운 것은 늑대 떼는 군마에게 달려드는 자살 공격까지 한다고 합니다. 일부가 자살 공격으로 스스로를 죽음으로 내몰면서 다른 무리를 살린다고 하니, 생존이 가장 처절한 본능인 동물에게서 어떻게 이런 것이 가능한 것인지 참으로 놀랍습니다.

몽골족의 늑대 병법을 역사상 가장 노련하고 강력하게 활용한 것이 바로 세계사상 가장 거대한 제국을 건설한 칭기즈칸1162~1227. 재위기간은 1206~1227입니다. 칭기즈칸의 별명은 푸른 늑대, 즉 창랑蒼狼입니다. 같은 푸른색이지만 청靑보다 '창蒼'은 맑고 차고 깊습니다. 늑대 토템의 숭배와 늑대 병법의 가공할 위력을 모두 담은 별명인 듯하지요. 칭기즈칸은 "눈에는 불이 있고 얼굴에 빛이 있었다."고 기록되어 있습니다.「몽골비사」 테무진은 1206년에 몽골 부족 전체 우두머리로 추대되어 칭기즈칸이라는 칭호를 받는데, '칸'이란 몽골제국 군주를 의미하는 것은 잘 아시지요? '칭기즈'란 빛의 신神이라는 의미입니다.

자, 이제 드디어 흥미진진한 칭기즈칸의 병법兵法이 등장하는군요. 푸른 늑대 칭기즈칸 휘하의 몽골 병사의 가장 큰 특징은 기마술과 맞춤형 무기, 기동성 등으로 정리됩니다.

❶ 기마술

몽골 말馬은 우리가 요즘 보는 일반 말보다 작습니다. 다리가 짧지요. 서양인들을 몽골 포비아로 사시나무 떨듯 떨게 한 유럽 정벌 때, 유럽인들은 몽골 병사들의 말을 처음 보고 이렇게 말했다지요.
"헐, 개만 한 말을 타고 왔다!!!"
그러나 몽골 말은 망아지 때부터 혹독한 훈련을 통해서 하루 200~300km를 달릴 수 있으며, 추위와 목마름에 버티는 강인함이 있었지요. 일단 말 자체도 하나의 전사戰士로 키워졌습니다.
더욱 중요한 것은 이러한 몽골 말을 다루던 몽골인들의 기마술입니다. 몽골의

어린아이는 걷기 전부터 말을 태워,
10세 정도가 되기 전에 이미 말과
혼연일체로 자유자재로 움직인다고
하지요. 어릴 적부터 말에 앉아 있어서
다리가 둥글게 휘어 말 허리에 착
붙겠지요.

무장한 몽골 병사

❷ 무기와 갑옷
　　오른쪽에 무장한 몽골 병사의 그림
보셨지요? 15세기 명나라 때 그린
그림입니다.
무장한 병사라는데, 특이한 점을 찾을
수 있으신가요?
화살과 화살통은 일단 기본입니다. 말을 탄 채로 무수히 갈고 닦은 활 솜씨는
탁월했겠고요.
근데, 손에 든 칼을 보시지요. 짧지요?
칭기즈칸은 칼의 길이를 확 줄여 몸에 딱 맞도록 했습니다. 길기만 하고
걸리적거리면 뭐 합니까. 길이를 줄이고 날을 바깥쪽으로 내고 구불구불하게
만들어, 말을 타고 달리면서 그대로 목을 베고 지나갈 수 있게 했습니다. 거의
단도에 가까운 칼을 마치 자기 팔처럼 쓰는 몽골 병사들이 작은 말에 딱 붙어
앉아 회오리바람을 일으키고 지나가면 그대로 파죽지세였겠지요. 방패는
가죽으로 만들어 무게를 줄였고요.

　갑옷 역시 소가죽을 얇게 두드려 편 것을 몇 겹으로 붙여 제작함으로써,
병사에게 가는 무게와 말에게 가는 무게를 모두 줄였지요.
가볍고 심플하고 작고 빠르게, 이런 몽골 병사들과 맞붙어, 철컹철컹 쇠갑옷으로
무장한 둔중한 서양의 군사들이 과연 효율적인 전투를 할 수 있었을까요? 갑옷과
긴 창만 들어도 자기 몸 주체도 어려웠을 것이고, 말에게 가는 무게도 가중되니
기동력은 당연히 떨어질 수밖에 없었겠지요.

❸ 기동성

칭기즈칸이 중국 대륙을 정복한 2년 동안, 영토를 정벌해 나간 속도는 '2년간 그대로 말을 타고 달리는 속도'로 넓혀나간 것이라고 합니다. 기동력이 어마어마하지요.

몽골 병사는 출정 때, 한 병사당 세 마리의 말을 끌고 출발합니다. 병사를 태운 말이 지치기 시작하면 순식간에 다른 말로 갈아탑니다. 급하게 전투 상황과 명령을 주고받아야 할 전령의 경우, 그 넓은 영토를 대체 어떻게 다녔을까요? 전령은 말 10 마리를 끌고 출발하여 계속 갈아타면서 2천 리를 쉬지 않고 달렸다니….

더구나 병사들의 말에는 '보르츠'라는 전투 식량이 담긴 주머니를 달고 있는데, 이 주머니는 소의 방광으로 만들어집니다. 이 안에 들어있는 것은 뭘까요? 소고기나 양고기를 바짝 말려 절구에 빻아 만든 가루가 들어있습니다.

울란바토르에 있는 세계 최대 칭기즈칸 상

워낙 건조한 기후에서 말린 것이라 건조율이 우주인들이 먹는 우주 식량 보다 높다고 합니다. 방광 한 개에 거의 소 한 마리의 고기 분량이 들어가며, 보르츠 한 개로 열 명의 병사가 보름 동안 먹을 수 있었습니다.

더운물만 부어 먹으면 되니, 체력 보충 문제는 물론이고 야영 시간이 확 줄어들겠지요.

칭기즈칸의 불패 역사의 비밀은 바로 그 병법에 있습니다.

늑대 병법, 몽골 병법이라고도 불리는 이 병법 안에 위에서 말한 기마술, 기동력들이 그 일부를 이루고 있었겠지요.

그런데 중요한 한 가지를 놓치기 쉽답니다. 파죽지세로 진격하며 영토를 유럽까지 확장한 칭기즈칸은 한 번도 뒤로 물러서는 일 없이 직진 공격만 했을까요? 과연 앞으로 앞으로 '돌격'만 있다는 것이 현실적으로 가능한 일일까요? 돌격만이 불패의 신화를 만드는 것일까요?

그건 결코 아니었답니다.

칭기즈칸의 중요한 병법 가운데 하나로 '36계'가 있었습니다.

'36계 줄행랑'은 많이 들어보셨어도 그것이 병법이라는 것은 모르고 사용하셨을 수도 있겠네요. 36계 줄행랑은 『36계 병법兵法』 가운데 들어있습니다. 『36계 병법』은 저자가 알려져 있지 않습니다. 다만 『손자』, 『오자』 등 중국 고전의 뛰어난 병서 일곱 가지 가운데에서도 뛰어난 병법을 총 36가지로 추려낸 것입니다. 만들어진 시기는 명나라 말기에서 청나라 초기로 추정되고, 현재 우리에게 알려진 형태가 발견된 것은 1941년도입니다.

미인계美人計 잘 아시지요? 고육지책苦肉之策도 아시지요?

이것이 모두 36계 병법 안에 들어있는 유명한 병법이랍니다. 『36계 병법兵法』은 6개의 상황에 따른 계책 총 36개를 정리한 것이지요. 마지막에 있는 패전계는 패세에 몰렸을 때 기사회생하여 승리로 이끄는 전략 여섯 가지입니다. 그 여섯 가지 전략 가운데에 너무도 유명한 미인계(31계)와 고육계(34계=고육지책)가 들어있습니다.

36번째, 제일 마지막 계의 정식 이름은 <주위상走爲上> 입니다. 36계 주위상이지요.

주위상走爲上이란 주走 튀다, 즉 '뛰는 게 상책이다'라는 뜻입니다. '줄행랑'은 우리나라에서 붙인 이름인데 원본보다 어감이 훨씬 리얼합니다. 승산 없는 싸움은 튀는 게 상책입니다. 칭기즈칸은 용기 없는 자가 도망가는 것이 아니라, "용기 있는 자만이 도망간다."라는 명언을 남기면서 패색이 짙으면 일단 바람처럼 순식간에 도망쳤습니다. 진격 속도도 그렇게 빨랐으니, 도망갈 때는 얼마나 날랬겠는지 짐작이 가요. 얼마나 번개처럼 잘 도망쳤던지, 칭기즈칸의 제1계가 줄행랑이라는 말도 있답니다.

그러나 일단 도망간 다음에는 반드시 전력을 가다듬고 보강해서 틈을 노리다가, 기습해서는 승승장구하며 잘난 척하는 적을 처절하게 무릎 꿇렸다고 하지요. 칭기즈칸에게는 도망도 공격의 일부였고, 이를 통한 최종 목표는 '완벽한 승리'였던 것이지요.

그런데 마지막 중요 포인트 하나만 더요. 칭기즈칸 불패의 비밀은 그의 탁월한 늑대 병법에 있던 것이 아니랍니다. 칭기즈칸으로 하여금 위와 같은 병법을 구사하게끔 하고, 역사적으로 전무후무한 대제국을 건설하게끔 한 데에는 더 근원적인 어떤 이유가 있었답니다.

다음의 <칭기즈칸의 시詩>를 읽어보시면 그 정신력과 힘의 본질을 깊이 느끼실 것으로 생각합니다. 우리에게도 하루하루는 그냥 지나가는 것이 아닙니다. 하루하루가 진검승부이지요. 인생에도 병법이 필요하겠지요. 병법은 단순한 처세술이나 꼼수가 아니랍니다. 그 받침이 되는 어떤 동력이 있어야 힘을 발휘하지요.

칭기즈칸이 남긴 이 글을 읽어보시면서, 여러분으로 하여금 역경에서도 앞으로 나가게 할 근원적 동력은 과연 무엇인지 한 번쯤 생각해 보시면 좋겠습니다.

칭기즈칸(1162~1227) | 몽골 제국의 초대 칸

<칭기즈칸의 시詩>

집안이 나쁘다고 탓하지 말라.
나는 아홉 살 때 아버지를 잃고 마을에서 쫓겨났다.

가난하다고 말라지 말라.
나는 들쥐를 잡아먹으며 연명했고
목숨을 건 전쟁이 내 직업이고 내 일이었다.

작은 나라에서 태어났다고 탓하지 말라.
그림자 말고는 친구도 없고 병사로만 십만
백성은 어린애 노인까지 합쳐 이백만도 되지 않았다.

배운 게 없다고 힘이 없다고 탓하지 말라.
나는 이름도 쓸 줄 몰랐으나 남의 말에 귀를 기울이면서
현명해지는 법을 배웠다.

너무 막막하다고 그래서 포기해야겠다고 말하지 말라.
나는 목에 칼을 쓰고도 탈출했고
뺨에 화살을 맞고 죽었다 살아나기도 했다.

적은 밖에 있는 것이 아니라 내 안에 있다.
나는 내게 거추장스러운 것은 깡그리 쓸어버렸다.
나를 극복하는 순간 나는 칭기즈칸이 되었다.

우리는 각자 자기의 칭기즈칸입니다.
금수저라고 모두 잘살지 않듯이, 흙수저라고 끝내 못 사는 것도 아닙니다.
다만 상대적으로 초라하게 느껴지는 그 길의 본래적 무력감을 어떻게 떨쳐내고
내 안의 칭기즈칸을 깨울 것인지를 궁리하고 성찰하는 것이 우리의 첫 일 같군요.

21세기의 혹세무민

혹세무민 | 서▦ 진묵당 진성스님 作

얼마 전에 경험한 진정한 혹세무민의 생생한 실례입니다.

이런 경우가 아직도 우리 주변에서 일어나고 있다는 것이 놀라울 따름입니다.

언론을 통해서 유명 역술인으로 알려진 어느 분께 전화를 드렸습니다. 첫
말씀에 "어떻게 알고 전화했어요?"라고 물으시길래, 대번에 '헛, 잘못 짚었나?'
싶더군요. 실력 있으신 분들은 어떻게 알고 전화했는지를 묻는 경우가 거의
없거든요.

"○○○ 선생님이시지요?"

"어, 내 이름을 어떻게 아세요?"

뭐가 꼬이는구나. 그런데 꼬이는 정도가 아니라 점입가경이 펼쳐지기
시작했습니다.

바닐라 젠 사업을 해서 사업 전망을 좀 여쭤보고 싶어서 전화드렸습니다.

선생님 나는 역술로 안 봐요. 신점이랄까 그런 걸로 보는데… 명상을 해서요.

바닐라 젠 (어라, 역술인으로 알려져 있는데…. 뭐 근데 아무튼 잘만 보시면 된다.)
간명비는 어떻게 보내드려야 하는지요?

선생님 무슨 돈 얘기부터 하고 그래요.

갑자기 제 자신이 속물로 느껴지기 시작했습니다. 맞다. 진중하게 인생사를
논하는 데 돈 얘기부터 하다니.

본론이 시작됐습니다.

"오늘 밤 꿈을 꿀 거예요. 나도 12시부터 기도를 시작하고."

"저는 기도를 많이 해서 꿈을 받지 않는데요. 안 꾸면 어쩌죠?"

"근데 일단 30만 원은 내야 해요."

"아이쿠 선생님, 그렇게 돈이 없어요."

"그럼 15만 원?"

이 순간, 저는 이 사이비 상담을 중단하는 것이 맞다고 생각했습니다. 하지만,
저는 꿈으로 엮어서 자기 암시를 하도록 유도하는 것이 뻔한 이치인 이 상담의
결말이 너무너무 궁금했던 것도 사실입니다. 제가 점 전문이니까요.

잠시 생각하고는, 말을 계속 이어갔습니다.

"반만 받으실 문제가 아니라, 원래 보통 받으시는 대로 받으셔야 하지 않겠나요?"

"그럼 20만 원 보내요. 오늘 밤 꿈을 꿀 거예요."
"안 꾸면 어쩌지요?"
"그런 거 없어요. 무조건 꿔요."
정갈하게 세수하고 밤이 되기를 기다렸습니다.

꿈은 무슨 개뿔.

개꿈도 없이 유난히도 꿈자리가 조용했던 이틀이 지나고 전화가 왔습니다.
"저 꿈 안 꿨는데요, 선생님."
"그……(당황)"
"안 꾸면 어쩌냐고, 그래서 여쭤봤던 건데요."
"내가 대신 두 개나 꿨어요."

저는 그 삿된 꿈을 진심으로 듣고 싶지 않았습니다.
그렇게 연락이 끊겼습니다.

이런 것이 바로 혹세무민惑世誣民이라 일컬어지는 겁니다.

혹세무민은 답답하고 우울한 우리네 인생, 지치고 절박한 삶을 자양분으로 하지요. 우리가 못 이룬 꿈이나 눌러놓은 욕망 곁에서 맴돌면서 달콤한 귓속말을 합니다.
"해 봐, 해 봐아. 돈 조금만 내면 지겨운 인생을 완전히 끝낼 수 있어."
그 달콤함은 일차적으로는 금전적 손실은 물론이고, 때로는 우리 삶을 허무하게 헝클어놓는 말도 안 되는 비수가 되기도 하니, 힘들다고 해서 덜컥 신기해 보이는 현란한 미끼를 무는 우愚를 범하지 않으시도록, 마음에 걸린다 싶으면 늘 한 템포 쉬면서 숙고해보시면 좋겠네요.

서산대사와 사명당의 파자점破字占 대결

    요즘 같으면 타로점으로 봄 직한 점占을 400여 년 전 고승高僧 두 분이
파자점破字占으로 쳐보았던 구전이 있어 흥미롭습니다.
원래부터도 여러 종류의 도력 시합으로 유명하던 서산대사와 사명대사
이야기입니다.
임진왜란 때 승장僧將으로 이름을 떨친 서산대사와 사명대사 두 스님이 스승과
제자 사이라는 것은 잘 아시지요? 우리나라 선종禪宗의 63대 조사인 서산대사를
만나려고 사명당이 묘향산 보현사를 찾아간 것은 1575년, 사명당이 32세 되던
해였습니다. 그 당시 서산대사는 56세 때였으니, 은사 스님과 제자의 나이 차이는
24살이네요.

    두 스님의 진영에서 보실 수 있듯이, 왼쪽의 서산대사1520~1604 법명 휴정는
선종의 조사다운 풍모가 역연하고, 사명대사1544~1610 법명 유정는 기개 있는 성품이
엿보입니다.
사명당 스님 왼손에 들고 있는 먼지 터는 총채 같은 것은 '불자拂子 또는 불주'라고
불리는데, 실제로 '총채'라고도 부릅니다. 뭘 털길래, 총채라고 불릴까요? 먼지를
털 듯, 마음의 먼지, 번뇌를 털어낸다는 상징입니다. 사명대사는 특징적인 묘사가
몇 가지 눈에 띄지요. 즉 삭발했으나 수염을 길러 풍성했고, 위로 솟는 눈썹이
중간에 끊겼다가 이어지며, 재미있는 것은 대부분의 진영에 보면 의자에 앉아도
신발을 벗어놓고 가부좌를 틀고 앉기를 좋아하셨더군요.

    서산대사는 우리나라 선종禪宗 중흥기의 중요한 선승입니다. 18세부터

서산대사(1520~1604) | 법명 휴정

사명대사(1544~1610) | 법명 유정

선禪 수행을 시작해서 29세에 남원의 한 마을을 지나다가, 정오에 들려오는 닭 울음소리에 홀연히 깨우친 이후, 『선가귀감仙家龜鑑』 등 중요한 선종의 저서를 지은 분입니다. 불교에서 수행 단계를 나타내는 십지十地 가운데, 네 번째 단계인 제4지(=염혜지)를 달성한 분이라고 하던데, 떠도는 말인지 아닌지 확인할 방법은 없네요. 참고로 원효대사는 제8지에 도달했다고 하더군요.

서산대사는 83세에 앉은 채로 입적하셨습니다. 이런 걸 곧 '좌탈입망'이라고 해요.

사명당은 32세에 묘향산으로 서산대사를 찾아가 3년 수행 후, 서산대사로부터 심요心要를 얻고 묘향산에서 내려왔습니다. 괄괄한 성격으로 알려져 있지만, 초서에 능해서 오늘날까지 전해 내려오는 글씨를 보면 정말 아름답습니다. 다음

사진은 사명당의 초서체의 필서 하나와 의자에서도 늘 신발 벗고 가부좌를
취하는 습관을 보여주는 진영 그림의 일부분입니다. 빈 신발이 보이시지요.
고승들 진영을 보면, 이렇게 빈 신발인 분들이 간간이 보입니다. 자장율사도
꼭 신발을 벗은 모습이더군요. 우리도 식당에서 그렇게 하기는 합니다만,
고승들께서는 왜 그러시는 건지, 궁금합니다.

묘향산에서의 3년간, 이 두 스님의 도력 대결에 관한 이야기는 재미있는 것이
정말 많습니다.
사명당이 달걀 100개를 쌓아 올리고 으쓱해서 서산대사를 힐끔 바라보자,
서산대사는 공중에서 달걀 100개를 거꾸로 쌓아 내렸다지요. 사명당이 바늘
100개로 국수를 만들자, 서산대사가 국수를 맛있게 다 먹고 바늘 100개를
뱉어냈다는 이야기도 있고요.

오늘은 도력 대결이 아니라, 두 스님이 점치는 시합을 한 이야기를 풀어내
봅니다.
어느 날, 사명당이 서산대사를 모시고 강원도를 가게 되었습니다. 평안도
보현사에서 강원도까지는 멀고 먼 길이라, 너른 풀밭에 당도하자 쉬어가기로

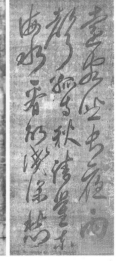

사명대사 진영 | 대구 동화사 소장   사명대사 진영 일부   사명대사의 초서체 필서

하고, 바랑을 내려놓고 풀밭에 편히 앉았습니다. 구름도 한가히 떠가는 나른한 오후, 풀밭 저 멀리 보니 소 두 마리가 편안히 누워있는 것이 보였습니다. 한 마리는 붉은색이고 한 마리는 검은색이었습니다.

문득 궁금증이 발동한 사명당이 서산대사에게 여쭸습니다.

"스님, 저 두 마리 소 중에 어느 소가 먼저 일어나겠습니까?"

"점 한번 쳐보거라."

신이 난 사명당이 파자점破字占을 치더니, 불 화火 자를 얻어냈습니다.

"스님, 불 화火 자가 나왔는데요."

"풀어보거라."

"불은 붉으니, 붉은 소가 먼저 일어나겠습니다."

"아니다. 검은 소가 먼저 일어난다."

"아닙니다. 불은 붉으니 붉은 소가 먼저 일어납니다."

"그럼 기다려보자."

갈 길도 멀고 오후 볕도 지기 시작하는데, 두 스님은 어느 소가 먼저 일어나는지를 보려고 마냥 기다렸습니다. 사명당은 속으로 자신만만하게 결과를 확신하고 있었습니다.

마침내, 소들이 일어설 기미가 보였는데…. 검은 소가 먼저 일어서더니 조금 뒤에 붉은 소가 뒤따라 일어섰습니다.

그걸 보고는, 서산대사는 말없이 일어서서 갈 길을 가고, 멘붕이 온 사명당은 꿀 먹은 벙어리가 되어 뒤를 따라갔습니다.

'하, 이게 머선 일이고….'

속이 갑갑해서 참지 못한 사명당이 서산대사께 여쭈었습니다.

"스님, 어떻게 검은 소가 먼저 일어나는 줄 아신 겁니까? 분명히 불 화火가 나왔는데요."

"생각 좀 하고 점을 쳐라. 불이 일어날 때, 빨간 불만 갑자기 허공에서 혼자 왈칵 일어나냐? 나무가 먼저 시커멓게 연기를 내고 타야 그다음에 붉은 불이 일어날 거 아니냐. 그 뻔한 걸 왜 모르냐?"

두 스님은 해가 다 지고 컴컴해서야 강원도에 도착했습니다. 민가에 머물게 됐는데, 안주인이 서둘러 저녁 공양을 준비하고 있었습니다. 주눅이 들었던

사명당은 만회해 볼 기회를 잡겠다고 단단히 결심하고, 다시 서산대사께
여쭸습니다.

"스님, 저녁 공양에 무슨 음식을 만들어오겠습니까?"

"점을 쳐보거라."

사명당은 파자점을 치고는 뱀 사巳 자를 가려냈습니다.

"풀어보거라."

"뱀은 길쭉하니 국수가 나오겠습니다."

"아니다, 둥근 부침개가 나오겠다."

"아닙니다. 뱀은 길어서 국수가 나옵니다."

"기다려보자."

안주인이 밥상을 들고 들어왔는데, 아하, 둥그런 감자전이 접시에 올려져
있었습니다. 방 안에 적막이 흐르고, 두 스님은 아무 말 없이 저녁 공양을
했습니다.

'하, 이게 자꾸 머선 일이고. 대체 왜 긴 걸 안 해오고 둥근 걸 해왔단 말인고.'
궁금증에 견딜 수 없었던 사명당은 공양 후에 서산대사께 다시 여쭸습니다.

"스님 대체 어찌 아신 겁니까? 뱀은 기다란데…. 이렇게 쭈욱 긴데…."
답답해진 사명당은 허공에 양손을 쭈욱 늘여가며 기다란 시늉도 합니다.

"야야, 생각 좀 하고 점을 쳐라. 뱀이 낮에는 왔다 갔다 한다고 기다랗지만, 밤이
되면 어떻게 되느냐? 냉물冷物인 뱀인지라 밤에는 똬리를 틀어 둥글지 않느냐. 그
간단한 걸 모르느냐?"<통도사 종범스님 화엄경 법문 중 일부>

이때만 해도 초고수高手 밑의 중수中手 뺄을 벗어나지 못하던 사명대사도 그 후
10년 뒤인 43세[1586]에 옥천산 상동암에서 마침내 확철대오를 합니다.
사명대사 역시 67세에 스승처럼 결가부좌를 한 채로 입적했습니다.
두 고승高僧의 점술 대결에 관한 재미난 일화이지만, 이런 치기 어린 점술도, 사는
재미도, 온갖 감정도, 온갖 궁리도, 그리고 온 삶 자체가, 열반에 드는 순간에는
한낱 꿈이며, 『금강경』 마지막에 있듯, '몽환이요 물거품이요 그림자요 이슬이요
번개'가 아니었겠나요.
서산대사가 임종하면서 남긴 다음의 게송이 그런 이치를 보여주네요.
임종게를 읽고 나면 뭔가 마음 바닥부터 슬픈 이유는, 이 모든 게 몽식夢識인 줄은

알겠으나, 꿈에서 깨는 법을 몰라서입니다.

수천수만 헤아리고 생각하던 모든 것들
붉은 화로에 떨어진 흰 눈 한 송이
(千計萬思量 紅爐一點雪 천계만사량 홍로일점설)

<서산대사 임종게臨終偈 중>

　　잠시 허공을 더듬거려 봤습니다만, 그래도 점치기 대결의 마무리는 하고
넘어가야겠지요.
불 화火와 뱀 사巳 자로 얻어낸 완전 다른 결론.
고수와 중수의 차이.
한 수手 위라는 것의 위력. 한참 수手가 딸리는 서글픔.

서산대사 임종 직전의 모습으로 좌탈입망을 보여주는 극적인 스케치이다. 63대 조사인 서산대사의 법맥을 이은 64대 조사
편양언기(1581~1644) 스님이 포착해서 남긴 그림

부산이 역술의 메카가 된 사연의 주인공
영도다리 점바치

제산 박재현(1935~2000) | 자료 제공 : 백암 정국용 선생

　그 유명한 부산의 박도사가 데뷔하기 이전에 역학 고수들과 한판 결전을 치러야 하던 곳이 있었으니, 바로 역술의 메카 부산에서였습니다. 우선 "박도사가 누구지?" 하시는 분 있으시지요? "부산이 왜 역술의 메카야?" 하시는 분도 있으실거고요.

　'부산의 박도사' 하면 젊은 세대 빼고는 많은 사람이 알고 있는 역학계의 전설이자 신화입니다. 삼성의 창업주인 이병철 회장이 신입사원을 뽑을 때 면접에 동석시켜 면접자의 사주를 풀어보게 해서 지금까지도 인구에 회자되는 제산 박재현1935~2000 선생이 바로 그분이지요. 삼성가의 저택 안에 기도처가 있다는 등 낭설도 다 이런 맥락에서 비롯된 것이겠고요.

저도 처음 부산과 인연을 맺고 왔다 갔다 할 적에 부산 토박이분들에게서 '박도사' 이야기를 자주 들었지만, 그때는 무심결에 흘려들었지, 그렇게 대단한 분인 줄은 몰랐습니다. 대구 검찰청의 모 검사장이 박도사에게 자신을 '갈치 장수'라고 속여 점을 보려다가 대번에 들통이 나는 바람에 완벽한 멘붕이 왔다고 하지요.

고故 이병철 회장이 박도사를 측근에 두고 사업 전반의 자문을 구하기 시작한
계기도 바로 이 검사장 갈치 장수 사건을 전해 듣고 박도사가 범상치 않은
사람이라는 것을 알고서였다고 합니다. 대기업을 끌고 나가야 하는 입장에서
사람을 알아보는 나름의 특유한 눈이 있었다고 봅니다.
박도사는 역학 통달뿐 아니라 수련을 통해서 도통까지 했다는데도, 부산
역술계에 처음 발을 디딜 때는 부산에 포진해있던 기존의 고수들과의 진검승부가
불꽃을 튀겼던 것입니다.
그런데 대체 왜 부산에 역술인이 그렇게 많은 건데요?
시작은 '영도다리 점바치'랍니다.

　여기에는 우리 역사의 가슴 아픈 사연이 들어있습니다. 6.25 한국전쟁으로
인해 많은 피난민이 마지막으로 목숨을 부지할 수 있었던 부산으로 몰려든
것은 아시지요. 아이를 잡고 짐을 이고 지고 걸어서 걸어서, 재수 좋은 사람들은
기차를 타고 부산으로 밀려 내려갔답니다. 그 와중에 가족이 뿔뿔이 흩어지고
아이들도 잃어버리고 했겠지요. 전국에서 모여든 피난민의 만남의 장소가 바로
영도다리였습니다. 영도다리 밑에는 늘 사람들이 들끓었고, 가족을 찾는 쪽지가

영도다리 점바치 집 | 출처 한국학중앙연구원

수도 없이 붙어있었다고 하지요. 생사 갈림길에서 아무 통신 방법도 없고 얼마나 막막했겠나 싶네요.

이런 환경에 자연스럽게 스며들어 간 것이 '점쟁이'들이었습니다. 많은 점쟁이가 영도다리 밑에 노점을 차리고 피난민들의 점을 봐주기 시작했고, 그들이 바로 '영도다리 점바치'입니다.

이 말 자체가 우리의 마음 깊은 곳을 이상하게 건드립니다. 착잡함이랄까 쓰라림이랄까, 정확하게 꼭 찝어 표현하기는 힘들군요. 피난민들은 전쟁이 난 나라 속에서 어떻게 살아나갈지 불투명하고 막막한 앞길을 점바치에게 물었던 거지요.

'점바치'는 점쟁이의 영남 사투리입니다. 강원, 평안, 함남의 사투리이기도 하고요. '바치'라는 것은 전문가, 기술인을 의미합니다. 그러니까 바치=쟁이 이므로, 점바치=점쟁이인 거죠.

영도다리 점바치 가운데에는 이북에서 피난 온 역술가들이 많았습니다. 원래 조선시대에 이북 사람들은 지역 차별을 받아 고위직 진출이 힘들었다는군요. 그런 배경으로 인해 학식 깊고 재능 있는 인재들이 사주와 한의학, 풍수 공부로 많이 흘러 들어갔고 해방 때까지 이북의 역술은 대단한 경지를 이루었습니다. 이북의 이 역술 대가들이 한국전쟁으로 부산으로 피난을 왔고, 자연스럽게 영도다리 주변에 모여들어 노점을 차리기 시작했던 것입니다.

영도다리 밑 노점상은 점차 판잣집을 짓고 눌러앉게 되어 한때는 120여 채까지 늘어났습니다.

그러다가 5·16 이후 판잣집이 헐리면서 많은 역술인이 부산의 다른 동네나 전국 다른 지역으로 뿔뿔이 흩어졌습니다. 50채 정도만 남았다가 마침내 2011년 예전 영도다리가 철거되면서 영도다리 점바치의 역사도 저물어간 것이지요.

시험운과
입시점 요결要訣

이규보(1168~1241) | 고려 중기 문관

고려 후기의 대문장가인 이규보李奎報 호는 백운거사
1168~1241의 이름은 많이 들어보셨지요. 삼혹호
선생으로 불렸는데, 시, 거문고, 술 세 가지를
좋아해서 붙여진 별명입니다. 걸음걸이, 말하는 것,
시를 짓는 것이 너무 빨라서 주필走筆 달리는 붓, 달리는
문인이라는 별명도 있었지요. 술에 만취한 상태에서
일필휘지로 40운짜리 시를 단숨에 지어내려서,
무신정권의 최충헌이 충격과 감동으로 눈물을 흘릴
정도였다지요.

이미 아홉 살 나이에 시를 지은 신동으로, 10대에는
기재奇才로 불리면서 명성을 드날린 이규보였건만,
과거 시험에서 4수를 했습니다. 여름에 절에
들어가서 특별 개인과외까지 받았다지만, 16세,
18세, 20세까지 연이어 낙방하고, 4수째인
22세에서야 수석 합격했습니다. 그 당시에 고려
국자감시의 평균 합격 나이가 18.6세라는 기록에
비춰보면 많이 늦은 나이입니다.

지금의 우리 아이들의 시험이나 대학입시에서 봐도
평소에 공부 잘하던 아이가 이상하게 시험운은
없는 경우도 많습니다. 이규보의 경우는 잘 놀고
자유분방한데다가 천재적인 문재文才로 인해, 과거

시험 특유의 형식적인 형태의 글을 완전히 무시한 결과였다고도 합니다.

그런데, 이규보가 이 마지막 시험 직전에 이름을 바꾸고 장원급제한 사실은 그리 알려져있지 않습니다.
이규보의 원래 이름은 이인저李仁氐였어요. 과거에서 3수를 하고 네 번째 과거 시험을 앞두고 있던 이인저는 어느 날 밤 꿈을 하나 꿨습니다.
꿈에 검은 옷을 입은 노인들이 모여서 술을 마시고 있었습니다. 그 가운데 한 노인이 말하기를, "우리는 밤하늘의 스물여덟 별자리요."

28수宿 노인들이라는 것을 알고 이인저는 넙죽 절하고는 자신이 이번 과거 시험에 합격할 수 있겠는지를 물었지요.
그러자 노인들은 한 노인을 가리키면서 "그건 저 사람이 전문이니 저 사람에게 물어보시오." 그러더랍니다. 노인들이 가리킨 노인은 바로 규성奎星이었습니다.
규수奎宿라는 별자리의 대표별이 규성입니다.

기원전 3세기 진시황 무렵에 최초로 만들어진, 동양 천문학의 기본 좌표체계인 28수 가운데, 규수奎宿 별자리는 금金 기운을 다스리는 서방 백호의 첫 번째 별자리로서 16개의 주황색 별로 이루어졌습니다. 규수는 서양 천문학에서는 안드로메다 자리입니다.
규수가 주관하는 인간사가 바로 '문운文運'입니다. 그 당시야 문장 위주로 시험을 치러 문운文運이지만, 지금 우리로 치면 시험운이 되겠지요.

이 규수 별자리의 대표별 규성奎星 노인장에게 이인저가 다시 물었습니다.
"규성 노인장, 제가 이번에 과거에 합격하겠습니까?"
"자네는 이번에 장원급제하게 되어 있으니 걱정하지 말고 있게나. 천기이니 아무 데도 누설하지 말고."
꿈에서 깨어난 이인저는 바로 이름을 '이규보李奎報'로 바꾸었지요. 규보란, '규성奎星이 장원급제를 통보해줬다'라는 의미입니다. 얼마 있지 않아 치러진 국자감시에서 이규보는 과연 장원급제했다고 하니, 그 꿈 참으로 신통합니다.

또 한 가지, 송나라 때 입시점을 친 기록에 보면, 우리도 돌아봐야 할 내용이
있어서 옮겨봅니다. 중국 송나라 때 위태가 저술한 『동헌필록東軒筆錄』에 기록된
실화입니다.

장산 밑 마을에 이의李誼라는 청년이 있었습니다. 이의는 문장이 매우 뛰어나고
머리가 명석하기 이를 데 없었으나, 과거 시험만 보면 번번이 낙방하는
것이었습니다. 마魔가 낀 건지 복福이 없는 건지 도무지 알 수가 없었고, 그사이
동문수학한 친구들은 모두 급제를 했습니다.

다시 과거 시험을 앞두고, 이의는 친구들 등쌀에 못 이겨 당시에 여도사로 이름을
떨치던 하선고何仙姑를 찾아갔습니다. 요즘으로 치면 입시점을 보러 간 것이지요.

당, 송나라 연간에 생존한 하선고는 십여 세 나이에 득도하였고 길흉화복에
통달하여 그 영험함이 많은 기록에 남겨져 있는 도인으로, 측천무후도 이
하선고를 궁궐로 부르려 했다고 합니다. 당송 팔선八仙 가운데 유일한 여성이지요.

하선고 | 당송팔선진畫像 八仙 가운데 야일한 여도사

이번에는 과거에 급제하겠는지를 묻는 이의에게 하선고는 이렇게 말했습니다.

"이번에도 낙방하겠소."

그 이유를 묻자, "시험 답지를 검토하는 관리가 문장에 크게 능하지 않아 자네의 탁월한 문장을 알아보지 못할 것일세."

이의는 정말 그 시험에서도 또 낙방했습니다.

실의에 빠진 이의는 하선고를 다시 찾아가서, 이제 그만 과거 시험을 포기할지 어떻게 할지 방법을 물었습니다. 여기서 하선고의 유명한 말이 나옵니다. 전국시대 평원군의 고사성어 '낭중지추囊中之錐'를 끌어다가 좌절한 청년을 타이릅니다.

"별도리가 없다네. 그저 참된 길 하나뿐이지. 참된 것은 반드시 드러나는 법, '주머니 속의 송곳은 어느 때고 뚫고 나오는 법낭중지추囊中之錐' 아니겠나. 훌륭한 인물은 비록 운이 나빠 밑바닥에 눌려 있다고 해도 어떻게든 드러나게 되는 법이니, 실패했다고 낙담 말고 부지런히 문장을 닦아 세상에 널리 보여주도록 하게나."

이의는 하선고의 방책대로 따랐고, 결국에는 군계일학 같은 문장이 널리 알려져 특별채용으로 임용되었다고 합니다.

생각대로 되지 않는 우리 자녀들 입시에서 우리 아이들에게 꼭 들려주고 싶은 말이 바로 이 '낭중지추'입니다. "그래, 니가 지금은 힘이 들지만, 때가 되면 주머니를 뚫고 나와 너만의 존재감으로 빛날 날이 반드시 오지 않겠니?" 이런 말이지요.

그리고 부모로서의 우리 입장에서는 부디 하선고何仙姑 같은 영검한 점쟁이 좀 만났으면 좋겠습니다.

시험운의 키 포인트와 입시 기도법

❶ 점을 너무 많이 보면 설기泄氣합니다. 쉽게 얘기하면 기氣가 빠집니다. 지금은 모두 돌아가신 여러 노스님께 늘 듣던 말씀입니다.

"아 그만 봐!! 설기혀!!" 점을 많이 보던 사람에게 운에 누수가 생기니 너무 보지 말라고 하시면서 고함을 치시곤 했었지요.

블로그 구독자 한 분이 점을 너무 보니 기가 빨리는 것 같은 느낌이 들어서 조금 쉬어야겠다고 하시던데, 이 느낌이 정확합니다. 자녀 입시를 앞두고 스무 군데, 서른 군데 점을 보시는 분들이라면, 이 설기泄氣 문제를 잘 고려하셔야 합니다. 보는 사람이 설기하는 것이라면 그나마 나은데, 시험 당사자인 자녀가 설기하는 것이니 모골이 송연합니다.

교토삼굴狡兎三窟, 즉 '영리한 토끼는 굴을 세 개 파놓는다'라고 하지만, 치토삼십굴痴兎三十窟, 즉 굴을 삼십 개씩 삽질하다가 기세를 다 빨려버리는 우매한 토끼가 되지 않도록 해야겠습니다.

❷ 고2쯤 되면 주로 진로나 적성, 그러니까 잘 맞을 과를 결정하려고 합니다. 잘 맞는 학과, 진로, 적성은 명리로 찾는 것이 경험상 가장 정확합니다. 그런데 잘 맞는 학과를 찾았다고 그것이 곧 합격하는 지름길이라고 생각하시는 분들도 많습니다.

그러나 적성에 잘 맞는 학과를 찾는 것과 합격은 또 다른 차원의 문제입니다. 합격은 운運과 복福과 현실적 전략의 구사에서 아구가 딱 맞아야 하는 일입니다. 합격·불합격 여부는 단시점 점단占斷이 가장 적중률이 높고 보통 시험 한 달 전쯤에 가장 잘 적중하는 듯합니다. 그 타이밍의 우주적 질서를 읽는다고 할 수 있는 단시점 점단에 포함되는 역술은 육효, 구성학, 호라리, 타로, 육임 같은 점학占學을 말합니다. 신점도 개념은 좀 다르지만, 굳이 분류하자면 이 부류에 들어갈 것이고요.

시험에 응시하고 난 후에도 결과가 답답하니 점을 자꾸 보시는 분들이 있는데, 사실 무의미합니다. 점을 자꾸 본다고 결과가 달라지지는 않습니다. 시험운은 미리미리 대비해야지, 점을 본다고 해서 원하는 결과가 오지는 않는 겁니다. 이 시기에는 점을 보지 않고 꾹 참고 있으면, 식이 맑은 부모에게는 영험한 징험이 옵니다. 대개 선몽이지요. 제 딸이 중2 때 영재고에 응시했을 때, 꿈을 꿨습니다. 수험번호를 차례로 부르면서 교복을 나눠주는데 제 딸 번호만 걍 스킵. 낙방을 직감했고, 꿈대로 떨어졌습니다. 그다음 해에 다시 응시했을 때는 꿈에 금색 봉황을 보더니, 과연 길몽대로 됐더군요.

❸ 입시, 기타 여러 시험을 명리로 보는 것에는 한계가 있는 이유를 말씀드리겠습니다.

가령 승진 때처럼 경쟁 상대가 두셋 있고 그 두세 명의 사주를 모두 알고 있다면 명리로 봐도 합불이 나올 수 있습니다. 하다못해 심리적일지라도 '누르는 부적'이라도 쓸 수 있겠지요.

그러나 대상을 모르는 다수의 인원이 응시하는 시험에서는 경쟁이 본질적으로 상대적입니다. 즉 사주가 상대적입니다. 그 각각의 사주에서는 승기勝氣가 있다고 간명이 된다 해도 그 승기를 말해주는 배터리 양에 있어서는 상대가 어떨지를 알 수 없기에 합격을 장담할 수 없는 것이지요. 특히나 많은 인원이 몰려있는 중간대 성적 층에서 이런 현상은 두드러지겠지요. 경쟁이 아주 타이트한 경매 같은 경우를 생각해 보시면 됩니다. 낙찰자를 명리로 가늠하기는 힘에 부치는 일이겠지요.

이런 이유로 명리를 하시는 분들이 다른 점학으로 겸간하는 경우가 많은 것이겠고요.

그리고 좀 더 나가자면, 사실 시험만큼, 수년의 세월이 농축되는 이 MOT결정적 순간만큼, 운이 작용하는 순간도 드뭅니다. 여기서 말하는 운運은 사주로 보는 운이 아니라, 복福이라고 부르는 편이 더 맞겠습니다. 마魔가 끼지만 않아도 반은 갈 것이고요.

그러니, 시험운이 좋으려면, 명리나 자미두수로 큰 흐름을 보고 줄기를 잡은 다음, 점단으로 구체적 기세를 읽고, 입시운을 증장시키기 위해 기도해준다면 퍼펙트 할 겁니다. 기도는 종교의 종류와 무관하되, 스님이나 신부님이나 목사님에게 맡기는 것 보다는 부모가 직접 하는 것이 가장 좋습니다.

❹ 합격 부적을 쓰시는 분들도 많습니다. 저도 대학 시험을 볼 때,

금니金泥금가루 신묘장구대다라니 | 중앙의 큰 글자는 '옴'자

엄마가 여러 곳에서 받아온 부적을 내의, 필통, 호주머니, 가방 구석구석에 끼워 넣어서 어느 부적의 영험으로 합격했는지를 모르겠더라고요. 그런데 사실 부적은 여러 사람이 쓴 것을 이런 식으로 섞어서 지니면 원래는 안 된다고 합니다. 투격이 든다고 표현하던데, 신명끼리 부닥쳐 교란이 와서 좋지 않다고 합니다.

부적이 영험하기는 참으로 어려운 것이니, 점을 보다가 얼결에 낚이지 않으시기를 늘 댓글로도 말씀드립니다. 어느 점집의 간명이나 공수가 영험하게 잘 맞으면 대개는 그 사람이 해주는 부적, 기도, 굿도 영험하리라고 일반화를 시키는 경향이 우리에게 있습니다. 그러나 점을 잘 치는 것과 방책을 잘하는 것은 전혀 다른

과장에들어가는선뷔(연도 미상) | 김준근 作 | 출처 공유마당

개념이며, 부적, 굿, 치성 등에 능하고 영검한 분들은 지극히 적습니다. 자녀의 합격을 비는 급하고 절박한 마음에 던지는 혹세무민의 낚싯줄에 걸리지 않도록, 잘 판단하신 뒤에 결정하셔야겠습니다.

❺ 입시기도는 종교가 다르다 해도 기도의 이치는 동일합니다.

입시에서 운기를 높이는데 특히 유용한 것이 부모가 해주는 기도입니다. 이때의 기도는 자녀라는 나무에 좋은 거름을 집중적으로 주는 것과도 같습니다. 거름을 준 나무와 거름을 주지 않은 나무는 당연히 그 열매가 다르겠지요.

운이 따르면 설령 찍기를 해도 제대로 찍고, 마魔가 끼면 아는 것도 틀립니다. 하필 시험 날 아프기도 합니다.

저는 개인적으로 불교 수행을 하니, 불교 기도 위주로 말씀드리겠습니다. 불교에서 입시 기도로 주로 하는 기도는 관음기도이고, 어떤 분들은 신중기도로도 합니다. 일 년 전에 철저히 기도계획을 짜서 시작하시는 분들도

있고, 보통은 100일 기도로 많이 합니다. 저도 주로 관음기도를 했고, 막바지 면접을 앞둔 경우는 신중기도도 했습니다. 첫째와 둘째 아이가 의전원과 의대를 갈 때 모두 적용했습니다.

기도법 일부를 알려드리겠습니다. 이 기도를 지속하면서, 중간중간에 보시, 방생 등 선업을 쌓으면 금상첨화겠지요. 작년 입시에도 기도법을 가져가셨던 많은 분이 희소식을 전해주셨습니다.

① 기도 시간은 새벽 인시가 좋기는 하지만, 해보면 일상생활에서 지속하기는 사실 힘이 듭니다. 인시에 기도를 시작하기만 하면 묘시로 넘어가도 됩니다. 야간체질인 사람은 밤 시간대에 시작해서 축시로 넘기지 말고 하시면 됩니다. 철야기도라면 시간대에 구애받지 않습니다. 이런 좋은 시간대는 오래 수행해온 분들 사이에서 구전되는 것을 들었습니다.

② 절에 가끔 가는 것이 좋습니다. 신神은 편재이니 처처가 모두 기도처이지만, 사실 오랜 세월 동안 희원의 에너지가 응집된 곳은 기도발이 다른 것이 느껴집니다. 집에서 기도할 경우는 결계를 치고 하면 기도 응답이 훨씬 확실하기는 합니다. 결계가 도교의 의식으로만 아시는 분들도 많은데, 불교에서 이 결계가 예전에는 중시되었었습니다. 결계 치는 방법이 있고, 결계 진언이 있습니다.

③ 기도 방향은 집에서 일정하게 기도할 경우, 좋은 방향을 찾아서 합니다. 노스님들이 좋은 방향을 찾는 방법으로 "무거운 것을 들고 사방을 돌다 보면 순간 가벼워지는 방향이 있는데, 거기가 잘 맞는 방향이다."라고 하셔서 아령도 들어보고 프라이팬도 줄에 묶어서 들어봤지만, 둔감해서인지 잘 모르겠더라구요. 쉽게는 반안살 방향으로 앉아서 기도하면 기도가 잘 듣는다고는 하는데, 현대식 집 구조에서는 굳이 방향을 찾기보다는 혼자서 조용히 집중 가능한 자리면 됩니다.

기도발 좋은 사찰 리스트
소원성취 기도의
화룡점정

기도발, 영발의 '발'이란 한자로 발發로, 뻗치는 기세나 파워, 효과를
의미합니다. 끗발, 수트발, 약발, 화장발, 이런 단어들도 모두 같은 구조이지요. '첫
끗발이 개 끗발'이 되는 경우는 기氣가 작용하는 모든 영역에서 가장 기피해야 할
험로이겠지요.
영적인 문제에 이런 세속적 접미사를 붙이는 것이 좀 민망하기는 하지만, 사실
어떤 형태의 종교를 막론하고 이 '기도빨, 영빨'이라는 단어만큼 기도의 효과를
직관적으로 보여주는 단어가 없기는 합니다.

기도발이 센 사찰 리스트는 노스님 몇 분으로부터 받아서 정리한 것입니다.
기도 명당에 대해 떠도는 소문은 사실 많습니다. 하지만 이 리스트는 수십 년
동안 스님들께서 윗대 스님들에게서 듣거나, 직접 체험하거나, 실제 영험함을
경험한 신도들로부터 수집한 곳들이라서 좀 더 소중한 자료이기도 합니다.
이 리스트 가운데 사찰 한 군데는 명당 기도처로서는 지금까지 전혀 알려지지
않은 곳이지만, 제가 단기간에 두 번이나 찐 영험을 체험한 곳이라서 비장의
장소이기는 하지만 리스트에 넣었습니다.
모쪼록 입시 기타 시험에서 원하시는 바대로 반드시 성취하시기를 진심으로
기원하면서, 우선 기도발이라는 것이 얼마나 즉각적일 수 있으며, 좌뇌적
사고로는 접근 불가하게 얼마나 신기한 것인지 이해하실 수 있도록, 제가 최근에
겪은 두 가지 사례를 담담히 풀어보겠습니다.

코로나 백신 1차 접종을 하던 날의 일입니다. 백신을 맞고 와서 저녁을 먹고 쉬기 시작했는데, 심상치 않은 증세들이 조금씩 느껴지기 시작했습니다. 코를 중심으로 두통이 퍼지기 시작하고 전신에 몸살기가 오는데, 주변 사람들의 보통 증상하고는 조금 다르다는 걸 알 수 있었습니다.

'이러다가 죽는 건 아닌가…. 지금 죽으면 안 되는데….'

타이레놀 두 알을 털어 넣었는데도, 한 시간쯤 지나니 증상이 급속도로 이상해지는 것이었어요. 곧바로 요가 매트를 펴고, 삼배하고 신중기도 108독을 하고 발원했습니다. 긴급 상황에서 기도는 역시나 신중기도인 것, 아시는 분들은 다 아시지요.

'아이고, 신중님들이요. 제가 지금 죽으면 저는 괜찮지만, 큰일 나는 사람들 많습니다. 아무 일 없이 지나가기를 발원하오며, 건강해지는 대로 신중단에 정성을 다해 보시하겠습니다.'

마음속으로, 다행히 아무 일 없이 잘 지나가면 신권으로 10만 원을 흰 봉투에 넣어 신중단에 보시하리라고 마음먹었습니다. 가족들이 저를 데리고 응급실을 갈까 말까 하면서 부산하게 움직이기 시작하던 참인데, 열과 한기가 조금 나아지더군요. 타이레놀의 효과일 거라고 생각했습니다. 물론이죠. 타이레놀의 힘이지요. 그런데 그날 밤 이런 꿈을 꿨습니다.

근육질의 40대쯤 된 남자가 제 앞에 있습니다. 흰색 반팔 티셔츠를 입었는데, 근육이 굉장했고 얼굴은 수염 하나 없이 매끈하고 후덕하게 생겼습니다. 헬스장 관장님 같은 그런 느낌이랄까…. 그 남자에게 제가 고맙다고 하면서 노란색 신권으로 묶은 엔화 10만 엔을 줬습니다. 그러자 그 남자가 남은 돈은 저보고 가져가라고 하면서, 테이블 위의 돈다발을 007 가방에 챙겨줬습니다.

백신 접종이 수요일이었고, 이후 사흘간 더 이상 아무 증상 없이 잘 지나갔습니다. 토요일에 '그 절' 신중단에 찾아갔습니다. 삼배를 하고 일어서서 신중탱화를 보는 순간, 진짜로 소리 내서 "헉!!" 했습니다. 지금도 그 순간을 생각하면 소름이 돋습니다.

신중탱화 중앙의 동진보살_{위태천신}과 마치 살아있는 사람처럼 눈이 딱 마주쳤는데,

아, 꿈에서 본 그 헬스장 관장님이 위태천신의 투구와 갑옷 차림으로 거기 떡
버티고 서있는 것이었습니다.

희열이랄까, 그런 것이 스쳐 가더군요. 10만 원을 흰 봉투에 담아 복전함에
넣었습니다.

근데 여기서 끝이 아니었습니다. 그다음 화요일, 과오납된 세금이 천만 원 가까이
환급이 됐습니다. 007 가방으로 챙겨 받은 그 돈을 실제로 받았네요.

신기하지요. 이런 때 바로 '기도발이 먹혔다'라고 말하는 거지요.

내친김에 또 하나 얘기해드릴까요?

의사 국가고시를 보는 아들이 있다고 저번 입시점에서 말씀을 드렸었지요.

당시 10월 21일에 실기 시험은 이미 끝이 났고 필기 시험만 남은 상태였습니다.

그런데, 국가고시 실기 시험을 보기 전에, 몇 개 의대가 컨서시엄 형태로 합동으로
모의 실기시험을 보는 것이었습니다. 여러 의대생이 함께 시험을 봤을 때,
성적이 어느 정도 나오는지도 가늠해볼 수 있는 중요한 시험이었지요.

때는 이때다 싶어서, 시험이 임박해서 단시점 점단으로 볼 수 있는 곳 여러
곳에서 점을 봤습니다. 이럴 때 누가 잘 보는지 생생하게 잘 알 수 있거든요. 타로,
육효 등등 새로 리스트를 뽑아놓은 선생님들에게 분주하게 전화를 돌렸습니다.

공통 질문은 "성적이 어느 정도 나올까요?"

아 그런데, 한결같은 답이 나왔습니다. 대략 요약하면, "중위권보다 더 낮게
나오며, 스스로가 만족하지 못할 거다."라는 거였습니다. 점 보는 게 문제가
아니라, 발등에 불이 떨어졌습니다. 마음이 산란해지려 하던 차, 그때 다시 생각
난 것이 그 헬스장 관장님. 위태천신.

다시 '그 절'을 찾았고 신중기도를 3일 기도로 했습니다. 과연 시험 결과는?

성적은 상위 2% 정도로, 아주 우수하게 나왔습니다. 점사의 도전과 기도의
응전에서, 기도발이 완벽한 승자가 됐습니다. 이래서 점을 보고 간명이 나쁘다고
좌절하시지 말라는 겁니다. 기도발이 엄청 세고 즉각적 영험함이 있는 비장의 '그
절'이 어디일지, 궁금하시지요?

간절한 소원을 성취하기 위해서, 좋은 기도처를 찾는 사람들이 의외로

많습니다. 사업, 취직, 시험 합격, 애정, 건강 등, 저마다에게는 인생을 건 절박한 일들이지요.

기도발을 형성하는 요소는 크게 세 가지 정도로 정리할 수 있습니다. 모두 결국은 에너지의 문제로 볼 수 있는데, 종류는 조금 다릅니다.

유형 1 사찰의 입지 자체가 지기地氣가 센 좋은 터에 자리 잡은 경우
유형 2 오랜 세월 동안 영적 수행과 기도를 해 온 특정 장소에 응집된 에너지
유형 3 진신사리 같은 종교적 상징물을 중심으로 응축된 에너지

이렇게 나누어 볼 수 있습니다. 유형 두세 가지가 혼합된 경우도 있겠지요. 그런데 그 에너지가 보텍스 같은 지구에서 휘몰아치는 에너지이건, 과학으로는 규정하기 어려운 어떤 영적인 에너지이건 간에, 그 에너지는 기도자로 하여금 일심으로 집중하게 함으로써 어떤 거대한 이치와 상응하고 계합하게 하는 일종의 부스터입니다.

그 상응이나 소통이 있을 때, 신기하고도 신비롭게도 소원이 즉각 성취되는 것이지요.

기도발 좋은 사찰 베스트 8을 정리합니다.

❶ 팔공산 갓바위

이곳은 입시 기도처로 명불허전이지요. '명불허전'이란, 사마천의 『사기史記』에서 나온 말로 명성이 널리 알려진 데에는 다 그럴 만한 이유가 있다는 의미입니다. 이전에는 수능이 임박하면 나오는 여행사 상품으로, 팔공산 갓바위에서 기도하고 영천 돌할매에서 합불을 점치고 오는 상품도 있는 것을 보고 웃은 적이 있는데, 요즘도 있는지 모르겠네요. 갓바위는 평소에도 사람들이 많지만, 특히 수능 무렵에는 간절하게 기도하는 학부모들의 열기가 후끈하게 느껴지는 기도처입니다. 원하는 소원 한 가지는 반드시 이룬다는 믿음이 있는 곳이기도 합니다.

갓바위에 올라가 보시면 알지만, 정상은 전체가 거대한 바위산입니다. 석조여래좌상 주변에도 바위들이 돌출해 있는데, 울퉁불퉁한 바위 면마다

사람들이 동전을 붙여놓은 것을 쉽게 볼 수 있습니다. 바위산은 지기地氣가
강력해서 기도발 좋은 기도처가 됩니다.

그런 좋은 예가 붉은색의 거대한 사암 바위산으로 유명한 미국 애리조나주에
있는 세도나Sedona이지요. 영적 에너지가 감아 돌고 있어서 인디언 추장들의
신성한 기도처였던 곳이 이제는 세계적인 명상과 기도와 힐링의 장소가 된
것입니다. 우리나라 야구 선수들이 자주 찾는 곳으로도 알려져있지요. 지구가
뿜어내는 전기 에너지인 보텍스가 바로 효험의 핵심이라는데, 기도하는 사람의
영적인 집중력과 힘을 증강시키는 효과가 있다고 생각됩니다.

첫째 아이가 영재고에 합격하던 그해, 시험을 며칠 앞두고는 컴컴한 새벽 두 시에
일어나 점퍼에 캡 눌러쓰고 운동화 끈과 어금니를 동시에 질끈 물고, 단숨에
자동차를 세 시간 몰아 갓바위 석조여래좌상이 있는 정상으로 달려 올라가던
시절이 있었습니다.

팔공산 갓바위가 영험한 것일까, 우리 모두의 가슴 속 뜨거운 모성애·부성애가
영험한 것일까, 생각해 봅니다.

그런데 세월이 많이 지난 지금 생각해 보니, 영험함은 그 두 가지가 만나는
자리에 있더라는 겁니다. 공간의 영험함만으로는 아무런 의미가 없습니다.
거기를 향해 아낌없이 몸을 던지는 인간의 간절한 마음을 만나야, 공간은 신성한
성취의 기도처가 되는 것이더라구요. 시간과 공간은 물리적이고 매끈하고 균일한
것만 있지는 않습니다. 물리적 시공간의 틈새에는 질적으로 다른 시공간이
있어요. 바로 종교학자 엘리아데가 말하는 속俗의 시공간과 성聖의 시공간의
차이인데, 기도해보면 그 차이를 실감할 수 있게 됩니다.

참고로 갓바위에서 내려오다가 만날 수 있는 영천 돌할매, 생각보다 영험합니다.
왜 여행사 관광상품으로까지 기획됐는지 알 듯도 싶네요. 성취될 소원이면 돌이
딱 들러붙어서 아무리 끙끙거리며 들어보려 해도 안 떨어지는데, 이건 필경
우리 무의식의 작용이겠지요. 자기 자신이 가장 뛰어난 점쟁이라고 늘 제가
말씀드리는 그것과 같은 맥락입니다.

근데 한 가지 자주 착각을 하시는 것은, 그 돌덩어리가 제법 뭉직하니 그걸 번쩍
들면 좋은 줄 아시는 겁니다. 그 반대예요.

논산 불명산 쌍계사 신중탱화 관복을 입은 신장

❷ 논산 불명산 쌍계사 신중단

수능, 국가고시 기도처로 아는 분들만 아는 곳입니다. 이전에는 사법고시
기도처로 많은 분이 찾았던 곳이기도 합니다. 대웅전에 들어가서 오른편의
신중단 탱화를 보면, 중앙에 익선관을 쓰고 붉은 관복곤룡포을 입은 분, 그 오른쪽
위로 금량 관을 쓰고 푸른 관복을 입은 분이 있습니다. 붉은 관복은 태양을
관장하는 주금신主金神, 푸른 관복은 불명산 산신인 주산신主山神을 나타낸다고
해석합니다. 관복을 입고 있는 신장을 묘사한 신중탱화는 이곳이 유일한
듯합니다. 관복을 입고 있어서, 관운官運이 필요한 국가고시, 대학입시, 취직 시험
등 시험 기도처로 영험합니다.

여기는 논산 쌍계사이니, 하동 쌍계사로 잘못 가시면 안 됩니다.

❸ 공주 마곡사 영산전(천불전)

마곡사 경내 군왕대라는 작은 봉우리는 지기地氣가 매우 강한 장소로, 풍수지리상
군왕이 나올 터라고 해서 몰래 매장한 시신이 많았었다고 합니다. 여기에 묘를
쓰면 마곡사가 망한다고 전해 내려오는 말도 있어서, 누군가가 몰래 매장하면,
이상하게도 마곡사 스님들의 꿈에 조짐이 나타나서 스님들이 아침에 무덤을 다시
파내고는 했다는 말씀을 마곡사에 계시던 한 스님에게서 들었습니다.

일찍이 세조도 감탄하였고
풍수지리사들도 '천하의
대혈'이라고 칭송하는
군왕대라던데, 이 군왕대의
모든 기운이 모여있는 곳이
바로 영산전입니다. 사찰이 좋은
기도처가 되는 이유 가운데 하나는
절의 입지 자체가 명당이기
때문이라고 위에서 말씀드렸는데,
영산전이 그런 경우이지요.
영산전에 천 분의 부처님을

공주 마곡사 영산전

모셨다고 천불전이라고도 부르는데, 터의 기운이 워낙 좋아서 시험기도,
입신양명의 기도처로 영험한 기도처입니다.
참, 한 가지 재미있는 것은, 기도하다가 딱 눈에 들어오는 부처님의 얼굴이 바로
미래에 만날 배우자의 얼굴이라고 하네요.

❹ 설악산 봉정암 적멸보궁

노스님들께서 모두 입을 모아 가장 좋은 기도처라고 추천한 곳입니다. 시험
기도를 비롯한 모든 소원성취 기도뿐만 아니라, 수행하는 스님들이나 불자들이
수행에 진전이 없을 때 찾는 곳도 바로 봉정암 적멸보궁입니다. 적멸보궁이란
부처님의 진신사리를 모신 전각을 뜻하며, 봉정암에는 진신사리 가운데 뇌사리가
봉안되어 있습니다.
봉정암 오층 석탑 내부에 신라의 자장율사가 당나라에서 귀국하면서 가져온
석가모니의 사리가 안치되어 있습니다. 저는 유학하고 돌아와 교수로 임용되던
32살 때, 봉정암에서 기도했었습니다. 등산 자체가 거의 수행에 가까울 정도로,
많이 걸어 올라갔던 기억이 납니다.

다음의 5, 6, 7번은 우리나라의 3대 관음기도처인데, 세 곳 모두 입시, 소원성취
기도로 영험한 곳입니다. 세 곳 모두 워낙 유명하고 영험담도 많아서 간단히
알려드립니다. 서울 경기권에서는 보문사로 많이 가시더군요.

❺ 남해 금산 보리암

❻ 강화도 석모도 보문사

❼ 양양 낙산사 홍련암

마지막으로, 위의 신비한 영험함이 있던 그 절은 어디일까요?

❽ 부산 해운대 해운정사

진제 큰스님께서 창건한 절이며, 2017년도에 홍라희 전 삼성미술관 관장이
당시 병석에 있던 남편 고故 이건희 회장과 서울 구치소에 수감 중인 아들
이재용 부회장 등 집안 우환 때문에 수륙재천도재의 일종를 지낸 사찰이기도 합니다.
신중단이 두 군데 있는데, 영험담과 관련된 신중단은 원통보전 안에 있는 붉은
색의 신중탱화입니다.

부산 해운대 해운정사 원통보전 신중단

가장 까다롭고 가장 영험한
속성취 기도
나한기도법

나한이란?

<나한기도>라는 것을 처음 들어보시는 분들이 많으실 겁니다.
나한기도는 나한羅漢에게 청하는 기도입니다.
통일신라 후기부터 조선시대까지는 왕실과 민간에서 국난 극복이나 복덕 기원을
위해 드리는 매우 융성한 기도였으나, 요즘에는 아는 분들만 아는 기도가 된
듯합니다.

그러면 나한羅漢이란 대체 누구인걸까요?
그걸 모르시고는 기도에 들어가시면 안 됩니다.

나한은 아라한의 준말이고, 아라한은 '아르하트Arhat'라는 산스크리트어를
한자로 음사한 것입니다. 한문으로는 살적殺賊, 응공 등 몇 가지로 번역되는데,
특히 이 '살적'이라는 단어가 흥미롭습니다.
살적殺賊은 '도적을 죽였다'라는 뜻입니다. 도적이란 누구를 지칭하는 것일까요.
여기서 도적이란 번뇌를 뜻합니다. 도적인 번뇌를 멸단滅斷 함으로써 번뇌를
완전히 무찌르고 인간으로서 증득할 수 있는 최고의 경지인 아라한과阿羅漢果에
도달한 수행자가 바로 나한입니다.
아라한은 실존 인물들이고 석가모니의 제자였던 분들입니다. 쉽게 말해서
석가모니 밑에서 수행하여 깨달음의 최고 단계에 도달한 스님들이었겠지요.
단독으로 경배 대상이 되는 경우는 드물고 보통 10대 제자, 16나한, 18나한,
500나한, 1250나한으로 무리를 이루어 신앙의 대상이 됐습니다.

10대 제자는 지혜제일, 다문제일 등 부문별로 으뜸이었던 가장 중요한 제자들
10명인데 반해서, 16나한은 신통력으로 손꼽히는 아라한들입니다. 신통력만
가지고 말하자면, 역시 목련존자목건련가 최고이지요. 때문에 목련존자는 10대
제자 중에 '신통제일'이라고 불립니다. 신통력의 그다음으로는 아주 떨어지는
지능을 가지고도 해탈을 이룬 주리반특주도반탁가 존자와 16나한의 대표인
빈두로빈도라발라타사 존자입니다.
떨어지는 지능 때문에 따돌림을 받고 쫓겨나기 직전 대문 앞에서 훌쩍이며 울고

있는 주리반특에게 석가모니 부처님은 청소 일을 주고는 열심히 한번 외워보라며
아주 짧은 게송을 하나 가르쳐줬습니다. 주리반특은 석가모니 부처님이 가르쳐준
짧은 게송 '불진제구拂塵除垢 먼지를 쓸고, 때를 없앤다'를 외우지 못해, '먼지를 쓸고'를
외우면 '때를 없앤다'를 잊어먹는 정도의 지능이었으나, 스님들의 신발을
닦다가 문득 확철대오했습니다. 그런데 해탈한 뒤 주리반특 존자의 대신통력은
어마무시했다고 하네요. 16나한 중 제16존자입니다.
특이한 것은 신통 제일이라는 목건련은 16나한에는 들어가지 않는답니다.

한편 나한 신앙의 가장 중심에 있는 빈두로 존자빈도라발라타사는 『잡아함경』에
묘사된 대로, 흰 머리에 길게 나부끼는 흰 눈썹으로 유명하지요. 특히
눈썹이 길어서 앞을 보려면 손으로 눈썹을 들어올려야 했을 정도여서,
장미나한長眉羅漢으로도 불립니다.
『십송률』 기록에 따르면, 석가모니가 왕사성에 있을 때, 수제장자가 전단향으로
고급 발우를 만들어 긴 장대 끝에 매달아 놓고, 사문이든 바라문이든 누구든지
막대기나 사다리를 쓰지 않고 신력神力으로 가져가 보라고 공언했습니다.
이 소식을 들은 빈두로는 커다란 반석 위에서 선정에 들어있다가 그대로 반석과
함께 공중으로 날아올라서 순식간에 그 발우를 채갔다지요. 잘난 척하느라
구경꾼들 머리 위를 일곱 번 돌고는 사뿐히 땅으로 내려왔다는군요.
이 사실이 석가모니에게 알려지면서, 빈두로 존자는 승단에서 추방되기까지
했지만, 워낙 뛰어난 신통력으로 인해 16나한 중의 상수로서 제1 존자로
자리매김했습니다.

나한의 신통력은 어떤 것인가? 육신통으로 전생 어디까지를 아는가?
나한들은 왜 죽지 않고 인간들의 복전福田이 되었는가?

아라한과阿羅漢果를 증득한 나한은 모든 번뇌가 완전히 끊어진 상태에
들어가며, 이런 상태가 오면 마침내 윤회가 끝났음을 스스로 알게 됩니다. 인간을
윤회에 묶어놓는 열 가지 속박十結 십결을 완벽히 절단하고, 더 이상 윤회하지
않는 것을 스스로 아는 지혜를 진지盡智라고 하지요. 사실 우리에게 더 흥미로운
것은 이런 지혜와 더불어 얻는 여러 가지 신통력과 경지들입니다. 삼명, 육통,

서구타니주 제1 빈두로파라타 존자

가슴미리국 제2 가낙가벌차 존자

팔해탈법이 그것인데, 그 가운데 육통六通, 즉 여섯 가지 신통력인 육신통六神通을 보겠습니다.

육통六通이란 글자 그대로 여섯 가지 신통력입니다. 일반 중생으로서는 깨달음을 얻었다거나 이제 윤회가 끝났다는 경지에 대한 부러움보다는, 아마도 당장 눈으로 입증되는 이런 신통력에 대한 경외감이 막대했을 것이고, 나한이 신앙의 대상이 된 하나의 요인이 바로 이 경외스러운 신통력이었을 것입니다.

아 참, 여러분들께서 좋아하실 내용을 참고로 한 가지. 외도外道들도 신통력이 있으며, 중음신, 귀신에게도 신통력이 있기는 하지만, 귀신, 외도, 아라한, 벽지불 정도까지 그 각각에서 신통의 급수 차이란 이루 말로 할 수 없는 것입니다. 반딧불과 퀘이사의 차이 그 이상이라고 비유하면 그나마 적절할는지조차 저도 모르겠습니다.

우리가 신점을 치는 것은 바로 귀신의 이런 일부 신통력 때문에 가능한 것입니다.

동승신주 제3 가녀가바리타사 존자

북구로주 제4 소빈다 존자

남섬부주 제5 낙거라 존자

탐몰라주 제6 발타라 존자

『바르도 퇴돌우리나라에서는 『티벳 사자의 서』로 번역』에 보면 중음신의 이러한 신통력에 대한 자세한 언급이 있습니다.

육신통은 다음과 같습니다. 『아비달마구사론』

- **신족통**身足通 몸을 원하는 대로 변화시킬 수 있고, 어느 곳에나 임의로 나타나고 날아갈 수 있는 능력
- **천안통**天眼通 육안으로는 볼 수 없는 모든 것을 막힘 없이 환히 볼 수 있는 신통력. 일체 세간의 모든 고락의 형태와 갖가지 모양과 색을 훤히 보며, 자신과 남의 미래를 내다볼 수 있는 능력
- **천이통**天耳通 모든 소리를 마음대로 들을 수 있는 신통력
- **타심통**他心通 남의 마음속을 들여다보는 신통력
- **숙명통**宿命通 자신과 남의 전생을 아는 능력
- **누진통**漏盡通 번뇌를 완전히 끊어 다음 내세가 없음을 아는 신통력

이 육신통 가운데 가장 중요한 것이 숙명통, 천안통, 누진통입니다. 이 세 가지만 따로 삼명三明이라고 합니다.

신통의 원리에 대해서는 『철환경』에 귀한 자료가 남아있고, 『청정도론』에 보면 전생을 보는 숙명통을 가진 여섯 부류에 대한 해설이 있습니다.

순차적으로 보면 외도들 ▷ 석가모니의 평범한 제자들 ▷ 뛰어난 제자들 80명 ▷ 상수 제자 2명 ▷ 벽지불들 ▷ 여러 부처님. 이런 순서로 여섯 단계를 나누었는데, 각 단계마다 과거 전생을 기억하는 정도가 다릅니다.

외도外道 석가모니 당시 불교 이외의 삿된 견해를 주로 지칭. 육사외도를 가리키는 경우가 많고, 자이나 교가 대표적 육사외도라면 과연 어느 정도까지의 전생을 기억할까요. 만 년? 백만 년? 가늠이 잘 안되지요?

외도 정도만 되어도 일단 깨우침을 얻으면, 무려 40 겁까지의 전생이 훤히 기억난다고 합니다. 겁劫 칼파. 겁파은 고대 인도와 불교에서 우주의 시간을 재는 단위로서, 보통은 우주가 한번 개벽해서 성주괴공하여 다음 개벽할 때까지의 시간을 의미합니다.

외도들이 40 겁 그 이상은 기억 못하는 이유는, 통찰지가 약하기 때문입니다. 그 위 단계에서, 평범한 제자들은 천 겁까지 기억하며, 80명의 뛰어난 제자들은 십만 겁, 두 명의 상수 제자는 1아승기 겁, 벽지불들은 2아승기 겁, 부처님들은 한계

없음. 이렇습니다.

그러니 10대 제자 다음의 뛰어난 무리인 16아라한들은 자신과 남의 십만
겁까지의 전생을 볼 수 있다는 얘기입니다.

　　그런데, 여기 중대한 반전이 옵니다. 최종의 깨달음을 얻으면 그로써
열반에 드는 것이 정상입니다. 적멸에 들고 세간에서 완전 해탈하는 것이지요.
그런데 석가모니는 16나한에게 열반에 들지 말고 이 세상에 남아있을 것을
당부했습니다. 쉽게 말해서, 죽지 말고 있으라는 겁니다.
죽지 말고 있으라는 이유도 분명하게 기록되어 있습니다. 기록은 비교적
여러 곳에 남아있는데, 그 가운데 당나라 삼장법사 현장玄奘이 번역한
『법주기法住記』원제목 『대아라한난제밀다라소설법주기』, 난제밀다라 저와 당나라 천태종 제6조인
묘락대사 담연妙樂大師 湛然 711~782이 저술한 『법화문구기』가 중요합니다.
두 기록이 거의 유사한데, 정리하면 다음과 같은 내용입니다.

①　열 여섯 아라한들은 다음 부처인 미륵여래가 올 때까지 열반에 들지 않고
정법을 수호하며 기다린다.
②　모든 시주자에게 복전을 짓게 하여 큰 과보를 얻게 한다.

　　석가모니의 이러한 당부에 아라한들은 맹세로써 답했고, 신통력으로
스스로의 수명을 연장하고 이 세간에 흩어져 정법을 수호하면서 중생의
복전福田이 되어 온갖 소원을 들어주게 된 것입니다.
『법주기』에는 아라한 가운데 가장 상수인 제1존자 빈도라발라타사부터
제16존자 주다반탁가까지 총 16명 아라한의 이름과 각각 사는 곳이 명시되어
있습니다. 제1빈도라발라타사 존자가 현재 사는 곳은 서구다니주(=서구타니주,
서구야니주), 제16 주도반탁가 존자는 지축산중에 살고 있습니다. 우리가 사는
지구를 뜻하는 남섬부주에 사는 아라한은 제5 낙거라 존자입니다. 지구인
남섬부주를 제외한 지역은 우주 11차원 곳곳의 어떤 행성이나 땅들을 그 시대의
언어로 표현한 것 같아 흥미롭습니다. 나한기도 중간에, 이들 16존자명과 사는
지역이 죽 열거됩니다.
이런 배경을 알고 나한전 앞에 조용히 합장하고 서면, 묘한 느낌이 드는 때가

승가다주 제7 가리가 존자

발차리주 제8 발나사리불외라 존자

향취산중 제9 술박가 존자

삼십삼천중 제10 반탁가 존자

있습니다. 최고의 깨달음을 얻고도 여태껏 살아있는 인도의 이 고승高僧들이,
눈에 보이지만 않을 뿐, 내 앞에 현전하고 있다는 것을 느끼는 순간이 간혹 휙
지나가는 겁니다.

실전 나한기도법

나한은 계율에 엄격할 뿐만 아니라, 성격이 괴팍하고 잘 삐지고 심술과
장난기가 심하고 변화가 무쌍합니다. 조금 잘못하면 오히려 역효과가 날 수
있으므로, 기도 일수를 짧게 잡고 몸과 마음 단속을 잘하면서 기도해야 합니다.
지켜야 할 부분은 노장 큰스님께 확인 또 확인한 것입니다.

❶ 나한 기도는 3일 이상 드리지 않습니다. 보통 삼일 기도로 입재해서 드립니다.
절에서 하는 나한백일기도는 스님들이 드리는 것이므로 개인 기도와는 전혀 다른
문제입니다.

❷ 나한은 공양물을 좋아하며, 발원할 때 나중에 소원성취가 되면 공양하겠다는
약속을 하면 성취도 더 잘 됩니다.
소원이 이루어지면 어떠어떠한 공양을 올리겠다는 약속을 하면 성취에 더 좋은
것은 신중기도도 비슷합니다. 그런데 나한은 기도 때에도 공양물을 올리는 것을
좋아합니다.
보통 과자, 사탕, 빵 등을 올리는데, 일타 큰스님께서 말씀하신 바로는 세 가지
공양물이 좋다고 합니다. 준비해보면 16나한 공양물도 준비가 쉽지 않은데,
거조암(현재는 거조사) 영산전에는 동전, 사탕, 과자 세 가지를 오백 나한께
일일이 모두 올리는 분들도 있었습니다. 최근에는 흰개미 때문에 달콤한
공양물은 받지 않는다고 합니다.

나한에게 공양을 올리면 복으로 돌아온다는 내용은 위에서 언급한 『법주기』에도
명확하게 기록되어 있습니다. 중요한 부분이라서 바로 인용합니다.
"이때에 이들 열여섯 아라한과 여러 권속이 이에 감응하여 여러 곳으로 나뉘어
다니면서 갖가지 모습을 나타내어 그 성스럽고 위엄있는 모습을 감추고 늘

범부들과 더불어 비밀스레 공양받아 여러 시주로 하여금 뛰어난 과보를 받도록
하실 것이니라." 『법주기』 T.49

❸ 공양물은 전체 나한들에게 동일하게 해야 합니다.
가령 사탕과 과자를 공양물로 올린다면 나한전 내의 나한들께 모두 동일하게
가도록 올리도록 합니다. 만약의 경우를 대비해서 여분을 준비하는 것이
좋습니다.

❹ 기도하는 3일간 오신채를 절대 먹지 않습니다.
오신채五辛菜란 마늘, 파, 부추, 달래, 흥거 다섯 가지인데, 인도가 아닌
동아시아에서는 흥거 대신 양파가 오신채에 들어갑니다.
저는 나한기도 중에 간단하게 컵라면을 자주 먹었는데, 먹다가 자세히
들여다보니 파가 둥둥 떠 있어서 질겁을 하고 파를 뱉어냈답니다.

❺ 기도하는 3일간 육식을 완전히 금합니다.
달걀도 안 됩니다. 저는 녹용이 들어있는 보약을 먹던 중인 적이 있었는데, 그것도
잠시 중단했습니다. 육식했다가 온몸이 퉁퉁 붓고 난리 난 사람을 봤습니다.
조선 태종 때 문신인 변계량이 태종이 베푸는 연회에 참석했으나 고기를 입에
대지 않는 것을 보고, 태종은 "경이 나한재를 지내고 있는 것을 나는 알고
있다."고 말했다는 기록이 남아있습니다.

❻ 기도 전날과 기도하는 3일간 부부관계를 금합니다.

❼ 기도하러 가기 전에 목욕재계합니다.

❽ 기도 중에 16나한 한분 한분의 명호를 부르며 절할 때, 정면 상단을 바라보고
오른쪽에 1, 3, 5, 7 존자 등 홀수 번호 존자가 있고, 왼쪽에 2, 4, 6, 8 존자 등 짝수
번호 존자가 있으니, 잘 매치시켜서 절하세요. 다만 나한전마다 구조와 배치가
다를 수 있습니다.

필리양구주 제11 나후라 존자

빈도파라신중 제12 나가서나 존자

❾ 다른 기도와 섞어서 하지 않습니다.

다른 기도 중이면 그 기도는 사흘만 잠시 쉬거나, 일단 회향하고 나한기도 끝난
뒤 다시 입재합니다.

❿ 집에서는 드리지 않는 것이 좋습니다.

즉 삼일기도 내내 절에 가셔야 하므로, 멀리 있는 영험한 나한기도처를 찾을
경우에는 동선 문제를 잘 고려해놓아야 합니다.

⓫ 성취됐을 때 공양하겠다고 약속했으면 반드시 지켜야 합니다.

약속을 지키지 않으면 엉뚱한 문제가 터지거나 일이 틀어져 버립니다.

⓬ 나한기도의 메인부는 나한정근입니다. 기도하러 가는 나한전에 모신
나한 수에 맞추어 정근을 해야 합니다. 우리나라는 대부분 16나한을 모시는
나한전이 많은데, 그 경우는 '십육성중十六聖衆'으로 정근명호를 계속 부르는 것을 하고,

226

오백나한전에서는 '제대성중諸大聖衆'이나 '나한성중'으로 정근을 하면 됩니다.
우리나라는 아주 드문 18나한전에서도 '제대성중'으로 정근을 합니다.

❸ 나한정근 앞뒤로 발원, 다라니, 계청 등이 들어가지만, 전체 기도 시간 계획은
정근 수로 조정하면 됩니다.
'십육성중'을 부르면서 천주千珠 천 알짜리 염주 한 바퀴 돌리는데, 즉 천 번 부르는데 약
10분가량 소요됩니다. 정근은 빨리해야 잡념이 덜 일어납니다. 일타 큰스님은 잡념
타파를 위해 108 염주 한 바퀴를 한숨에 하라고 가르쳐주셨습니다.
사실 천 번 이상의 정근이나 진언을 할 때는 계수기를 많이 씁니다. 훨씬 빠르고,
집중도 덜 흐트러지고, 만약에라도 잠시 중단할 때도 편합니다. 다리가 저려서
일어나서 할 때도 편리하지요. 그런데 어떤 구독자님께서 염주앱이 있다는 것을
알려주신 이후로 저도 지금은 그 앱을 쓴답니다. 삼성 플레이 스토어에서는
'Chanting Suite'라는 앱이 목표 정근 횟수도 지정할 수 있는 등등 잘 되어있습니다.
다른 기도도 그렇고, 제 경험상 가장 효험이 좋은 정근 수는 하루 만 번이었습니다.
만 번 하려면 전후 순서 모두 합쳐서 약 두 시간 걸립니다. 만 번에 두 시간 정도
소요되니, 기도 시간을 잘 요량하셔서 계획을 잡으시기 바랍니다. 처음 하시는
분이시라면 최소 삼천 번은 하시면 좋겠습니다.

❹ 관음기도와는 달리, 나한기도에서 발원하는 소원은 딱 한 가지로 정해서 집중
공략하셔야 합니다.

❺ 발원은 반드시 매우 구체적으로(가령 입시기도라면 대학명 확실하게 발원)
해야 합니다. 다 알아서 해주시려니, 이런 거 절대 없습니다.

❻ 나한기도가 좋은 상황은 다음과 같습니다. 물론 기도법이라는 것이 수학적
답처럼 딱 떨어지는 것은 절대 아니지만, 예부터 내려오는 경험에 따르면 대략
다음과 같습니다.

● 꽉 막힌 급한 사안
● 급한 금전적 상황

- 임박한 시험
- 임박한 면접, 계약
- 중병 회복

⑰ 나한기도처

나한전, 응진전, 영산전이라는 전각 명이 있으면 나한을 모신 전각입니다.
전국에 많이 있습니다만, 유명한 곳만 몇 군데 추려보았습니다.

- 과천 연주암
- 영천 거조사 영산전500나한
- 경주 기림사500나한)
- 서울 문수사500나한)
- 안성 칠장사 원래 16나한전이나, 소실되어 현재 7나한상만 남아있음)
- 제천 고산사
- 칠곡 도덕암
- 제주 약천사
- 봉화 청량사

⑱ 나반기도는 나한기도와 다릅니다. 많이 혼동하며 같은 기도인 줄 아는 분들도
많습니다. 기도할 때 정근 자체가 다릅니다.
청도 사리암 천태각, 서울 삼성암, 불국사 홍주암의 나반기도가 유명합니다.
독성각이나 삼성각에 모시는 나반존자는 보통 16나한의 제1존자인 빈두로
파라타빈도라발라타사 존자와 혼동되는 경향이 있으나, 학계에서는 역사적, 사료적
근거를 들어서 나반존자와 빈두로 존자 사이에 확실하게 금을 긋고 있습니다.

우리 살아가는 것이 참으로 즐풍목우櫛風沐雨『장자』, 즉 바람으로 머리를 빗고
비로 머리를 감는 듯, 시달리고 힘겨운 길입니다. 언제 호시절이 올지, 점을 봐도
도무지 시원치를 않습니다.
다만, 한 도리만 알면 됩니다.
허공을 꽉 채우며 보석비가 끊임없이 내리고 있건만, 우리는 각자가 들고 있는

그릇 크기에 따라서 그만치만의 보석을 건질 수가 있는 겁니다.<법성계>
바로 이것이 기도 성취의 이치가 아니겠는지요.

광협신중 제13 인게타 존자

취봉신중 제15 아시다 존자

가주신중 제14 벌나파사 존자

지축신중 제16 주다반탁가 존자

2장 점술 평론

明
無
長
枚
무명장야

001
점술 평론

백암 栢巖
정국용

**사주는 타고난 천성과 그 천성의
발휘를 도와주는 운으로 이루어져
있고, 이를 통해 자신의 분수를
헤아리는 것이 목적이다.**

풍골이 늠름하신 83세 노장께서 세
손가락을 모아 부싯돌처럼 비비면서
말씀하십니다.
"선생님 옆에 사악 닿으면 팍하고 스파크가
일었어요. 전류가 흐르는 걸 느꼈다니까요."
당시 느낌이 새삼 생생하신 듯 백암 정국용
선생님의 깊은 눈에 빛이 올라오는 것을
느낄 수 있었습니다.
"그만큼 기氣가 셌어요. 짜릿했어요."
선생님이란 바로 박도사 제산 박재현
선생님을 가리킵니다.
"이런 건 다른 사람들은 잘 모를 겁니다.
선생님의 본디 면목에 대해 나만큼 아는
사람이 있을까."

백암 정국용 선생님은 박도사의
<제산정사>에 들어가 침식을 함께
하면서 문하에서 4년을 사사한 매우
가까운 제자이자 형제간 같은 우애의
정을 깊이 나눈 사이였습니다. 2년씩 두
차례 <제산정사>에 들어가셨는데, 원래
한 번 문하에서 나가면 절대 다시 받지
않는 철칙을 깨고 유일하게 다시 받은
제자였습니다. 백암 栢巖이라는 아호도
박제산 선생님께서 직접 지어주신 호라고
합니다.
제자에게 내려준 '백암'이라는 아호를
풀이한 액자속의 이 오언절구가 기가
막힙니다. 점사의 신통함에만 빠진 우리는
박제산 선생님의 한학자로서의 면모를 전혀

" 창경도인절 蒼徑道人節 "
고고열사심 孤高烈士心
석석계계청 石石溪溪淸
산산고고암 山山古古嵓

※ 嵓자는 바위 巖자의 고자古字

푸르고 곧음은 도인의 절개이고
외롭고 높음은 열사의 마음이라
골짜기 골짜기 물은 맑고
산 산은 오래된 바위이더라

모르고 있었던 것입니다. 세속 앞가림에만 푹 찔은 우리의 욕망이 어쩐지 슬퍼집니다. 박제산 선생님이 아호를 지어주실 때 각별한 애정을 가진 사람에게는 암巖자 돌림을 주셨다고 합니다. 이병철 회장의 호암湖巖, 포항제철 박태준 회장의 청암靑巖이 그 대표적인 예입니다. 세간에서 도는 말로 산山자 돌림은 제산 선생님과 맞먹는 위치이고 암巖자 돌림은 산山 밑이니 자녀 반열이라는 것에 대해서는, "그렇게들 엉망이니 박도사가 제자 복이 없다고들 하지." 하시며 혀를 끌끌 차시는군요.

백암 선생님은 제산정사에 들어가 정사 도복을 입고 함께 생활하면서 박도사를 지근거리에서 모셨던 제자인지라, 우리가 여태 전혀 몰랐던 흥미로운 히든 스토리들을 들을 수가 있었습니다. 백암 정국용 선생님의 간명에 관한 분석에 앞서서, 우선 제자의 눈으로 바라봤던 박도사 제산 박재현 선생님에 대한 귀한 이야기부터 풀어놓아 보겠습니다. 또한 박도사에 대해 피상적으로 떠도는 일화 밑에 숨겨진 진정한 모습을 제대로 바라보고, 신통함의 근원에 대한 오류를 차제에 정확히 정리하는 것도 필요해 보입니다.

백암 정국용 선생님을 뵙고 관상이 비범하고 선비의 느낌이 물씬 난다고 생각하던 차였는데, 아니나 다를까, 포은 정몽주 선생의 17대손이라고 하셔서 제가 그 자리에서 펄쩍 뛰었습니다. 공직에 근무하시다가 30대 후반에 퇴직을 한 뒤, 40대 초반에 명리를 배우러 박도사 문하에 들어갈 당시, 갈등이 매우 컸다고 하시는군요. 우리나라 성리학의 조祖이자 거두였던 정몽주 선생의 후손이라는 점이 당연히 마음에 크게 걸리셨겠지요. 결국 박도사 문하에 입문을 결정하셨고, 공부 시작에 앞서서 박도사가 이렇게 말씀하셨다고 합니다.
"정 선생, 나하고 같이 여행 가자."
돈 한 푼 없이 무작정 박도사를 따라나섰는데, 며칠에 걸쳐 신참 제자를 데리고 다니신 곳은 다름 아닌 박도사가 수도하던 장소들이었습니다. 함양 백운산에 가보니 박도사가 공부하시던 터와 암자가 그대로 있었다고 합니다. 이어서 청학동, 하동 불일폭포, 남원 동면 인월리 등을 거쳐 마지막으로 간 곳이 합천 해인사였습니다. 박도사가 30대 초중반에 5년간 칩거하며 명리 공부를 하던 곳이 해인사입니다.
"우리 된데(힘든데) 여기서 사진 하나 찍자."
그러시면서 찍은 사진이 바로 이 사진입니다. 이때 박제산 선생님 49세, 백암 선생님 42세였습니다.

제가 여쭸습니다.
"박도사님은 도가道家 수련만 하셨나요, 불교

제산 박재현 선생(우)과 함께 찍은 사진

그러고 사진을 다시 보니, 카메라 렌즈를
응시하는 박제산 선생님의 안광이 레이저만
같습니다.

"목소리는 또 굉장히 우렁찬기라요.
단전에서 울려 나오는 소리가 엄청났어요.
그러면서도 체구는 빠짝 말라가지고, 뒷날
말씀하시길 '내는 겨울 금강산이야'라고,
개골산 같다고 말씀하시더라고요. 여튼
천재입니다."

"도道의 어느 경지까지 가셨다고 보십니까?"

"수도로써 도통의 초입 경지에 한 번
입문했던 분입니다. 난 그렇게 알아요.
우리나라에선 그런 사람 없어요. 그 초입
경지에서 더 갈아붙였으면 신선이 됐을
건데, 자기가 도통해서 생각만 하면 그냥
보이고 하니 사람이 막 미치는 거지요."

그 도통의 경지가 어떤 것이었는지를
박도사가 직접 묘사하셨다는데, 다음의 이런
경계입니다. 황홀하고도 격렬합니다.

"하루아침에 떠억 잠에서 깨어가지고
세수하려고 나오니 온 산천과 계곡에 눈이
하얗게 와있는데, 그 펑펑 내리는 눈 밑으로
참새가 눈을 맞으며 막 움직이는 그런
형상이더라."

수행도 하셨나요?"

제가 트리거를 잘 잡은 듯했습니다.
그다음부터 박도사에 대한 생생한
이야기들이 끊임없이 이어졌습니다.
전설로만 듣던 박도사의 이야기를
탁자 건너 곧바로 듣게 되니 환희심이
차올라오더군요.

"총각 시절에 선생님을 첨 봤을 때 눈에
정기가 번쩍했어요. 눈이 반짝거리는데 샛별
같아요. 정말로."

하단전에서 통한 도道 초입 경지에
다다른 박도사의 수련법에 대해서
여쭤봤습니다. 산속 토굴에서 도가道家를
수행하셨고 금단대도金丹大道 수련을
주로 하셨다고 합니다. "독해도 독해도

박제산만큼 독할까?"라는 말이 당시에
있었는데, 한겨울에 얼음 구덩이에 들어가서
끝까지 혼자 버티는 것을 보고 도꾼들
사이에서 나온 말이라고 합니다.
이렇게 해서 한 가경, 한 소식을 얻고
나니, 큰 나무를 보고 '저 나무는 누가
심었을까…?' 하고 생각하면 나무 심는
장면이 보이고, 사람을 보면 과거가 다
보이더라고 박도사가 그 경지를 백암
선생님께 설명하시더랍니다.
"사주 볼 때도 첫 방에 바로 번개불 튕기듯
해버렸으니, 정말 백년 만에 올동말동한
그런 인재셨지요."

제산 박재현 선생의 글 그림이 들어간 연하장 (1993년)

바로 이 '번개불 튕기는 사주 간명'
이것을 제산 선생님은 '일과성—過性의
광기가 치미는 것'으로서 표현했습니다.
이 일과성의 광기란, 순간적으로 스파크가
이는 직관적 통찰을 말하겠지요. '일과성의
광기'라는 구절이 들어가 있는 다음의
연하장에 쓴 글을 보시면, 표현 이면에 서
있는 서슬 퍼런 칼날 같은 정신이 과연
도인이고 천재였음을 느끼게 합니다. 거기에
더해 명문장에 명필입니다. 실제로 보면
세필로 다부지게 쓰신 글씨가 아주 작아
깨알 같습니다.

"명리 견성命理 見性에 통하도록
기창紀昌의 화살이 되라."고 제자에게
이르시는 말씀이 참으로 붉고 뜨겁습니다.
기창紀昌은 『열자列子』에 나오는 전설적
명궁이지요. '기창관슬紀昌貫虱'이라는
고사성어는 명궁 기창의 화살이 머릿니의
심장을 관통했다는 뜻인데, 그만큼 간명의
화살을 예리하게 갈고 닦아 머릿니같이
미세한 것에도 필중 하도록 밤을 새워
공부해서 '명리 견성'하라는 말씀이신
겁니다.
이 연하장을 보고 온 며칠 내내 이 명리
견성이라는 단어가 내내 가슴과 이마를

떠나지 않았습니다. 시공간에서 떨어져 있는 저도 이런 느낌을 받았는데, 제자인 백암 선생님에게는 강한 울림이 있었겠지요. 백암 선생님은 1993년 53세 되시던 해에 스승의 이 글을 받고는 수행을 위해 두 번째 지리산 입산을 결행했고, 그리고 나서는 홀로서기를 시작했습니다.

또한 "내가 죽고 없어도 이 글은 반드시 지니고 살아라." 하시며 주신 경계의 말씀을 꺼내서 보여주시는데, 이 계훈誡訓이 너무 멋져서 꼭 인용하고 싶었습니다. 힘 있는 글씨체와 백운산인白雲山人이라는 호, 그리고 나란히 붙여 찍은 주문방인·백문방인 두 개의 낙관까지, 모두 지금 살아 숨 쉬는 듯합니다.

제산 박재현 선생이 써주신 계훈

이 계훈을 번역하면 다음과 같습니다.
예쁜 닭은 먹은 게 많아도 결국은 삼계탕집으로 가고, 들판의 학은 먹은 게 없어도 천지를 관한다.

제가 이 글에 "캬, 이거 뭐 진짜!!" 하고 감탄하면서
"세상은 여태 제산 선생님을 제대로 몰랐던 것 같습니다. 신통함만으로 왈가왈부했지, 이런 깊이를 누가 알았겠나요."
그러자 백암 정국용 선생님이 제 말을 이렇게 받으십니다.
"속세는 허구지요. 속세엔 진체가 없어요. 진체일수록 더 숨는 게 속세예요."
평생에 오로지 한 분뿐이었다는 스승에 대한 백암 선생님의 생각이 이 말씀에 다 담겨있다고 생각했습니다.

제산 선생님이 약주를 드시고 얼큰히 취해 한밤중에 들어오시는 날엔 주먹으로 바닥을 치며 이렇게 소리치셨다고 합니다.
"세상에 어느 놈이 나처럼 안단 말이냐!"
자탄의 외침이었는데, 백암 선생님은 선생님이 저러시는 이유가 무엇인지를 한동안 깊이 생각하셨답니다. 그 이유를 헤아려보니, 명리라는 이 학문은 세월이 흘러도 정식 학문으로 대우를 못 받고 늘 '믿거나 말거나'에 지나지 않을 것이라는 탄식이었던 것입니다. 그때 백암 선생님은 이 학문을 양학陽學 양지의 학문으로 만드는 것이 선생님의 뜻을

온전히 펼쳐드리는 제자의 역할이라고
생각하셨고, 그 방법으로써 택한 것이
바로 박사과정이었습니다. 사주 명리학
체계와 서양 심리학의 성격 이론을 비교
고찰한 논문으로 박사학위를 받았고,
2004년이었던 그때 제산 선생님은 이미
돌아가시고 계시지를 않아 학위논문 통과
후 많이 우셨다고 합니다.
제산 선생님의 제자로 들어갔던 그 날부터
어느새 40여 년이 흐른 지금이지만,
"최선을 다해도 늘 부족함을 느끼며,
하면서도 마음에 참으로 어렵다."라고
하시는군요. 한때 간판을 걸었다가 차마
학자적 자존심이 허락하지 않아서 간판을
도로 내리셨다고 합니다. 현재 계시는
<백암정사>는 박도사의 <제산정사>를 따서
만드셨고, 쓰시는 간명지도 박도사식 간명지
그대로 쓰십니다. 소리 없이 계시지만,
어떻게들 알고 찾아내는건지, 테이블
왼편에는 미국, 일본, 싱가폴 등 외국에서도
카톡으로 예약 잡은 분들의 사주를 적은
메모지들이 쌓여있더군요.

제가 백암 선생님께 처음 간명을 받은 것은
2020년 무렵이었습니다. 그때는 전화로
간명 받는데, 주로 대면상담만 하시는 듯,
나중에 꼭 한번 찾아오라고 하시면서 20분
정도 통화했습니다.
제 명조를 보시고는 "사주에 광채가
난다."라고 하시면서, 품격이 높으며

천성이 곧고 강직하면서 속은 온후하여
외강내유한 선비의 기질이라고 하시는군요.
돈이나 재물복에 관한 큰 부자 그릇에
뿌리 박고 있고 부동산 재財의 덕이
있으며, 70세부터 비로소 제가 "타고난
격格을 찾아 자아실현을 하니, 아름답고
풍요롭다."라시니, 시 구절 같은 간명입니다.
앞으로 75세~79세를 살아보면 알겠지만,
그때 부귀공명의 만랩에 도달한다고 합니다.
"살아보면 알겠지만"이라는 이 워딩이
강하게 귀에 들어와 박혔습니다. 앞날인데도
결정적 기시감 있는 이런 표현이 바로 노장
명인에게서가 아니면 들을 수 없는 간명이
아닐까 싶었습니다.
이제 천기가 동해서 와있다고도 하십니다.
앞으로의 운을 볼 때 사람들 마음이나
하늘에 역행해서 벌이 오는 사람들도
있는데, 저는 "앞길에 하늘이 상을 주려고
한다. 이제부터 배짱을 두둑이, 힘차게
나가라."고 하시는군요. 명리로 푸신 것인데,
말씀의 느낌은 주역 같습니다.

　　통화를 마무리하시면서, "떠들지 않고
돈을 좇지 않고 어떻게든 공부를 많이 해서
그 공부를 세상에 양성화 시키는 것이
스승을 승화시키는 길"이라고 말씀하시는,
천생 학자이십니다.
수양산 그늘이 강동 팔십 리를 간다 하더니,
수양산 그늘이 40년 후 노장 제자에게도
여전히 아름답게 드리우고 있는 듯합니다.

< 四柱命理學 의 正體性 >

아무리 과학이 나로 발달해도 개인의 미래예측은 불투명하다.
미래가 불투명할수록 개인의 다가올 길흉화복에 대한
인지욕구는 더욱 강해진다.
미래를 예측하는 기법은 고대로부터 점성술 등의형태로
대자연의 법칙와 인간과의 관계성을 탐구하여 우리를
삶에 공헌해온 공과를 무시할수 없다.
미래를 예측한다는 점에서는 사주명리학도 점쳐본다는
말에 혼용이 될수도 있겠으나 그 정체성면에서 확연히
그 궤도를 달리한다. 영적초현이나 신의 소리로 미래를
운운하는 신비주의가 아니다.
사주명리학는 동양의 출한 석학들이 오랜 세월을 두고
갈고 다듬어진 학적 체계를 갖추고 있다
사주를 본다는것은 타고난바 자기의 천성을 깨닫게한다.
自性을 깨닫고 그때 [運]을 접목하는 지체를
제시하는 오직 자기만의 지침서이다. 더 나아가
인간성 회복와 바른수양의 道 (로드 맵)이다.

미완성의 인간으로서 사주명리가 제시하는 점문이
100% 맞할수 있는가? 실제 임상에서 당사자가
약60% 이상 공감이되는 수준이면 대단하다.

나는 20여년전 성격특성예측을 위한 사주명리학 연구로
과학적 검증을 해보았다

글 권한희 정책성향의 정책의 사주명리학의 생방 정국용 저서

바닐라 젠의 코멘트

대운의 흐름을 정확히 짚고 해당 대운의 특성을 잘 파악하시며, 성격 이론과 사주의 비교
고찰로 박사 논문을 쓰신 분답게 성격과 성향 파악이 백미입니다. 문득 묻어나는 박제산
선생님에 대한 존경과 명리학에 대한 자부심을 백전노장의 얼굴에서 읽으면서 잔잔한
감동을 느낍니다. 백암 선생님, 늘 건강하시기를 기원합니다.

- **명인** 백암 정국용
- **분야** 명리
- **위치** 부산광역시 금정구

- **상담** 전화 상담 가능하나, 방문 상담이 좋음
- **간명비** 10만 원

002
점술 평론

박청화 朴靑花

북창광 남청화

유명 역술인은 어떻게 하다가 유명하게
되었을까요?
현재 유명 역술인으로 회자되는 분들은
사실 이미 20년 이상 전부터 입지를 굳힌
분들입니다. 이 역술인들은 한국 명리학의
3대 거인이라는 제산 박재현, 도계 박재완,
자강 이석영 선생, 이 세 분 세대로부터 바통
터치를 받은 그다음 세대의 역술인들입니다.
보통 점을 잘 보러 다니는 점 덕후들이나
명리를 공부하는 사람들에서 떠도는 말로
'북창광 남청화 北猖狂 南靑花'라는 공식이
있습니다. 북쪽의 창광 김성태, 남쪽의
박청화라는 의미인데, 이 두 분을 한국
역술의 간판급 탑티어로 꼽는 데에는 크게
이견이 없는 듯합니다. 남북으로 구분하여
고수를 표현하는 방식은 원래 중국에서
넘어온 것이지요. 우리나라에서는 불교
선승들 사이에서도 많이 사용합니다. 최근
것으로 '북 송담 남 진제', 즉 북쪽에는 송담
스님이 있고, 남쪽에는 진제 스님이 있다는

것이 그런 것이겠지요.

청화와 창광, 두 분의 호가 주는 이미지가 매우 대척점에 있어서 흥미롭습니다. 박청화 선생과 창광 선생의 명리학 연구 성과나 역술가로서의 간명 능력이나 적중률은 일단 차치하고라도, 누가 만들었는지 모르는 북창광 남청화라는 이 공식이 '밤하늘에 반짝이는 고정불변의 대장별 두 개'라는 이미지 형성에 기여한 점도 있겠습니다. 그러나 제가 보기에는 이 두 분이 유명해진 데에는 무엇보다 현생에서 운과 복을 다 갖춘 점도 있을 것 같습니다.

호불호가 갈리지 않는 역술인은 사실 없겠지만, 아무튼 박청화 선생은 화려하게 눈에 띄기 때문에 그 호불호도 눈에 더 띕니다. 그 호불호는 점을 본 사람들에게서도 그렇고 역술인 사이에서도 그렇습니다. 적중률은 접어놓고 일단 현상적으로 유명해지면 안티도 많아지고

질투나 흠집 잡기도 많아지는 것이 보편적인 룰입니다. 그러나 저는 박청화 선생님을 서슴지 않고 제 손가락 안에 꼽습니다. 왜냐. 제 삶의 주축을 완벽히 뒤흔든 중대한 사건을 5년 앞서서 딱 그 연도를 짚어서 예측했기 때문입니다. 아무도 못 한 예측이었거든요.

1984년도부터 2011년까지 27년간 박청화 선생에게 점을 본 사람들의 수는 9만여 명이라고 합니다. 계산해보면 하루도 안 쉬었다 치고 하루 10명꼴로 봐준 셈이군요. 사실 하루 열 명의 상담은 집중력과 체력 모두에 몹시 힘든 일입니다. 처음엔 생계가 막막하여 19세에 '총각도사'라는 간판을 걸고 시작한 것이 그렇게까지 됐다고 합니다. 졸지에 가장이 되어 가족 생계를 떠맡은 부산대 신입생이 학교 앞 쪽방에 조그만 간판을 걸고 돈을 벌기 시작했다지요. 장장 10년 걸려서 대학을 졸업했다니 고생을 많이 했던 것 같습니다. 본명은 박종덕 선생이며, 청화靑花라는 이 술명術名은 군대에 다녀와서 다시 철학관을 열려고 할 때, 꿈에서 온통 파란 꽃이 가득한 정원을 보고 지었습니다.

이전 2003년도에 삶을 마감한 고 안상영 부산시장은 유서에 '박청화 원장에게 감사한다.'라는 말을 남겼고 유품에서 박청화 선생의 간명지가 나왔다고 합니다.

간명지는 사주팔자를 풀어 적어주는 종이입니다. 사주 보러 철학관에 가시면 이 간명지를 주는 곳도 있고 주지 않는 곳도 있지요. 볼 간看 목숨 명命 종이 지紙 이고, 볼 간看 자의 구조는, 보시는 그대로, 눈 위에 손을 대고 자세히 보는 모습입니다. 목숨 들여다본 것을 풀어놓은 종이 정도 되겠군요.

간명지를 출력해서 주고, '말년 마을 부자'라는 말이 중복된다며 뭐라고들 하기도 하지만, 이분이 실망하고 밀어놓은 역술인이었다면 제가 이렇게 후기를 적을 이유는 없었겠지요. 타격감이 강렬한 예리한 점사가 있었던 것은 분명합니다. 애호하는 두터운 층이 꾸준한 것도 바로 이런 한방이 있기 때문이라 생각합니다.

저는 2009년도에 간명 받았습니다. 일단 예약이 어렵고 전화로는 상담하지 않아 무조건 직접 가야 했습니다. 저는 토요일에 갔던 기억이 나네요. 그 당시 기준으로 40%가 서울에서 온 손님이라고 했고, 간명비는 15만 원이었습니다. 다른 철학관에 비하면 엄청나게 높은 상담비였지만, 예약이 힘들었지요. 그렇다고 해서 비싸서 더 몰리는 심리도 딱히 아니었고, 예약이 이렇게나 밀렸음을 암시하는 마케팅 전략인 것 같지도 않았습니다.

목요일에는 2~3시간의 상담을 해주는 특별상담이라는 것이 있었는데, 예약해놓으면 시간이 비는 대로 연락해준다고 들었습니다. 지금은 이 상담

바닐라 젠

방식은 없어진 것 같습니다.

예약을 안 하고 보려면 새벽에 가는
수밖에 없었습니다. 초기의 청화 역술원은
별도의 대기실이 없어서 사람들이 밤에 와
밖에서 줄을 서 기다려야 했습니다. 그러다
언젠가부터 새벽에 오는 손님을 위한 방이
마련됐습니다. 바닥에 누울 수 있어 좋기는
했는데, 저는 차마 벌렁 눕지는 못하고 벽에
기대어 쪽잠을 잤지요.

아무튼 그때 출력한 간명지를 들고
"어, 이게 뭐지?" 하고 생각했던 것은
사실입니다. 머리가 약간 띵했지요. 저도
말년에 '마을 부자' 정도는 된다고 나와
있던데, 산골짜기에서 혼자 사는 1인
마을이면 어쩌나… 씁쓸하게 한번 웃고,
질문할 것을 머릿속으로 준비했습니다. 그
당시 문제의 소지가 있는 어떤 일이 싹을
보이기 시작할 때여서 그게 터질까 봐
마음에 큰 가시 같은 것이 걸려있었거든요.

제 차례가 되어 들어가니 의외의 관상을
가진 역술인이 앉아있었습니다. 일반적으로
우리가 머리에 그리는 철학관 역술인의
관상이나 풍모는 아니었지요. 흠, 뭐랄까
그때 제 느낌은 벤처기업을 운영하는

이공계 전문인처럼 느껴졌습니다. 책상 위에
영양제가 많았다는 기억도 나네요.
자리에 앉으면 궁금한 것을 질문하라고
합니다. 문제로 느끼고 있던 부분을
단도직입적으로 묻지 않고 에둘러
질문했습니다.

근데 박청화 선생이 말끝에 "2014년에
아끼는 것, 그게 재물이든 일이든 남편이든,
아끼는 것을 빼앗긴다."라는 말을 하더군요.
바로 여기가 어느 점쟁이도 짚어내지
못했던 핫 스팟이라는 것을 저는 당시에
정말 몰랐습니다.

사실 사람들이 점집을 갈 때는 자기가 듣고
싶어 하는 것을 들으러 가는 경향이 아주
심합니다. 심지어는 듣고 싶은 말을 해주는
점집이 있을 때까지 점집을 전전하는
사람도 있습니다. 인디언 기우제나 똑같은
거지요. 인디언 기우제란 비가 올 때까지
기우제를 지내는 것을 말합니다. 확률이
100%지요. 가려운 데를 긁듯 듣고 싶은
말을 해주면 그 집이 영판 용한 집이 되는
거고요.

2014년도를 딱 짚어서 말씀하는데, 일단
직감이 안 좋았습니다.
"어… 저기… 그… 뭐… 피해 갈 방법은

없겠는지요…?"

아마 저의 낯빛이 안 좋았겠지요.
근데 제가 박청화 선생을 높이 사는
것은 이 부분이기도 합니다. 표정 하나
안 변하고 담담히 말을 이어온 박청화
선생의 얼굴이 살짝 흔들리는 것을 저는
놓치지 않았습니다. 연민, 그런 것이 스치는
것이었지요. 그 대신 저는 바람에 스치는
저 사람의 저 감정은 뭘까… 생각하면서,
아 '내가 결국 그 일로 잡치는가 보다' 하는
생각이 싸악 스쳤습니다. 서로 한마디
없이, 생각들만 서로 옷깃처럼 스치는 그런
순간이었지요.
표가 나진 않았지만 잠시 저를 바라보던
그 인간적인 면모를 잊을 수 없었습니다.
지금도요.

운명이 마음대로 안 된다는 절망과
피로감을 느낄 때는 방법이 있습니다.
'그 집 못 본다'고 자기 합리화를 시키는
방법이지요. 심리학에 줄창 나오는
얘기입니다. 저 역시 "그래, 유명하다더니,
돈만 날렸구만…" 하고는 돌아서서
잊었지요. 제 바람과 다르니 여기 못 본다
하고 간명지랑 마음이랑 모두 접어 서랍에
넣었습니다.

그러나, 2014년에 그 일이 말 그대로
빵 터졌습니다. 제 인생에서 아마 가장 크고
깊다고 할 암흑의 구덩이였습니다.

사주팔자가 다 맞더냐? 아니던데예

제가 박청화 선생의 통변을 예로 든 것은
몇 가지 얘기를 꼭 해드리고 싶어서입니다.
우선 유명하다고 다 잘 보는 것은 절대
아니지만, 유명하다면 그 이유도 있습니다.
제대로 보는 역술인이라면, 인생의 기본
성향과 틀 전체는 거의 맞춥니다. 큰 틀을
벗어난 부분에서는 오류도 많습니다. 특히
인생 전반을 통해 임팩트가 아주 큰 사건을
예측하는 역술인이 고수입니다.
무조건 점을 보러 다닐 것이 아니라, 다음
일화에서 말하고자 하는 바를 반드시
염두에 두셨으면 합니다.

박도사 제산 박재현 선생은 스물한
살의 젊은 후학 박청화가 이미 고수임을
첫 만남에서 한눈에 알아보았다 하지요.
그날 세대가 다른 두 역술인은 밤새 술잔을
기울이며 얘기를 나눴다고 합니다.
다음은 박도사가 세상을 떠나기 얼마
전, 병상에 누워 박청화 선생과 나눈
대화입니다.
"청화야, 사주팔자가 다 맞더냐."
"아니던데예."
"그렇재?!"
박청화 선생이 직접 공개한 일화라고
하네요. 선문답 같습니다.
전설의 고수 자신이 명학의 한계와 핵심을
단숨에 지적한 거지요. 이 부분은 박청화
선생도 늘 염두에 두고 있는 듯합니다.

역술의 진짜 고수가 되는 시작점은
사주로 다 맞추지 못한다는 것을 깨닫는
바로 그 순간일 겁니다. 사주는 우리 현생의
흐름을 만드는 어떤 거대한 힘 가운데
아주 작은 부분 집합을 구성할 따름이고,
사람마다 사주로 파악되지 않는 부분도
모두 다릅니다. 운칠기삼에서 얻어온
생각에서 사주로 70%를 볼 수 있다고 하는
분들도 있지만, 그런 것은 전혀 아닙니다.
오직 확실한 것 하나.
사주로 파악되지 않는 변수에 접근하고
싶다면 자기 자신 속에서 답을 찾아보라는
겁니다.
왜냐. 탄허 큰스님 말씀마따나 자기를 떠난
점이란 없기 때문입니다.

喜怒同所
(희기동소)

"　"정화야, 사주팔자가 다 맞더냐."　"
"아니던데예"
"그럼재?!"

바닐라 젠의 코멘트
질문을 잘 준비하면 박청화 선생의 특출함을 알 수 있는 강력한 '한 방'이 나옵니다. 현재
고민거리인 당면 사안, 특히 인생 전반을 통해 결정적인 영향을 미칠 수 있는 비중이 큰 문제에
관한 질문이 키 포인트입니다.

Vanilla Zen

● **명인**　박청화 (본명 박종덕)　　　　　● **상담**　방문 상담만 가능
● **분야**　명리　　　　　　　　　　　　● **간명비**　20만 원
● **위치**　부산광역시 동래구

003
점술 평론

창광猖狂
김성태

💬 명인의 한마디
운명! 타고남을 인정하라.

　　두말할 필요 없는 대가입니다. 깊은
공부와 명리학적 성찰이 만나 간명이 마치
불꽃처럼 탁탁 튀기며 빛을 발합니다.
1961년생이시니, 올해 64세이십니다.
'창광'은 선배 역술인들이 불러준 별명이고
아호는 아니라고 하십니다. 아호는
향선香僊으로, 청화 큰스님께서 '촛대나
닦으라'고 지어주신 호입니다. 아호에
예민한 저라서, 옛날부터도 '창광猖狂'이라는
강렬한 한자를 쓰시게 된 이유가 늘
궁금했었습니다. 제가 아는 '창광'이라는
단어는 『장자』와 도연명의 시에서
나오거든요.

　　『장자』 외편 제20편 산목山木에 보면,
'창광망행 내도호대방猖狂妄行 乃蹈乎大
方'이라는 구절이 있습니다. 멋대로
무심히 행동하는 것 같지만, 위대한 도를
실천한다는 의미입니다. 한창 젊은 시절
김성태 선생님께 누군가가 붙여주신 닉네임
같습니다만, 별명으로 쓰기에는 아까운
각별한 이름입니다. 1999년 무렵에 하이텔
역학동호회인 '역학동'에서 활동하셨고,
그때 백민 양원석 선생님을 만났고, 낭월
박주현 스님, 천인지 김병우 선생님 등
현재 중진 역술인으로 활동 중인 분들과도
교류했습니다.

창광 선생님 간명의 특징은 상담 앞부분에서 긴 통변을 하지 않는 데 있습니다. 대가이고 명리학자이고 간명비도 높으니, 보통은 일장 통변을 기대할 수도 있겠습니다만, 대운 설명, 사주 상 특징 설명 이런 것도 없습니다. 사주 드리고 1분 이내에 단도직입적으로 바로 현 상황에 대해 질문을 하십니다.

가령 제 경우, 사주를 드리자 첫 말씀이 "가르치는 것을 할 거예요, 책을 쓸 거예요, 아니면 둘 다 다할 거예요?" 제가 숨이 턱 막히던데, 순식간에 사주 명식을 읽어내고 현안이 무엇이겠는지 판단이 끝난 듯하셨습니다. 일반적으로는 제 나이의 여성에게라면, 적어도 '겐또'로라도 건강, 자식, 부동산이 나와야 맞습니다. 근데 지금 나이에 새로 가르치고 강연하고 책을 쓴다? 혹시 래정점_{손님이 무슨 일로 점을 보러 왔는가를 보는 점}이었나? 신기였나?

제가 늘 말씀드리듯이, 역술이건 신점이건 첫 말씀, 즉 초사初辭가 매우 중요하며, 초사는 그 점술사의 능력을 판가름하는 중요 지표입니다. 대부분은 첫 말씀에서 가장 중대한 현안이 나오게 마련이고, 사주 간명이라면 가장 큰 사주적 특성을 짚어내야 합니다. 일부는 거의 래정점과 흡사한 형태로도 보일 수 있습니다. 신점이라면 신기가 식識을 순간 스캔한 것이겠고, 육임으로 치면 이 부분이

'선봉문先鋒文'인데, 말하자면 선제 공격이자 '선빵'입니다. 창광 선생님, 이번 통화에서 선빵 필승이십니다.

순수 명리 간명인가, 신기가 섞여 있는가?

늘 궁금했던 것이 창광 선생님이 과연 신점을 혼합해서 점을 보시는가, 이 문제였습니다. 다녀온 지인들이나 제 블로그 후기를 보면, 누구는 순수 명리 간명이라고 하고 누구는 신기도 섞여 있다고도 합니다. 블로그 댓글에서도 이 부분을 확인해달라시는 질문이 아주 많았습니다. 일단 신내림을 받은 것까지는 틀림없습니다.

우리 세대를 풍미하는 최고의 명리학자의 한 분으로 자리매김했다고 해서, 내림굿을 받았던 법사라는 사실을 애써 외면할 필요는 절대 없다고 생각합니다. 2006년에 발간한 『무당 풍경』과 2023년에

“ 압축적이고 명쾌한 것이 흡사
필연의 착점을 찾아 바둑돌을 탁탁
꼽아넣는 느낌의 간명 ”

—— 바닐라 젠

발간한 『점쟁이』라는 책에 창광 선생님이 애착을 가지시는 것이 느껴지는데, 법사로서의 DNA는 현재의 창광까지 오는 기나긴 여정을 시작하게 만든 화승火繩, 즉 도화선이 된 것임은 틀림없습니다. <제5전선>에서 도화선에 성냥불을 탁 붙이면 빛을 튕기며 타고 들어가는 장면이 생각나는군요. 그 절묘한 브금을 어찌 잊겠나요.

창광 선생님은 1992년 32세 때 내림굿을 거친 법사法師로, 3대째 충청도 앉은굿의 맥을 잇고 있습니다. 굿은 서서 하냐 앉아서 하냐 그 자세에 따라서 선굿인지 앉은굿인지를 구분하지요. 앉은굿은 앉아서 독경을 위주로 신령에게 양재기복禳災祈福 하는데, 주로 충청도 지방에서 우세했습니다. 양재기복에서 양禳이란 푸닥거리를 한다는 의미입니다. 충청도 무속의 특성으로, 내림굿을 받은 후 가무 위주의 무당이나 박수가 되는 것이 아니라 독경을 배워 법사로 되는 경향이 강하다는 점, 조선시대 판수의 전통을 잇는 시각 장애 법사는 거의 없다는 점, 강신 체험 없는 법사는 거의 없다는 점이 매우 독특합니다.

한국 무속의 역사를 정리한 민속학자 이능화에 따르면, 독경하는 법사의 기원은 고려시대까지 거슬러 올라갑니다.

『고려사』에 맹승이라고 불리는 점쟁이들이 있었는데, 이들은 삭발을 하고 독경도 하며 점복을 해주던 도교의 도류승道流僧이었습니다. 이 맹승 계열이 조선시대로 들어오면 독경하는 선사禪師와 점만 쳐주는 판수判數로 나뉘게 됩니다. 이상을 종합해 볼 때, 법사로서의 김성태 선생님의 좌표 설정이 되지요. 도교 계통의 맹승에서 조선시대 독경 선사로, 충청도 앉은 굿의 법사로 이어져 내려오는 흐름 속에 계신 것입니다.

우리 시대의 가장 출중한 명리학자의 한 분이기도 한 창광 선생님이 사주 간명하실 때, 선친으로부터 받은 이런 독경 법사의 DNA를 간직하신 것까지는 완벽히 이해됐는데, 문제는 현재 우리들의 사주를 간명해 주실 때 순간적인 신기神氣도 섞여들어 있는 것인지, 여러분들과 마찬가지로 점술 평론을 하는 저로서도 이 점이 너무나 궁금했습니다.

그런데 창광 선생님의 책 『점쟁이』와 『무당 풍경』에서 그 실마리를 찾았습니다. **'우리 집안에는 무당신만 접할 수 있지 점 보는 신이 없다'는 아버지 말씀을 듣고, 나는 책과 선생님을 모시고 점법을 공부했던 것이다.**

『점쟁이』 p.99

공수무당이 신이 내려 신의 소리를 내는 일를 내려주는 주장신과 몸주가 없다는 말씀이고 그래서 명리 공부로 방향 전환하셨다는 내용입니다. 창광 선생님의 아드님인 허유 김동현 선생님에게도 재차 확인했습니다.
"신기 1도 없어요."
그렇다면 제가 전화하자마자 날리신 저 '예리한 선빵'은 대체 뭐란 말인가….

창광류 관법에서 나오는 날렵한 착점着點

마치 지름길로 확 질러가는 느낌의 간명은 바로 창광 선생님 특유의 관법 체계에서 나왔습니다. 창광 선생님은 중국 고대사와 철학사를 정리하면서 월령사상에 주목했고, 그 월령月令을 재해석하여 팔품八稟 체계를 정립했습니다. 이로써 사주를 해석하는 새로운 기법의 길을 텄다고 봅니다.
실제로 간명을 받아보면, 압축적이고 명쾌한 것이 흡사 필연의 착점着點을 찾아 바둑돌을 탁탁 꼽아넣는 그런 느낌이 들더군요. 이게 바로 그 예리한 선빵의 실체였던 것이지요.

제가 처음 창광 선생님을 찾아갔던 것이 벌써 20년쯤 됐습니다. 그 당시의 점사가 잘 맞았던 것은 기억나지만, 세월이 많이 흐르면서 선생님의 간명 방식이나 분위기, 목소리 같은 것은 거의 잊어버려서 작년 하반기에 다시 간명을 받았습니다.

위에서 말했듯이 상황을 압축한 첫 질문이 놀랍기도 하지만, 간명을 이끌어가면서 상담자의 마음을 움직이게 하는 강한 무엇인가가 느껴집니다. "출간을 갑자기 하게 돼서 전화드렸습니다."라고 말씀드렸더니,
"아유, 얼른 하세요. 작가를."
그러시면서 제 사주에서 명심해야 할 것은,
"반드시 가르치는 것도 함께해서 세상에 기여하고 환원해야 한다."라고 하시는군요. 이미 하는 사업이 있다고 하니, 이제부터는 직업적 메인은 작가로 잡는데, 작가로서 크게 유명해진다고 장담할 수 있다고 하십니다.
여기서 더 덧붙이시는데, 그 내용이 제 속마음과 저 몰래 통화한 듯만 합니다.
"이론적인 글이 아니라, 사람들의 감성을 건드리는 작가가 맞다. 사람들로 하여금 분노, 다툼, 두려움으로부터 벗어나게 하고 진리에 다다를 수 있게 하는 글을 써라."
술사이신가요 선지식善知識이신가요.
세부적인 운도 언급하십니다. 내년엔 어디 다른 좋은 장소에 가서 정착하는 운세이니 이사나 매매가 좋고, '이빨 수리'를 하라고 하셨습니다. 신기한 건 전화 통화를 하면서 저는 전날 치실을 잘못 잡아당겨 치아 한 모퉁이가 깨져나간 자리를 혀로 더듬고 있었습니다.

훌륭한 법사는 '일청一淸 이고장二鼓杖 삼문서三文書'라 했습니다. 즉 첫째 맑은 음성, 둘째 북과 징에 능통, 셋째 경문에 정통을

말합니다. 창광 김성태 선생님은 간명에 있어서도 이 공식이 그대로 들어맞는 듯합니다. 첫째 맑은 성찰력, 둘째 내담자의 심금을 건드리는 북과 징 같이 울리는 통변, 셋째 깊은 학문적 이론이 그것입니다.

마지막 말씀에, 저는 "여태 겨울만 살다가 60년 만에 봄 왔다. 그동안 고생한 나에게 칭찬해야 한다."라고 하시는군요. 마음이 출렁 움직입니다.
암요. "묻고 더블로 가!"입니다.

이러한 세 가지를 사용하기 위해 지지의 역할을 알고, 친가으로 실천 계획을 구축하여야 한다.

바닐라 젠의 코멘트

명불허전입니다. 준비한 질문 사항을 아마 앞질러서 먼저 말씀하실 겁니다. 그리고 나면 물어볼 말이 없어져 버리니, 아주 세부적으로 질문을 쪼개서 여러 개를 준비하세요. 직접 가시기 힘든 분들은 전화 통화보다는 같은 간명비로 영상통화를 하시는 것을 권합니다.

- **명인**   창광 김성태
- **분야**   명리
- **위치**   서울시 강남구

- **상담**   방문, 전화 상담 가능
- **간명비** 30분 15만원 (방문 상담)
             30분 30만원 (전화 상담, 영상 통화)

004
점술 평론

송광松光 선생

○ 명인의 한마디
욕심이 잉태한즉 죄를 낳고, 죄가 장성한즉 사망을 낳느니라.

블로그 구독자님의 특별한 후기가 있어서 먼저 인용하고 들어가겠습니다.

바닐라 젠님 안녕하세요?
제가 드디어 시험관으로 쌍둥이를 임신했습니다. 쌍둥이 임신 가능성과 승진까지 같이 맞추신 분은 송광 선생님과 분당 현정 선생님이십니다. 송광 선생님은 작년 운은 덜 좋았는데 올해는 임신 수가 강하게 보이며, 쌍둥이 운이 있다고 하셨고, 승진도 가만히 있으면 좋은 일이 한꺼번에 생긴다고 하셨는데 임신과 승진이 같이 되었어요. 정말 단호하게 임신도 승진도 어렵다고 말씀하신 술사분들도 많으셨기에 제 사주가 꽤 어려운 것 같다는 생각도 들었습니다.
가장 힘들 때 바닐라 젠님을 통해 많은 위로를 받았던 것 같습니다.

인품이 깊고 차분하고 여유 있는 간명看命 사주 풀이을 하는 분입니다. 특히 나쁜 운도 완곡하게 풀어줍니다. "뭐는 특별히 조심해라." 하면 그 운은 나쁜 운을 의미한다고 보면 됩니다. 또한 덕담으로 들릴 수 있는 말들이 사실은 특정 나쁜 운세에 대한 방비 차원의 말씀입니다. 저도 어떤 사안에 대한 풀이를 두고 이건 누구에게나 적용할 수 있는 만능 덕담이라고 생각하고 대략 듣고는 아예 잊어버렸었는데, 나중에 보니 그게 대비했어야 하는 문제였던 거지요. 가령 이런 간명이 있었습니다.
"이때 5년간은 돌다리도 두들겨가라. 명석해도 순간순간 안 보일 수 있다."
"너무 확대 말고 생각보다 훨씬 줄여라." 일반적인 덕담 같지요? 실제로는 옴팡 뒤집어썼습니다.
제가 경계시境界時에 있어서 생시生時를 먼저 살피고 들어갔습니다. 생시를 확정 짓는 방식이 역술인들마다 다양합니다. 부 선망先亡 먼저 돌아가심인지 모 선망인지가 가장 많았고, 자녀의 성별 구성으로 보기도 하고, 빵을 좋아하는지 술을 좋아하는지도 있었으니, 나름의 도구가 각양각색입니다. 송광 선생님은 특별하게도 '배다른 형제가 있는지'로 어느 시時인지를 가름하시더군요.

저는 우뚝 선 아름드리 소나무로 인품 좋고 배움이 강하고 돈이 합심이 되는데,

특히 말년에 뿌리가 아주 강해서 큰 재물복이 온다고 하십니다. 2013년쯤에 회사와 직원 문제로 상담받았었는데, 경영에 관한 조언과 중요 직에 있던 사람들에 대한 평가가 나중에 보니 아주 잘 맞았더군요. 직원이 재수가 좋은 직원이어야 대표도 잘 된다고 하시던데, 지금도 그 말이 금과옥조입니다.

특히 이사급 한 사람에 대한 간명에서는 '오너를 만드는 기계와도 같은 사주'라서 제게는 도움이 될 것이나, 아내 때문에 힘들어하고 신경이 예민한 사람이라고 간명하셨습니다. 그러던 중 그 이사가 얼핏 지나는 말로 저에게 "걍 혼자 살고 싶다."라고 아내 문제를 이야기하더군요. 순간 간명이 생각나 깜짝 놀랐습니다.

" 돌다리도 두들겨가라.
명석해도 순간순간 안 보일 수 있다. "

바닐라 젠의 코멘트
신중하고 부드러운 가운데 정확한 간명이 특징으로, 특정 일의 성사 시기, 회사 운영(자금, 직원)을 잘 보십니다.
Vanilla Zen

- **명인**   송광 선생
- **분야**   명리와 작명
- **위치**   수원시 권선구

- **상담**   방문, 전화 상담 가능
- **간명비**   5만 원

005
점술 평론

역산譯山
유경준

여러분의 운명을 변호해 드리겠습니다!

역산 선생님은 2009년부터 약 10년간 간명을 받았던 분입니다. 지속적인 재간명은 곧 적중도를 말하겠지요. 당시에 부산에서 이미 많이 알려진 역술인으로, 잘 보는 분들 찌라시가 돌면 자주 리스트에 올라가던 분이었습니다. 그때는 부산 양정에 계셨는데, 저는 늘 전화로 간명을 받았습니다. 은근히 단골이 많은 분입니다.

이 분 간명에서 가장 인상적이었고, 제 결정에 중대한 영향을 준 점사를 우선 한 가지 들어보겠습니다. 완전히 말도 안 되게 저를 괴롭히던 사람이 있었습니다. 만약 제가 법적인 처리를 결심하면 그 사람은 확실한 중죄를 받을 정도의 일이었습니다. 송사訟事를 시작할까 말까 하다가 그 사람의 사주를 알고 있었기에, 역산 유경준 선생님께 전화를 걸었습니다. 뭐라 하셨을까요?
"그 사람은 이 일이 아니라도 어차피 비참하게 무너진다. 굳이 내 손에 피를 묻힐 필요가 있겠는가?"
'내 손의 피'라는 말이 무척이나 리얼하게 다가왔습니다. 저는 사실 중대 결정에서는 점사에 크게 좌우되는 편이 아닙니다만, 이 현타성 점사가 유독 확 땡기더군요. 아무 조치 없이 그대로 기다렸고, 2년 뒤 그 사람은 다른 일로 모든 걸 잃었습니다. 그때 이 점사는 그야말로 '짬에서 나오는 바이브'였다고 봅니다. 이 분 역술 경력은

40년입니다. 1954년생이시니, 올해
71세이십니다.

역술 공부는 20대에 시작하셨고, 당시
부산의 노장 역술인이셨던 손병수 선생님
등의 지도로 명리에 첫발을 디뎠습니다.
공부에 너무 몰두하다 보니, 가끔 헛것이
보이기도 했고, 공부하다 도저히 풀리지
않은 문제는 꿈에서 스승이었던 손병수
선생님이나 하얀 수염의 도사가 기가
막히게 시원한 답을 가르쳐주더랍니다.
머리맡에 메모 준비를 하고 자는 습관이
생긴 것이 그때부터라고 하시는군요.
그럼에도 불구하고 공부가 미흡하게만
느껴졌고, 적천수, 명리정종, 난강망
등을 읽어봐도 중구난방에 적중률이
저조했습니다. 그러던 중 박도사 제산
박재현 선생의 이론을 만났습니다. 이
이론이 현재 역산 선생님 관법의 중심
체계를 이루고 있습니다.
25년 전부터는 명학命學을 보충하여
겸간兼看 다른 학문으로 보충하여 사주를 풀이함하기
위해, 아산亞山 주역을 익히고 이승철

> **"** 굳이 내 손에 피를
> 묻힐 필요가 있겠는가? **"**

선생님으로부터 육효를 배웠다고 하십니다.

통변通辯 사주를 이해할 수 있도록 풀이해 주는 것이
거침없고 어떤 질문이 들어가도 막힘이
없습니다. 맨 처음 간명 받았던 노트를
펼쳐봤습니다. 저는 철학적 자질이 있고
공부 인연이 크며, 보통내기가 아니고 일을
시작하면 남들 1년 할 것을 한 달에 한다고
하셨습니다. 선비이지만 사업적 기질이
있어서, 나이 들수록 사업성이 생기지만,
역시 가장 좋은 것은 문인文人, 선비라고
하십니다. 교수 직후에 사업하다가 다시
글을 쓰게 된 지금 와서 보니, 어찌 그리
궤적이 딱 적중했나 싶군요.

 바닐라 젠의 코멘트
Vanilla Zen **40년의 오랜 경력답게 예리한 예측이 있습니다. 특히 사주에서 강하게 드러나는**
특성과 전체적 운의 흐름, 조직 내부의 소시오그램, 인간관계 판도를 잘 보십니다.

- **명인**   역산 유경준
- **분야**   명리와 육효
- **위치**   부산광역시 중앙대로

- **상담**   방문, 전화 상담 가능
- **간명비**   5만 원

006
점술 평론

여산與山 장성대

💬 명인의 한마디
**현재를 정확히 알아야 나의 미래가
변한다!**

부산에서 여산역리학회與山易理學會를
이끌고 계신 여산 장성대 선생님으로, '장
회장'이라고 불리기도 합니다. 부산에서
손꼽히는 분입니다. 젠틀하고 편안하며,
군더더기 없이 깔끔하게 통변합니다.
파악하고자 하는 어떤 인물의 특징적
분석에 매우 예리하고, 특히 '사업 궁합'에
일가견이 있는 분입니다. 큰 회사에서 인사
자문을 하신 경력이 있으셔서, 직장 관계,
특정 인물을 채용, 발탁할 때 입체적인
유용한 점사를 들을 수 있습니다.

저는 재물에 백호가 있어서 틀림없이
돈을 벌며, 벌 때 한꺼번에 폭발적으로
번다고 합니다. 하긴 지금까지도 월급
이외의 수입은 항상 들어올 때 큰 뭉치로
한꺼번에 들어왔습니다. 공부를 기반으로
가르치거나 쓰거나, 그걸 응용해서 사업으로

연결된다고 하는데, 큰 윤곽 파악이 출중하다고 생각됩니다.

2014년도에 제가 운영하는 회사에서 중요 직책으로 승진시켜야 할 사람이 한 분 있었습니다. 매우 중요한 자리라서 마음 한 부분이 멈칫거리고 있을 당시에 여산 선생님께 간명을 받았습니다. 그 사람의 생시는 알 수가 없었던 상황인데, 생시가 없는 것을 조금 아쉬워하시면서, 나이가 들수록 시時가 필요하다고 하시는군요. 승진 대상이었던 그 사람은 표리부동하지 않고 책임감과 명예심이 많고 관官을 잘 이용하는 사람이라서, 결론은 "상당히 괜찮다, 너저분하지 않다, 실권을 어느 정도 주면 큰 몫을 한다."라고 결론을 지으셨습니다. 그런데 거기에 비장의 팁 하나, "다만, 좋게 말하면 앗쌀하지만, 너무 커지면 나를 위축시킬 수 있는 사람이니 제한적으로 활용하라."라고 하셨습니다. 이게 킬포였지요. 승진한 그 사람, 적절한 틀

안에서 다이내믹하게 일 잘하고 있습니다. 또 한 가지 사례를 들자면, 제 지인의 남편이 바람을 피우고 있는 상대 여자에 대해, '만년 강사', '양다리 가능성'을 짚어주셨는데, 나중에 보니 정말 현직 강사이고 양다리를 걸치고 있더라고, 본 듯이 말씀한 그 간명 그대로여서 경악을 금치 못했다고 합니다.

> " 인물의 특징적 분석에
> 매우 예리하고, 특히
> 사업궁합에 일가견 "
> ⎯⎯ 바닐라 젠

바닐라 젠의 코멘트
Vanilla Zen

사업 궁합에 일가견이 있어서 조직이나 직장 내 구성원들과의 궁합, 상대방의 성향, 특성, 적절한 부서 파악에 특출하십니다.

- **명인** 여산 장성대
- **분야** 명리
- **위치** 부산광역시 부산진구

- **상담** 방문, 전화 상담 가능
- **간명비** 7만 원

007
점술 평론

소천小泉
김성호

💬 명인의 한마디

세상의 고난은 인생을 풍요롭게 한다.

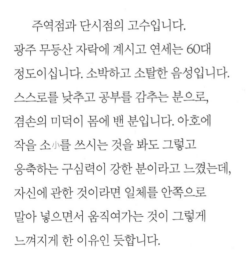

주역점과 단시점의 고수입니다. 광주 무등산 자락에 계시고 연세는 60대 정도이십니다. 소박하고 소탈한 음성입니다. 스스로를 낮추고 공부를 감추는 분으로, 겸손의 미덕이 몸에 밴 분입니다. 아호에 작을 소小를 쓰시는 것을 봐도 그렇고 응축하는 구심력이 강한 분이라고 느꼈는데, 자신에 관한 것이라면 일체를 안쪽으로 말아 넣으면서 움직여가는 것이 그렇게 느껴지게 한 이유인 듯합니다.

20대 초반에 뜻하는 바가 있어서 출가할 마음을 먹고 범어사와 송광사에 찾아갔는데, 그 당시 몸이 허약해 보인다고 공양만 한 끼 주고 돌려보냈다고 합니다. 그 길로 불경만 몇 권 챙겨서 산으로 들어갔고 어머니가 가끔 가져다주시는 곡식으로 끼니를

해결하면서 수행 정진하셨습니다. 산에서 5년 수행하다가 내려와서 주역, 명리, 기문 등을 두루 섭렵하셨습니다.

저는 2008년도부터 자주 문점問占을 했었습니다. 중요한 변곡점마다 운세의 길흉과 향방, 특정 사안에서 어떤 행동을 취할지를 물었는데, 지금 돌아보니 대부분 적중했습니다. 나중에 알고 보니 명리로만 보시는 것이 아니고 주역점에서 도가 트인 분이셨습니다.

주역점을 잘 보시는 분들은 만나기 쉽지 않습니다. 소천 김성호 선생님은 43년 전에 주역점을 배웠고 지금도 수십 권의 주역 주해서를 늘 곁에 두고 탐독하신다고 합니다. 괘를 뽑는 방법은 수십 가지가 있는데, 그 가운데 특히 선호하시는

방법으로 직접 숫자를 적으시기도 하고, 시계의 시침으로도 보신다고 합니다.

바닐라 젠 블로그의 신수점 리스트에 김성호 선생님을 올리면서 아호가 혹시 있으신지를 여쭤보려고 2년 전쯤 전화를 한번 드린 적이 있었습니다. 그때 소천小泉이라는 아호를 처음 알려주셨는데, 제 전화를 받으신 시간으로 괘를 뽑아보셨던 모양입니다. 그날이 기미일이었다고 하시며 뽑은 괘를 해석해보니, "역술인들이 제 블로그 글을 친구 같은 느낌으로 재미있게 여긴다. 하지만 명리 공부 자체에는 발을 들이지는 말고 내게는 인문학이 태양이고 가장 맞고 가장 필요하니 앞으로 인문학적인 성찰의 책을 쓰는 것이 좋다."고 나왔다고 하십니다. 공부하는 사주라는 말은 제법 자주 들었지만, '인문학'이라는 구체적 단어가 나온 것은 이 점사가 유일합니다.

많은 사람의 간명을 해주신 경험에서 볼 때, 사주가 인생을 얼마나 좌우하던 가에 대해서 여쭤보자, 보통 사람은 거의 다 주어지는 대로 갈 뿐이고, 운을 개선하려면 마음을 닦아야 한다고 말씀하십니다. 또한 점을 봐줄 때 서로 인연이 맞으면 쉽게 잘 맞추고, 인연이 안 맞으면 아무리 열심히 봐도 안 맞더라고 하십니다. 이 말씀은 반대 입장에서 점을 보는 우리도 어느 역술인에게서나 느끼는 부분이지요. 누구는 무릎팍 도사, 부채 도사 찾았다고 난리가 났던데, 정작 내가 보면 유체이탈 간명이 나오기도 하는 경우가 부지기수이거든요.

역술계는 칼날 같은 분야이며 역술 실력으로 치면 "내가 제일 하자下者다."라고 하시지만, 복구자 비필고伏久者 飛必高라 했습니다. 즉 오래 엎드렸던 사람은 필시 높게 난다고 하더니, 김성호 선생님의 점은 필중必中이 많습니다.

바닐라 젠의 코멘트

Vanilla Zen

구독자님들 후기에 따르면 적중도가 매우 높습니다. 단시점 점단占斷이 주 분야이시니 질문을 세부적으로 잘 준비하시는 것이 좋습니다.

- **명인** 소천 김성호
- **분야** 주역점이 주 분야이시고 명리로도 함께 겸간
- **위치** 광주광역시 의재로
- **상담** 전화 상담만 가능
- **간명비** 5만 원

008
점술 평론

유초酉招
유경진

우리나라 전설의 3대 역술인의 한
분이신 도계陶溪 박재완 선생의 제자입니다.
정확히는 도계 박재완 – 노석老石 유충엽 –
유초 유경진 이렇게 내려옵니다. 유경진
선생님에게서 직접 들은 도계 박재완
선생님의 스토리가 세상에 많이 알려지지
않은 귀한 자료라서 여기에 옮겨봅니다.

도계 박재완1903~1992 선생은 18세까지
사서삼경을 다 마치고, 19세에 중국 유학을
떠났습니다. 왕보王甫 선생 밑에서 궂은일을
해가며 4년 동안 명리, 태을수, 황극수를
배우고 22세에 귀국하신 뒤, 금강산으로
들어갔습니다. 금강산 돈도암에 거처를
정하고, 강원도 골골마다 다니면서 돗자리를
펴고 사주를 보며 실전을 익혔습니다.
그 기간이 무려 25년간이었다고 합니다.
실전과 임상으로 익힌 공부가 용신론의
대가인 도계 박재완 선생님 이론의 큰
기틀을 형성한 것이지요.

유초 유경진 선생님은 도계 박재완
선생님의 이런 공부 방식을 그대로
이어받았습니다. 사법고시에서 좌절한
뒤 명리 공부를 시작했는데, 고전 명리
이론으로 실제 사주를 보면 잘 맞지를
않아서, 그런 책으로 가르치는 사람들은
명리학 선생이 아니고 한문 선생이라고
생각하고 실제 검증에 나섰다고 합니다.
서울과 성남시의 다섯 개 시·구에서

역으로 사주를 유추해 가는 작업을 통한 생시 보정이 강점

 —— 바닐라 젠

점포마다 사무실마다 돌아다니면서 사주를 봐주고 다녔다고 하십니다. 5천 원씩을 간명비로 받으면서 약 7만여 명에게 "사주 보세요."를 한 결과, 총 7천 명의 사주를 봐줬습니다. 이 실증적 분석을 모두 『사주 용신 정법론』 등의 저서에 갈아 넣었습니다. "지금은 그 짓 못 할 거 같아요. 나도 자존심이 강한데, 솔직히 사람 만나서 '사주 보세요'라고 하자면 얼굴이 막 화끈거리더라고요. 빌딩 꼭대기 사무실 문을 열고 '사주 보세요'라고 하니 일제히 쳐다보면서 전체가 와하하 하고 웃더라고… 하지만 그렇게 했기 때문에 확실한 내 것이 됐고 확신을 가지고 책을 썼지요."

1953년생이시니, 올해 72세이십니다. 저는 경기도 연해명원에 계실 때인

2009년도에 처음 상담했는데, 지금은 서울로 옮기셨고 상호도 역림관易林關으로 변경되었습니다. 명리학 연구로 박사학위를 받으셨습니다.

저는 천문天文이 들어있어서 심리, 종교, 명리 쪽으로 공부하면 대가가 될 것이고, 남들이 퇴직하는 시기에 제대로 일을 시작하여 99세까지 정년퇴직이 없이 하는 일을 할 것이라고 하시는군요. 생시가 길신이라서 말년이 좋고 재물복이 있다고 합니다. 돈이 들어올 때 목돈이 한꺼번에 들어오는 특징이 있다네요.

특히 유경진 선생님의 강점은 생시 보정입니다. 저는 경계시에 태어나서 늘 앞뒤로 왔다 갔다 하다가 생시를 확실히 정리했고, 보정된 생시로 보는 사주가 확실히 더 정확하더군요. 생시 보정은 있었던 사실들을 통해서 역으로 사주를 유추해가는 작업이므로, 실력이 충분해야 하는 것은 물론이지만 사실 시간도 오래 걸리고 귀찮은 작업이라서 보통 역술인들은 세세하게는 잘 안 봐주려는 경향이 있습니다.

바닐라 젠의 코멘트

Vanilla Zen
치열한 임상에서 누적된 실력대로 사주의 특성과 흐름을 정확히 보십니다. 생시 보정에 능하십니다.

• **명인**	유초 유경진	• **상담**	방문, 전화 상담 가능
• **분야**	명리	• **간명비**	5만 원
• **위치**	서울 서초구		

009
점술 평론

상천常聞
김영수

공부가 깊다고 단순히 표현하기보다는,
사주의 깊은 바닥까지 자유자재로
주무른다는 느낌을 받았습니다.
1960년생으로 올해 65세로, 고정 팬층을
거느린 고수입니다. 법학 전공으로
사법고시를 준비하던 대학 시절부터 명리
공부를 시작해서 행정심판 업무를 보던
직장 시기 20년 내내 공부를 계속하다가,
상천常聞이라는 술명으로 역술인으로의
길을 시작했습니다. "천라지망과 천문과
활인성에 걸려 술업術業을 시작하게
됐다."라고 스스로의 사주를 분석하시네요.

상천 선생님 표현으로는 "영靈이 왔다
갔다 한다."라고 하십니다. 아침에 일어나면,
그 신명께 '내가 잘하고 있는가?'를 매일
묻고 하루를 시작한다고 하시는군요. 제가
그 신명이 누구신지를 끈질기게 여쭤보니,
강의할 때도 방언처럼 말이 나오는
경우도 있다고 하시면서 굳이 말하자면
글문도사 같은 분이 수호령처럼 있는 것이

아니겠느냐고 하십니다.

그렇다고 간명에서 신기神氣로 보시는 것은 전혀 아닙니다. 간명할 때 신명의 개입이나 간섭은 일절 없이 철저히 글자만으로 해석하십니다. 통변을 듣다 보면 섬뜩하게 정곡을 찌르거나 허를 찔리는 경우가 있어서 그게 신기의 스파크가 아닌가 하는 사람들도 많은데, "순간순간 던지는 것도 다 학문 속에 있다."라고 하십니다. 여덟 글자를 받아들면, 그림같이 '사주 풍경'이 척척 만들어진다고 표현하시네요.

저는 2019년도에 처음 간명을 받았습니다. 사주를 드리자, 제가 사주 용어를 아는지부터 확인하고 통변을 시작하십니다. 통변에 명리 용어를 많이 사용하는 편이라서 명리를 조금 공부하신 분들이면 이해가 더욱 빠르실 듯합니다. 일반적으로 역술인에게 전화 상담을 할 때 보통은 미리 사주를 보내놓는데, 상천 선생님은 미리 보내지 않습니다. 통화되면 사주 드리고 잠시 팔자八字 스캔, 그리고는 바로 통변이 물 흐르듯 나옵니다. '물 흐르듯'이라는 표현을 왜 쓰는지, 혹시라도 통변을 들어보시면 제 말에 수긍하실 듯합니다. 여름날 시골 마당에 있는 수도꼭지를 활짝 틀어놓았을 때, 은빛 꼭지에서 콸콸, 그런 느낌입니다. 제 사주는 천간에 재도 뜨고 지지에서 앉은 자리가 돈으로, 귀한 것은 다 가지고

있다고 하십니다. 갑진의 백호 가운데에 부동산 부자로 사는 사람이 많고, 돈은 계속 들어올 사주인데 '공부해서 그걸 가지고 나가서 떠들어서 돈을 많이 모으는 구조'라고 하시니, 제가 향후엔 틀림없이 강연을 다니려나 봅니다. 상관패인傷官佩印이 조화롭게 되어 있어서 학문에 대한 열정이 대단하고 그것을 글로 잘 표현할 것이라고도 하십니다.

한 가지 흥미로웠던 해석으로, 저는 귀문에 백호가 가미되어 있다고 하시면서 곁들인 다음과 같은 말씀입니다. 역술 공부를 하면서 헤밍웨이, 톨스토이, 괴테, 아인슈타인, 히틀러, 연산군 등의 사주를

" 사주에는 각자의
삶에 대한 고유한
가치가 있습니다. **"**

모두 철저히 훑었는데, 이 역사적 인물들이
모두 귀문에 백호가 가미되어 있더라는 것,
귀문에 백호이면 '천재적 사고를 가졌거나
아니면 또라이 둘 중 하나'라는 겁니다.

상천 선생님 간명의 최대 강점은 흉운을
피해 가는 물상대체입니다. 물상대체를
주축으로 하는 현재의 독특한 관법에 가장
영향을 많이 끼친 책으로는 해주海舟 이학성
선생님이 쓰신 『물상활용비법』을 베스트로
꼽으십니다. 악운을 때우는 방법을 모색하며
나름의 이치를 완성해 가는 길목에서 이
책을 통해 길을 트신 것 같았습니다.
물상은 사주의 특정 글자가 가진 현 상황,
기질, 기운을 말하고, 물상대체란 만약

그 기운이 흉하다면 그것을 때울 수 있는
특정 행위로 대체하는 것을 말합니다. 상천
선생님에게서 들은 두 가지 경우가 정말
흥미로워 간결히 정리해봅니다.
'인유원진'이라는 원진이 있습니다. 이
원진에서는 호랑이寅와 닭酉이 같이 있지
못하는 형상인데, "호랑이가 사냥을
가려 해도 닭이 지랄을 하면 미쳐버리는
거거든." 하시면서, 정신이 돌아버리고
벗어나질 못하는데, 이 원진을 마약 하는
사람들이 많이 가지고 있다고 합니다. 이때
물상대체로 가장 좋은 것은 초기 불교
경전 독송이나 명상이라고 합니다. 만약
이 원진을 가진 사람이 약사라서 마약을
취급한다면, 그것으로 그 운을 때우며
이처럼 직업을 통한 때우기를 업상대체라고
합니다.
또한 '진해원진'이 있는데, 운무가 뿌옇게
끼고 태양 빛도 가리는 형상이라서 이
운에서는 뭘 해도 구렁텅이에 빠집니다.
특히 끔찍한 것은 혈관에 진흙이 끼는 것
같은 질병이 오기도 하는 무서운 원진인데,
이럴 때는 '감금 물상'으로 대체하는 것이
최고랍니다. 스스로를 감금하는 것으로,
권하는 방법은 템플 스테이로 절에 가서
2박 3일, 조상 천도, 기도 등이라고 합니다.
이 원진의 물상대체를 검증할 기회가
있었는데, 대순진리회에 가서 많은 분의
사주를 봐주셨다고 합니다. 진해원진이
많이 보였는데도 실제로는 멀쩡히 잘들

지내고 있더랍니다. 종교에 종사하면서 항상 제사 지내는 일을 함으로써 이 원진을 피해 갔다는 귀중한 임상을 얻어낼 수 있었다고 하시는군요.

거의 죽을 운의 사람에게 물상대체를 알려줘서 살아난 일도 있었다고 합니다. 뇌졸중이 온 사람에게 머리맡에 子자를 써서 넣어두라고 했는데, 기적같이 무사히 일어났다고 하네요. 부적을 언뜻 생각하실 수도 있으나 부적과 전혀 다른 문제입니다. 법적인 물상, 비행기의 물상, 냉장고의 물상 등 기기묘묘한 물상대체가 나오던데, 기초 명리에서 길한 옷 색깔, 좋은 방향, 좋은 숫자 정도나 자주 보던 저에게 상천 선생님의 물상대체는 신세계였습니다. 보통 80% 정도 흉운이 이미 진행된 상태에서 점을 보러오던데, 이미 벌어진 것은 돌이키기가 어렵다고 하십니다. 물상대체는 "팔자를 완전히 가지고 놀지

못하면 하지 못한다. 함부로 잘못 쓰면 큰일 날 수도 있다."라고 하시는군요,

격하게 찔러대는 상담 스타일이 아니고 화법이 유해서, 얼핏 들으면 긍정적인 점사 위주로 상담하는 것 같이 느껴집니다만, 나중에 녹음한 것이나 받아쓴 것을 다시 보면 사이사이에 흉운 지적이 다 들어있습니다. 상천 선생님의 간명은 칼로 무 자르듯이 단정적이지 않은 특징이 있습니다. 사주는 각자의 삶에 대해 고유한 가치가 있는 것이므로 인간 자체를 미워하지 말 것이며, 또한 내 사주가 나쁘다고 원망 말고 자신의 인생을 어떻게 사랑할지를 찾아가는 것이 좋겠다고 하시는군요. 천생 역술인으로서 얼마나 이 명리 공부를 사랑하시는지를 느낀 한마디 말씀이 생생합니다. "글자 하나가 얼마나 살아서 움직이는지 몰라요."

바닐라 젠의 코멘트
독자적 관법의 물상대체법이 특출하며 궁합도 잘 보십니다. 통변 속도가 빠르고 명리 용어를 많이 쓰며 간명 내용을 깊이 새겨가면서 들어야 하므로, 노트나 녹음이 필수일 듯합니다.

Vanilla Zen

● **명인** 상천 김영수		● **상담** 방문, 전화 상담 가능	
● **분야** 명리		● **간명비** 5만 원	
● **위치** 강원도 원주시			

010
점술 평론

금중錦重
김상철

◎ 명인의 한마디
**인생이란 시간 여행 속에서 자신의
행복을 찾아가는 것**

얼음에 박 밀듯 쏟아져나오는 통변을
들으면서, 도올 김용옥 선생의 강의를
생각했습니다. 두 시간 째 지치지도 않는
하이톤의 음성, 필 받으면 휘영청 올라가
붙는 말꼬리, 영판 칠판 앞에 선 도올
선생이라서 속으로 웃었습니다.
경남 진해 출신으로 60대 후반쯤의
연세이십니다. 역술 경력은 40년이
넘으셨고 역술의 메카라는 부산에서
손꼽히는 역술인입니다. 명리로도 물론 잘
보시지만, 알려지지 않은 사실이 있는데
금중 선생님의 주 분야는 상학相學, 즉
관상입니다.

관상을 하도 잘 봐서 젊었을 때는
귀신 들렸다는 소리도 많이 들었고, 백포
송명관 선생님도 금중 선생님에게 "공맹아,
공맹아제갈공명"하고 부르시곤 하셨답니다.
2020년에 작고하신 백포 송명관 선생님은
관상과 명리의 대가이셨는데, 약주가 반쯤
채이면 더 잘 보셨다는 얘기도 있지요.
금중 선생님이 한때 관상 보는 것을 잠시
접었던 적이 있었습니다. 총각 도사라고
불리던 젊은 시절에 사람들 관상을
보고 "당신 죽겠다."고 그만 생각 없이
말을 했는데, 실제로 여덟 명이 세상을
떠났습니다. 거기에 엄청난 충격을 받고

'이건 묻어야겠다'고 마음먹었던 시절이
있었다고 하시는군요.

하지만 관상으로 사람을 살린 감동적인
경험도 있으시네요.
현재 계시는 영도로 이사하신 후의
일입니다. 집 앞길에서 교통혼잡으로 차
안에서 마냥 기다리던 한 대구 사람이
철학관 간판을 보고 마당에 주차하고
들어왔습니다.
"들어오는데 딱 보니, 사색死色인기라. '당신
여기 죽을라고 왔네. 태종대 자살바위
왔나!!' 내가 말했다 아이가."
이 말에 깜짝 놀란 그 남자가 완전 기절
직전이더랍니다. 물 한 잔을 주면서
사주를 대보라고 했습니다. 사연인즉슨,
중국에 투자해서 공장을 세웠는데 부도가
나서 이제 압류가 들어오고 하루아침에
풍비박산이 났다고 합니다. 금중 선생님이
특유의 카랑카랑한 목소리로 이렇게
말했다네요.
"이거 한 번만 믿어봐라. 니 산다. 니 기색이
올라오고 있는 중이다. 사주 명조를 봐도 딱
2년이면 복구 다 한다. 가라, 가서 채권자를
다 불러 모아놓고 눈물 흘리면서 일장
연설을 해라."
그러고는 연락이 끊겼고 선생님도 이 일을
잊었습니다. 그런데 3년 만에 그 대구
사람이 다시 찾아왔습니다.
"선생님, 고맙습니다." 하며 큰절을

올리고는, 이렇게 이렇게 해서 다 복구했다
하면서 한없이 흐느껴 울더랍니다. 금중
선생님도 함께 따라 우셨다고 하는군요.

금중 선생님의 부친께서 주역을 하시던
분이었고, 아버님의 소장 책으로 많은
명리, 복서, 관상 공부를 두루 섭렵할 수
있었던 것 같습니다. 이미 방위 근무할 때
사단장도 사주를 보러오고 중령도 보러오고
했다는군요.
처음에는 혜림慧霖으로 아호를 쓰다가
금중錦重으로 쓰신 지는 33년 되셨다고
하십니다. 그 시절엔 제자들을 데리고
경신 기도를 잘 다니셨습니다. 경신 기도는
육경신六庚申 기도라고도 하는 도가道家의
기도이지요. 주로 태을경 주문으로 기도를
했는데, 마이산에 가서 경신 기도를 하던

날, 어느 스님이 올라와서는 오늘부터는 '금중錦重'이라는 호를 쓰라면서, 꿈에서 받은 대로 전해준다고 했답니다. 신기한 일이지요.

명리 가운데 관법은 육친론 위주로 하십니다. 항상 강조하시는 것이 달필, 달변, 달통이라고 할만큼, 통변을 중시하시는데, 실제로 지치지 않는 강건한 통변이 금중 선생님의 트레이드 마크입니다. 금중 선생님의 첫 자동차가 어느 수산회사 대표가 이 통변에 반해 감사하다며 선물했던 것이라고 하며, 얼마 전에도 안철수만큼이나 유명한 어느 분이 찾아왔다가 4시간 통변하시는 것을 듣고 감탄의 감탄을 하고 갔다고 하는군요. 저는 처음에는 2010년에 친구의 이혼 문제로 둘이서 직접 찾아갔었습니다. 그때는 관상을 보시는 줄은 몰랐는데, 사주 전체 틀과 흐름에 대한 적중률이 높고

날카로웠습니다. 친구의 부부 문제를 정확히 짚어냈고, 마구 치달으면 이 궁합으로는 이혼할 수밖에 없다고 했는데, 결국 3년 뒤에 이혼했습니다. 제 간명을 10여 년 장기적으로 지켜본 결과 운세의 주요 흐름을 읽는 안목이 빼어납니다. 전직 프로 골퍼이고 사업 준비 중이시던 한 구독자분이 부산에 출장 가시면서 금정 선생님께 직접 간명을 받아보고 후기를 보내셨는데, '그냥 정말 고수 중의 고수'라고 표현하시네요.

천생 강단 있는 선비이십니다. "성철스님이 이 세상 와서 거짓말 많이 하고 간다고 하셨지만, 나도 참 그렇다."라고 하시지만, 부산 역술계 노장 세대의 마지막 주자로서, '앰프가 없이도 절 전체를 쩡쩡 울리는' 그 힘 있는 통변을 오래오래 들려주셨으면 좋겠습니다.

바닐라 젠의 코멘트
전체 사주의 틀 파악과 운세 흐름 파악에 좋습니다. 사업운, 부부운 잘 보시고, 관상도 잘 보십니다. 매우 힘 있는 통변이 쉴새 없이 이어지므로, 적절한 타이밍에 들어가서 질문하는 스킬이 필요합니다.

Vanilla Zen

- **명인** 금중 김상중
- **분야** 명리와 관상
- **위치** 부산광역시 영도

- **상담** 방문, 전화 상담 가능
- **간명비** 전화 상담 10만 원, 방문 상담 30~50만 원. 방문 상담은 관상과 사주 전체를 보면서 최소 2시간 소요

011
점술 평론

이도 異道
전동환

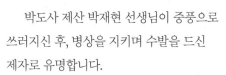

◎ 명인의 한마디
대개 사람은 자기 그릇과 재능을 알면 삶을 좀 더 효율적으로 살 수 있다.

박도사 제산 박재현 선생님이 중풍으로 쓰러지신 후, 병상을 지키며 수발을 드신 제자로 유명합니다.
'삼봉三峰'이라는 아호가 대중적으로 더 알려져 있기는 합니다만, 선생님께서는 '이도異道'라는 아호를 더 좋아하시는 듯합니다. '항상 가는 길만이 길이 아니고, 다른 길도 길이다'라는 의미를 담았다고 하시던데, 멋집니다.

1985년에 역술업을 시작했고, 5공의 '쓰리 허許'의 사주 간명을 해준 것이 기가 막히게 맞아서 그때부터 가파르게 입소문이 나고 인기가 상승했습니다. 게다가 복채로 목동 아파트 한 채를 받았고, 한 노인으로부터 지리산 땅도 받았다는

역술인들 사이에서 부러운 전설로 내려오는 이야기가 있는 분입니다.
이전에는 이대 앞에서 보시다가 지금은 서초동에서 '서초동 쌤'으로 불리며 활동하시며, 컬투도 전동환 선생님께 자주 본다고 합니다. 2016년 MBC <다큐스페셜: 팔자를 찾아서>가 방영됐을 때, 사례로 가져 나온 분들의 사주와 쌍둥이 사주를 정확히 설명해서 화제가 되기도 했습니다. 특히나 복권 당첨액이 총 600억으로 당첨자가 가장 많이 나왔다는 명당 복권방을 운영하는 사람의 사주를 보여주니, '남을 잘되게 해주는 사주'라고 단번에 사주의 특성을 풀이하시더군요.

대가답게 사주 읽는 것이 안정적이고

묵직합니다. 음성 또한 묵직하니 마치 항아리 굴러가는 소리 같았던 기억이 납니다. 그렇다고 절대 거만하거나 일방적이지 않고, 유하고 수수하고 친절하십니다. 지금에 와서 기록을 보니, 제가 살아온 지난 20여 년의 사주의 기본 틀을 정확히 파악하셨습니다. 저는 문인文人과 사업가가 동시에 나오는 사주라고 하시며, 대학교수를 그만둔 무렵을 짚어내셨고, 노년부터 사업과 교육, 저술, 강연 등으로 큰 재운이 든다고 하셨습니다. 간명 받으러 갔을 무렵에는 교육이나 책 저술에서 완전히 손 떼고 있을 당시라서 '엉, 뭐지?' 했던 것이 사실입니다만, 지금 이렇게 책을 쓰고 있군요.

이도 전동환 선생님이 특히 궁합을 잘 보신다고 해서, 아주 한참 전에 제 대학 후배가 궁합을 보러 간 적이 있었습니다. 후배는 연애하고 있는 남자에게 한창 빠져있던 시기였는데, 이도 선생님이 궁합을 보더니 둘이 많이 안 맞아서 헤어질 가능성이 크다고 하셨다고 합니다. 하지만

누구라도 일단 허옇게 콩까풀이 씌면 아무도 못 말리는 것이어서, 결국 결혼을 하기는 했습니다. 교수였던 남편은 아내를 훈육하듯 늘 무섭게 혼냈고 심지어는 손을 들고 벽 앞에서 벌을 서게 했다는 소문도 돌더니만, 오래 못 가고 이혼했습니다. 역시 궁합 분야에서 입소문이 나다 보니, 최근 들어서는 방송에서 연예인들 부부의 궁합을 봐주시기도 하더군요. 제 오랜 경험상, 역술에서 가장 힘든 분야가 궁합이라고 생각합니다. 궁합만 믿고 결혼했다가 낭패 본 사람들이 제 주변에도 한둘이 아닙니다.

내 톱니바퀴 한 개만의 위치와 특성 파악도 힘든데, 톱니바퀴 두 개가 맞물려 돌아가는 메커니즘을 본다는 것이 어디 그리 쉽겠나요. 궁합은 공부 많고 경험 많고 임상 많아 인사이트가 있는 노장께 보는 것이 가장 낫다고 생각하는 이유입니다.

> **" 궁합의 대가로, 많은 "**
> **공부와 임상으로**
> **형성된 인사이트**
> ❀── 바닐라 젠

바닐라 젠의 코멘트
궁합에 특출하시고
Vanilla Zen **사업운, 재물운, 사주 고유의 특성 파악에 능하십니다.**

- **명인** 이도 전동환
- **분야** 명리
- **위치** 서울시 서초구

- **상담** 방문 상담만 가능
- **간명비** 10만 원

012
점술 평론

천인지 天人地
김병우

창광 김성태 선생의 제자입니다. 한참
전 제 간명 노트를 보니, 별표 해놓고
'잘 봄'이라고 써있네요. 1968년생으로
올해 57세이시고 역술 경력은 30여
년째이십니다.

명쾌한 해석에 적중률이 높습니다. 정제된
통변을 들으면 고수구나 하는 느낌이 금세
옵니다.

유쾌하고 신중한 말투, 겸손한 미소,
온화한 인품이 돋보입니다. 관상만으로는
의사 선생님의 느낌이 납니다. 원관은
구류술사九流術士끼리라서 통하는건가요.

20대 초반부터 기본적으로 사서삼경을
기본으로, 특히 『역경』을 기본 근간으로
공부를 시작하셨습니다. 명리 서적으로는
대학교 시절에 『사주정설』을 처음 접하고
밤을 새우고 읽었다고 합니다. 평생 업의
시작이 될 첫 단추가 이때였군요. 이
『사주정설』은 출간 당시 검사였던 최영철
선생이 신분을 감추기 위해 백영관이라는
필명으로 저술한 명리학 책으로, 1980년대
출간 당시 반향이 컸었습니다. 백영관
선생은 도계 박재완 선생님이 번번이
낙방하던 자신의 사법고시 합격 연도를
맞히시는 것에 큰 충격을 받았다고 하지요.
김병우 선생님은 이후로도 명리 공부를
계속했고 20대 후반에 역학 모임이었던
하이텔 역학동우회에서 창광 김성태
선생님을 만나게 됩니다.

" 점의 문화에 변화를 "
주고 싶다는 것이
제 슬로건

김병우 선생님의 장점은 상담자가
본인 사주의 구조를 이해하도록 해준다는
점입니다.
사주가 왜 그렇게 해석되는지 그 이론적
베이스를 찬찬히 설명해주고, 특히 좋은
점은 실제 동일한 사주 구조를 예를 들어서
충분히 이해하도록 끌어갑니다. 사주를 보고
생김새를 잘 짐작하시는 것으로 유명한데,
저보고 동안의 미모라고 하시네요. 생각이
많고 지식욕이 크며, 해월생 갑목 특유의
성격인 재테크를 잘 지적해내십니다.
다음다음 대운까지 흐름을 잡아줍니다. 저는
사업운을 위주로 봤는데, 전체적 흐름에서
볼 때 당면 과제의 방향이 과연 맞는

것이겠는지를 예측해보는데 적격입니다.

역술인으로서의 가장 큰 행복을
느끼는 것은, 이삼십여 년 단골들이 함께
늙어가면서 그 자손이 번성하는 것을 보는
일이라고 하시더군요.
"출산 날을 잡아줬던 친구가 대학을 가고,
취업해서 애 낳고, 이렇게 번창해 가는 것을
바라보는 것이 최고의 행복이더라고요."
선하게 웃으시며 말씀하시는 모습이
그려집니다.
김병우 선생님이 늘 온화하고 겸손하게
느껴진 이유를 알 수 있게 된 말씀이
있었습니다. 점이라는 것이 사람을 평가하는

것은 맞지만, 그대로 구사하는 것은 '인간에 대한 무례'라고 하시는군요. 이런 생각이 근본에 깔려있으니, 상담자를 존중하는 상담 자세가 나오는 듯합니다. 사실, 인생의 선고를 내리는 듯한 어처구니없이 무례하고 거만한 간명 태도, 우리는 너무 잘 알고 있지요.

또한 대부분 좋아요, 나빠요로 묻는데, 이에 대한 답변보다는 내년은 무엇을 해야 하는 운세인지로 구체화해서 설명해주는 것이 명리가 갈 길이라고 후학들에게도 늘 말한다고 하십니다. 즉, 단순한 길흉 지적이 아니라 "이렇게 살아야 한다. 뭐를 해야한다."를 가이드해주는 것이 결국 우리 시대 명리의 참모습이 아니겠느냐고 하시면서, 재차 강조하시더군요.

"그게 바로 제 슬로건입니다. 점의 문화에 변화를 주고 싶다는 거지요." 온유한 게임 체인저의 말씀에 깊은 공감이

갑니다. 천인지 김병우 선생님처럼 깨어있는 의식을 가진 분들을 통해서, 점술은 늘 시대의 필요성과 시대정신에 맞게 변화해 간다는 생각이 듭니다.

바닐라 젠의 코멘트

간명 방식은 스승인 창광 선생님과는 많이 다르지만, 특유의 달변으로 상담자에게 본인 사주의 특성을 잘 이해시키시고 전체적 운세의 업다운을 잘 잡으십니다. 대운에 특히 능합니다. 또한 사람 간의 소통이 문제 되는 상황에 대한 판도를 잘 읽어주십니다.

Vanilla Zen

- **명인**　천인지 김병우
- **분야**　명리
- **위치**　서울시 광진구

- **상담**　방문, 전화 상담 가능
- **간명비**　10만 원

013
점술 평론

조프로 조시우

**시련이 성장의 동력이듯, 원진 속에
피는 꽃이 진도화라.**

인문학적 자량과 사주에 대한 궁리가 깊은 분입니다. 자유롭기 그지없는 인문적 사유와 아주 유니크한 통변에 제가 심취했다고 표현해야 하겠습니다. 전화를 끊고 나서 여운이 오래도록 남던 분입니다. 보기 드문 고수로, 간명의 깊이에 있어서 제가 몇 손가락 안에 꼽는 분입니다. 연령은 60대 초반이고 역술 경력 30여 년입니다. 아호는 선묵善墨입니다.

젊은 분들이 조시우 선생님에게 사주를 보면 현란한 전문용어 구사에 빠져들기는

하겠지만, 이 분의 진정한 연륜과 깊이와 매력은 자칫 놓칠 수도 있다는 생각이 듭니다. 사주에 대한 사유思惟와 해석 방법이 독보적인데, 인생의 전체 밑그림을 그려주는 것이 마치 나를 테마로 한 영상을 스크린으로 보는 듯합니다.

제 경우 사주가 독특하다 하시며, 월장 명궁 두표가 모두 인寅에 들어가 있는 사주는 여태 몇 번 못 봤다고 하시는군요. 그게 큰 사업가적 패턴이라고 합니다. 조시우 선생의 다음 이 말을 듣고 저는

⚜ —— 바닐라 젠

사주풀이를 떠나서, 사주에 이렇게 접근할 수도 있다는, 의표를 찌르는 방식이 진심으로 감탄스러웠습니다. 어디서도 들을 수 없고, 다시는 들을 수 없을 이런 말을 선생은 불을 토하듯 쏟아냈습니다.

해수, 이 물은 멀리서 껍데기만 보면 검은 물 같이 보이지만, 가까이 가서 안을 들여다보면 푸른색이 에너제틱하게, 다이내믹하게 막 돌아가고 있는 거죠. 얘가 가진 꿈, 이상향, 가치관은 파란색을 만들어내려고 하는 거지요.

에너지의 흐름과 구조의 겹을 설명하고 있지만, 몹시 몽환적인 말입니다. <마이너리티 리포트>의 한 장면 같기도 한데… 그런데 이것이 사주풀이라 이 말이지요. 머리카락이 쭈뼛 섰는데, 제 마음 바닥을 물바가지로 한번 긁은 것 같은 그 말이 연극 대사 같다는 생각도 얼핏 스쳤습니다.
조시우 선생님의 집안은 역학과 깊은 인연이 있어서, 선대에서 물려받은 100년이 넘은 역학 서적들을 지금도 가지고 계신다고 합니다. 현재의 독특한 관법에 가장 지대한 영향을 미친 책은 『삼명통회三命通會』라고 하십니다. 조시우

선생님이 역학의 바이블이라고 평가하는 이 책은 명나라 만민영이 1578년에 집필한 방대한 분량의 명리학 고전서입니다. 이 책의 관법은 멀티 플레이적인 접근이 중요 특성입니다. 요즘의 명리학에서는 태어난 날인 일주日柱를 나 자신으로 보지만 삼명통회에서는 연주年柱를 나로 보며, 그를 통해 '나 보다 더 근원적인 나'를 탐색합니다. 이런 록명신祿命身 관법으로 보면 재물운도 전혀 다르게 접근할 수 있는데, 그렇게 간명할 때는 시간이 무척 많이 소요된다고 하시는군요.

제 사주는 원판의 품격이 있는 사이즈가 큰 사주이고 누가 벌어다 주는 늘어진 여자 팔자가 아니고 직접 활동해야 하며, 전택 글자가 팔자에 있어서 부동산과 인연이 있고, 큰 재물을 깔고는 있는데 아직까지는 큰돈 진토를 못 먹고 있으나 미래궁에서 먹게 된다고 하시는군요. 재물로써 보상받는 사주인데 아직 전성기가 안 왔으나, 다음 대운에서 크게 이름을 떨치면서 비제도권에서, 4차원적인 어떤 것으로 두각을 나타내는 전문가가 될 것이라고 합니다.
교운기에는 물러가는 대운신이 해코지하니

굳이 돈을 벌려고 하지 말고 하는 것을 줄이고 천도재 같은 것을 해도 좋겠다고 하셨었는데, 이제 어느새 교운기는 끝나고 저는 새 대운에 접어들었군요.

조시우 선생님은 단어 선택이 무척이나 특별합니다. '갑목 상태가 볼트가 하나 덜 조여졌다'라거나 '나의 갑바', '거대한 물의 삼합 집단' 등등 통변 중에 언어들이 별끼리 부딪치듯 멋지게 쟁그랑거리는데, 결코 언어적 유희로는 보이지 않는 이 능력은 그야말로 사주를 손바닥 안에서 자유자재로 주물러야 가능한 능력입니다. 저는 명리에서 이런 살아 숨 쉬는 워딩은 조시우 선생님이 베스트라고 생각합니다.

아니나 다를까.
20대에는 연극 기획도 하시고 작품도 쓰셨다고 합니다. 큰 뮤지컬을 기획했던 경력까지 가진 분이십니다. 인문학적 자량이 어디에서 유래하는 것인지를, <조프로 사주>라는 블로그의 글들에 넘쳐나던 연극적 요소들이 어디에서 오는 것인지를,

그제야 이해했습니다.
역술계에서 별처럼 홀로, 하지만 명징하게 빛나는 소중한 분이라는 생각이 듭니다. 젊은 층이나 명리 공부를 막 시작하시는 분들이 내놓는 후기 등 인터넷상의 즉발적 반응만으로 이 분을 평가하면 조시우 선생의 진정한 가치에서 많은 부분을 놓치게 된다는 점은 꼭 말씀드리고 싶습니다.

바닐라 젠의 코멘트
Vanilla Zen
내 사주 전체의 컬러, 역동, 좌표를 조망하기 좋습니다. 궁합, 부부운, 연인, 재회운을 잘 보십니다. '합이 들었는데도 깨지는 경우, 충이 들었는데도 좋은 경우, 만나면 십전대보탕 같은 경우' 등 인연법에 특화되어 있습니다.

● 명인	조프로 조시우	● 상담	전화 상담만 가능
● 분야	명리, 육효, 기문둔갑, 서양 점성술도 겸간	● 간명비	10만 원
● 위치	서울특별시		

014
점술 평론

누름다토
이원태

올해 33세의 신예입니다. 박청화 선생
등 역술계 선배들이 20대 초반에 역술업을
시작한 것으로 봐서는 너무 젊다고
하지는 못할 듯합니다. 다만 사주를 보는
진행방식이 젊은 사람들답다는 생각은
들었습니다. 카카오톡 오픈 채팅방으로
들어가서 연결이 되면 먼저 무료 사주를
간략히 보내줍니다. 오픈 채팅방이 세
개인데 방이 모두 다 차서 얼마 전에 플러스
친구를 개설했다고 합니다. 전화 상담으로
합니다.
특이한 네이밍이라서 '누름다토'의 의미를
물었는데, 의외의 답이 돌아와서 오히려
신선합니다. 애니메이션 <나루토>를
좋아했던 적이 있어서, 나루토를 기본으로
작명 상 자신에게 좋은 초성들을 넣어서
만들었다고 합니다.

어머니가 홀로 이원태 선생을
키우셨다고 합니다. 5살이 돼서야 걷기
시작했고 한글을 초등학교 6학년이
되어서야 깨쳤다고 합니다. 늦게 틔는
머리가 무섭다더니, 회계학과를 나와
경찰 공무원을 준비하다가 갑자기 인생의
본질에 대한 갈증으로 명리학을 공부하기
시작했습니다. 옛날식 간명법이 맞지 않아
임상 위주로 독학해서 자신 방식대로
보는 간명법을 터득했다지요. 시대가 많이
변해서 엉뚱한 사람이 이제는 비범할 수
있는 시대인데, 고전 명리로는 적용이 안

되더라는 것이었습니다.
돈 안 받고 엄청나게 많은 사람의 사주를
봐줬고, 꿈속에서도, 수술 마취 중에도
사주를 풀 정도로 공부에 몰입했습니다.
현재 사용하는 간명법은 전통 명리
이론에서 70-80%를 취하고, 나머지는
무수한 임상을 거쳐 정립한 자신만의
관법을 혼합해서 사용합니다.

현재 문제 소지가 되는 부분들을 정확히
봅니다. 참신하고도 정확한 해석에, 저는
가족을 모두 봤습니다. 당시는 재물운을
물어봤었는데, 부동산 언급도 언급이지만,
"나이와 상관없이 공부로써 성과를 계속
낼 것"이라고 말씀하셨습니다. 제가 인생

후반에 공부나 저술로 돌아선다는 것을
예측했던 역술인이나 무속인이 사실
그리 많지는 않았으니, 기린아의 샤프한
간명입니다.
특히 인상적인 간명은 저희 집은 모두
사주에 용龍이 들어 있는 '용의 집'인데, 이런
경우는 잘 풀릴 때는 잘나가다가 순식간에
떨어진다고 하시더군요. 또 하나는, 다음
대운의 운세를 그 이전에 미리 끌어다 쓸
수 있는 이유는, 준비가 되어야 터지기
때문이라고 매우 현실적이며 합리적인
해석을 합니다.
문제에 대처하는 방법에 있어서도 현실적인
해결방식을 제시해줍니다. 가령, 당시 삶에
어깃장 놓고 살기 시작한 딸에 대해 정확히

파악한 뒤, 남자를 통해서 애를 바꿀 수 있으니, 주변 좋은 남성을 잘 살펴보라고 하시더군요. 신세대 역술인이기에 나올 수 있는 방도인 듯합니다.

사주와 심리학을 복합적으로 활용하면 좋겠다는 생각이 들어서 심리학 공부를 계획하고 계십니다. 매우 뛰어난 안목이라고 생각합니다. 아마도 한 20년쯤 뒤에는 명리와 신점 겸간, 명리와 육효 겸간처럼,

명리와 심리분석 겸간이라는 영역이 반드시 형성될 것이라고 저는 봅니다.

마치 파도타기를 하듯 시대는 급변하고 있는데 명리는 '그때 그 자리'에서 머물고 있다는 느낌이 사실 많습니다.

게임 체인저로서, 새로운 시대정신에 발 빠르게 적응하고 있는 누름다토 이원태 선생 같은 신예들의 혁신적인 간명법을 기대해봅니다.

바닐라 젠의 코멘트

Vanilla Zen

신예다운 샤프하고 현실적인 간명이 특징이고 밝고 친절해서 특히 젊은 층의 후기가 좋습니다.

• **명인**	누름다토 이원태		• **상담**	카카오톡으로 상담
• **분야**	명리		• **간명비**	5만 원
• **위치**	대전광역시			

015
점술 평론

응봉 김중산
應峰 金中山

> **명인의 한마디**
> **栽培는 在人이나 果落은 任天이라.**
> 심고 가꾸는 것은 사람에게 있고, 열매 맺고
> 수확하는 것은 하늘에 달렸느니라.

여러분 혹시 영화 <극비수사2015>
보셨는지요? 실제로 부산에서 있던 어린이
유괴사건을 다룬 영화입니다. 그런데 유해진
씨가 열연한 김도사 역이 바로 응봉 김중산
선생님인 것 아셨나요.
모든 점술인이 납치된 아이는 죽었다고
할 때, 유일하게 김중산 선생님만 아이는
살아있고 15일 이내에 연락이 올 것으로
예측했는데 그대로 됐다고 해서 유명한
전설이 됐습니다.
언젠가 JTBC <방구석 1열>에서 이 영화를
다뤘는데, 그때 출연했던 범죄심리학자

栽재培배는 在人재인이나 果과落락은 任天임천이라
심고가꾸는것은사람에게 있고
열매맺고 수확하는것은 하늘에
달렸느니라

백련암에서 성철스님(우)과 함께 찍은 사진

이수정 교수가 신기해하면서 자신도 가서 점을 보고 싶다고 언급하기도 했던데, 김중산 선생님께 직접 듣기로는, 이 방송 후 부재중 전화가 500통이 들어와 있더라고 하십니다.

두말할 필요 없는 백전노장이십니다. 연세에도 불구하고 엄청나게 힘 있고 맑은 안광과 음성의 소유자이신데, 가장 놀라운 것은 점을 보러온 상대의 말을 행간의 의미까지 쾌도난마로 파악하는 능력입니다. "저기 그러니까 그 법인이요……."라고 부연 설명하려 하면, "아, 알아들었어. 기업상담이란 말이지?"라고 받아치시며 이미 맥락 파악이 끝나있습니다. 찌리릿, 놀라웠지요.

비가 억수같이 퍼붓던 어느 날 찾아뵈었는데, 따스하게 차를 우려 주시더군요. 차향을 맡아보라시며 문향배를 들이미셨습니다.

"캬, 비가 오니 차 맛이 가시처럼 입을
찌르네……."
따라 주시는 차를 마시며 상담실을
둘러보는데 눈에 확 들어오는 사진이
있었습니다.
"헛, 성철스님이신데요."
"응, 그 옆에 나야."
성철스님을 알아보자, 비하인드 스토리가
김중산 선생님 입에서 술술 터져
나왔습니다. 법과 대학을 다니던 시절
대학생 불교회를 조직해서 활동한 인연으로,
얼마 있지 않아 백련암에서 성철스님의
상좌로 출가하셨다고 합니다. 그때 받은
법명이 '원공圓空'입니다. 성철스님 문중이
원圓자 돌림이지요. 상좌가 되기 위해 한
달 동안 하루도 빠지지 않고 하루 3천
배씩을 했다고 합니다. 능엄주 수행을
저도 했었다고 말씀드리니, "엉, 지금은?"
현재하고 있는 진언 수행을 말씀드리자

어떻게 어떻게 뭐를 추가하라는 팁을
주시네요.
김중산 선생님이 이어서 하시는 말씀은
이랬습니다.
"내가 스승 찾아 삼만리였잖아. 총 다섯
분의 스승을 모셨어. 절에서 내려와
박도사랑 만난 거지. 1975년도에 박도사님
모시고 지리산에 도통하러 들어간 거야.
열흘을 먹지도 자지도 않고 주문을 외우며
수행했는데, 캬~ 열흘째 동이 터 오르는
그때 빠악 통한 거야. 그때 받은 이름이 중
산中山인 거지."
그 이후에 마지막 스승으로 1983년
태백산에서 설송 대법사 모시고 법화경
기도로 수행했다고 합니다. '응봉應峰'이라는
법호는 설송법사의 스승인 무령조사께
받았다고 하시는군요.
"부산 동래 알지, 거기 별장여관 식당에서
직접 주시더군."

줄줄 쏟아지는 도사들 이야기에 제가 영화 속에 있는 건지, 꿈속에 있는 건지 잠시 혼돈이 오더군요. 중산 선생님은 결국 불교와 도교 수행을 백그라운드로 영통한 것과 명리학을 접목시키신 셈입니다.

향후 계획하는 일에 대해 명확한 틀을 짜주시며 개운에 필요한 여러 사항을 알려주십니다. 저 보고는 "니는 많이 씨불탕거리라.", 즉 강연이건 상담이건 말을 많이 해야 운이 좋아진다고 하십니다. 노익장답게 때론 날카롭게 때론 다정하게 말씀하시는 중에도, 매와 같은 눈길로 관상이나 수상 등을 관찰하고 있는 느낌이 옵니다.

상담 중에 쉴새 없이 전화가 울려댑니다. 급하게 어떻게 할지를 묻는 단골들의 전화였지요. "그래도 찾아가 봐." 등등 조언을 서슴없이 하시는 걸 보면 오랜 단골층이 많다고 느껴지더군요.

상담 후반으로 갈수록 굵직하고 유용한 점사가 많이 나옵니다.
직접 가셔야 합니다. 부산 동대신동에 계십니다. 전화 상담은 단골만 해주시는 듯했습니다.

바닐라 젠의 코멘트

일반적인 명리 간명에서의 통변은 없습니다. 컴퓨터 만세력으로 보십니다. 그냥 대화식으로 이런저런 얘기도 섞어가며 말씀하시면서 풀어가시니 상담 시간을 넉넉히 잡으시는 것이 좋습니다. 노장 도사와 차 마시며 대화하다 보면 내가 뭘 보러왔는지 주제를 가끔 놓칠 수 있으므로, 질문 준비는 단단히 하세요.

• **명인**	응봉 김중산	• **위치**	부산광역시 동대신동
• **분야**	명리와 영통靈通에서 오는 특유의 인사이트를 합해서 봐주심	• **상담**	방문 상담만 가능. 단골은 전화 가능
		• **간명비**	20만 원

016
점술 평론

백경 白鏡
정원배

⊙ 명인의 한마디

見性成佛
자신의 본래 모습을 깨우쳐 알면 부처가 된다.

　이 분.
제가 흙 속에서 빛나는 진주를 찾고 탄성을
발한 분입니다.
이런 분이 어떻게 알려지지 않고 초야에
묻혀 계시던 것인지 알 수가 없습니다.
분명한 고수입니다. 일반 명리 상담에서
간명할 때 자주 보이는 진부한 루틴은
일절 없이, 정확하게 난데없이 찌르고
들어옵니다. 점을 보려는 그 사람을
그야말로 '읽어내기' 합니다. 인생 압축
파일의 <풀기>를 순식간에 누른 그런
느낌이 들더군요.
백경 선생님의 특별한 점은 우리가 알고
있는 일반적인 명리 간명에서는 묘하게
궤를 벗어나 있다는 점입니다. 명리는
명리인데, 더듬는 부분이 다르고 예각이

서 있습니다. 제가 "관법이 독특합니다,
선생님!"하고 말씀드리니, 특유의 말투로
줄줄 설명이 나옵니다.

　백경 선생님이 창시한 학파는
<견성학파見性學派>입니다. 1997년도에
중국에서 사업을 접고 들어와 <달마도사
닷컴>이라는 점술 사이트를 만들었다고
하니, 선견지명과 앞서가는 기획력이
있으셨던 듯합니다. "아이디어가 너무
앞서서 실패했지."라고 하시는군요. 그
무렵에 역술인 300여 명을 찾아다니면서
점을 보면서 명리 간명의 빈틈을 깨달았고,
그때 백경 선생님 자신의 팔자를 완벽히
파악하면서 새로운 관법을 만드는 계기가
됐다고 하십니다.

66 인생 압축 파일의 풀기 99
버튼을 순식간에 누르는 느낌
바닐라 젠

이 관법의 이치는 심플하고 간결하지만 사주가 입체적으로 보인다고 합니다. 즉 팔자에서 그 사람의 '심보'를 읽어내는 것이 핵심이라고 하시는군요. 심보는 마음을 쓰는 속 바탕을 말하지요. '모든 인간은 심心 덩어리'라고 설파하시는데, 그 표현이 몹시 마음을 끌었습니다. 불교는 아니신 듯하던데, 백경 선생님도 본인 모르게 불교 이치 한가운데 서 계시는군요.

일곱 살에 천자문을 떼고, 중학교 3학년 때 이미 토정비결을 볼 줄 알았고, 대학을 중어중문학과에 다니면서 이때 명리와 주역을 공부하기 시작했다고 하십니다. 여태도 벼루와 먹과 붓으로 메모를 하신다고 하네요. 근데 사진 어디를 봐도 붓으로 메모하실 분으로는 당최 보이질 않습니다. 사람들이 본인의 외모만 보고는 "내가 도인이라는 것을 아무도 모른다."라고 아무렇지도 않게 말씀하시네요. 은 10여 년 전 신촌, 압구정동, 종로 등 사주 카페에서 '전설'로 불리던 분입니다. 하루에 40명도 상담했다고 하시는군요. 모 방송국 드라마 PD가 출연 제의를 해왔으나 "그냥 No 했어요." 그러시네요.

1964년생이니, 올해 61세입니다. 간명은 명쾌하고 날카롭고 정확하며 성품은 시원시원하고 편안하고 진솔합니다. 간혹 터프한 면도 비칩니다. "나라면 ~ 하겠다."라는 화법이 무척 신뢰감과 소통감을 주는데, 생각해보니 역술 상담에서 "나라면 이렇게 하겠다."라는 말은 한 번도 들어본 적이 없는 듯하군요.

제 경우 심보를 어떻게 푸셨는지 한번 볼까요. 선천적으로 의리가 강하며, 내성적이지만 여 깡패이고, 학자 사주이자 지식 인프라를 경제화할 수 있고, 매우 직관적인 지적 필링·지적 아우라가 강렬하다고 합니다.

숫자에 약하고, 조직 장악력이 있고, 아무도
모르게 사람을 잘 다루고, 도도해 보이기도
하다가 착해 보이기도 한다는데, 흠 이런
특성들은 가족이나 가까운 친구들 정도나
아는 특징들이지, 일반적인 명리 간명
입장에서는 유체 이탈 화법 같을 겁니다.
근데 너무 예리하군요. '내성적인 여 깡패'
이거 너무 좋아서 뽑았습니다.
기운의 이치에 따라서 세상은 모이고
흩어진다며, 이것을 일러, '끼리끼리
법칙'이라 하십니다. "네?" 하고 반문했더니,
"기리기리氣理氣理 말이에요." 그러시면서
웃으시네요. 성리학의 이기론理氣論을
의미하시는 것 같았습니다. 그러고 보니
<견성학파>의 심보 이론이 이 이기론, 즉
심학心學에서 나오는 것이었군요.

바닐라 젠의 코멘트

Vanilla Zen

명리 간명과는 다른 독특한 관법이 있습니다. 성정 파악에 능하시고 간혹 점단占斷의 느낌도
강하게 듭니다. 부동산운을 특히 잘 보신다는 후기가 많았습니다. 이미 계약한 물건인데 그게
성사 안 된다고 하셔서 뜨악했는데 바로 다음 날 계약이 깨졌다고 하는 후기도 있었습니다.

•**명인** 백경 정원배		•**상담** 방문, 전화 상담 가능	
•**분야** 명리		•**간명비** 10만 원	
•**위치** 경기도 김포시			

017
점술 평론

메시 타로
박진수

💬 명인의 한마디

**운명은 극복할 수 있다. 단, 목숨을
거는 노력이 있어야 한다.**

상호는 타로로 되어있지만, 타로보다는 명리와 기문둔갑으로 보십니다. 사주를 보면 타로도 함께 봐주십니다만, 제가 간명 받은 느낌으로는 명리로 보는 것이 더 적중률이 좋습니다.
경쾌한 말투에 친화력 있고 친절하고 소통 능력이 좋습니다.
사실 아직도 '니 명운이 내 손 안에 있다'는 투로 한 칸 위에서 내려다보는 태도로 간명하는 역술인들이 많은데, 이런 고루한 마인드에서 벗어나지 못하고 있는 분들은 이젠 서서히 자연도태 될 시대를 맞을 듯합니다. 박진수 선생님은 점을 봐주는 사람으로서의 입장을 잘 견지하면서도 고민하는 상담자에 대해 자상하고 인간적입니다.

간명이 명쾌하고 한 방에 날리는 스타일입니다. 직장운을 잘 보신다고 이름난 분이시지요.

사주의 전체적 특성과 컬러 파악이 정확해서, 상대적으로 부담 가지 않는 대중 친화적인 상담비로 인생의 큰 윤곽을 파악해보려는 분들에게 좋을 듯합니다. 미래 운로運路 예측이 정확해서, 저는 2017년도에 봤는데 거의 봐주신 그대로 왔습니다. 저에게 박진수 선생님을 소개해준 지인이 제게 해 준 말로는, 남편의 외도 결말이 박진수 선생님 예측대로 됐다고 합니다. 남편이 15살 연하의 여자에게 빠져 바람을 피우고 있는데, 그 여자 사주를 어떻게 어떻게 구했답니다. 사주를 넣어 보니, 여자가 이미 결혼했던 이력이 있을 것 같고, 남편과 그 여자의 궁합이 좋아 쉽게 안 끊어지게 생겼으나, 여자가 돈 집착이 강해서 이득이 안 된다고 판단하면 얼마든지 배신 때릴 사주라고 했답니다.

제 지인이 이 말을 듣고, 남편 주머니를 옥죄었다고 하지요. 결국 남편은 무슨 일로인지 그 여자랑 다투고 결국 여자가 가버렸다고 하네요. 더 놀라운 건, 나중에 알고 보니 그 여자 결혼 이력이 있던 사람 맞았다고 합니다.

저는 경계시에 있는데, 박진수 선생님의 간명으로는 양쪽 생시에 큰 차이가 없다고 하시는군요. 사주가 강하고 스케일이 크고 멋쟁이 사주이며, 영적인 기운이 강하다고 하십니다. 재성이 탄탄하고 부동산과 잘 맞는다고 하십니다. 재력가에게서 많이 보이는 사주로 말년이 좋겠다고 하시니, 힘내서 함 달려봐야겠습니다.

> " 사주 전체의 컬러 파악이 정확하며,
> 간명이 명쾌하고 한 방에 날리는 스타일 "
> ⌑──── 바닐라 젠

바닐라 젠의 코멘트

Vanilla Zen

대중적인 간명비로 훌륭한 간명을 하시는 몇 안 되는 역술인 가운데 한 분입니다. 역술에서도 가격 경쟁력이 매우 중요한데, 그걸 모르시고 손님이 조금만 몰려도 일단 올리고 보는 역술인들도 사실 많습니다. 호평하는 후기가 많이 들어오며, 긍정적이고 친화력 있는 성품으로 상담자가 편안합니다.

- **명인**   메시 타로 박진수
- **분야**   명리와 기문둔갑으로 겸간. 타로도 보심
- **위치**   경기도 광명시

- **상담**   전화 상담만 가능
- **간명비**   2만 원

018
점술 평론

탈도사 김정훈

위대한 스승, 위대한 멘토

탈도사 김정훈 선생님은 19세부터 역학을 시작하셨고 현재 47세이십니다. 상담 중에 느껴지는 성품은 온화하고 겸손하지만, 군더더기 없는 간명에 정확한 각이 잡혀있습니다.

우선 술명術名으로 사용하는 '탈도사'가 흥미롭습니다. 애니메이션 <머털도사>에 나오는 그 탈도사겠지요. 머털도사는 탈을 쓰고 머리털(=머털)을 세우고 한 가닥 탁! 뽑으면 도술을 마음껏 구사할 수 있습니다. 실제로 탈도사 김정훈 선생의 책에 보면 탈 그림을 넣어놓으셨더군요. 김정훈 선생님의 블로그 글을 읽어보면 재치 있고도 깊은 글맛이 있던데, 이런 내용이 있었습니다. "제가 이렇게 역학을 하는 이유는 전생에도 닦는 공부를 이루지 못한 한恨이 많아서 그런 것이라고 봅니다. 전생에 완성하지 못한 것을 이렇게라도 완성하기 위해 돈지랄해가면서 배웠던 것 아닌가 싶습니다. 일반인 같으면 역학을 배우겠다고 수천만 원을 쓰지는 않을 것 같습니다." 누덕도사 밑에서 애쓰고 배운 탈도사가 생각나는 글입니다.

통변 중에 상담자가 하는 말을 듣고 추가 메모를 하는 듯, 계속 자판 소리가 들려오는데 일단 참신하게 느껴졌습니다. 그런데 첫 마디로 던지는 내용이 정곡을 찔러서 "어?!" 했고요. 저는 말년까지 부자로 사는데, 재물 그릇이 잘 갖춰져 있다고 하십니다. 그러나 그 그릇은 현금 그릇이 아니고 '문서 그릇'이니, 이는 곧 부동산 형태를 의미한다고 합니다. 70대 이후에도 재복이 있고 나이가 많이 들어서도 노익장을 과시하게 될 것이라고 하네요.

상담자에게 잘 맞는 진로를 세 가지로 요약 정리해주는 데 매우 정확합니다. 그 당시 심중에 끌리고 있던 방향이나 관심 분야가 모두 정리되더군요. 역술이라는 것이, 사실은 스스로가 가장 잘 아는 내용이건만, 그걸 남의 입을 통해서 객관적으로 확인 사살하는 과정이기도 한 것이지요.
회사의 금전 유동성이 묶이는 기간을 정확히 예측했고, 그걸 타개하려고 버둥거릴 것이 아니라, 2년간은 조용히 자기 계발을 하는 것이 나을 것이라고 했습니다. 맞습니다. 안 그러려고 해도 조용히 책만 읽게 되더군요. 탈도사 김정훈 선생님 본인도 사업을 하시기 때문인지, 사업하는 사람에게 필요한 간명들을 미리 말하지 않아도 탁탁 짚어서 정리해줍니다. 그다음 해에 자녀나 수하인으로 근심이 생긴다고 했는데 이 역시 정확한 예측이었습니다.

탈도사 김정훈 선생님은 역술업을 '탈도사 컴퍼니'라는 법인 형태로 일찌감치 운영하시면서, 사주 상담뿐만 아니라, 온 오프라인을 통틀어 다양한 형태로 왕성하게 역술 관련 활동을 하고 있습니다. 저는 너무 젊거나 너무 왕성한 인터넷 활동을 하면 일단은 경계하고 들어가는 편입니다. 내실을 다지기보다, 외양 위주로 키워가는 성향의 역술인은 피한다는 말씀이지요. 그런데 탈도사 김정훈 선생이 그런 제 선입견을 깼다고 봅니다.

물상대체에도 일가견이 있고 기문둔갑을 응용한 개운술도 흥미롭습니다. 간명이 깔끔하고 잔부스러기가 없습니다. 성격도 그런 듯했습니다. 왕성한 활동에, 부드럽게 느껴지는 카리스마가 주변에 많은 제자를 모이게 하는 요소라고 생각되는군요.

탈도사님에게 간명 받았던 블로그 구독자 한 분의 후기도 함께 실어봅니다. 이 분은 직업적 진로와 적성을 모색하고 있는 20대 후반의 청년입니다.

상담 시간은 총 36분 정도였고, 간명지도 따로 보내주셨습니다. 일단 설명이 매우 깔끔했던 것 같습니다.
특히 직업 적성 쪽에서는 제가 고민 중인 분야를 무조건 이분법적으로 나누지 않으시고 먼저 A를 한 후에 특정 시기에 직업전환 혹은 대장이 되려는 에너지가 들어오니까 이 시기에 B로 가시는 게 좋겠다는 식으로 설명해주시더라고요. (본인께서 상담 경험상 10명 중에 7~8명은 전환을 하는데 혹시 A를 계속하게 될 경우에 대한

설명도 추가로 해주셨습니다.) 약간 이런 설명이 다른 선생님과는 많이 차별화되는 포인트라고 생각하였습니다.

그리고 상담하면서 느낀 건데 탈도사 선생님께서는 재물운 설명 부분도 깊게 해주시는 것 같더라고요. 다른 분들은 그냥 재물적인 부분 좋다 나쁘다 정도로만 설명해주시는 편인데 (제가 나이가 어려서 그런 것 같기도 하지만 ㅎㅎ) 탈도사 선생님께서는 현금 재물과 문서 재물의 예시를 설명해주시면서 어떤 재물이 저와 더 잘 맞고 부자로 갈 루트를 설명해주시면서 이 둘의 비율을 몇 대 몇으로 조절하면 좋다라고 상당히 구체적으로 말씀해주시더라고요.

결론적으로는 만족한 상담이었고, 재물과 진로 적성에 강점이 있으시다고 생각이 들지만, 확실히 사업이나 재물에 관심이 있으신 분들이 보면 더 잘 맞겠다라는 생각은 들었습니다.

김정훈
명리학 전문가

운명은 운전자에 따라서 얼마든지

❝ 사업운에 필요한 간명을 ❞
알아서 짚어주는 스타일
—— 바닐라 젠

바닐라 젠의 코멘트
Vanilla Zen
잘 맞는 진로를 세 가지로 정리해주시는 것에 대한 호평이 많았습니다. 예약이 잡힌 뒤 사주와 질문 사항을 보내는데, 혹시나 사주를 늦게 보내면 취소되거나 뒤로 밀릴 수 있습니다. 전체 간명 내용은 상담이 끝난 뒤에 카카오톡이나 메일로 보내줍니다.

- **명인**　탈도사 김정훈
- **분야**　명리
- **위치**　전라북도 전주시
- **상담**　전화 상담만 가능
- **간명비**　10만 원

019
점술 평론

정암 丁巖
남용희

명리학의 궁극은 命前善道
(운명의 장단을 일깨워 선량지심을
키워주는 것)이다.

박도사 제산 박재현 선생의 제자로,
7산山 2암巖을 돌림자로 쓰는 제자 가운데
한 분입니다. 7산 2암은 중산15번의 응봉 김중산
선생, 인산, 낙산, 지산, 예산, 감산, 계산, 정암,
백암1번의 백암 정국용 선생입니다.

푹푹 찌던 어느 여름날, 부산 광안리

해수욕장에 잇닿아 있는 아파트 단지로
들어섰습니다. 멀리 다이아몬드 브릿지,
광안대교가 청회색 바다 위로 멋지게
흘러가고 있었습니다. 오전 11시쯤 아파트
입구로 들어섰습니다. 조용한 긴장감이
올라왔습니다. 거실에는 이미 중년 부부 한
팀과 중년 여성 네 분이 차례를 기다리고

있었습니다.

왼쪽 안방에서 정암 남용희 선생님께서 간명을 해주시고, 주방과 식탁 사이에 강의용 칠판이 있고, 오른쪽 방은 바로 현관에 들어서면 있는 방으로, 정암학회의 송암 선생이 직접 만세력을 뒤져 사주를

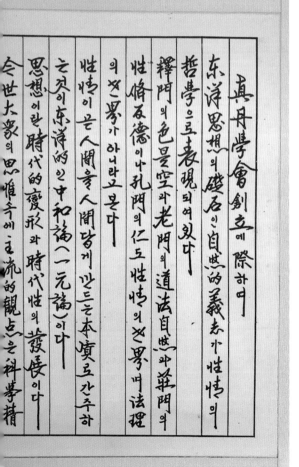

정암정사에 걸려있는 제산 박재현(1935-2000)선생 친필. 1987년에 재야 도학인 33명을 규합하여 진단학회를 창립할 때 쓰신 글이다.

찾아서 간명지 기본 양식에 꼼꼼히 적어주십니다. 간명 받으러 간 그 해를 기준으로, 과거로 15년, 향후 20년쯤을 죽 적습니다. 대운의 운로運路도 표시하고요. 따라서 요즘 식대로 컴퓨터로 남겨지는 자료는 전혀 없었습니다. 쌍화차에 달걀노른자를 띄워주던 '다방' 시절로 돌아간 듯, 복고 분위기라서 은근히 즐겁더군요.

명식命式 옆으로는 빈칸을 넓게 비워두는데, 이 부분은 정암 선생님께 간명 받을 때 직접 손글씨로 적어주는 부분입니다. 만세력을 직접 찾아 손으로 적어 내려가는 간명지의 설렘을 참으로 오랜만에 느끼고 있는데, 주방에서는 삼계탕 끓이는 냄새가 구수하게 흘러나오고 있었습니다. 커피믹스 한잔을 하고 나자 아파트 특유의 편안함이 느껴지기 시작했습니다.

아 그런데, 거실 벽면 한 중앙에 박도사, 제산霽山 박재현 선생이 직접 쓰신 글이 걸려있었습니다. 전설의 박도사가 남긴 친필을 보게 되다니… 맨날 박도사 박도사 하며 예를 들어 블로그 글을 쓰다가, 막상 생전의 흔적을 만나니, 묘한 느낌이 드는 것이었겠지요.

정암 선생님은 1983년에 박제산 선생님으로부터 명리학을 사사 받고 1986년도에 제산정사에서 박도사를

이어 간명을 시작했다고 합니다. 특히나 1983년도 제산문중에 들어가기 직전, 계룡산 생활 중에 잠시 조치원 읍내에 내려왔을 때의 일화가 유명하지요. 좌판을 놓고 앉아있던 노인 술사術士가 하염없이 파리만 날리고 있는 것을 보고 딱한 생각이 들어, 정암 선생이 좌판을 차고앉아 지나가는 사람들에게 보이는 대로 참견을 하기 시작했습니다. 금세 좌판 앞에 긴 줄이 만들어졌답니다. 관상과 파자점破字占만으로 백발백중하여, 서너 시간 만에 모인 쌀과 돈을 노인 술사께 전해드리고는 바람과 함께 사라지셨다는 스토리입니다.

거실에서 간명을 기다리던 분들 가운데 반은 단골인 듯했습니다.

부산정사로 쓰이는 그 아파트가 곧 재건축이 되는데, 그때가 되면 제주정사에서만 보실 것이라는 첩보도 어떤 친절한 단골분으로부터 입수했네요. 보통 한 사람당 30분 정도 간명을 하시더군요. 제 차례가 됐습니다.

병풍 앞에 기품있게 한복을 차려입으신 정암 선생님을 만날 수 있었습니다. 파바박, 첫 눈길에 부딪히는 스파크에 직감적으로 다가오는 고수高手의 깊숙한 향기. 차분하고 찬찬히 간명에 시동을 걸기 시작하셨는데, 따뜻하고 여유가 넘치셔서 잠시 방심하던 차, 중요 부분을 턱턱 짚어내시는 것에 허를 찔리고 잠시 머리가 띵하더군요.

5년 단위로 잘라보시며 마치 벽돌을
쌓듯 설명해가시는데, 허~ 그게 바로
제가 살아오고 살아갈 집의 구조도 그
자체였습니다.
'신점 같네…'
당시에 생각하던 사업에 대해 정확하게
먼저 말씀을 꺼내시더니, "어떻게
아시느냐?"며 후들거리는 제 말에도, 한
치의 흔들림 없이 향후 전망을 나이별로
주욱 통변하시는 것이었습니다. 게다가
아무 정보 없이 남편의 띠까지 나오더라는
것입니다. 이건 진짜 신기하더군요.
혹시나 '내가 아까 저 방에서 사주 줄 때
미리 정보를 줬었던가…?' 하며 아무리
생각해 봐도 그건 아니고, 혹시 양쪽 방에서
몰래 쪽지를 주고받나, 카톡으로 연락을
하나, 아무리 의심해 봐도 아닌 겁니다.

두말할 필요 없는 대단한 고수이십니다.
60대 초반 연세이시고 자상하고
편안하십니다.
인터넷에는 후기가 전혀 없는 이유는
손님들의 대부분이 중년층 이상이기 때문인
듯합니다. 자녀들 입시 문의로 온 분도
있었고 혼사를 앞두고 궁합을 보러오는
분도 있었고, 사업 관련도 많은 듯했습니다.
실제로 국내외의 정계, 재계 인사들 수백
명의 자문을 해오셨다고 하네요. 평범한
우리로서는 내가 가진 인생 배터리 용량을
점검해보는 데에 좋을 듯합니다.

" 내가 가진 인생의 "
배터리 용량을 점검해
보기에 유용한 상담
—— 바닐라 젠

命 前 善 導

운명은 결정되어 있으나 장단점을 알고

깨우치게 하여 마음의 진폭을 넓혀

선화되어갈 수 있도록 일깨워주는 것이다

癸卯之立冬 丁巖 南容熙

바닐라 젠의 코멘트
매달 1일에서 15일은 부산정사에서, 매달 16일에서 말일은 제주정사에서
간명하십니다. 정암 선생님이 통변을 하시면, 옆에 따님이 앉아서 받아쓴 뒤에
나갈 때 간명지를 챙겨줍니다. 질문에 대해 답해주시는 부분을 메모할 수 있도록
메모지와 펜을 미리 준비해서 들어가시는 것이 좋습니다.

Vanilla Zen

● **명인**   정암 남용희
● **분야**   명리
● **위치**   부산광역시 광안리와 제주시

● **상담**   방문 상담만 가능
● **간명비**   30만 원

020
점술 평론

노해정
휴먼 멘토링

**명리는 내 안에 작동하는
에너지의 흐름이며, 여기에는
'吉'도 없고 '凶'도 없다.**

노해정 선생께 처음 상담한 것은 2010년, 그다음은 2014년이었습니다. 그 당시에는 <사주 아카데미>라는 상호를 쓰고 계셨던 것으로 기억합니다.

본명은 노경래 선생이시고 올해 50세로 경제학 석사 학위를 받으신 뒤, 현재 교육학 박사과정을 공부 중이십니다.

한자가 들어가는 일반적 철학원 풍의 상호가 아니라, '휴먼 멘토링'이라는 단어를 쓰신 것에 관심이 갔습니다. '멘토링'이라면 현명한 멘토로부터 조언을 들어 실력과 잠재력을 키우는 것을 말하지요. 노해정 선생 간명의 지향점이 무엇인지가 휴먼 멘토링이라는 상호에 잘 나타나 있는 듯합니다.

원래 '멘토'는 그리스 신화에 나오는 현명한 스승 '멘토르Mentor'에서 유래한 단어랍니다.
아래 그리스벽화 그림에서 오른쪽의 백발노인이 멘토르입니다. 오디세우스의 아들을 교육했지요. 그 아래의 사진은 청년의 사주를 봐주는 역술인의 모습입니다. 이 묘한 대비에서 느끼시는 것이 혹시 있으신지요.
점쟁이, 점바치로 불리던 시절부터 오늘의 멘토로 오기까지, 격세지감이 느껴집니다.

그사이 사회도 격변했고 사람들의 생활도 인식도 많이 달라졌습니다. 돌아보면 결국 잘 맞지도 않은 점사를 마치 '운명을 선고하듯' 내던지던 역술인도 많았던 시절에 비하면, 멘토로서의 역술인이라니 참신합니다.

실제로 노해정 선생의 간명을 들어보면 용어 구사 또한 그렇습니다. 전문 명리 용어는 거의 사용하지 않습니다. 제가 상담받으면서 기억나는 용어를 생각해보면 '결혼에서의 고유 가치', '관계의 수평화' 이런 것이었지요. 사회과학의 언어로 점쟁이의 사주풀이를 듣는 신박한 경험이었습니다. 사주풀이가 분명 맞긴 맞는데, 사람 관계가 '궁합'으로 들리기보다는 '인간관계의 역학力學'으로 느껴지는 기발함이랄까요, 시대정신에 신속하게 대응한 것이라는 생각이 들었습니다.
중요한 것은, 이런 새로운 패러다임의 간명이 적중했더라는 점입니다. 그 당시는 제가 사업을 하게 될지, 다시 책을 집필하게 될지조차 몰랐고, 공부 이외에는 관심도 없었습니다. 이런 말씀이 기억납니다.
"거두는 공부가 강해서, 독보적 전문성이 오래 지나서 나타난다."
'거두는 공부'가 과연 뭘까?, '독보적 전문성'이라는 것이 뭘까…? 당시에는 궁금했었는데, 지금은 분명히 알겠습니다.

" 입시, 적성, 진로,
사업적 진로에 특화 "
—— 바닐라 젠

이 말씀이 함축하고 있는 내용은 사실 제 인생 전체의 압축이었습니다.

입시, 적성과 기업, 경제 분야에 특화된 분입니다. 일반적으로 입시점이면 합격·불합격을 많이 의미하는데, 노해정 선생님은 입시 당락보다는, 자녀들의 진로나 적성에 방점이 찍혀있습니다. 요즘 강남 쪽에 사주와 학업 컨설팅을 겸한 상담소가 많아진다고 하던데, 노해정 선생이 그 선구자 격이겠습니다. 학생이 아니라도 새로이 직업적, 사업적 진로를 바꿔보시려는 성인들도 참고하시면 좋을 듯합니다.

바닐라 젠의 코멘트

학생 및 성인 진로 적성 파악이 강점입니다. 입시, 사업 분야에 능하십니다. 명리 간명이라기 보다는 카운슬링으로 느껴지는 방식의 상담입니다. 적중 후기가 많았습니다.

Vanilla Zen

- **명인** 노해정 휴먼 멘토링
- **분야** 명리
- **위치** 서울특별시 강남구

- **상담** 방문, 전화 상담 가능
- **간명비** 30분 11만 원. 시간, 인원에 따라 상이함

021
점술 평론

교량僑梁
이욱재

🔮 명인의 한마디

사주와 조화를 이루는 이름은
인생을 편안하고 평화롭게 합니다.

사주 여덟 개 글자를 마치 공깃돌 여덟 개 다루듯 자유자재로 현실 파악에 적용한다고 느낀 분입니다.
교량 이욱재 선생님은 점 보러 간 상담자가 처해있는 상황 파악이 전광석화이고, 공감 능력이 좋아 그것을 바탕으로 매우 정확한 간명을 했습니다. 체격은 큰 편이었지만 내성적인 성격으로 느껴졌고 두뇌가 명석하신 듯했습니다. 지금 돌이켜보니 적어도 당시의 사업상의 특정 사안에 국한해서만 봤을 때는 적중률이 거의 90%에 육박했습니다. 70%만 맞아도 잘 보는 축에 속하는 것이니, 90% 적중이

얼마나 힘든 것인지는 점을 많이 보시는 분들이라면 잘 아실 겁니다.

교량 선생님은 제 친구가 부부 문제로 상담했다가 진짜 잘 맞춘다면서 필요할 때 가보라고 제게 연락처를 주면서 알게 된 분입니다. 친구는 유부녀와 바람이 난 남편 문제로 깊이 고민하다가 상담을 받았다고 합니다. 그 유부녀의 남편이 제 친구한테 연락해올 정도였으니, 예민하고 순한 친구가 막장 드라마 한가운데 서 있었던 것 같습니다. 그런데 간명 결과는 또 속 뒤집히는 얘기였습니다. 절대 무 자르듯

"
사주를 마치 공깃돌 여덟 개 다루듯 자유자재로 현실 파악에 적용
"

🌸 ── 바닐라 젠

연락했더니, "이혼할 생각이 아니라면, 액션을 너무 크게 해서 견제하려다가 되레 저쪽에 유리하게 될 수 있다, 각도를 너무 크게 잡으면 다른 방향으로 갈 수 있다."라고 하셨다는군요. 불리한 판도이니 강수를 두지 말라는 말씀이었겠지요.

그런데 너무 상처가 깊었던 친구는 견디지 못하고 초강수를 뒀습니다. 집을 나갔고 이혼서류를 작성해서 보냈습니다. 그렇게 하면 남편이 자지러질 것이라고 생각했겠지요. 남편은 속으로 얼씨구나 한 것 같습니다. 결국 이혼했습니다.

해결이 되질 않는다, 그 해 하반기부터 그다음 해까지 여자 문제로 더 큰 여진이 온다고 했다는 겁니다.

그 점사가 진짜 용해 보입니다. 일단 모두 들킨 친구 남편은 잘못했다며 다 정리하겠다고 했습니다. 그런데 그 해 하반기에 보니, 친구 남편은 집 나온 그 유부녀에게 아파트를 구해와 주고 있더랍니다. 다시 교량 선생님에게

저는 저 친구의 소개로 17년 전 처음 사주 간명을 받기 시작해서 제법 오랫동안 사업 문제로 재상담을 했던 분입니다. 재상담을 했다는 것은 그만큼 적중률이 높다는 것의 방증이기도 하겠지요. 작명에도 일가를 이루신 분이시라 사주를 보시는 능력이 묻힐 수도 있지만, 저는 간명을 위주로 봤기 때문에 그 적중률을 익히 잘 알고 있습니다.

바닐라 젠의 코멘트

현 상황과 판도의 파악에 능하고 공감 능력이 뛰어납니다.

Vanilla Zen **부부 문제 잘 보십니다.**

- **명인**   교량 이욱재
- **분야**   명리
- **위치**   경기도 안양시 동안구

- **상담**   방문, 전화 상담 가능
- **간명비**   9만 원

022
점술 평론

서림瑞林
김상구

⊙ 명인의 한마디

正思正行
바른 생각과 바른 행동

70대 노장이시고 명리학을 공부하시는 분들 사이에서, 그리고 대구 지역에서 잘 알려지신 분입니다.

문자로 사주를 보내고 예약이 끝나고 나면, '10분 후 상담합니다. 준비하세요.'라는 문자가 옵니다. 통화 전부터 세밀하신 분이라는 느낌이 듭니다. 통변 초반에는 전체적인 사주의 틀을 설명해주시는데, 앞으로의 대운 상 특징적 상태가 있는 연령을 꼭 짚어서 말씀해주십니다. 음성이 낭랑하시고 깍듯하시면서도 모난 데가 없습니다. 오랜 역술인 경력이 음성에서 느껴집니다.

자식이 남매 둘이라는 것 나왔고 몸이 안 좋을 수도 있는 특정 해 5년간 어떤 것을 해서 극복하라는 말씀도 해주셨습니다. 그게 직업과 관련해서 연결고리가 만들어져 심리적으로나 실질적 계획상으로도 도움이 됐습니다. 2022년에 집의 변동이나 이사운이 있다고 하시던데, 서로 간명한 시기는 차이가 있었지만 다른 선생님들 몇 분이 짚어주신 이사 시점과 동일하고 당시 제 계획과도 일치해서 신기하더군요. 전체 틀과 특별히 읽히는 세운 부분의 설명이 끝나시면, 이렇게 말씀하십니다.

"지금부터 물을 것이 있으면 물어주이소."

전화 너머로 정정하신 모습이 그대로 전달되어 오는데, 한 치의 흐트러짐도 없으십니다. 가정운과 제 사업운의 상승 하강 곡선에 대한 설명, 70대 이후부터 수명이 다하는 것으로 잡히는 시점까지 운로에 대한 설명이 명확합니다. 각도가 정확하고 아귀가 빈틈없고 딱 떨어지는 간명이라는 느낌이 강하게 듭니다.

서림 선생님은 집안 우환이 있을 시기를 잘 보시며, 지나고 보니 특히 수명을 잘 맞추셨습니다. 제 친정어머니 돌아가실 것을 일 년 전쯤 상복을 입겠다고 말씀하셨고, 저와 함께 프랑스에 유학하며 동고동락했던 절친이 유방암으로 홀연히 세상을 떠나기 2년쯤 전에 명이 짧다는 것을 예측하셨었습니다. 또한 잘 맞는 종교가 무엇인지, 무속인 사주인지 아닌지를 잘 봐주십니다.

"
집안 우환이 있을 시기를 잘 보시며, 특히 수명을 잘 맞춰
"
🌸 —— 바닐라 젠

바닐라 젠의 코멘트
Vanilla Zen 신점 느낌이 많이 나는 간명입니다. 집안 우환 있을 시기, 수명을 특히 잘 보십니다.

- **명인** 서림 김상구
- **분야** 명리
- **위치** 대구광역시 중구

- **상담** 방문, 전화 상담 가능
- **간명비** 5만 원

023
점술 평론

리지청 祗請

◎ 명인의 한마디

流水不爭先
흐르는 물은 앞을 다투지 않는다.

이수문파의 수제자로 부산에서는 많이
알려진 분입니다.
역술인 경력 30년째입니다. 50대로 연세로,
얼굴형이 동同자 형으로 옛날 어르신들이
좋아하시는 관상을 가지셨더군요.
점집에 가면 꼭 커피믹스를 먹어야
제정신이 돌아오는 저인데, 정수기 버튼이
복잡해서 버벅거리고 있으니 대기실로
나오셔서 물을 따라주고는 물의 양까지
체크해주시는 것을 보니 자상한 분이신가
싶었습니다.

사주를 드리면 책상 한쪽에 놓인
컴퓨터 모니터로 명식을 함께 보면서
설명해주십니다. 첫 말씀이
"2022년에 이사 가세요."
"어?!!"

저는 점사 첫 마디를 중요시합니다.
첫 마디 거기에 제 사주의 가장 큰 문제나
현안을 읽어낸 것이 담겨있거든요. 상담자의
다른 설명을 일절 듣지 않고 있는 상태에서
나오는 첫 마디라서 대개는 역술인이나

무속인의 능력을 가늠하기에 좋은 지표지요. 내심 2022년에 이사 갈 계획을 가지고 있어서 사실 놀랐습니다. 의외의 첫 마디에 놀란 표정을 읽으셨는지, 씩 웃으시면서 "풍수를 하거든요."라고 하십니다. 과거 히스토리를 훑는 말씀은 전혀 없었습니다. 바로 현재 상황에 대해 들어가서는, 현 상황의 전후 맥락이 이루어진 이유를 사주 상으로 설명하시는데, 정확합니다. 조심해야 할 해年를 앞으로 내내 통틀어서 딱 한 해를 짚어주셨습니다.

또한 풍수상으로 잘 맞는 동네를

일러주시는데, 그 리스트를 동洞 별로 정리해놓은 것이 선생님 컴퓨터에 저장되어 있었습니다. 어느 동洞은 화火, 목木, 어느 동은 금金, 이렇게 정리된 리스트 파일의 분량이 어마어마해 보였습니다. 사진을 찍고 싶어서 손이 근질근질했는데, 차마 못 찍겠더군요.
제가 지금 사는 곳을 지도로 보시더니 여기는 금金이라고 하시며 기왕이면 화火인 곳으로 가야 온전히 확 핀다고도 하시길래, 제가 이렇게 말씀드렸지요.
"우와, 부동산 하시는 분들이 알면 좋겠습니다!!"

" **부동산, 경매, 매매,** "
이사 관련 점사가 강점
—— 바닐라 젠

기분이 좋으셨던지, 휴대폰을 척 드시고는
경매하시는 분들이 어떤 물건이 자신에게
맞는지를 봐달라고 전송한 사진들을
보여주시네요. 자세히는 못 보게 하셨지만,
경매 물건지 주소, 등기부등본까지 보낸
분들도 있더군요. 경매는 특히나 돈복
싸움이니 점이나 풍수로 볼만 하다고
생각이 됩니다.
어렵게 말씀하거나 전문 사주 용어를
쓰시지 않지만, 해석은 단순 명확하고
정확하며 피부에 와닿습니다. 부동산, 경매,
매매, 이사 관련 점사가 강점이라고 봅니다.

　　상담실 문을 나서면서 "지청派請은
아호雅號이신 건지요?"라고 여쭤봤더니,
"네, 성은 은사님 성을 땄습니다."
"이수 선생님이시지요?"
눈이 휘둥그레지시며, "어? 어떻게
알아요?!!"
"헤헤, 제가 역술인 전문입니다." 하려다가,
꾸벅 인사하고 나왔습니다.

 바닐라 젠의 코멘트
Vanilla Zen　사는 곳이 오행 상 맞는지를 잘 보시며, 부동산, 이사, 매매, 경매 관련 점도 잘 보십니다.
부산의 경우는 동네별 오행 리스트가 있습니다. 가장 안 좋을 해를 짚어주십니다.

● **명인**	리지청 (본명 천정훈)	● **상담**	첫 상담은 직접 가야 하고 두 번째부터는
● **분야**	명리, 풍수지리		전화 상담 가능
● **위치**	부산광역시 연제구	● **간명비**	5만 원

024
점술 평론

수여水如
권도원

뜬금 없이.

水如 | 17.05.07 | 1,062

침잠하라
심연 그 곳으로 침잠하라

寢 하여
潛 하기를 나에게 바라느니

나는
내가 꿈꾸는 그곳에

寢 潛 하라.

오롯이.

침잠의 본 한자는 沈潛 입니다

　　수여 권도원 선생은 옷감에 있는 솔기를 짚어내는 놀라운 예리함이 있는 분입니다. '단칼의 일타一打'입니다.
원래는 이수문파에서 이타二打라는 호로 2008년도부터 역술을 시작하신 분입니다. '명리의 검으로 하늘과 땅을 치라'고 이타라는 호를 쓰셨는데, 지금은 수여水如로 호를 바꾸셨고, 독자적인 관법으로 마치 '뭐 하러 두 번을 두드려, 단번에 끝내지!'라고 하시듯, 뛰어난 일타一打가 되신 분입니다.
제가 '단칼의 일타'라고 묘사하는 데에는 이유가 있습니다. 신점을 마치 사주

간명처럼 보시는 분들은 가끔 봤어도, 사주로 보시는 분이 신점 같은 분은 수여 선생님이 독보적일 듯합니다.
제 블로그에서 권도원 선생님은 리스트에 안 올리느냐고 문의가 많던 분이기도 합니다. 박도사 이후로는 이 분이 가장 잘 본다는 분도 있었습니다.
저는 어떤 특정 일에 대해서 일단 물었는데, 그 일이 "작년 5~6월 이후 우연히 급작스럽게 시작됐다."라는 말씀에 정말 깜짝 놀랐네요. 그 날짜와 시작된 상황을 마치 공수의 느낌으로, 마치 눈으로 본 듯

간명하시는 것이었습니다.
제 사주의 특징은 '잘 안 죽는다'랍니다.
간명 받던 그 당시가 팬데믹으로
인해 사회적으로 모두 암울했던
2020년이었는데, 좋은 사주는 늘
살아남는다고 하시면서 "장담하는데 특징이
안 망하는거다. 파도가 올 때마다 살아남는
사주이고 그러면서 죽 올라가서 좋은
곳에 당도한다."고 하시더군요. 과정상의
곤고함은 어쩔 수 없으나 반드시 결과는
좋게 온다고 강조하십니다. 특히 인사이트를
준 간명으로 이런 사주는 끈기를 기르는
것이 아니라 아닐 때는 놓고 쉬어야 한다고
하시던데, 매우 중요한 저의 심신상의
특성이 사주에서 온다니 신기하더군요. 이런
특성 때문에 할 때 일을 폭발적으로 하는
기질이 생긴 듯합니다.
"최소 만 3년만 참으면 한 판이 끝나고
반드시 결과를 손에 쥔다."고 하셨는데, 간명
받고 3년 뒤에 이 책 출간을 결정하게 된
것이니, 정확한 예측이었지요.

> **" 운을 기다리거나 "**
> **바꾸기보다는 운을**
> **능동적으로**
> **이용해보자**

제가 현역으로 젊은 사람들과 겨룰 수
있는 것이 장기적으로 간다며, 저는 '은퇴
시기=사망 시기'라고 하시네요. 긍정적인
간명이라고 하기보다는, 수여 선생님의
글처럼 '운을 기다리거나 바꾸기보다는 운을
능동적으로 이용해보자'라고 쓰신 기본 철학
그대로가 느껴지는 부분이었습니다.

올해 50대 중반이십니다. 다음 카페에서
<시류명리학회時流命理學會>를 이끌면서 많은
제자를 교육하시는 분이기도 합니다.
저는 전화 상담이라서 시간상으로는 짧게
봤지만 임팩트가 강한 분이셨습니다.
친절하시고 명료하십니다.

바닐라 젠의 코멘트
Vanilla Zen
저는 전화 상담으로 했는데, 전화 끊을 때 반드시 놓치고 묻지 않은 부분이 있을 터이니 하루
이틀 사이에는 재상담해주시겠다고 말씀하시더군요. 대면상담으로 하시면 더욱 좋을 간명이
될 듯합니다. 적중률 높고 후기가 좋습니다. 질문을 잘 준비하세요.

- **명인**　수여 권도원
- **분야**　명리
- **위치**　서울특별시 강남구

- **상담**　방문, 전화 상담 가능
- **간명비** 직계 가족 포함 20만 원

025
점술 평론

석우당石牛堂 김재홍

석우당石牛堂은 김재홍 선생의 호號이자, 김재홍 선생이 운영하는 명리 아카데미의 명칭이기도 합니다. 이 분은 한 소식 하신 분입니다.

따라서 이 분의 간명은 특별한 면이 있어서, 사주를 많이 봐서 점占이라면 도가 트이신 분들, 불교에 관심이 많거나 불교적 지식이

⚫ 명인의 한마디
명리학은 자기 돌파의 수단이다!

많으신 분들, 수행하시는 분들이나 신기가 들락날락하시는 분들은 간명을 받으면 얻을 수 있는 것이 많습니다.

세부적인 운들, 즉 돈을 버냐 못 버냐, 헤어지냐 마냐, 시험에 붙냐 안 붙냐 등등의 세밀한 것 보다는, 삶의 본질적 성향을 설명해준다는 점에서 일반적으로는 들을 수 없는 내용을 들을 수 있습니다. 접근하는 관점과 각도 자체가 다르니, 일반 점사를 생각하시는 분들은 두리뭉실하고 답을 못 얻었다고 생각할 수 있는데, 서로 다른 차원을 더듬고 있는 것이지요.

석우당 선생님은 보기 드물게 준수한 얼굴이십니다. 배우가 역술인 연기를 진하게 하고 있다는 느낌이 들어서 혼자 웃기도 했습니다. 준수함이 비범함을 누르고 있는 모습입니다. 특히나 눈에 많은 것을 담고 있는 분입니다. 곤고하고 험난했던 인생과 지난하게 깎아 다듬은 인생 두 가지가 모두 느껴지는, 묘하게 인상에 남는 눈입니다. 올해 57세이십니다. 약 2년 전에 청평의 석우당 건물 바로 옆에 <석우정사>라는 아담한 암자를 지으시고, 현재는 삭발도 하시고 법사로서도 계십니다. 직접 예불도 하십니다. 석우당石牛堂이라는 호에 이미 불교적 성향이 담겨있습니다. 법당 외벽에 자주 그려지는 선화禪畵인 심우도尋牛圖=십우도를 석우당 명리 아카데미의 로고로 사용하고 있습니다.

목동이 소를 타고 피리를 부는 그림인데, 이 그림은 목동이 소=본성를 길들이는 과정을 통해서 자기 자신으로 돌아가는 과정, 도를 터득하는 과정을 상징하고 있지요.

구수한 목소리에 호남 사투리를 쓰시면서 친절하게 매우 열정적으로 간명을 해주십니다. 사주의 큰 틀을 넘어서, 인생의 본질과 근본을 짚어주십니다. 이런 첫 말씀이 대번에 나왔습니다. 일반 사주 간명에서는 들을 수 없는 내용을 들었고, 이 분이 '한 소식 하신 분'이라고 앞서서 제가 말씀드린 이유이기도 합니다.

"굉장히 파장이 강하다. 초능력적인 능력을 가지고 있다. 보통 기감이 아니다."
"공부나 수행을 안 하고 파동 쪽으로 집착하면 건너올 수 없다."
"몰입이냐 집착이냐를 가늠해서 잘 구분해라."
"본질을 찾는 공부를 많이 해라. 가령 같은 스님이라도 정통 학문을 한 율사 식의 스님이 있고 수행하고 영통해서 영적인 스님이 있는데, 후자의 길과 흡사하다. 영적 세계가 굉장히 깊다."
"그 가운데 인간의 마음자리를 알고 본질을 살피는 명리 공부를 해도 좋다. 신기한 촉이 있고 궁리가 깊어 아주 크게 된다."

이런 간명을 과연 어디서 들을 수

있겠나요. 무속인의 공수와도 또 다르고요. 위 말씀에서 "몰입과 집착을 구분하라."고 하셨는데, 몰입이란 공부, 수행 정진을 말씀하시는 것이겠고, 집착은 영적 현상과 파동에만 집착하여 신기神氣로 빠지는 것을 말씀하신 것이겠지요.

위의 저 내용은 실제로 저의 본질적 부분입니다. 한편은 사업을 하고, 한편은

영성이 강하니 매우 양면적이고 대립적인 것이 양립하고 있지요. 특히나 영성 부분에서 그것이 정도正道를 따르는 수행 방향인지 스파크가 나는 신기 쪽에 탐닉하는 것인지를 명확히 구분하신 것이 대단합니다. 이 부분의 해석은 베스트 오브 베스트입니다. 석우당 선생님 말씀대로, 제가 수행은 이미 수십 년째하고 있습니다. 간혹 블로그 댓글을 통해 기도법과 진언, 방생법 등을 알려드릴 수 있는 바탕이기도 합니다.

그렇다고 현실적인 간명이 없는 것이 아닙니다. 말씀 틈틈이 실제적인 부분, 궁금해하는 부분도 들어갑니다. 정확한 달月 같은 부분도 짚어주십니다.
"누군가가 나를 보호해줘야 하고장생, 나 혼자 가야 한다양인의 양면성이 있다."
▶ 이것 촌철살인입니다.
"돈? 얼마든지 현실적으로 풍부하다."
▶ 에헤라디야

석우당 선생님의 유튜브 강의를 들어보면 이런 맥과 다르지 않습니다. 이론 위주가 아닌 실질적 문제로 해설해가는 방식이 유니크합니다. 가령 <삼형살, 화엄성중을 찾아라>라던가, <괴강살, 장비인가 조자룡인가>, 이런 관점으로 접근한다는 자체로써 석우당 김재홍 선생님 간명의 각도를 조금은 가늠할 수 있지 않을까 싶습니다.

> " 몰입이냐 집착이냐를 가늠해서 "
> 잘 구분해라.

바닐라 젠의 코멘트

현실적인 사안들보다는 이번 생에서 나의 아이덴티티는 과연 어떤 것인지, 사주의
전체적 특성, 방향을 파악하는데 탁월한 간명입니다. 간명의 각도와 관점이
유니크하고 차원이 다릅니다.

Vanilla Zen

- **명인** 석우당 김재홍
- **분야** 명리
- **위치** 경기도 가평군

- **상담** 방문, 전화 상담 가능
- **간명비** 30만 원

026
점술 평론

등명登明
서정길

길하고 복있는 자는
운명을 알고자 노력함이다.

육임학六壬學의 진정한 고수이자
궁통보감의 대가입니다. 올해 71세이시고
역술 경력은 33째이십니다.
육임은 '묻지 않고도 답한다'고 하여 점술의
제왕학이라고 불리며, 역학 최고의 3대
학문인 '기을임 3식奇乙壬 三式'의 하나이기도
합니다. 삼식三式인 기문둔갑, 태을수,

육임 이 세 가지를 다 구사하면 살아있는
신선이 된다고 하는데, 역시나 제갈량,
장자방, 토정선생 같은 분들이 삼식을 모두
구사했었습니다. 하루 세끼 집에서 먹는 그
'삼식이'와는 차원이 완전히 다릅니다.

　　등명 서정길 선생님의 느낌은

빌딩 숲속에 우리 모르게 숨어있는 '도사道士'였습니다. 제가 왜 이렇게 표현하는 것인지, 등명 서정길 선생님의 히스토리를 조금 풀어놓아 보겠습니다. 선생님이 육임을 공부하기 시작한 것은 신기가 들던 30대 중반 무렵이었습니다. 신기인지도 정확하지 않았고, 향 냄새가 늘 코에 맴돌고 필름도 끊어지고는 하는 것이 하 수상해서 일단 기도를 다니셨다고 합니다. 강화도에 기도를 자주 갔는데, 어느 스님의 암자에 하룻밤을 머물게 됐고 스님 책장에 보이는 육임 책을 빌려서 나왔습니다. 곧 마니산에서 기도를 시작했습니다. 그런데 밤이면 마니산 신령이 나타나고 매일 밤 귀신 꿈에 시달려서 너무 무서웠다고 합니다. 밤이 무서워서 밤마다 잠을 안 자고 본 책이 바로 그 육임 책입니다. "식용유 큰 거 말 통으로 갖다 놓고 거기 불붙이면 한두 달 가는데, 무서워서 그거 피워놓고 날밤 새우며 공부한 게 바로 육임학이에요." 이것이 육임학의 대가가 젊은 시절 육임과 만난 첫 장면입니다.

육임 공부는 계속하면서, 신기인지 아니면 역술가의 길이 맞는지를 검증하려고 사주와 신점을 많이 보러 다니셨다고 하는데, 이때 신기한 경험을 자주 했습니다. 도계 박재완 선생님의 제자인 유충엽 선생님을 찾아갔더니, 제자들을 도열시켜서 인사를 시키시면서 "대★ 선생이 될 분이다."라고 하시더랍니다. 또 만신 김금화 선생님이 이문동 정보부 옆에 계실 때 점을 보러 갔는데 맨발로 뛰어나오셔서는 상석에 앉으라 하시고 절을 하시면서 "제일 높은 영계의 계급이 오신 거니 인사를 드려야 한다."고 하셨습니다. 신내림을 받고 김금화 선생님과 함께 일 할 것을 청해오셨으나 서정길 선생님은 아무래도 그 길은 아닌 것 같아서 도망 나왔다고 하시네요. 육임 공부가 무르익어 갈 때, 홍제동 박 선생이라는 무속인과 점사 대결을 한 유명한 일화가 있었습니다. 홍제동 박 선생이라는 분은 재산이 천억이 넘어, 이 계통에서는 전후 통틀어 가장 부자인 박수무당이었습니다. 키가 183센티미터가 넘는 거구로 모두 관운장 귀신이 내렸다고들 말했었는데, 실제로는 할머니 귀신이 몸주였다고 합니다. 이 분은 일 인당 3만 원 복채로 하루에 딱 60명을 봤는데, 특이한 것은 그 60명은 점 보기 전날 밤에 박 선생님 집 응접실에서 모두 자야 했다고 하는군요. 자는 동안 귀신이 뇌 속이 있는 것을 다 읽고 다니면 다음 날 아침 10시부터 한 사람씩 앉는 대로 탁탁 기막힌 공수를 내렸다고 합니다. 이 박 선생님의 신기가 더 잘 맞는지 서정길 선생님의 육임이 더 잘 맞는지 점사 시합을 자주 했다고 합니다. 이 분은 거액의 세금 문제로 인해 스트레스를 받고 뇌출혈로 돌아가셨다고 합니다. 실을 가지고 꾸민 한옥 신당이 정말로 예술처럼 아름다웠었다고 기억하시는군요.

육임 이 외에 『궁통보감』은 무려 천 독을 독파해서 줄줄 그대로 외웠고 『난강망』도 그에 못지않게 읽어서 책들이 낡아 나중에는 매미껍질같이 되더랍니다. 제가 인상 깊게 들은 부분이 『난강망』에 대한 평가입니다. 현대의 노장 대가가 고전 명리학을 대하는 시각이 무척이나 깊고도 진합니다.

"난강망은 70독 전까지는 서사시 같고 흐리멍텅하고 이게 뭐 유명한 책이야 했는데, 70독을 넘기니 어 이 사람 천재네 했고, 100독을 넘기니 신의 말씀 같았어요. 이 책처럼 '볼 수 있는 자들만 보고 깨달아라'가 돼야 하는 건데, 난 미주알고주알 다 쓰려고 하니 공력이 모자라는 거지요."

수년 전에 육임학회를 크게 운영하셨는데 가장 따르던 제자가 세상을 떠나면서 그때 다 접으셨다고 합니다. 그 제자를 보고 "니가 간암으로 을유년에 죽는데 왜 자꾸 술을 마시냐?"라고 늘 잔소리만 하셨는데 그 제자가 정말 그 해 세상을 떠났다고 합니다. '아는 게 중요한 게 아니라 막아줘야 했는데 내가 못 막았구나'라는 자책감과 회의에 그때 학회를

다 해체하셨습니다.

그러나 육임의 신통함에 대해서는 세월이 가면 갈수록 확실한 정립이 되어가시는 듯합니다. 몇 년 전에 사이클을 하다가 죽은 고양이를 밟고 넘어가면서 시속 34km 속도에서 그대로 땅바닥으로 내리꽂혀 골반이 다섯 군데 부서지는 큰 부상을 입는 일이 있었답니다.

"그날이 기해일이었고 죽은 고양이가 나한테 겁재였죠. 돈을 내놓을래, 생명을 내놓을래 하는 하늘의 시험이었습니다." 뒷부분의 말씀을 제가 이해 못해서 다시 설명해달라고 말씀드리자, 흥미진진한 말씀이 나왔습니다.

당시에 육임을 가지고 선물옵션을 해서 마음대로 돈을 따먹었다고 하시는데, 하루 700만 원 가지고 150~300만 원을 자유자재로 벌었다고 합니다. 그러나 육임학 책에 보면 지켜야 할 첫째 조항이 바로 이런 투기 사행을 육임으로 점치지 말라는 것인데도, 재미 삼아 가볍게 하던 거라서 문제가 없을 줄 알았다고 하시는군요. 벌을 받은 것이랍니다.

이런 비사祕史들을 말씀하시는 중에도 뭔가를 풀이 하시려다가도 "아 이런 걸 쓰면 곤란한데, 다 비전인데." 하시면서 꼬리를 싹 감추셔서 제가 더 감질이 나더군요. 서정길 선생님이 육임을 잘하는 이유에 대해 나름의 설명을 붙이시던데, 인상적인 표현이 있었습니다.

315

"산통을 뽑으면 그냥 딱 꽂힙니다."
딱 꽂히는 그 수준이 이런 겁니다.
"니가 동남쪽 330km 지점에서 공부 여행
가다가 만난 김씨 성 가진 그 남자는 이전에
사기 결혼을 당했을 것 같고, 올해 그 사람이
4천만 원을 대줘서 6월 며칠 결혼할 거다."
이 점사는 모 대학 교수로 있던 선생님의
제자 분에게 뽑아준 것이라고 합니다. 이
육임 점사는 그대로 이루어져서 그 제자가
완전히 기겁했었다고 하시는군요.

같은 땅을 디디며 살고 있되, 차원은
서로 다른 곳을 더듬고 있는 듯한
히스토리들입니다. 젊은 시절 하루
14시간씩의 공부로 강행하다가 보니
몸이 많이 상해서 현재 치아 28개가 모두
임플란트라고 하시네요. 그렇게 쌓은
공부로 역술가의 길을 33년 달려오면서
지난 추석 단 하루 빼고는 하루도 쉬지
않고 일하셨다고 합니다. 그동안 간명한
상담자 숫자가 30만 명이라고 하니 저만 이

분을 놓치고 있었던 건가 싶습니다. 동양학
하시는 원광대 조용헌 교수가 손가락에
꼽은 명인 몇 분 가운데 한 분이시기도
하지요.

저는 2020년 무렵에 간명을 받았습니다.
간명 초반이면 이미 공부와 경륜이 깊은
분이라는 것이 열기처럼 후끈 전달되어
오지만, 대가로서의 거리감이 느껴지지 않고
함께 돗자리를 펴고 앉아 인생을 논하는 듯
유유자적한 편안함이 느껴지는 분입니다.
상담자의 말을 귀 기울여 들은 뒤, 통이 큰
미성美聲으로 자상하게 간명해 주시고 악운
부분에서는 적절한 격려도 해주십니다.
점 봐주는 분들의 가장 이상적인 타입인
곡직상생曲直相生을 갖추신 분이라고
생각했습니다. 이전에는 철학관을 하시다가
지금은 홍대 앞에서 사주 카페를 직접
운영하고 계십니다. 전도연, 공효진, 문소리,
권효주 등의 연예인도 이 사주 카페에 와서
등명 선생님께 간명을 받았다고 합니다.

"
육임의 원리는 '우연이 곧 필연'이라는
심오한 말씀을 하셨는데, 사실 우리 온
생生자체가 우연이 곧 필연이지요.
"

—— 바닐라 젠

첫 말씀에 "새로 시작한 일이 답답한가 보다. 주춤거리지 말고 진취적으로 움직여라. 곧 다가올 미래에 대비하라."라고 하십니다. 단도직입적으로 현재 상태와 생각을 정확히 간파하셔서 일단 긴장감이 확 풀리더군요. 새로 시작한 일에서 큰 대박이 난다고 하시면서 "3년 후에 경천동지하게 뜬다."라는 무한긍정 점사도 나왔습니다. 경천동지하게 뜰 것이라는 말씀에 마음이 심히 흔들리더군요. 착 감겨드는 간명에 제 딸 사주까지 함께 봤습니다. 딸의 사주는 어려워서 제대로 보는 역술인은 여태껏 매우 드물었습니다. 태몽도 특이했고, 사주로 보는 것과 실제 삶이 완전 달라서 저도 '얘는 역학 임상의 연구대상'이라고 속으로 생각한 적도 있었습니다. 딸의 사주를 보시더니 "왜 이제사 보나?" 하시면서 진심으로 인간미 넘치는 간명을 해주셨네요. 빅 5에 드는 의학전문대학원을 걷어찬 그 실마리가 잡히는 듯합니다.

'전생에 이걸 하다 왔고, 이걸로 벌 받고 있는 중'이라고 하시는 그 육임. 육임의 원리는 '우연이 곧 필연'이라는 심오한 말씀을 하셨는데, 사실 우리 온 생生 자체가 우연이 곧 필연인 터라, 육임학의 질서와 우주의 원리가 회통하고 부합함을 깊이 느낀 인상 깊은 간명이었습니다.

바닐라 젠의 코멘트

현재 역술계에서는 육임을 가장 제대로 구사하시는 분입니다. 사주를 크게 크게 보시는데, 흐름의 적중이 대단합니다. 전화로 보다는 직접 대면하시고 간명 받는 것이 훨씬 좋을 듯합니다. 육임은 점단占斷이니 점사가 짧은 편이 대부분이며 질문을 잘 준비하세요.

● **명인**	등명 서정길	● **상담**	방문, 전화 상담 가능
● **분야**	명리와 육임	● **간명비**	25세 이하 3만 원, 26세 이상 4만 원
● **위치**	서울특별시 마포구		

027
점술 평론

소운少雲
성승현

인생은 돌고 도는 것!

무욕지도無慾之道를 아시는 숨겨진 고수입니다.

대구 달성공원 정문 바로 앞에 자리 잡으신 것이 40년째이십니다. '달성공원 할배'라고도 불리는 70대 초반의 노장으로 응대는 소탈하고 친근합니다. 1952년생이십니다.

그런데 이 소운 선생님의 스토리가 특별합니다. 20대 초에 신이 왔다고 합니다. "갑자 을축……"이라고 입에서 저절로 말이 터져 나왔고, 당황스러워서 어쨌든 피해 보려고 3일 동안 식음을 전폐하고 관세음보살만 불렀으나 소용이 없었습니다. 스님이 되면 신을 받지 않을 수 있을까 싶어 큰 사찰에서 출가하여 10년간 스님 생활을 했으나, 신내림에서 벗어나지지를 않았다고 하십니다. 할배신이 몸주로 왔다고 하시는군요. 해인사 토굴에서 5년간 수행 후, 박도사 제산 박재현 선생을 찾아갔습니다. 박도사와 만난 순간의 스토리가 강렬합니다. 박도사를 찾아가서 독대하자, 첫마디로 일갈하기를, "까불지 마라!!"

이게 무슨 의미인 건지, 제가 여쭤봤습니다. 소운 선생님 말씀은 다음과 같습니다. "박도사가 얼마나 영이 쎈교. 내가 좀 보이는 것을 알아채고 한 말이지요. 그래서 내가 그 자리에서 바로 두 번 절을 했습니다. 도사에게는 2배를 하는 거거든요."

그랬더니 박도사는 "너는

『천고비전千古祕傳』을 1년 보고 나서 내 밑에 와서 서기書記를 해라." 하더랍니다. 1년 공부하고 나서 그다음에는 대구에서 왔다 갔다 하면서 명리를 배웠는데, 박도사는 절대 내용을 적지 못하게 하고 모두 외우라고 한답니다. 박도사가 서울에 몇 번 갔지만, 서울에서는 잘 안 되고, 부산에서만 사람들이 벌떼같이 모여드는 것을 보면, 확실히 이 일도 터가 작용하는 것이 있다라는 말씀도 덧붙이시네요.

현재 10년 기도 원력을 세우시고 올해로 8년째 기도 중이시고, 그동안 바깥출입을 일절 안 하셨다니 참으로 대단합니다. 동생 분도 조계종 큰 절의 스님이라고 들었습니다. 아침마다 사무실 안에 있는 불단에 기도를 올리고 일을 시작하십니다. 사무실 안에는 불상, 백의관음 탱화, 달마도, 만다라 등이 가득하네요. 점심시간에 예약 전화를 드렸더니, 마침 시간이 비시는지 바로 봐주시겠다시며 사주를 부르라고 하십니다. 입금부터 해야 하는 거 아니냐고 여쭤봤더니, 대구 사투리로 이렇게 말씀하십니다. "보고 뒤에 주소!" 호감도가 확 올라가던 차, 사주를 불러드리니 또 이런 말씀. "아따, 많이 봤다!!" 대체 어케 아신 건가요.

그런데 이 분 간명의 깊이가 예사롭지 않습니다. 아마도 신기神氣와의 결합이 운세를 보는 '와꾸' 자체를 달리하게 하는 듯합니다. 명리 간명을 기준으로 상담하시는데, 중간중간에 신점이 섞여듭니다. 저는 틀 자체가 관을 안고 있으나 '식신생재'로 후반부에 사업으로 방향이 바뀐다고 하시네요. 그렇지만 '짚신을 펄펄 가루 날리며 두드려가며 짚신 장사하듯', 그런 '꾼' 류類는 아니라고 하십니다. 제가 사업운 위주로 여쭤봐서 그렇지, 원래는 선비와 관이 강해서 글을 잘 쓸 것이고, 다음 대운에서 선비 나무가 꽃을 확 피울 것이라고 하시는군요. 이해가 팍 가는 구수한 비유에 웃는데, 전화는 연신 울려댑니다. 저랑 통화하시는 중에도 네 통 정도 전화가 온 듯합니다. 단골이 많으시다는 느낌이었고요.

노장다운 연륜이 묻어나는 간명이자, 인간미가 향기롭고, 틀에 갇힌 격식에서 벗어난 상담을 해주십니다. 저는 사실 노장들을 선호합니다. 노장 고수들은 사주에 임계치가 있다는 것을 오랜 경력을 통해 체득하신 분들입니다. 가령 박청화 선생이나 창광 김성태 선생이, 아직 노장은 아닌 연세이지만, 간혹 젊은 세대로부터 '갈수록 날아가는 말을 한다'는 말을 듣기도 하는데, 그건 바로 이분들이 사주의 임계치, 사주가

우리 인생 궤적을 완전히 커버하지는
않는다는 것, 사주로 파악되지 않는
다른 요소가 있다는 것을 깊이 깨달았기
때문입니다. 이젠 사주 거푸집에 인생을
가두려 하시지 않는다는 의미이지요.
소운 성승현 선생님도 종교 수행과 신기와
역술 경력을 통해서 그런 이치를 깨달은
분으로 느껴졌습니다. 이 말씀이 기억에
남습니다.

"역술인들이 자신의 사주를 보기도 하는데,
자기 껀 안 보입니다."
그럴 겁니다. 그러니 역술인들이 사업하다가
망하기도 감옥에 가기도 하는 것이겠지요.

" 박도사가 얼마나 영이
쎈교. 그래서 내가
그 자리에서 바로 두 번
절을 했습니다.
도사에게는 2배를
하는 거거든요. "

바닐라 젠의 코멘트
Vanilla Zen 초반에 길게 통변하는 스타일이 아니고 운의 가장 중요한 특징만 딱 말씀하므로, 질문을
구체적으로 잘 준비해서 신기와 박도사식 관법을 혼합한 점사를 들으시는 것이 좋습니다.

- **명인**   소운 성승현
- **분야**   명리와 신점
- **위치**   대구광역시 중구

- **상담**   방문, 전화 상담 가능
- **간명비**   5만 원

028
점술 평론

남촌南村 김공성

때를 아는 현명한 사람이 되자.

깊은 공부가 느껴지는 고수입니다.
1952년생이시니, 올해 73세이십니다.
초반 5분 정도의 통변이면 이미 내공의
깊이가 물씬 느껴지는데, 여태까지
일반인에게 크게 알려지시지 않은 이유를
알 수가 없었습니다.

남촌 선생은 사람의 운명을 결정하는 다섯
가지를 문門, 택宅, 명命, 수修, 상相으로
보는데, 사실 처음에는 이런 사고체계가
제 마음을 크게 끌었습니다. 역술인이
자칫 함몰되기 십상인 '사주가 온 인생을
결정한다'는 결정론에 빠지지 않았다는 점,
운명을 개선하는 조건에 수修, 즉 수행을

꼽으신 점에서 우리네 삶에 대한 궁리가 깊으시다고 느꼈습니다.

남촌 선생님께 큰 영향을 끼친 분은 선생님의 할아버지로, 한학자이자 동학혁명에 깊이 관여하신 분입니다. 이 할아버지로부터 내려오는 주역 책을 아직도 그대로 간직하고 계신다고 합니다. 남촌 선생님의 할아버지는 태어나지도 않은 자신의 아들(남촌 선생님의 아버지)이 단명하리라는 예측을 했고, 이에 대한 비방으로 태아를 대형 가마솥 뚜껑으로 받으셨습니다. 아기를 가마솥 뚜껑으로 받으면 수명은 연장하나 대신 재산은 탕진한다는 비전을 알고 계셨다고 합니다. 실제로 할아버지의 예언대로, 아들(남촌 선생님의 아버지)은 수명은 연장했으나 부모로부터 물려받은 재산은 무일푼으로 만들고 돌아가셨다고 하네요.

그래서 그런가 남촌 선생님의 주력 분야는 출산 택일입니다. 저는 제 둘째를 택일해서 낳았기 때문에 느끼는 바가 있어서, 늘 블로그 구독자님들께 절대 한 곳에서 택일하지 말고, 아기 인생의 전체적 윤곽이 결정되는 중요한 문제이니 비용이 들더라도 두세 분 선생님의 택일 날짜를 크로스 체크하라고 말씀드립니다. 그런 과정에서 간혹 남촌 선생님에 대한 이런 택일 후기가 들어옵니다. 남촌 선생님에게

받은 날짜를 다른 선생님께 교차 검증하니, 이런 날짜와 시간을 어떻게 찾아냈지 하면서 칭찬하시더라는 겁니다. 남촌 김공성 선생님은 아기를 잉태하는 날과 장소에 대한 조언도 주신다고 들었습니다. 장소, 날짜, 날씨가 모두 중요한데, 번개가 치거나 태풍이 몰아치는 날, 술에 만취한 상태이거나 독한 약을 먹은 날 잉태가 되면 좋지 않으며, 또한 여러 사람이 이용하는 호텔이나 모텔 같은 다중 숙박시설은 좋지 않고 부부만 사용했던 침구에서 잉태하는 것이 좋다고 합니다. 입태入胎 상황의 중요성을 강조하시는 말씀이군요.

요즘 택일해주는 아기들이 성장했을 시기는 5차 산업혁명 사회에서 활동할 사람들이라는 점을 고려해서, 높은 지적 능력, 시대와 부합될 핵심 관심 분야, 건강을 가질 수 있는 사주로 안배한다고 합니다. 핵심 관심 분야가 성장하면 곧 직업이 되겠지요.

남촌 선생님의 관법은 위천리 선생, 아부태산 선생, 한국 3대 역학자의 저서 등 다 계열의 명리를 아우르면서 핵심을 흡수한 결과 만들어진 독자적인 간명법을 쓰고 있습니다. 제 경우는 처음 사주를 드리고는 "사업 관련해서 여쭤보려고요." 하니, 대번에 사주로 나오는 관련 사업을 세부적으로 열거하시는데 정확했습니다.

강한 추진력과 언어적 재능, 금전적 능력이 있다고 하시면서 두뇌를 많이 쓰게 됨으로써 냉해지는 것을 조심하라고 하십니다. 저의 타고난 기술대로 소통과 인간적 교류를 많이 하면 돈이 자연스럽고 풍부하게 따라온다고도 하시네요. 그런데, 남촌 선생님은 사회·경제적 흐름에 대한 파악에 엄청나게 능하십니다. 2025년까지 부동산 흐름을 예측하시는데 판세를 꿰뚫어 보고 계십니다. 저는 현재 정체기라 하시면서, "지금은 악어 같이 움직여라." 즉, 몸을 수면 밑에 감추고 눈알만 내놓고 관측하되, 이럴 때 공부하고 예측하고 총알 비축을 하라고 깔끔하게 정리해주시네요. 말씀대로 저는 수면 밑 공부로 총알 비축을 잘했습니다.

> " '진달래 향기, 밀 익는 오월의 보리 내음새' 그런 분위기가 생각나는 따스한 간명입니다.

—— 바닐라 젠

역학 사랑방 등 명리 카페에서 활발한 활동을 하고 계시는 분이시라, 처음에는 제가 역학 사랑방 회원인 줄 아시고 전문 명리 용어로 죽 풀어주시더니, 영 조용해지는 것을 느끼셨는지 쉬운 말로 다시 설명해주시기 시작하셨습니다.

김공성 선생님의 <따뜻한 남촌>이라는 닉네임이 인상적입니다. 1950년대에 가수 박재란 씨의 <산 너머 남촌에는>이라는 노래가 있었어요. 그 노래에 나오는 '진달래 향기, 밀 익는 오월의 보리 내음새' 그런 분위기가 생각나는 따스한 간명입니다.

바닐라 젠의 코멘트
Vanilla Zen
경륜이 깊고 인간미와 성찰력이 뛰어나고 친절하셔서 인생 전반에 대해 허심탄회한 상담을 하기 좋습니다. 특히 택일에 일가견이 있으시고 택일하셨던 분들의 피드백도 좋습니다.

- **명인** 남촌 김공성
- **분야** 명리
- **위치** 인천광역시

- **상담** 전화 상담만 가능
- **간명비** 5만 원

029
점술 평론

원제圓濟 임정환

자강 이석영 선생님의 맥을 잇는
자강학파 3대 계승자이십니다.
한국 명리학의 빅 3, 역술의 3대 전설 잘
아시지요? 도계 박재환 선생, 제산 박재현
선생, 그리고 자강 이석영 선생, 이 세
분이십니다. 제산 박재현 선생은 화려한
일화들로 많이 유명하신 분이지만, 도계
선생님과 자강 선생님도 그에 못지않은
분들이십니다. 삼성의 이병철 회장이 매년
연초마다 자강 이석영 선생님께 와서
신수를 받아 갔다고 하지요.

자강自强 이석영 선생님1920~1983은

『사주첩경』의 저자입니다. 이 저서로
말미암아 우리나라 명리학이 중국 명리학의
압도적 권위에서 탈피할 수 있었다고
평가받는 중요한 역작입니다. 이석영
선생님은 자강학파를 만드셨고, 학파의 2대
계승자가 벽천碧泉 김석환 선생님1933~2016,
3대 계승자가 바로 원제圓濟 임정환
선생님입니다.

원제 선생은 성균관대 법대를 졸업한 후
자강학파에 입문해서 맥을 잇고 있는
분입니다. 부친께서도 역학자이셨다고
합니다. 주역과 육효를 하시는
분들이라면 대부분 소장하고 있는

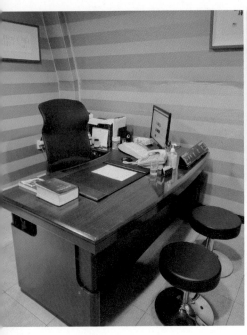

『야학노인점복전서』를 정리, 번역한 분이
바로 원제 임정환 선생님입니다.

　남도 사투리에, 말이 빠르시고 경쾌하고
예리합니다.
현재 대운에서 더 수고로운 것은 있지만
금전운은 올라온다, 큰 흐름으로 볼 때
내년은… 여기까지 말씀하시고는,
"지금 받아 적고 있습니까?"
"아, 네네, 열심히 쓰고 있습니다."
"오랫동안 써먹을 인과관계, 조직, 귀인,
이권, 부동산이 다가오는 좋은 운입니다."
내년이 좋다고 하는 것은 다른 고수

역술인들의 간명도 공통적 점사였으나,
임제 선생님은 그 분석과 표현에 있어서
매우 디테일한 것이 강점으로 느껴집니다.
2024년에서 2027년이 수확기이니,
눈앞의 '단기적 떼돈'만 생각하는 것은
특히 조심하라는, 아주 새겨들을 말씀을
해주셨습니다. 특히 다음의 이런 간명이
아주 가슴에 다가옵니다. 그 이유는 통변의
기술로 인한 것도 아니고, 돈을 번다고 해서
그런 것도 아닌, 듣고 있는 나 자신의 근본적
상황과 성향을 다시 두드려보는 각별한
분석이었기 때문인 듯했습니다.
"사주 자체가 문서자산도 살아있고

현금자산도 살아있고, 보수적·안정적 재물도 살아있고 투기성·역동성의 재물도 살아있으니, 재물을 많이 버는 사주다."

성격이 강건하고 자유로운 영혼에, 예민하고 영감이 발달되어 있고, 꽂힌 일에는 무조건 1등 하고, 아니다 하면 아예 놔버리는 성격이라는데 많은 부분 고개를 끄덕이게 만드는 설명이자 새로운 각도의 분석이기도 합니다. 꽂힌 일에서는 1등 아니면 아예 놔버리는 제 특성, 여지없습니다. "피곤한 서방이지만 자손 발복이 있다."고 하시는군요.

요즘 세상은 50대부터는 혼자 사는 게 제일 좋은 것 같다는 농담을 하시면서 처음으로 긴장을 놓고 웃으시는데, 스승께서 주셨다는 원제圓濟라는 아호의 의미가 훅 다가오더군요.

> " 이분의 간명이 가슴에 다가오는 이유는 "
> 통변의 기술도 아니고, 돈을 번다 해서
> 그런 것도 아닌, 듣고 있는 나 자신의
> 근본적 상황과 성향을 다시 두드려보는
> 각별한 분석이었기 때문입니다.
>
> ❀ ── 바닐라 젠

바닐라 젠의 코멘트

Vanilla Zen

간명 내용을 분석해보면, 일반적으로 많이 들을 수 있는 간명과는 관법에 차이가 있다는 것이 확실하게 느껴집니다. 통변이 세밀하고 성향 분석에 탁월합니다. 명리 공부를 조금 하셨거나 지적인 간명을 좋아하시는 분들께 잘 어필할 듯합니다.

● **명인** 원제 임정환
● **분야** 명리
● **위치** 서울특별시 강남구

● **상담** 방문, 전화 상담 가능
● **간명비** 10만 원

030
점술 평론

문필암 文筆庵 스님

💬 명인의 한마디

積德積善이면 必有餘慶이다.
덕과 선을 쌓으면 반드시 경사가 있다.

문필암 스님은 1957년생 올해로 68세의 비구니 스님입니다.
대학 입시 재수할 때 스님으로 출가했다고 합니다. 당시에 체중이 34kg까지 빠지면서 다들 저 애가 죽는다고 했고 스님 본인도 어떻게 죽을 것인가까지도 생각했었다고 하시네요. 문필암 스님의 은사스님은 당시 대구에서 유명하던 유발승으로, 중앙정보부 김재규 부장의 어머니가 그 신도였다고 합니다. <남산의 부장들>의 그 부장 맞습니다.

'사주는 내 인생의 QR 코드 여덟 글자'라며 말문을 트시는데, 사주 전반 특징, 현재 상황이 아주 잘 맞습니다. 지나간 운세 사이클과 사건들에 대해 짚어내시는 능력도 놀랍습니다. 회사를 추가로 설립한 것도 나왔고, 갑상선에 문제 있던 것까지 나왔으니까요. 처음 연인을 만났던 시기, 자식이 둘인 것도 정확합니다.

제게는 기도하면 영통靈通할 수 있는 글자가 들어있으니, 무당에게 점 보러 가지 말라고 하십니다. 저는 사주상 "커다란 나무인데 이 나무는 땅을 사서 증식한다."고 하시면서 나도 모르게 그 방향으로 끌린다고 하며, 저는 방석 밑에도 돈을 깔고 있다고 하십니다. 오행 중 절을 뜻하는 것은 토±이며 이 토가 돈이니, 제게 절에 다니는 것이 좋다는 특별한 점사도 주셨습니다. 부정 점사도 야멸차게 하실 때는 야멸차게 하십니다.

간명이 길어지는 경향이 있는데(저는 한 시간 이상), 길어지는 이유는 스님의 출가에 관한 이야기, 불교에 관한 이야기가 섞여 들어가기 때문입니다. 불교에 관심 없으신 분들은 마음속으로 스킵 하면서 간명하는 주제에 집중하시면 됩니다.

그 간명이 매우 정확하거든요. 말씀의 숲을 잘 헤쳐서 과실을 따시면 됩니다.

구독자님들의 후기 가운데, 문필암 스님께 간명 받은 20대 후반 남성 한 분의 후기가 흥미로워서 일부 인용합니다.

상담이 인자하시면서도 푸근한 느낌으로 편안했습니다. 상담은 48분 정도 했는데, 중간중간 사담도 섞어가면서 진행이 되었습니다. 먼저 스님께서 제 사주의 전반적인 면을 짝 풀어주셨습니다. 진로, 배우자 인연, 건강, 재물 등등…. 신기했던 것은 배우자 인연을 풀어주실 때 어떤 직업의 여성이 잘 맞는지와, 특히 어떤 성씨의 여성이 오면 직업 불문하고 무조건

"   사주는 내 인생의   "
QR 코드 여덟 글자

잡으라고 강하게 말씀해주셨습니다. 진로 쪽에선 다른 분들이랑 비슷한 분야를 추천해주셨습니다. 시험운이나 사회에 나갈 시기 역시 다른 분들과 비슷하였습니다.

그리고 건강에 관해 이야기해주실 때 주의해야 할 부분을 설명하시면서, 사주 년월일시로 어떤 질병으로 세상을 떠날 수 있는지도 추론할 수 있다고 하시더군요. 마지막으로 풀어주실 때도 본인께서 두루뭉술하게 전반적으로 설명하였지만 이것만큼은 확실하다 하시면서 강조 포인트들을 한 번 더 설명해주십니다. 결혼, 진로 쪽 특정 부분, 부족한 오행을 채우는 구체적인 방법, 이렇게 강조를 더 해주셨네요.

전 너무 만족스러운 상담이었습니다. 개인적으로 바닐라 젠 선생님을 알게 되어 여태껏 봤던 분 중에서 명리학에서 만족을 크게 느낀 분은 강경희 선생님과 문필암 스님, 첩경 선생님이었던 것 같습니다.

바닐라 젠의 코멘트

Vanilla Zen

"힘든 사람 말 들어주는 것도 기도이고 보시."라는 말씀이 인상적입니다. 질병, 부부운, 이성운을 특히 잘 보십니다.

- **명인** 문필암 스님
- **분야** 명리
- **위치** 경상남도 진주시

- **상담** 방문, 전화 상담 가능
- **간명비** 5만 원

031
점술 평론

기송己松
이한우(이지함)

◎ 명인의 한마디

**증오보단 사랑을,
집착보단 이해를**

지금까지는 '광교 이지함 선생'으로
알려졌었던 분입니다. 50대 연세이고 역술
경력은 25년째이십니다.
몇 년 전 어느 인터넷 카페에서 핫하셨는데,
연락처가 공개되지 않아 당시에 애태우던
분들이 많았지요. 수원 광교에 계시는데
저는 전화로 상담했습니다. 전화상
음성으로는 40대 초반 정도로 젊게
느껴졌습니다. 음성이 단정하고 잘 정리된
느낌이며 차근차근 잘 설명하시고 통변에
막힘이 없고 유려해서 몰입도가 높습니다.
깔끔하게 떨어지는 성품이고 간명 스타일도
그렇습니다.

갑목甲木인 저에 대한 간명은 평생
하도 많이 들어서, 저도 갑목 전문통으로

육교 밑에 돗자리를 펼 정도이지만, 기송
이한우 선생의 관법이 특이해서 제 머리가
잠시 주춤했습니다. 제가 주춤하는 것을
느끼셨는지, "일단 끝까지 들어보세요."
하시더군요. 중간에 제가 "관법이
특이하신데요?" 하니 "그렇지요." 하시네요.
특이한 것은 그 관법이 일반 간명의 이면적
부분을 묘하게 파내는데, 그것이 실제와 잘
부합하며 생각지도 못한 정곡을 찌른다는
점입니다. 정곡을 여러 번 찔렸습니다.

제가 커리어 우먼으로 살면서
일복이라고 생각했던 것이 사실상은
주변덕이었고, 관인상생의 운이 또다시
기다리고 있다고 하시는군요. 주변덕이
없다고 생각했었는데, 다시 한번 돌아보게

됐다는 점에서 매우 의미 깊은 말씀입니다. 현재의 정체감은 운이 바뀌면서 나타나는 현상이지만, 앞으로 20년 지속될 화려한 대운의 스타트를 끊었다고 하십니다. 정신 차리고 새로 달리기를 해야 할 스타트 라인에 선 것 같습니다. 국가 정책과의 연관성에서 보는 사업운에 대해서도 참신한 설명을 들었습니다.

기송 선생님만의 관법 체계는 수많은 임상을 통해 정립됐다고 합니다. 기존 학문대로 보면 운이 안 좋아야 하는데, 실제 삶은 좋은 경우도 있는 등 실전에서 오류가 너무 많이 나타났고, 이 부분의 극복을 위해 강의보다는 상담에만 몰두하면서 자체 관법을 형성하셨습니다.

2년이 지나면 돈을 버는 원천이 바뀌면서 "이렇게 돈 벌어도 되나?" 싶을 정도의 운이 온다고 하셨는데, 실제로 작년부터 돈 버는 원천이 서서히 바뀌고 있으니 그것참 신통한 점사입니다.

> " 사주 관법이 일반 간명의
> 이면적 부분을 묘하게 파내는데,
> 그것이 생각지도 못한 정곡을 찌릅니다. "
> —— 바닐라 젠

바닐라 젠의 코멘트
실전을 통해 체득한 자체 관법으로 간명하십니다. 지나고 보니 흐름이나 특정 사안에 있어서 깔끔하게 맞아떨어집니다.

Vanilla Zen

- **명인**   기송 이한우 (이지함)
- **분야**   명리
- **위치**   경기도 수원시 팔달구

- **상담**   방문, 전화 상담 가능
- **간명비**   5만 원

032
점술 평론

도깨비
이연하

⑦ 명인의 한마디
**위로는 하늘을 이고 아래로 땅을 밟고
있는 것 중에 사람이 가장 귀하다.**

대구 동성로 로데오 거리에서 이름
날리시던 분으로 현재는 서귀포시
매일올레시장 앞에 계십니다. 1970년
생의 역술 경력 20년 이상 되신 여성
역술인입니다.

도깨비 선생은 모 점술 사이트에서
역술·신점 통틀어서 베스트인 분으로,
제 블로그 댓글에서도 여러분들께서
추천해주셨습니다. 저는 로데오 거리로
찾아간 것이 아니라, 점술 사이트를 통해서
상담했습니다. 도깨비 선생님이 점술
사이트에 접속된 시간을 잡기가 몹시
어려워서 저는 상담에 성공하기까지 열 번
이상 들락거린 듯합니다.

도깨비 선생님의 강점은 적천수를
바탕으로 한 현대적 물상기법이며, 그
가운데에서도 가장 전문적이고 독보적인
분야는 물상기법에 의거한 대학교 진로
상담입니다. 생소한 내용이어서 제가 잠시
고개를 갸우뚱하니, 부연 설명하시기를,

가령 예를 들어서 서울대 사주인지 고려대
사주인지가 정확히 판가름 된다고 합니다.
물상기법을 잘 다루시는 역술인들이 몇 분
계시지만, 잘 듣지 못했던 내용이라서 제가
쉽게 설명을 부탁드리자 흥미로운 말씀을
들을 수 있었습니다.

"쉽게 풀어보자면, 가령 고려대 이미지가
안암동 호랑이잖아요. 사주 기법상
인목寅木이 결실되는 학생들이 고려대

사주예요. 갑목 사주는 무토戊土로 봤을 때 대부분 국립대 사주지요."
그러시면서 고등학교 때 진로를 제대로 잡는 것이 중요한 이유에 대해 설명해주시는데 매우 설득력이 있습니다.
"학연이 지연이 되니까요. 정치도 그렇고 우리 사회가 모두 가령 서울대를 나오면 서울대를 다 끌어다 쓰거든요, 고등학교 때 진로를 제대로 잡는 것이 그 사람의 학연, 지연, 인간관계가 되고 그게 바로 재물의 뿌리를 형성할 수 있는 겁니다."
진로를 하나의 사회적 흐름으로, 통시적으로 파악한 흥미로운 관점입니다.

간명은 정확하게 딱 부러집니다. 친절하고 자상하지만 카리스마가 느껴집니다.
저는 거목巨木, 리더의 사주로, 나이 들면서 "사업은 당연지사."라고 하시는군요. 내년이 터닝 포인트의 해가 되면서 그다음 해부터 돕는 사람들이 들어오며 엄청난 돈을 번다고 하시는데, 비슷한 시기에 간명을

받은 기송 이한우 선생님과 관법은 다른데 결론은 똑같은 것이 신기합니다.
저는 땅이 돈이라고 하며 입으로 말하는 직업이나 글 쓰는 작가로도 잘 된다고 합니다. 말에 칼이 있어서 상담이 잘 맞는다고 하는데, 제가 하는 회사 중의 하나가 상담회사이니 딱 맞는 말씀이지요. 역술도 잘 맞을 수 있다고 하십니다.
아주 디테일하게는, 이런 주의 사항도 있었습니다. 즉 사업할 때, 특정 성씨를 가진 남성과 여성을 주의하고, 특정 업종을 하는 사람은 내 돈을 나누려고 하니 특히 조심하라고 합니다. 그 성씨를 알려주시는데, 신기한 것은 제가 지금까지 사업에서 배신이나 뒤통수 등 불미스러운 일이 있었던 사람들이 대부분 그 성씨였네요.

> ❝ 물상기법에 의거한 ❞
> 대학교 진로 상담에
> 전문화된 명인
> ❀──── 바닐라 젠

바닐라 젠의 코멘트
깔끔하게 딱 부러지는 간명이 특징입니다. 점술 사이트에 접속할 경우 시간제로 카운팅 되며, 제 경우 15분 상담/3만원 항목을 결제했고, 실제 상담에서는 10분 상담하여 2만원 사용했습니다. 남은 코인은 누적됩니다.

Vanilla Zen

- **명인** 도깨비 이연하
- **분야** 명리, 타로, 손금
- **위치** 제주특별자치도 서귀포시
- **상담** 점술 사이트 파트너로 활동. 서귀포시에서는 직접 간명
- **간명비** 점술 사이트에서 시간제로 카운팅

033
점술 평론

죠심거사 진민호

안광眼光이 범상치 않습니다. 상담 톤은 자상하고 부드러우며, 간결 명확히 정리된 내공이 깊습니다. 약간의 비음이 섞인 소탈하고 유연한 음성으로 간명해주십니다. 대형 명리학 카페 <역학 사람들>을 운영하는 시삽이기도 하십니다. 부친께서도 역술인이셨다고 하시는군요.

초반 3분가량 사주의 전체 틀과 흐름을 통변한 후, 그다음은 "질문하라." 하시면서 질문에 따라 차곡차곡 디테일하게 짚어주십니다. 간명 정확도가 높고, 앞으로의 향방에 관한 해석이 일목요연합니다. 통변 속도가 매우 빠르니 받아쓰시는 분들은 펜대를 바짝 조여야 할 겁니다.

생시生時를 두 차례 확인하셨는데, 정확한 생시가 맞다고 말씀드렸더니, 그 생시라면 '아주 큰 사주'라고 하십니다. 그래서 재차 물으셨다고 합니다.

저는 여장부 사주, 다재다능하고 자수성가형 사주라고 하십니다. 목화통명木火通明 사주로 교육 및 심리가 잘 맞을 것이고, 말년 번창이 크게 이루어질 것이라고 합니다. 그런데 아무 정보 없이 첫 통변 중에 대뜸 신도시와 재개발지역의 땅이나 건물과 인연이 깊다는 것이 나와서, 깜짝 놀랐습니다. 보통 제 사주가 부동산과 관계가 깊다고는 나오는데, 이렇게 세부적인 유형까지 짚어내는 경우는 드물거든요. 그게 신기해서 나중에 부동산에 대해서 자세히 다시 여쭤봤습니다.

부동산 가운데서도 신도시, 재개발지역에 집중하라고 재차 강조하시던데, 아마도 부동산 쪽 상담에 이력이 깊어 현실적인 도까지 트이신 듯한 느낌이었습니다.

6년 전에 직업 및 신변 관계 변동이 있던 부분을 정확히 지적하시고, 진로와 직업상의 세 가지 특성을 짚었는데 세 가지가 모두 적중해서 놀랐습니다. 처음 제 사주를 받자마자 교수나 교장 등을 했었으리라고 짐작했다 하시니, 교수 생활을 십여 년 했던 것을 그대로 맞추시네요.

앞으로 감투 성취가 가능하여 높은 자리까지 오르며 관(官)과의 인연이나 귀인으로 크게 일군다고 하시고, 문서와 부동산으로 큰 재산을 모은다고 하십니다. 그 모든 기점이 2023년으로, 이때 새로운 일을 시작하여 왕성한 활동력으로 큰 재산을 모을 것이라고 하셨는데, 일단 새로운 일의 시작은 그대로 잘 적중하셨습니다. 말년에는 나를 돕는 큰 사람을 만날 수 있다고도 하시는군요. 일단은 제가 오래 살고 봐야겠습니다.

> **"** 안광이 범상치 않습니다. 상담 톤은 자상하고 부드러우며, 간결 명확히 정리된 내공이 깊습니다. **"**
>
> ⚜ —— 바닐라 젠

바닐라 젠의 코멘트
Vanilla Zen
사주 전체의 추이와 흐름을 정확히 보시며 부동산운을 특히 잘 보십니다. 부드럽고 상냥한 분위기로 상담을 편안하게 진행하시는 것도 큰 강점입니다.

- **명인**　초심거사 진민호
- **분야**　명리
- **위치**　경기도 화성시

- **상담**　방문, 전화 상담 가능
- **간명비**　5만 원

034
점술 평론

인생정담
전주 상호 없는 집

🎤 명인의 한마디
이 또한 지나가리라.

추천하신 구독자님께서 입에 침이 마르도록 칭찬을 한 분인데, 간명 받으면서 그 이유를 충분히 실감했습니다. 전화가 연결되자, 빨간 머리 앤 같은 느낌의 앳되고 보이시한 여성의 음성이 들려서 깜짝 놀랐습니다. 심장이 다 쿵 내려앉더라구요. 제 반응을 느끼셨는지, "제 목소리가 고삐리 같죠? 근데 저 내년이면 반백이에요. 제 목소리만 듣고는 지금 10대 나이이고 신내림 받은 거냐고 묻는 분도 있어서 충격 먹은 적도 있어요."

제가 이 선생님과 통화하면서 세 번을 놀랐습니다. 처음엔 저 '고삐리 목소리' 때문에 놀라고, 그다음은 본업이 있으시다는데, 놀랍게도 고등학교 교사를 하시다가 현재 고3 전문 입시학원을 운영하고 계시며, 더군다나 제법 잘 되는 학원이라고 하십니다. 늘 고3들과 밀착 생활을 하다 보니, 목소리가 그렇게 '고삐리'가 되셨다네요. 학생들 진로 지도 때 사주를 참고하니 잘 맞더랍니다. 잘나가는 본업이 있으시니, 사주 봐주는 것이 상업적이나 영업적이 되지는 않는다고 하시면서, 상호도 그래서 없다고 합니다. 세 번째 놀란 것은 간명의 정확도이자, 요즘 감성과 감각에 짝짝 달라붙는 통변이었습니다. 이 선생님도 젊어서부터 점 보러 다니는 것을 너무 좋아했던 나머지, 20대에도 제주도까지 비행기를 타고 가서 점을 보고 올 정도였다고 합니다. 그러다가 역술인들의 간명이 각기 너무 달라서, 직접 사주책을 손에 잡고 공부를 시작한 것이 이제 30년째가 되고, 알음알음으로 몰리는 사람들을 봐주기 시작한 것은 1년 10개월 되셨답니다.

제가 보기에는, 조금 더 세월이 지나면 입시학원에 빈방 한 칸을 비우시고 돗자리를 펴셔야 할 듯싶네요. 그만큼 정확하고 신선하고 인상적입니다.

역시나 사업 위주로 물었습니다. 직업을 위주로 질문할 경우라도, 잘 보시는 분들은 상황을 상호 연관성을 가지고 보기 때문에 결국 다른 부분도 함께 나옵니다. 저는 스케일이 크고 활동적이며, 미인 사주이고 매력 있는 사주라고 합니다ㅋㅋㅋ. 점을 보던 그해는 입질만 있고 실속이 없었으나, 다음 해인 2021년도는 폼 잡을 일이 생기고 금전운도 쏠쏠하니 좋기는 하지만, 문서를 정말 조심해야 하니 변호사나 법무사를

> **"** '인생의 가장 아픈 이가 빠졌다'라는 소름 돋는 문구를 주셨는데, 제가 저에게 하고 싶던 말이었지요. **"**
>
> ──── 바닐라 젠

항상 끼고 일하라고 하셨습니다. 그다음 해 교운기에는 도와준다고 와서 간을 보고 돈을 탐내고 모이는 감언이설의 소인배들이 많을 것이니 정신줄 놓지 말라는 중요한 조언도 있었고요.

저는 늘 바빠야 하고 느슨하면 오히려 아픈 것을 캐치 못하는 수가 있으니, 분주하게 움직여야 좋다는 말씀도 실제로 수긍이 갑니다. 10년 전쯤의 일대 사건이 있었는데, 그 일에 대한 평가로 '인생의 가장 아픈 이가 빠졌다'라는 소름 돋는 문구를 주셨습니다. 제가 저에게 하고 싶던 말이었지요.

바닐라 젠의 코멘트

원래는 상호가 없다고 하셔서 블로그 포스팅에 제목을 '전주 상호 없는 집'으로 잡았었습니다. 접집 후기계에서는 상호 없는 집, 간판 없는 집이라는 타이틀이 사실 관심을 더 끈답니다. 사진 보내주실 때 '인생정담'이라는 상호를 새로 정해서 보내주셨습니다. 본업이 있으셔서 주로 저녁에 상담하십니다. 학원 특성상 주말에는 강의로 바쁘신 듯합니다. 임상을 학생들을 통해서 주로 해오셔서, 학생의 진로 및 적성을 잘 보십니다.

- **명인** 인생전담 (전주 상호 없는 집)
- **분야** 명리
- **위치** 전라북도 전주시
- **상담** 전화 상담만 가능
- **간명비** 5만 원

035
점술 평론

묵암默巖
김학봉

<법불심法佛心>이라는 상호가 더 유명한 분입니다.

모 인터넷 카페에서 이름나셔서 메모해두고는 잊고 있었는데, 마침 최근에 블로그 구독자님 한 분께서 알려주셔서 상담받았습니다. 명리로만 보시는 분으로 듣고 전화를 드렸는데, 사주를 드리기 전에 일단 래정점을 치시더군요. 제 대운을 다른 대운으로 보시길래 "어, 자미두수로 보시나요?" 하고 여쭤봤습니다. 명리의 대운과 자미두수의 대운은 서로 다르거든요. 그러자 하시는 말씀이 "명리와 자미두수, 육임으로 봅니다. 아까 래정점은 육임으로 봤습니다."라고 하시네요. 전화 통화되자 대번에 보신 그 래정점 두 가지가 모두 맞았습니다.

약간의 비음이 섞인 음성으로 친절하게 간명해 주십니다. 약 40대의 나이로 느껴졌는데, 전주의 '고삐리 선생님'을 겪고 보니, 이젠 음성으로 선생님들 나이를 가늠하면 안 되기는 하겠습니다. 아, 그러고 보니 묵암 선생님도 전주에 계십니다.

묵암 선생님은 주로 대운의 흐름으로 보십니다. 자미두수 상의 대운으로도 풀이해주시고 명리 상 대운으로도 겸간해 주십니다. 주로 기반은 자미두수를 놓고 보시는 느낌이 들었습니다. 지난 대운의 특성 분석이 정확하고 핵심을 찌릅니다. 점 보던 해 다음 해부터 자미두수 상 대운 시작인데, 이때가 대운이 최고 시기라고 합니다. 그때는 돈을 쓰고 나야 돈을 거둬들여 현찰을 쌓는 형국이라시길래, 투자를 말씀하시느냐고 여쭤봤더니, "그렇다, 선투자 후수거 형태."라고 하시며 제도적인 변화가 유리하게 작용할 것이라고 합니다.

예전에 하던 어떤 일을 내년에 다시 리바이벌해서 "신나게 복수하겠다." 하시는데, 이 '복수'라는 단어 뒤에 숨겨진 그물망 같은 뉘앙스에 정곡을 찔려 순간 통쾌했습니다. 대략 어떤 일인지 감이 잡힙니다. 실패했던 일을 다시 살려 권토중래한다는 말씀이신 듯했습니다. 선생님은 실패한 일이 있던 해를 정확히 짚으셨고, 제가 다시 책을 쓰게 되면서 이 리바이벌 복수의 의미를 깊이 새기고 있습니다. 무협영화 <돌아온 외팔이獨臂刀王>의 느낌이라 할까요.

다른 명리 간명에서와 마찬가지로 묵암 선생님 역시 부동산을 언급하셨습니다. 그런데 특이한 것은, 투자하려면 ㅇ, ㅎ, ㅅ 초성이 들어있는 도시나 동네 이름에 하라고 하시면서, 아마 지금 사는 곳도 그럴걸요? 하시는데, 오 정말 그렇습니다.

바닐라 젠의 코멘트

Vanilla Zen 대운의 흐름 파악에 능하시고 해당 대운의 전체적 컬러와 특성을 잘 잡으시며, 인생 노정 상 상담자 본인만이 이해할 수 있는 어떤 한 방이 있습니다.

•명인	묵암 김학봉	**•상담**	방문, 전화 상담 가능
•분야	자미두수, 명리, 육임으로 겸간	**•간명비**	5만 원
•위치	전라북도 전주시		

036
점술 평론

와촌
묘심행妙心行

묘심행 선생님은 아미타불을 모시는
사찰에서 일하시면서 사주를 봐주시는
분인데, 입소문만으로 알려져서 미국,
일본에서도 전화 상담 요청이 들어오는
분입니다. 제가 이 분을 발굴하여 '1만 원으로
고퀄의 간명이 가능한 분'으로 포스팅해서
한때 장안이 떠들썩했던 분이기도 합니다.
위치는 경상북도 와촌의 뒷 갓바위에서

子 명인의 한마디

一期一會
지금 이 순간은 생애 단 한 번의 시간이며,
지금 이 만남은 생애 단 한 번의 인연이다.

" 일반적으로 운에서 봄기운, "
혹은 끝자락에 차리면 흥한다.

10분 거리쯤에 있는 큰 도롯가에 있습니다. 저는 전화로 상담했습니다만, 은해사 가는 길에 도로변에서 <휴휴동천休休洞天>이라는 간판을 보기는 봤습니다.

사주를 드리면, 먼저 전체 운세를 풀어주시는 방식이 아니고, "뭐가 궁금하세요."부터 물으시고 그 질문을 기점으로 전체를 훑어나갑니다. 역시 사업운으로 저도 운을 뗐습니다. 전년도에 새로 설립한 회사에 대해서 여쭤보자, 저는 이제 겨울 끝자락에 있는 운으로 곧 봄으로 진입하는데, "일반적으로 운에서 봄기운, 혹은 끝자락에 차리면 흥한다."라는 흥미로운 말씀으로 시작하셔서, 첫 대목부터 옷 소매를 걷어붙이고 볼펜에 힘을 줬네요.

친절하고 또박또박, 맑고 소박한 음성, 그러나 청아한 기운과 강한 기가 느껴졌습니다. 처음에는 '청담'이라는 법명으로 쓰시다가(보통 여성 불자는 법명을 세 글자로 씁니다), 어느 큰 스님께서 "너 참 희한하게 행하는구나." 하여 '묘심행妙心行'으로 지어주셨다고 합니다. 묘심행 선생님은 절박하고 절망한 누구 한 사람을 살리려고 오후 내내 붙잡고

설득하고 상담해주시기도 하신답니다. "기도로 밝히고, 절에 다니고, 마음이 맑아야 상담을 해요. 백화점도 안 가봤고 바깥세상을 몰라요. 무슨 옷을 입는지, 유행도 모르고요."

자, 신기한 것은 묘심행 선생님도 "이 사주는 결국 부동산으로 간다."고 하십니다. 공부가 다 다르고 관법이 다 달라도, 잘 보시는 분들끼리는 이런 식으로 동일한 결론에 다다르는 것이 신묘할 따름입니다.

제게 큰 관운이 있는데, 만약 이 관官이 뿌리를 내릴 수 없는 것이라면 월급쟁이를 하는 것이 안전하다고 말하겠으나, 충분히 오너 자격을 갖추어 회사 대표로 제격인 사주라고 하십니다. 저는 주관이 뚜렷하고 속이 깊고 되새김질을 잘하여 현혹되지 않는다고 하시면서, '사주가 나무랄 데가 없다'고 하시니 아무튼 기분은 너무 좋더군요.

말년에 재물에 큰 뿌리를 내린다고도 하시면서, 만약 주식이나 펀드를 하면 와르르 무너지니 절대 손대지 말라는 조언도 곁들여주셨습니다. 사주가 부동산과 맞지 않는 사람이 부동산에 손을 대면 매우

위험하다고 합니다. 그런데 제게 가장 잘 맞는 것은 부동산이라서, 아마도 앞으로 자꾸 부동산 분야에 끌리게 될 것이라네요.

간명 후반에는 오행으로 짚는 일상 팁들을 주십니다. 빨간색으로 코디를 많이 하라 하시고, 액세서리는 골드 쪽이 관(官)을 크게 살리니 늘 금색으로 고르라고도 하십니다. 본인에게 맞는 절을 찾는 방법도 알려주십니다. 저는 기도발 좋은 기도처는

잘 알고 있기는 하지만, 묘심행 선생님처럼 음과 양의 기도처로 구분하는 것은 처음 들었습니다.

음기가 강한 절은 운문사 사리암, 양기가 강한 절은 갓바위, 남해 보리암이라고 알려주시네요. 양이 지나친 사주는 음기가 강한 절에서 기도하고, 양이 부족한 사주는 양기가 강한 절에서 기도하면 기도발이 뛰어나다는 말씀입니다.

" 기도로 밝히고,
절에 다니고,
마음이 맑아야
상담을 해요. "

바닐라 젠의 코멘트

사주의 기본 틀과 특성을 파악하기만 하는 목적으로 20만 원 내지 30만 원의 고가 간명을 받을 필요는 굳이 없다고 봅니다. 그 틀이 그 틀인데 돈을 더 낸다고 틀 자체가 달라지지는 않거든요. 기본 사주의 업 다운을 보는 데는 와촌 묘심행 선생님, 메시타로 박진수 선생님, 나무 철학관 강경희 선생님 등이 2만 원이라는 대중 친화적 혜자스런 간명비로 지갑 얇은 우리 곁에 가까이들 계십니다.

- **명인** 와촌 묘심행 (본명 최덕순)
- **분야** 명리
- **위치** 경상북도 경산시

- **상담** 방문, 전화 상담 가능
- **간명비** 2023년부터 1인 2만 원, 가족 5만 원으로 조정

037
점술 평론

갑산甲山
이철수

명인의 한마디

**運이라는 연고가 命이라는 인자로
運命을 만든다.**

"선친이 살아계시면 지금 126살이세요.
부산 넘버원 점쟁이셨어요. 어릴 적에
집으로 점 보러온 사람들이 저를 보면
'점쟁이 영감쟁이 막내아들'이라고 하던
것이 그렇게 싫었는데, 두 형님 다 제치고
제가 선친의 일을 물려받았네요."

수십 년 전, 부산 온천장에 이 법사李 法
師라는 분이 계셨습니다. 당시 '부산 넘버원
점쟁이'로 이름 드날리던 분이셨는데,
그분의 뒤를 이은 분이 바로 갑산
선생님이십니다.
갑산 이철수 선생님은 전직 국어
교사이시며, 역술 공부는 30대에
시작하셔서 40년째 하고 계십니다. 올해
연세 73세이십니다. 음성이 아주 젊으셔서
깜짝 놀랐습니다.
명확하면서 기개와 박력이 있고 인간미가
넘치는 간명을 하십니다. 서울, 부산에서도
많이 찾아오고, 방송국 PD나 고위직도
많이 찾아온다고 하네요. 코로나 이전에는

" '점쟁이 영감쟁이 막내아들'이라고 하던 "
것이 그렇게 싫었는데, 두 형님 다 제치고
제가 선친의 일을 물려받았네요.

사우나에서 명성을 듣고 물어물어 찾아온
경우도 있었다고 합니다. 80세가 다 되신
분이 자세히 간명을 받았다고도 들었습니다.

예약할 때, 상담할 시간에 운전하거나
다른 일 하지 말고 메모지 준비해서
평정심을 가지고 들으라고 준비시키십니다.
엄청나게 상세하고 유려한 통변이 그치지
않고 흘러나오는데, 사주를 분석할 때 사주
특징을 묘사하는 비유와 예시가 탁월해서,

상담자가 자신의 사주에 대해 쉽게
알아듣도록 하는 각별한 장점이 있습니다.
상담자와의 대화를 물 흐르듯 이끄시는
모습에서 언어의 재능을 타고나셨구나
느꼈습니다. 선친의 DNA에다가 국어
선생님으로서의 면모가 충만하다고 할까요.

제 목소리는 거의 모든 역술인마다
한 말씀씩하고 지나가는 음성인데, 갑산
선생님은 이렇게 표현하시네요. '대구

풋사과를 닦아서 탁 깨물 때 나는 그런
목소리'라고 비유하시는데, 일단은 순발력
있는 문학성에 놀랐습니다. 필요한 오행에
대해서 일반인들도 알아듣기 쉽게 차근차근
설명해주십니다. 국어 선생님이셨지만, 통변
중에 필 받으시면 가끔 영어를 쓰십니다.
이렇게요.
"인 아더 워즈in other words! 다시 말해서! 그
격국이란 게……."

　제 사주의 전반적 틀에 대해서는, 까불고
날리고 하는 것 일절 없이 '간이 딱 맞는 국,
양념이 골고루 밴 반찬'같은 격으로, 그릇이
크고, 인문적 재능과 순수 학문에 깊지만
동시에 비즈니스 수완도 겸했다고 하십니다.
10년 대운은 5년 단위로 끊어서 보시는
듯했습니다. 10년 전쯤에, 잘나가다가
'브레이크 걸렸던' 시기를 딱 짚어내시네요.
연도를 정확히 짚어서 깜짝 놀랐습니다.

제가 작년에 '개피'를 좀 봤는데, 올해 가을
전후로 싹 빠져나갈 것이며, 내년부터
7~8년간 평생 먹을 것을 손에 쥔다고
하네요. 황금밭에 풀어놔도 손이 조막손이면
쥐지를 못하는 법인데, 제 손은 힘이
강하다니, 다행입니다. 그때가 인생 최고의
절정이자 최고 상종가라니, 기도하는
마음으로 운을 잘 받아야겠습니다.

　후반부에는 오행에 따라서, 입으면 좋은
내의 색깔, 좋은 숫자(휴대폰 번호, 통장
비밀번호 등), 사무실 방향, 침대 머리 방향
등을 정리해주십니다. 맞는 사람 찾을 때 띠
가지고 찾지 말라시며, 오행을 보충해주는
상보성相補性 궁합의 사람들을 주변에 두라는
조언도 해주십니다.
보기 드물게 만난, 변재辯才의
역술인이셨네요.

바닐라 젠의 코멘트
Vanilla Zen
사주의 전체적 격을 잘 보시며, 대운의 특성 지적이 매우 정확합니다.
특히 통변이 긴 상담을 선호하시는 분들이 간명 받으시면 좋아하실 듯합니다.

- **명인**　갑산 이철수
- **분야**　명리
- **위치**　울산광역시 동구

- **상담**　방문, 전화 상담 가능
- **간명비**　5만 원

038
점술 평론

백민白民
양원석

● 명인의 한마디

命理學!
나와 남을 알고
知足을 배우는 공부

진정한 고수이자 명인입니다.
중후하되 자상하고, 정확하되 인간미가
넘치고, 예리하나 구수하고 정감이
넘칩니다.
사실 간명 받으면서 많이 놀랐습니다.
현재 활동 중인 유수한 역술 명인들의
은사로서, 백민 선생님의 명성이야 익히 잘
알고 있던 터였지만, 기대 이상이었거든요.
대가大家라서 오히려 대중적이지 않은 그런
형국인 듯도 합니다.
보통 저는 간명을 받을 때 통변 내용을
받아 적으면서 순간순간의 느낌을 노트
가장자리에 메모합니다. 그러면서 발군의
해석이거나 탁월한 간명인 경우는 느낌표를

붙여놓는데, 근래 들어 가장 많은 느낌표를
찍은 분입니다.

백민 선생님은 군산 출신으로,
본명은 양종梁種이고 아호는 백민白民,
술명術名은 양원석 선생입니다. 동국대학교
철학박사이시며 현재 경기대학교
동양철학과 초빙교수로 계십니다.
1984년에 숭산崇山 권영일 선생께
사사하면서 명리를 시작했습니다. 숭산
선생님이 주신 아호가 바로 '백민白民'이고요.
'뱅미니'로 불리면서 1990년대 우리나라
역학계를 주름잡던 <하이텔 역학
동호회>에서 맹활약하셨지요. 저서로

『백민의 명리학 개론』 등이 있습니다. 백민 교수님의 첫 제자가 낭월 박주현 스님이라고 『백수점단百首占斷』 서문에서 읽은 적이 있습니다. 창광 김성태 선생님도 백민 선생님 제자입니다.

제 경험상으로는 역술의 경우, 가르치는 능력과 저술하는 능력과 점을 보는 능력이 사실 모두 일치하지는 않았습니다. 거기에 남의 인생을 '상담'해주는 역술인으로서의 자세나 마음가짐까지 포함한다면 더욱 그랬습니다. 그런데, 백민 교수님의 경우, 이 네 가지 덕목을 모두 갖춘 보기 드문 분이었습니다.
백민 교수님의 통변을 듣다 보면 매우 몰입하게 됩니다. 전문적인데도 이해하기 쉽고, 찬찬히, 자상하게 번호를 매겨서 논리적으로 설명해주십니다. 받아적기에 적절한 속도로, 그러나 열정적으로, 마음을 다해서 통변하고 계신다는 느낌이 저절로 드는 상담을 해주십니다. 제가 간명 받는 그 새에 명리 간명 방식의 세 가지 큰 틀을 처음으로 조감했답니다. 제가 수백 명의 역술인에게 점을 봤어도 이런 귀한 공부는 사실 처음이었습니다. 조후론, 신강 신약, 격국 용신 등, 역술인마다 '어느 잣대를 들이대느냐'에 따라 표현과 해석에서 차이가 날 것이라는 말씀인데, 그것을 명리를 일절 모르는 일반인일지라도 고개를 끄덕이도록 요약하는 방식은 큰

능력이라고 느껴졌습니다. '타고난 교수 체질'이라고 해도 과언이 아닙니다. 점을 보는 데에만 집중하는 일반인에게도, 공부 중인 명리학도에게도 모두 먹혀드는 양수겸장이라 할까요.

제 사주는 갑목 중에, '짱'이 되어야 하는 살아있는 생목生木의 기질이라고 합니다. 머리 두頭, 머리 수首 격으로, 차고 나가는 진취력과 카리스마, 승부욕, 자신감이 넘친다고 하는데, 여기서 잠시 질문을 던지십니다.
"혹시 이 자신감이 요즘 애들이 말하는 근자감은 아닐까요?"
사주에 관官이 없으면 근자감이라고 하십니다. 잠시 둑흔둑흔.

347

그런데 저는 다행히 관이 있어 근자감이 절대 아니라고 하시는군요. 오히려 치열한 경쟁을 머리 싸매면서 즐긴다고 하시길래, "오! 정말 그래요!"라고 말씀드리니, 즐겁게 웃으십니다. 경쟁력에 있어서 갑이라고 하십니다.

문제의 2020년에 대한 해석은 "물 먹었다."라고 하시니 맞습니다. 서류가 다 젖었다고 하시는데, 민낯으로 다가오는 매우 적절한 비유 같습니다. 점을 보던 그해는 관을 활용한 좋은 일이 생기기 시작하고 귀인도 들어오며, 2022년부터는 그동안의 '물을 좍 빨아들이면서' 당차고 배짱 좋게 활동을 펼친다고 하시네요. 그때쯤 사업과 일에 배팅하려 들건대, 그게 좋다고 하십니다. '그동안의 물을 좍 빨아들인다'는 이 표현은 명리와 이미지와 비유를 배합한 촌철살인의 압권입니다. 심리적으로도 사실 저런 표현은 매우 긍정적인 효과를 줬습니다.

50분이 순식간에 흐르고 노트 여덟 페이지를 적었네요. 명실상부하게 통변의 달인이십니다. 많은 현역 역술 대가들의 '스승답다'는 것이 실로 이런 것이구나, 전화를 끊고 잠시 앉아 생각했습니다.

命理學!
나와 남을 알고
知足을 배우는 공부.
白民.

> **"** 많은 현역 역술 대가들의 스승답게, **"**
> 명실상부한 통변의 달인
>
> ───── 바닐라 젠

바닐라 젠의 코멘트

우리 시대 고등학교 때 필수 지침서인 『정통종합영어』, 『홍성대 수학의 정석』 같은 간명을 들을 수 있는 분입니다. 50분 정도가 상담에 배정된 시간인데, 교수님은 열성적으로 설명하시고 듣는 입장에서는 어디서도 듣지 못할 '나만을 위한 강의'에 빠져들기 때문에, 양쪽 모두 몰입되어 시간 가는 줄 모르기 십상입니다. 초반에 기본적 사주의 틀에 대해서 자세히 설명하시기 때문에, 질문을 미리 준비하셔서 후반에 시간에 쫓기지 않도록 잘 안배하시면 좋겠습니다. 제자인 듯한 여성분이 전화를 받아 예약을 잡아주고, 전화 상담의 경우는 백민 교수님의 휴대폰 번호를 알려줍니다.

- **명인** 백민 양원석
- **분야** 명리
- **위치** 서울특별시 서초구

- **상담** 방문, 전화 상담 가능
- **간명비** 15만 원

039
점술 평론

자현紫玄
전형민

◉ 명인의 한마디

정해진 운명은 33%입니다.
나머진 만들어 가는 겁니다.

구독자님께서 추천해주신 선생님입니다. 자세한 후기를 남기시면서 제 검증도 받고 싶다고 하셨습니다.

자현紫玄 전형민 선생님은 올해 55세이시고 제주시에서 사주 카페를 하고 계십니다. 의정부에서 계시다가 제주도에 자리 잡으신 지 8년 되셨습니다. 사주를 드릴 때 태어난 곳, 사는 곳, 하는 일도 물으시며, 특이한 것은 간명 받는 것을 '녹음하라'고 하십니다. 10년 대운이라는 것이 무엇인지부터 간략히 설명하시면서 시작하십니다. 공부를 많이 하신 것이 느껴지며, 간명이 명쾌·명확하고 군더더기가 없으며, 통변하시는 음성에서 자신감이 넘칩니다.

기본적으로 제 사주는 전문성+신중형이라고 하시며, 전문성을 토대로 지금 화火 토土를 향해, 즉 돈 버는 쪽으로 점점 가고 있다고 하십니다. 현재 대운의 특성과 다음 대운의 전망과 특성을 분석해주시는데, 매우 현실적인 간명이라는 것이 자현 선생님의 큰 강점으로, 상담자가 스스로 운세의 큰 줄기를 현실에 맞춰서 파악하는 데 도움이 됩니다.

상담 당시 대운에는 사회적 기회는 많으나 심리적 압박감이 있고 어떻게든 버텨야 했다면, 이번 대운은 전 생애에서 사회적 최고 전성기를 맞이한다고 합니다. 점을 볼 당시의 대운 상으로는 기복이 있으나, 새 대운에 들어가면 사업이 규모를 갖추고 부를 축적하는 시기가 된다니, 듣기만 해도 힘이 됩니다.

당시에는 시스템과 체계를 구축하고 싶은 마음은 많아도 기대에 미칠 만큼은 못 되지만, 2022년부터 사회적 변동운이 크게 돌면서 큰 변화를 갖기 시작한다고 합니다. 거기에 우리나라가 시장이 살아나고 경기가 좋아지기 시작하는 시점이기도 해서 이 영향도 받아 사업 확장이 가능할 것이라는 긍정적인 전망입니다. 무엇보다도 가장 '짱짱한 시기'가 제 나이 70대 때라고 하시니, 이건 정말 최고의 전망이자 덕담이자 희망입니다.

자현 전형민 선생님은 사주에서 정해진 운명을 33%로 보시며, 나머지는 노력에 따라서 삶이 변화하는 부분이 상당하다고 말씀하십니다. 방송에 나오시는 영상을 보니, 마무리 부분에서 세네카의 이 명언을 인용하셨던데, 절대적으로 공감이 가는 말씀입니다.

"내가 약하면 운명은 그만큼 무거워진다."

" 내가 약하면
운명은 그만큼
무거워진다. "

바닐라 젠의 코멘트

Vanilla Zen

대운의 추이를 정확히 보시며 현실적으로 와 닿는 간명이 강점입니다.

- **명인**   자현 전형민
- **분야**   명리
- **위치**   제주시 노형동

- **상담**   방문, 전화 상담 가능
- **간명비**   5만 원

040
점술 평론

정담正潭
임혁

정담 임혁 선생님은 40년 경력의 역술
명인으로 명리와 자미두수로 겸간하십니다.
1957년생으로 올해 68세이십니다.
소탈하고도 선이 굵은 음성이 편안하고
시원시원하게 다가옵니다. 한때 '재미난
조각가' 홍대점에 계시면서 명성을 날리시던
분으로, KTV와 인천방송에서 명리학을
강의하시기도 했습니다. 쌍둥이 형제의
사주도 구분하신다는 분입니다.

블로그 구독자님의 이런 추천 글이
있었습니다.

저희 아이의 입시에 대하여 홍대 임혁 선생님이
2년 연속 적중하였습니다.
저희 아이는 고등학교 때 공부에 집중을 못 하고,
친구들과 사부작사부작 놀기만 하여, 대학 진학은
포기하고 외국에 보내려고 영어 회화만 시키고
있었습니다.
그런데 고3 9월에 갑자기 대학을 가겠다 하여
답답해하던 중, 제 친구가 입시 적중률이 높다며
임혁 선생님의 전화번호를 주었습니다. 아이의
전반적인 상황, 문제점도 술술 풀어내시더니,
아이 스스로가 재수를 선택할 테니 지켜만 보라고
하셨어요. 재수할 때는 합격할 학교까지 맞추셔서
놀랐답니다.

제 사주를 넣자, "굉장히 좋은
사주구만요. 이전에 학교나 병원에
근무했거나 공직에 있었던지요?" 하십니다.

" 대운의 특징적
추이가 정확하며,
입시점으로 유명
—— 바닐라 젠

오, 깜짝 놀랐어요. 대학에 있었고 큰 요양원의 원장을 했었으니, 과거 이력을 모두 맞추신 겁니다.

"지금 하던 일 그대로 하세요. 이걸 안 된다고 하면 누가 잘 될까."

대운의 파악은 자미두수를 이용하십니다. 제가 올해부터 새 대운으로 바뀌는 해인데, 앞으로 10년간 대박이라고 하십니다. 특히 2023년도부터 사업이 완전하게 돌아간다고 하십니다. 무슨 업종을 가든 그 업종 내에서 최고의 자리를 유지할 것이라니, 듣기만 해도 좋습니다.

앞의 앞 대운에서 번쩍했고, 바로 전 대운이 최악의 운이고, 올해 대운부터 하늘을 찌르는 운이라는데, 앞서 20년간 지나간 대운의 특징적 추이가 정확합니다. 특히나 올해부터 들어온 대운 같은 경우는 모양새가 제 인생 전체 가운데 최고의 운이 한번 들어오는 것인데, 그에 대한 묘사를 이렇게 하셔서 정신이 다 얼떨떨하던데요.

"다들 평생 이런 운이 한번 들어오기를 기다린다."

바닐라 젠의 코멘트
Vanilla Zen 입시점으로 유명해서 입시 철이 되면 문의가 확 늘어나는 분입니다. 명리와 자미두수를 자유자재로 왕복하며 겸간하시는 분들이 아주 많지는 않은데, 이 분의 겸간은 적중률이 높습니다.

•**명인** 정담 임혁	•**상담** 방문, 전화 상담 가능	
•**분야** 명리와 자미두수로 겸간	•**간명비** 10만 원	
•**위치** 서울특별시 마포구		

041
점술 평론

미래 사주
김준완

이전부터 사법고시 준비생들 사이에서 잘 보신다고 입소문을 타신 분입니다. 각종 시험, 대학 입시, 의사 전공을 특히 잘 보십니다. '경희대 사주', '파란 대문'이라는 별명으로도 불리고, 멘탈이 강해야 직설적 화법을 견딜 수 있으니 정신줄 단단히 잡고 가라는 재미난 말들이 젊은층 사이에서 많이 돌았지요.

저는 전화로 상담했습니다. 이전에는 전화 상담도 안 되고 간명비 이체도 안 됐었다고 하는데, 저는 오전 10시 이전에 문자 드리니 기다리지 않고 상담할 수 있었습니다. 전화상으로 사주를 먼저 드리고 약 5분 뒤에 간명이 시작됐습니다. 매섭다고 하던데, 당장 그 사업 때려치우라고 하면 어쩌나 두근두근하면서 저도 정신을 추슬렀습니다.

깐깐하게 느껴지는 무색무취의 톤으로 말씀을 시작하셨는데, 첫 말씀은

"사주가 굉장히 좋은데요."
"관운도 있고 돈복도 있어요. 돈복은 기본으로 깔고 있어요. 교육자, 공직자, 의사 같은 걸 하시나요?"
여기서 놀라운 건, 바로 앞서 정답 임혁 선생님이 열거하신 직업군과 완전하게 오버랩되네요. 시험 족보를 함께 공유하신 그런 느낌입니다.
지금은 사업을 한다고 말씀드리자, 올해는 사업은 딱히 좋진 않고 내년부터 안정 모드로 들어가되, 돈을 '팍팍' 버는 것은 2024년부터라고 하십니다.

"2030년까지 돈을 되게 많이 벌어요. 그때까지 바짝 조여서 빌딩 하나 사세요." 말씀하신 이 연도를 보니, 명리에서의 대운을 짚으신 듯했습니다. 통변에 명리 용어를 사용해서 길게 풀어가는 스타일이 아니고, 운로運路를 따라 궁금해하는 부분을 간결하게 딱딱 짚어가는 스타일이십니다. 소문처럼 얼음같이 차가운 분은 아니었고, 오히려 깔끔하게 느껴졌습니다. 해설서가 아니라 답안지를 받는 느낌이랄까요.

의사 전공을 잘 아신다길래, 올해 의사 국가고시를 보는 아들을 한번 물어봤습니다. 이 아이는 지금 국립대 의대 본과 4학년입니다. 아들을 물어보면서 의대생이라고 미리 말씀드리지 않았습니다. "올해 스트레스가 만땅이네." 의대생이라고 말씀드리니, 놀라운 전공 파악이 나왔습니다. "얘는 외과도 잘 맞고, 안과가 굉장히 잘 맞아요."

오, 여기서 깜짝 놀랐습니다. 본과 4학년 되어 과마다 실습을 돌면서 아들은 이미 정형외과로 마음을 굳혔는데, 중간에 "엄마, 안과도 되게 재밌어."라고 하더군요. 이런 게 대체 점으로 어케 나오는 건가요?

> " 간결하게 딱딱
> 짚어가는 스타일로,
> 해설서가 아니라
> 답안지를 받는 느낌 "
> ───── 바닐라 젠

바닐라 젠의 코멘트
Vanilla Zen
길게 풀어가는 통변이 아니라 간결 명확하게 짚어주시니, 흐름 파악보다는 답을 원하시는 경우에 적합할 듯합니다. 시험운, 입시운, 의사 전공 파악에 능하십니다. 네이버로 검색하면 같은 상호가 있어서 거기 연락하신 분들도 많은데, 그분은 여자분이시니, 혼동이 없으시길 바랍니다.

• **명인**	미래 사주 김준완	• **상담**	방문 상담만 가능
• **분야**	명리	• **간명비**	2만 원
• **위치**	서울특별시 동대문구		

042
점술 평론

학봉 學峯
김창수

🗨 명인의 한마디
**사주는 자기 행위의 과정이고,
그 과정들이 운명이 되는 것이다.**

내 성격과 인생살이의 다크 사이드를
파헤치고, 마치 제가 제 얘기를 하는 건가
착각할 정도입니다.
유리 멘탈인 분은 정신줄을 잘 잡고 듣지
않으면, 자칫 화를 낼 수도 있겠습니다.
드라이하고 속도감 있는 간명이지만,
후반으로 가면 공감도 있고 은근히
인간미도 비칩니다. 힐링 삼아 보는 것이
아니라, 스스로를 직면하면서 칼 같은
조언을 듣고 싶은 분들에게 좋습니다.
동학사 김창수 선생님은 블로그
구독자님께서 추천해주신 분입니다.

우선은 사주의 특징적인 부분을 먼저
죽 풀어주십니다. 저는 자존심이 강하고,
보여주는 성격과 담아놓는 성격이 따로
있다고 합니다. 여기까지는 공감했는데,
이다음 말씀에 하시는 제 성격적 특징을
듣고 쓰러졌습니다.
"사람이 싫으면, 싸우지 않고 안 본다. 싫은
말 할 거 없이 무시하고 딱 끊고 안 본다."
이건 평생 지속된 패턴인데도, 저 자신도
모르고 있던 부분입니다. 내가 내 흉을 보는
거 같기도 하고, 정곡을 찔려 슬슬 괜한
부아가 나기 시작합니다.
어디 가면 사람들이 저를 많이 좋아하는데,
저는 사람을 가리고 정 주는 사람에게만
정을 준다는 부분도 말씀하시네요. 이렇게
훅 들어오는 간명들이 자신을 한번
돌아보는데 딱 좋습니다. 스스로를 한 번쯤

돌아본다는 일은 우리가 나이 먹어가면서 점점 사라지는 상황들이거든요. 최근 2년 사이 건강도 안 좋고, 뭔가 결정할 일들로 갈등도 많다고 하셨는데, 제 근황이 실제로 그랬습니다. 그런데 다행히 60대 후반부터 재복과 자식복이 좋다고 합니다. 특히 70대, 80대는 전체 인생에서 가장 좋은 운이 이때에야 들어온다고 하시네요.

이렇게 먼저 죽 통변을 하시고 나면, 궁금한 것을 질문하라고 하십니다. 사업운과 재물운을 여쭤봤습니다. 젊을 때도 많이 벌었는데 나간 게 많고, 돈 관리에 야무지지 않아서 벌만 하면 까먹고 벌만 하면 안 벌리고였답니다. 현재 사업은 저와 잘 맞고 길하다고 하니 다행입니다. 사업운과 재물운 위주로 운로를 정확히 짚어주십니다. 가령 부동산의 매입, 매도 시기도 운에 맞춰서 언제 사고 언제 파는 것이 좋다는 것을 정리해주시고요.

간명 내내 들었다 놨다, 멘탈이

> **"** 내 성격과 인생살이의 **"**
> 다크 사이드를 파헤치고,
> 내가 내 얘기를 하는
> 건가 착각할 정도
> ❀ —— 바닐라 젠

간당간당하건만, 맨 마지막 말씀으로 그게 눈 녹듯이 사라지네요.
"이제부턴 재물 쌓아놓고 편하게 살 일만 남았어요. 한번 재미나게 살아보세요."

바닐라 젠의 코멘트
Vanilla Zen
동학사 입구 사주 카페에 계십니다. 은근히 이름이 나셔서 여행객들이 지나가다가 우연히 들르기보다는 단골이 많은 듯합니다. 전 생애를 통해 숨겨져 있으면서도 스스로에게 영향을 미쳐왔던 자신의 성향과 특성을 돌아볼 수 있습니다.

- **명인**   학봉 김창수
- **분야**   명리
- **위치**   충청남도 공주시

- **상담**   방문, 전화 상담 가능
- **간명비**   3만 원

043
점술 평론

의선儀僊
이경대

역술인이라기보다는 사르트르, 카뮈 등 실존주의 작가의 분위기가 물씬 풍기는 이 분은 '한국 명리학계의 살아있는 전설'이라고 불리는 의선儀僊 이경대 선생입니다.
굵직한 역술인 문하에서 잔뼈가 굵은 분입니다. 백민 양원석 선생님 문하에서 6년, 창광 김성태 선생님 문하에서 14년을 공부하신 분입니다.

이경대 선생님의 '의선儀僊'이라는

아호는 스승인 창광 김성태 선생님께서 지어주신 것이라고 합니다. '그동안 악행을 많이 했으니, 전국을 돌면서 사죄하고 다니라'며 지어주신 아호라고 직접 설명하시더군요.

창광 선생님을 포함해서 총 세 분이 이 선僊 자를 돌림자로 쓰십니다. 창광 김성태 선생님의 아호가 '향선香僊'이지요. 계룡산 성혜사 안에 창광 선생님이 수행에 집중하시는 장소가 '향선각'인데, 그러고

" 실존주의 작가의 분위기가 "
물씬 풍기는 역술인

◎───── 바닐라 젠

보니 선생님 아호를 딴 이름이었군요.
또 한 분은 이경대 선생님 보다 두 살
위의 역학자로 세상에 나오지 않고 글만
천착하시는 '일선', 그리고 '의선' 이경대
선생님, 이 세 분이지요. 불교 문중에서나,
역학 문파에서나, 돌림자는 중요한 의미를
지닌답니다. 성철 스님 상좌들은 모두 원圓
자 돌임인 것이 그런 예지요. 응봉 김중산
선생님이 성철스님 상좌로 출가했을 때
법명이 원공圓空이었습니다. 그러니, 창광
선생님이 자신과 같은 돌림자를 아호로
줬다는 것은, 이경대 선생님의 위치를
가늠해볼 수 있는 지표인 거지요.

의선 이경대 선생님의 간명 스타일은
창광 김성태 선생님과는 전혀 다릅니다.
이경대 선생님은 명리학에 대한 독자적인
가치관이 나름대로 뚜렷하게 형성되어있는
분으로 느껴졌습니다. 명리로 잘 볼 수 있는
것과 아닌 것에 대한 각이 딱 잡혀있습니다.
통변은 매우 논리적이고 지적이고
현실적입니다.
통변을 들을 때는 받아적지 마시고
녹음하시는 것이 필수적이며, 말씀을
경청하면서 간명의 흐름을 잘 타고
이해하는 것 위주로 가되, 이경대 선생님의

페이스를 따라가다 보면 본인이 원래 점占을
보려던 목적을 자칫 놓칠 수가 있으니(매우
드문 유형의 현학적 통변이라서 정신이
나감) 정신줄을 잘 잡아야 하며, 질문을
세부적인 것으로 많이 준비하시면, 본인
사주의 기본을 조망하는 데에 굉장히
도움이 되실 겁니다.

이 분 간명의 특징에서 가장 두드러지는
것은, "운이 2년 마다 한 번씩 변한다."는
이론입니다. 사실상 10년 대운이라는
말은 우리가 매번 듣기는 하지만, 실제로
살아보고 되돌아보면 10년의 흐름이 동일한
덩어리의 색감과 톤으로 우리에게 리얼하고
날카롭게 다가오지 않는 것은 사실입니다.
그런데 그걸 2년으로 끊어서 설명을 들으니,
선명한 스케치가 나오는 겁니다.

즉 운의 흐름이 2020년 21년이 한
마디로 묶어지고, 2022년 23년에 다시
마디가 묶어진다고 하십니다.
제 경우, 앞의 마디에서는 수정하고
변경하고 준비하고, 그다음 마디 2년에서
새로운 틀을 곧추세우면, 2024년 25년에
궁극적 목적에 달성해서 결과가 나온다는
겁니다. 굉장히 현실적이고 실상과

부합합니다. 그러면서 하시는 말씀이 매우 인상적이었습니다.
"하루하루 닥치는 대로 해나가는 것과 2024년에 목적을 두고 해나가는 것은 계획성이 다르지 않겠나요."

제가 "간명이 특별하십니다."라고 감탄하자, 필 충만해지신 이경대 선생님이 이렇게 정리하시네요.
"지금 시간엔 어떤 때가 왔으니, 이 시간에 맞는 일을 하면 되는 거지요. 명리학에서의 범주라는 거는 어떻게 살 것인가 그 방법론만 말합니다. 이 외에는 얘기 못해요, 나머지는 사람들이 다 알아서 할 수 있으니까."
생기신 모습만 실존주의 작가풍인 것이 아니라, 간명도 실존적입니다.

가령 예를 들어서, 누구한테 부동산이 맞냐 안 맞냐의 문제가 아니라, 2018년 무토라는 시대 변화에 맞춰서 시대에 필요한 것을 따지다 보면 부동산을 시장에 필요한 상품으로 캐치하게 된다는 겁니다. '수동적 운명론'하고는 거리가 많이 멀다는 것을 느끼시겠지요.
참, 부동산은 10년마다 한 번씩 메시지가 바뀐다는 특별한 해석도 들었네요. 2008년, 2018년, 2028년 이런 주기로 판이 바뀐다고 합니다.

제 글에서 느끼시겠지만, 의선 이경대 선생님의 간명 자체가 현학적입니다.
점을 보면서 일반적으로 접하기는 어려운 접근 방식이라서 낯설되 참신합니다. 처음 점을 보시는 분들에게는 다소 버거운 간명일 수도 있겠습니다. 하지만, 내게 맞는 색깔은 뭘까, 이사를 할까 말까, 이런 종류의 일상형 궁금증 보다, 내 본질적 성향에서 지금 어떤 시기에 와있고 어떤 방향으로 향해야 하나 그 좌표 설정을 근본적으로 고민해보시는 분들에게는 좋은 상담이 될 듯합니다.

열심히 간명하시고, 인간적이십니다.
설명 자체가 어려우면 반드시 중간에 질문하셔서 내용을 정리하면서 들으시는 것이 좋습니다.

> " 명리학에서의 범주라는 거는 어떻게 "
> 살 것인가 그 방법론만 말합니다. 나머지는
> 사람들이 다 알아서 할 수 있으니까요.

바닐라 젠의 코멘트

녹음 필수이고, 상담 끝난 뒤에 다시 들으면서 중요 포인트를 메모하시면 도움이 됩니다.
내 본질을 짚어보고 큰 흐름에 어떻게 따라갈 것인가를 가늠하기에 좋습니다.

Vanilla Zen

- **명인** 의선 이경대
- **분야** 명리
- **위치** 서울특별시 강남구

- **상담** 방문, 전화 상담 가능
- **간명비** 5만 원

044
점술 평론

하루아빠
김남훈

독특한 분위기와 퍼스낼리티의 재야
역술인, 김남훈 선생님이십니다.
남성적인 굵직한 음성에 자유분방한 화법이
설핏 역술계의 언더그라운드 느낌 같은
것이 납니다. 거기에 상호도 아호도 없이
그냥 '하루아빠'라니, 아호 찾는 재미를
붙인 저로서는 아호를 대신하고 있는 이
일상적 호칭이 당황스러웠고, 그다음엔 깜짝
놀랐습니다. 예상치 않게 발견한 뛰어난
간명이었거든요.

1976년생, 올해 49살이십니다.
간명하는 내용으로 봐서는 노장 선생님들

못지않은 깊이입니다. 그런데 특이한 점은 일반적으로 명리 간명에서 나오기 힘든, 언뜻 신점 느낌이 나는 날카로운 점사가 섞여 있습니다. 인생이 갑자기 무너져버린 어느 날부터 시작한 명리 공부로 역술업은 2012년부터 시작했고, 그 사이 무려 3만 명을 간명해주셨다고 합니다. "도계 박재완 선생님은 10만 명은 봐야 된다고 하셨는데……."라고 겸손한 말씀을 덧붙이시네요.

노장과 MZ세대의 느낌이 공존하는 분이라서 처음에는 묘하게 혼란스럽기도

합니다만, 가만히 통변을 들어보면 명확한 구분이 있더군요. 그러니까, 간명 자체에는 몹시 진중하되, 상담자와 소통해야 하는 부분에서는 매우 자유롭고 친화적인 방식입니다. 특히 내 편을 들면서 대신 욕을 해주시는데, 그게 생각보다 몹시나 시원합니다. 말투가 터프하고 재미있고 뒤끝을 남기는 것이 아니라서, 가감 없이 아래에도 일부 옮겨보겠습니다.

처음 사주를 보내기 전에 제 음성과 말투를 들으시고는, "담배 한 대 피우면서 갑목 일간일까 경금 일간일까 잠시 생각했다."라고 하시네요. 제가 갑목 일간이거든요.

"사주를 무지막지하게 보고 돌아다녔을 거 같은데요." 어케 아셨습니까.

제 사주 구성이 되게 좋다고 생각하신답니다. 재물운이 굉장히 좋다고 합니다. 다만 젊었을 때 '운세가 지랄 같았고, 20대에서 30대에 걸치는 대운에서는 개박살 났을 것'이라는데, 실제로 정확히 그 시절에 몹시 안 좋았습니다. 작년부터 향후 대길할 운이 올 때까지 한 해 한 해를 꼼꼼하게 짚어주십니다. 나이가 들수록 좋아지는 형국이라서 "다 누리려면 오래 살아야겠다."라고 하시네요. 원래 독고다이 스타일이라서 혼자 움직이는 것이 좋겠다고 하십니다. 저 찐으로 독고다이 맞습니다.

아까 제가 신점 같은 날카로움이 있다고

말씀드렸는데, 그 사례를 들어보겠습니다.
김남훈 선생님의 후기를 보면, 특히 잘
보시는 분야는 당선 여부와 임신·출산
시기입니다. 임신이 잘 안 되던 새댁이
임신 시기를 물었습니다. 명조를 살피고는
올 6월에 가능하겠는데 하시더니, "어어어
잠깐만, 잠깐만. 지금 아기가 들어있는데?"
새댁이 당황해서 바로 병원에 가봤는데,
임신이더라고 합니다. 또 어떤 큰 호텔
사장님이 궁합을 보러 왔는데, 아무래도
임신인 것 같아서 병원에 한번 가보라고

했습니다. 임신으로 나와서 부랴부랴
결혼했다고 하네요.
당선을 잘 맞혀서, 지방 선거 때 몹시
바빴다고 하시는군요. 특히 현 어느
시장님은 후보 시절에 다른데 어디를
가서 점을 봐도 떨어지겠다고 나왔었는데,
하루아빠는 후보자 아내의 사주를 보고는
당선되겠다고 했고, 실제로 그렇게 됐다고
합니다.

특이한 코멘트는, 대운에 좋은 운이

들어올 때는 곧바로 달라지는 것이 아니라 나에게 악영향을 미치는 요인부터 제거되기 시작한다고 하시던데, 이 말씀은 정말 중요하고 정확한 지적입니다. 사주를 토막 치는 것이 아니라, 상담자와 철저히 '같은 편'이 되어서 감정적인 지지를 해준다는 점이 하루아빠 김남훈 선생님의 보이지 않는 장점입니다.

통화 끝 무렵에 '하루'가 누구냐고 여쭤봤습니다. 당연히 따님이겠거니 생각했었습니다. 2020년에 세 살 반 나이로 무지개 다리를 건넌 스탠다드 푸들의 이름이라고 합니다. 너무나 사랑했다는 느낌이 전화 너머로 가슴 아프게 전달되어 오더군요. 일종의 백혈병으로 치료비 2천 800만 원을 들이면서 애타게 치료했으나 그렇게 됐다고 하시는군요. 하루 아빠에게 명리를 가르쳐주신 은사께서 그 전 해에 "너 내년에 하루 때문에 돈이 무지하게 깨질 거니, 잘 챙겨봐!"라고 하셨답니다. 하루가 떠난 다음 이유를 여쭤보니, "너는 자식이 강아지인데, 그 해 자식운에 공망이 같이

딸려오는 해라서 쟈가 아플랑가 했다."라고 하시더랍니다.

여유와 유머가 있고, 간명 시간 눈치 주지 않으면서도, 묘한 카리스마가 있는 분입니다. 자칫 특이한 분위기나 화법에 신경을 쓰다 보면 하루아빠 본연의 뛰어난 간명 능력을 놓칠 수도 있으므로, 간명에 집중하시는 것이 좋겠습니다.

바닐라 젠의 코멘트
Vanilla Zen
대운의 특성 정확히 잘 짚으시고 전체 흐름 잘 보십니다. 임신 여부 잘 보시고 당선 예측의 적중률이 뛰어납니다. 애견인들을 위한 팁 한가지. 강아지의 사주도 볼 수 있고, 생일만 정확하다면 잘 맞는답니다.

- **명인** 하루아빠 김남훈
- **분야** 명리
- **위치** 광주광역시 동구

- **상담** 방문, 전화 상담 가능
- **간명비** 10만 원. 추가 시 1인당 5만 원

045
점술 평론

매현 梅泫
안영근

◎ 명인의 한마디
기분 좋게 살자!

매현 안영근 선생님은 최근 활동을
재개한 이수李修 이지승 선생님의 제자이자
이수학파 5대 장문인掌門人입니다.
올해로 60세인 이수 선생님은 개인사로
인해 몇 년 동안 활동에 갭이 있었기
때문에 젊은 층에서는 모르시는 분들도
많겠지만, 추명의 능력만 놓고 보자면
당대 최고봉 가운데 한 분입니다. 지금까지
바닐라 젠의 역술 명인 리스트에 올라가신
분들 가운데에도 이수 선생님 제자가
몇 분 됩니다. 이수 선생님은 최근에는
교육 위주로 활동하시기는 하지만, 이전
단골들에게는 간명도 해주시는데, 일 인당

간명비는 30만 원 정도라고 들었습니다.

이수 이지승 선생님의 5대를 잇는
장문인이란 뭘까요. 손바닥 장掌 자는 왜
쓰는 걸까요.
장掌 자의 회의 문자를 풀어보면, 장악하다,
맡다, 쥐락펴락한다는 의미가 있어서,
장문이라 하면 어느 문門을 장악했다는
의미가 됩니다. 화산파, 무당파, 아미파
등에 열광하는 분들이 은근히 많던데, 이런
문파들의 수장을 장문인이라고 합니다.
즉, 도교 문파의 수장 또는 강한 무공을
지닌 무림계 문파의 수장을 장문인이라고

부릅니다.

불가佛家의 총림으로 치면 방장方丈 격이지요. 소림사의 수장은 장문인이라고 부르지 않고 방장이라고 부르지요. 참고로 방장이라는 말은 유마거사가 쓰던 방의 크기사방일장四方一丈, 즉 사방으로 3.3m 크기에서 나왔어요. 아무튼, 역술계에서 '장문인'이라는 무림계의 용어를 썼다는 것이 흥미롭네요. 무림계의 문파가 각각 특징적인 무공 초식을 갖고 있으니, 아마도 이수학파李修學派만의 독자적 특성을 부각시키는 용어 같습니다. 제가 매현 선생님께 대뜸 "장문인은 어떻게 정해지나요?"라고 여쭤보자, 이수 선생님이 학파의 대를 잇는 대표 격이라고 능력을 인정해주고 장문인 패를 수여한다고 합니다. 매현 선생님은 4대 장문인은 봤는데, 그 이전은 못 만나보셨다고 하네요.

매현 선생님의 간명은 키 포인트를 어느 방향으로 꽂아서 접근해가도 폭과 깊이가 넓고 깊습니다. 큰 우물에서 두레박으로 물을 퍼 올리는 느낌이라 할까, 간명을 위한 베이스의 품이 크다는 느낌이 물씬 납니다. 베이스가 크니, 간명을 할 때 일반적으로 보이는 루틴대로 가지런하게 가는 통변과는 조금 다릅니다. 가령, "돈이 어디에 있나?"라는 질문 하나에, 찌르는 각도가 다른 여러 개의 답이 나옵니다. 제 경우 돈과 관련된 사주 상 특성이 무려 열 가지쯤 통변 전체를 통틀어서 나왔습니다. 다양한 각도와

놀라운 관점들이었습니다. 잘 메모해 놓고 참고하면, 자신의 운세 특성을 파악하는데 좋을 듯합니다.

이 말이 무슨 말씀인지 감이 잘 안 잡히시는 분도 있으시지요?

사업운을 보고 싶다는 제 말씀에, "그러면 돈이 어디에 있나?"라고 매현 선생님이 자문하고는, 즉문즉답한 내용을 추려보면 이렇습니다.

"말에 돈이 있다. 공부가 곧 돈이 된다, 전문적인 일을 해야 돈이 된다. 발에 돈을 묻히고 들어온다, 세테크를 배워두면 돈이 된다, 직책을 가져야 돈이 된다, 빚의 물상을 통해 돈이 들어온다, 부동산을 통해 큰돈이 들어온다, 남들이 갖다주는 돈이 있다, 암록暗祿이 있어 보이지 않는 녹봉이 있다." 이런 겁니다. 모두 맞습니다.

저는 팔자가 귀한 사주로, 대접받는 팔자이고, 나이가 있어도 사람들이 저를

아기 같이 보고 돌보고 돕는다는군요. 재물 창고를 깔고 앉아있으며, 4년마다 기회가 오고, 큰돈은 부동산에서 버는데 남들이 볼 때는 그게 조화를 부리는 돈이랍니다. 부동산이 천직이라니, 제 천직이 복부인은 설마 아닌 거지요? 반드시 어떤 조직의 대장으로 가며, 특히 말년에 그러하다고 그러십니다. 78세까지 일한다고 합니다.

이러한 자유자재의 통변 중에, 고개를 갸우뚱하게 하는 한 가지 말씀이 있었습니다.

힘들 때, 바라는 것이 있을 때는 돌아가신 어머니를 부르라는 겁니다. 이수학파 5대 장문인께서 설마 무당 공수를 내리신 건가요?

"저기… 그런 것도 사주 간명에 나오나요?"

"나옵니다. 이런 것 볼 줄 아는 사람이 많지 않아요. 방편책이지요."

설명인즉슨, 부동산은 인수를 쓰는 노력에도 있지만, 조상이 인도해주는 부분이 있다는 겁니다. "어떻게 인도하냐구요? 귀인을 불러다 줍니다."라고 하시면서, 기도하는 방법과 방향을 알려주십니다.

풍수는 위位 자리, 위치의 개념이라면, 명리는 향向을 중요시한다고 덧붙이시네요. 고스톱 하는 사람에게 향을 가르쳐줬더니, 진짜 많이 따더라는 재미난 말씀도 들었네요.

바닐라 젠의 코멘트
간명의 폭이 매우 넓고 깊이 있고 독특합니다. 전화 상담의 경우, 이 분이 이동이 많으셔서 예약 시간을 잘 잡으셔야 여유 있게 간명 받을 수 있습니다. 오자술五字術과 36금수로도 보시는데, 그 부분은 간명비가 다릅니다.

● **명인** 매현 안영근		● **상담** 방문, 전화 상담 가능	
● **분야** 명리		● **간명비** 10만 원	
● **위치** 서울특별시 서초구			

046
점술 평론

청명淸明
유수환

> ◎ 명인의 한마디
> 자! 숨 쉬세요. 고난은 숨부터
> 막습니다.

청명 유수환 선생님은 포털 사이트 다음의 역학 카페인 <역학동>의 운영자이기도 합니다.

뛰어난 역술인이기도 하지만, 이미 24년 전에 역술 공부하는 사람들의 모임을 오프라인 동호회가 아닌 온라인 카페 형태로 구성한 선견지명이 있는 시삽입니다. 역학동에는 많은 노장 역술인들이 활발히 활동하고 있고, 특히 어떤 사주를 놓고 서로 역학 실력을 겨루는 '비무대'가 흥미롭습니다. 어떤 사주 명식을 청명 유수환 선생님이 제시하면 그 사주의 특징을 찾아내는 퀴즈 형식인데, 상금도 걸려있어서 재미나겠더라고요.

<비무대>란 게임 용어로 비무比武 대회를 일컫는데, 비무比武는 서로 무예를 겨루어 실력을 가늠하는 것을 의미합니다. 무협영화를 보면, 어떤 기술을 쓰기 전에 서로 '합마공'이니 '탄금신공'이니 무공의 제목을 미리 말하는 것 보신 적 있으시지요. 그게 서로 겨루는 비무比武의 형식이에요. 이 비무라는 용어를 쓴 것도 그렇고, 앞서 이수학파의 장문인이라는 개념도 그렇고, 역술계를 무림강호武林江湖로 바라보는 역술인들만의 시선이 인상적입니다.

청명 유수환 선생님의 간명은 군더더기 없이 명쾌하고 일필휘지로 깔끔합니다. 음성도 한치 흔들림 없는 깐깐한 톤으로 이어지다가, 전화를 끊을 때 맨 끝에 한번

그 세 가지는 다음과 같습니다.

제가 편인 사주라는 것은 수백 번을 들었건만, 편인 사주에 대한 청명 선생님의 이 해석은 참으로 참신합니다. 즉, '편인은 일만 하면 못 견디니, 쉬면서 가라'라는 것인데, 이 해석은 정곡을 제대로 찌르는 탁월한 해석입니다. 쉬었다가 일했다가를 반복하는 것이 성공의 비결이라니, 사실 그게 제 평생의 독특한 스타일입니다. 제 라이프 사이클을 어디에서 보신 것만 같습니다.

또 하나 놀라운 해석은 저는 컨디션에 따라 직관력의 차이가 매우 커서, 이것저것 부동산을 찍을 때 직관력이 좋으면 완전 빛나는 걸 찍을 수 있다는 겁니다. 컨디션 관리가 곧 돈 버는 것이라니, 이거 사실 제가 본능적으로는 느끼면서도 사고하지는 못하던 중요한 부분입니다.

거기에 마지막 폭탄이 하나 더 있습니다. 허리, 등, 뼈가 유난히 아플 때, 그날은 잘못되는 날, 재수 없는 날, 하지 말라는 신호이니, 사업이건 부동산이건 움직이지 말라는 금과옥조를 얻었습니다. 이건 대박입니다.

위의 세 가지를 합치면 결국 저는 감感과 촉觸에 따라 움직이면 좋은 사주인 셈이네요.

의미 깊게 웃으시네요.

제 사주는 은퇴 없는 팔자라고 하십니다. 일을 길게, 은퇴 없이 하려면, 맞는 직업을 택했는가가 가장 큰 잣대가 된다고 합니다. 특히 다른 간명을 통해서는 듣지 못했던 중요한 세 가지 해석이 제 라이프 사이클을 이해하는 데 아주 큰 도움이 됐습니다.

이런 것은 같은 글자를 가지고도 역술인이 얼마만큼 깊이 파고 들어가는지의 문제 같습니다. 아마도 오랜 세월 동안 <비무대> 토론 과정을 통해서, 핵심을 걸러내는 능력이 강화된 것인가 싶기도 합니다.

마무리할 무렵에는 강아지 키울 팔자라고 하시던데, 사실 제가 강아지

없으면 못 삽니다. 우리 강아지가
분리불안이 아니고 제가 분리불안입니다.
또한 제 취약 부위 두 군데, 갑상선과 허리를
딱 짚으셨네요.
전화 상담으로는 간명 시간이 길지는
않으나, 실제 삶 속에서 자신의 사주가
어떻게 작동하는가를 명확하게 파악할
수 있도록 해준다는 점이 청명 선생님의
강점입니다.

> " 실제 삶 속에서 자신의 사주가 어떻게 "
> 작동하는가를 명확하게 파악할 수
> 있도록 도와주는 명인
>
> ──── 바닐라 젠

바닐라 젠의 코멘트
Vanilla Zen
적중 후기가 많은 분입니다. 함께 갔던 친구 사주를 기어이 안 봐주시려고 했는데, 그 친구가 얼마
안 있어서 세상을 떠났다고 하는 경우도 있었습니다. 직접 가셔서 상담하시면 더 자세한 간명이
될 듯합니다.

• **명인**	청명 유수환	• **상담**	방문, 전화 상담 가능
• **분야**	명리	• **간명비**	7만 원
• **위치**	서울특별시 광진구		

047
점술 평론

제원 濟圓
박재식

💬 명인의 한마디

**천명을 알면 재난을 피하고 대운과
건강이 보인다.**

양산시 물금 깊숙한 골목에서 우연찮게
이 분 같은 실력자를 만나면, 사실 점술 평론
블로그를 운영하는 입장에서는 어떤 희열
같은 것을 느낍니다. 진로를 잘 보신다고
들어서 연락을 드렸다가, 범상치 않은 간명
실력을 보고 깜짝 놀랐습니다.
원광대에서 동양학으로 박사학위를
받으셨고, 박사 논문의 주제는 사주와
건강과의 관계였다고 통변 도중에
알려주시네요. 인간미가 있는 소탈한

목소리이고 사주를 절도 있게 봐주시면서도,
함부로 깍둑썰기를 하지는 않습니다. 말씀은
빠른 편이라서 녹음하시는 것이 낫습니다.

단적으로 말씀드리자면, 제원 박재식
선생님의 간명이 너무 정확해서, 언젠가
30만 원의 간명비를 10여 분의 엉터리
통변에 소비하게 만든 어느 유명 역술인의
간명이 그날따라 더욱 쓰라리게 되살아날
정도였습니다.

아, 그리고 보니 30만 원 간명 비화가 한 개 더 있습니다. 저보고는 '선비가 갓 쓰고 시장에 들어가는 격'이니 사업하면 절대 안 된다고 말리시고는, 정작 본인이 하는 사업에 합류하라고 하시던데요. 아 몰랑. 제원 박재식 선생님이 내놓은 첫 마디는 딱 이랬습니다.

"올해 건강 괜찮았나요?"

올해의 제 고민거리이자 키워드였지요. 그 때문에 제가 병점病占 포스팅도 했잖습니까. 올해 제일 조심할 것이 뭐냐고 묻는다면 건강이라고 하겠다는 것이 제원 선생님의 단호한 평가입니다. 호랑이 굴 속에서 호랑이를 만나는 형국이라는 겁니다. 건강 문제가 없었다면 관재수에 걸렸을 거라는 것이고요.

저는 큰 나무 격으로, 입으로 떠들수록 돈을 만든다고 합니다. 사주대로 살았다면, 유학 갔다 와서 교수를 했을 사주이고, 태양과 달에 의해 빛나는 사주라서 한곳에 정착하지 않고 잦은 이동이 있었을 거랍니다. 제모습 그대로입니다. 절대적으로 사회활동을 해야 하는데, 그 이유는 큰 나무가 집안에 있으면 困곤 자 형국이 되어 곤란함을 겪기 때문이라고 합니다. 또한 동구 밖의 커다란 나무처럼, 아이들, 노인들, 지친 사람들이 와서 놀고 쉬듯, 저로 인해서 안식처가 제공된다는 것이니, 그건 선업善業 짓는 일 같아 좋더군요.

저는 땅이 곧 재물운이니 부동산이 돈이 된다고 하시는 것은 다른 간명과 동일하게 나왔습니다. 다만 부동산 운을 더욱 세부적으로 봐주시는데, 가령 건물 보다는 땅이 더 맞고 내후년까지는 단타성 투자는 하지 말고 중장기적으로 보는 것이 좋다 등등 투자 방향을 다듬어주십니다. 돈 관리를 잘해야 한다고 하시는데, 그 말은 현금화시키지 말고 부동산으로 가져가라, 그로써 재물이 커진다는 의미라고 풀어주시네요.

박재식 선생님의 강점은 박사 논문 주제대로 건강 문제를 잘 보신다는 점도 있지만, 인상적인 것은 평생 조심해야 하거나 특정 시기에 조심해야 할 성씨와 특정 띠를 일러주신다는 점입니다. 여기서 조심해야 한다는 의미는 주로 금전적인 손해 부분입니다.

큰 틀이건 세부적인 운이건 능수능란하게 간명하시는 것이 마음을 많이 끌어서, 현재 중요한 시기에 있는 아들의 사주도 함께 봤습니다. 기억에 강하게 남는 참신한 간명 몇 가지만 추려보겠습니다.

"하늘에 떠 있는 한낮의 태양인데, 옆에 칼이 있다. 이건 곧 메스다."라고 의사 사주를 맞추시네요. 배우자나 여자 친구 문제에 있어서는, 연상하고 자꾸 인연이 되는데 결혼은 연상과 하면 좋지 않다고 하십니다. 지금 아들 여자 친구도, 전 여친도 한 살씩 연상이네요. 좀 놀랍지요.

그리고 ○씨와 ○씨의 성씨를 가진 분은 웬만하면 아들의 배우자 인연으로 삼지 말라고 하는데, 그 이유에 대한 설명이 독특합니다. 즉 아들에게는 금 기운이 재물이 되며 금 기운으로 의사 직업을 하고 있는데, ○씨나 ○씨처럼 금 기운을 가진 성씨의 여성과 결혼함으로써 금 기운을 사람으로 대체시키면 재물이 떠나간다는 겁니다.

이런 해석은 쉽게 듣기 어려운 간명입니다.

" 물금 깊숙한 골목에서 우연찮게 "
이 분 같은 실력자를 만나면,
사실 점술 평론하는 입장에서는
어떤 희열 같은 것을 느낍니다.

＊──── 바닐라 젠

바닐라 젠의 코멘트

Vanilla Zen

문의가 현재까지도 많은 분으로 적중률 높고 후기도 매우 좋습니다. 3만 원이라는 비용으로 들을 수 있는 간명 베스트일 듯합니다. 제원 박재식 선생님은 '간명비와 실력은 비례하지 않는다'라는 공식을 여실히 증명해주는 대표적인 분입니다. 건강운 특히 잘 보시고, 직업운도 잘 보십니다.

- **명인** 제원 박재식
- **분야** 명리
- **위치** 경상남도 양산시

- **상담** 방문, 전화 상담 가능
- **간명비** 3만 원

048
점술 평론

심안心安
김분재

현생의 운명은 전생의 내가 만든 것

단정하고 깔끔한 지적인 음성, 감정이 섞이지 않은 모노 톤, 후반에 설핏 스치는 인간미.
50대 후반의 연세라고 들었는데, 음성은 매우 젊습니다. 김분재 선생님은 블로그 구독자님께서 추천해주셨습니다. 김분재 선생님은 명리학 고수 설진관 선생님의 제자입니다. 1996년도에 사주 공부를 시작한 이후, 역술 경력은 약 28년 되셨습니다. 저는 전화로 상담했고, 예약하고 열흘 후 상담이 됐습니다.

김분재 선생의 가장 큰 강점은 사주가 만들어낸 오행의 모습을 마치 그림으로 그리듯 묘사하는 점입니다. 이런 간명 스타일이 설진관 선생님 문파 상의 특징인지, 김분재 선생님 특유의 방식인지는 모르겠습니다만, 그 오행의 모습을 기반으로 전체 운세를 풀어가는데, 통변이 매섭도록 정확합니다.

바로 2월까지 매우 중요한 시기에 있던 아들의 사주를 풀어내는 것을 보고 사실 좀 놀랐습니다. 당시 1월에 의사 국가고시에 합격한 아들이 인턴 지원을 해야 했는데, 경쟁이 가장 센 과料 가운데 하나를 지원하는 터라, 지원자의 움직임을 기민하게 살펴야 하는 상황이었거든요. 예년과는 달리 병원 보다는 전공과 위주로 학생들이 움직여서 경쟁이 치열했고, 몰리는 곳에

몰려서 전년보다도 탈락이 유난히 많았다고
하는 후문이 들려왔습니다.
그 와중에 김분재 선생님께 간명을 받은
거지요. 제가 간명을 듣고 좀 놀랐다고 조금
위에서 말씀드렸는데, 어느 정도인가 하면,
아들에게 점 본 얘기를 해줬더니, "엄마, 내
정보가 샌 거 아냐?" 그러더라구요. (니가 샐
정보가 있는 거냐ㅋㅋ)

바로 다음의 이 풀이가 문제의 그
개인정보 유출로 오해받은 그 내용입니다.
그대로 옮깁니다.
"이 사주는 봄날에 들판과 호수를 비추는
태양으로 태어났다. 그 태양이 칼이나
바늘을 비추는데, 그 칼과 바늘은 곧
보석이고, 보석은 곧 재물을 얻는다는 뜻.
이것은 현침살에 해당하므로 손으로 뭔가
날카로운 것을 잡고 일한다. 괴강살이
있는데, 하늘에 있는 우두머리 별을
괴강이라해서 옛날에는 갑옷을 입는 것이고,
요즘에는 일정한 제복, 복장을 말한다."
이어서 물으십니다.

"
사주가 만들어낸
오행의 모습을 마치
그림 그리듯 묘사
———— 바닐라 젠
"

"근데 얘가 지금 뭘 하지요?"
"정형외과 지원하는 의사입니다."
동시에 웃었는데, 김분재 선생님은 회심의
웃음을, 저는 놀라움의 웃음이었지요. 아,
대단합니다.
이때가 인턴 지원서를 넣고 면접을 보기
전이었어요. 인턴에 합격하겠는지, 원하는
전공으로 레지던트도 올라가겠는지를
물었습니다. 올해 운세는 태양이 자신이
비추는 또 다른 호수를 얻으니, 이는 곧
명예이자, 문서 관련 명예라고 하시면서,
합격하겠다고 하셨습니다.

지원 결과가 궁금하시지요? 무난히
합격해서 머리에 쥐가 나던 1월이
마무리되고, 곧 이어서 첫 턴turn으로
신경외과 턴turn에 들어갔습니다.

바닐라 젠의 코멘트
설진관 선생님의 관법으로부터 김분재 선생님 나름의 관법을 터득하신 듯합니다. 사주
특성 파악, 사주 특성에 맞는 진로 파악 잘하십니다. 30분을 한 타임으로 잡아서 예약을
잡으시므로 상담 시간은 넉넉합니다.

•**명인** 심안 김분재		•**상담** 방문, 전화 상담 가능	
•**분야** 명리		•**간명비** 3만 원	
•**위치** 경상남도 창원			

049
점술 평론

남광南光 김효중

💬 명인의 한마디

운명은 결국 선택과 타이밍 문제이다.

남광南光 김효중 선생은 동양학으로 원광대학교에서 박사과정을 수료하신 분입니다. 관상도 함께 보시는데, 영화 <관상>의 해설위원이시기도 했습니다. 남광 선생님이 관상 실전에 매우 능하신 이유가 흥미롭습니다. 상법相法 이론 공부 없이 아주 어릴 때부터 바로 실전으로 들어간 특별한 케이스입니다. 고모할머니가 충청도에서 관상과 사주로 아주 유명한 분이셨다고 합니다. 충청도 유지 가운데 이 고모할머니께 안 본 사람이 없다고 말해도 될 정도였고, 황우석 박사도 매년 인사를 왔었다고 하는군요.
고모할머니의 철학관에서 사서를 봐주던 분이 바로 남광 선생님의 어머니이셨고,

사서를 하면서 익힌 실전 관상이 고스란히 남광 선생님께로 전수 됐습니다. 초등학교 때부터 일상에서 실제 사람들 얼굴을 보며 어머니가 평하는 관상을 들으면서 자라셨다고 합니다. 드라마를 보면서도 "손 봐라, 눈 봐라, 코가 이렇지?" 하면서 가르쳐주셨다고 하니, 몽고의 기마병이 걷기 전부터 말 타는 법을 배운다는 것과 똑같습니다.

명리는 『자평진전』의 관법을 공부하셨습니다, 1976년생이시니 올해 49세로 역술 경력은 20년이십니다. 예약하면서 사주를 드리면, 약속한 시간에 전화가 옵니다. 편안하고 솔직하시며,

현실에 맞게 합리적으로 간명을 하는 장점이 있습니다. 솔직함이 어떤 것이었냐 하면, 저는 사업 전망만 본다고 작년에 건강이 나빴던 얘기는 특별히 하지 않고 있었는데, "건강이 안 좋았던 것으로 나오는데, 제가 틀렸네요." 그러시네요. "아이고 아닙니다, 저 아팠어요."라고 제가 손사래를 쳤네요. 이런 식으로 솔직하게 말씀하는 역술인은 사실 잘 없거든요.

독자분들은 글을 읽어오시면서 제 사주를 귀가 닳도록 들으셔서 조금 질리실 듯도 하고, 특히나 최근에 저는 운의 움직임이 크지 않으니, 적중도를 볼 수 있도록 최근 전후로 큰 변동이 있는 아들의 간명 위주로 말씀드리겠습니다. 아들은 작년까지는 마음이 급하고 근시안적이었으나, 올해를 기점으로 확 바뀌어서 금년부터 본 모습이 나타난다고 합니다. 이제 실력 발휘를 제대로 하고, 파워풀한 궤도에 오른다고 합니다. '날카로운 문서운'이 있는데, 이게 의료 계통임을 말해주며, 정통파 외과 스타일 사주로 정형외과 선택을 잘했다고 합니다.

이 날카로운 문서운이 올해 작용에 결정적인 것이라서, 하반기에 레지던트도 원하는 대로 갈 수 있다는군요. 의료계 쪽으로 상담을 많이 하신 듯, 전공의들의 시스템을 잘 아시더라고요.

서울에 계시는 분들은 직접 가셔서 관상과 함께 보시면 훨씬 적중률이 높을 듯합니다. 전화 상담하시는 분들은 사진을 보내드리면 됩니다. 간명 시 관상과 사주 중 어디에 메인을 두시냐고 여쭤봤더니, 관상 반, 사주 반이라고 하십니다. 관상과 사주를 같이 보면 좋은 이유를 선생님의 경험을 예를 들어 말씀하셨는데, 귀담아들을 내용이었습니다. 사주는 어느 해가 좋다 어느 해가 나쁘다 이런 것이 나오지만, 관상은 그 사람의 급수가 나온다는 것입니다. 어떤 분이 김연아 선수의 사주만 내주면서 남광 선생님을 테스트했는데, 사실 그 사주만 해도 생시까지 똑같은 사람이 국내에는 50명 내지 200명이 있다고 합니다. 김연아 선수의 사주를 보고는 예체능 선생님의 사주라고 풀이했다고 합니다. 그 사람의 급수를 알려면 관상을 함께 보는 것이 가장 정확하다는 것이 남광 선생님의 오랜 경험에서 나온 설명입니다.

관상 잘 보시는 분들이 많지 않은 요즘, 이 말씀이 기억에 많이 남는군요.

"관상은 실전이다. 그 흐름을 말과 글로
표현하는 것은, 형언하기 힘든 하나의
인사이트이다."

" 관상은 실전이다. **"**
그 흐름을 말과 글로
표현하는 것은,
형언하기 힘든 하나의
인사이트이다.

바닐라 젠의 코멘트

Vanilla Zen

관상에 특히 능하십니다. 명리 간명과 더불어 관상을 함께 봄으로써 적중도를 높인 풀이를 들을
수 있고, 판검사나 의사 등 전문직 상담자들이 많습니다.

● **명인**　남광 김효중
● **분야**　명리, 관상
● **위치**　서울특별시 강남구

● **상담**　방문, 전화 상담 가능
● **간명비**　5만 원

050
점술 평론

이경진
선생

여성 역술인이십니다. 특이하게도
간호사 경력을 가지신 분입니다.
음성을 듣고 30대 정도로 느껴져서, 경력은
길지 않으신 건가 잠시 생각했습니다만,
웬걸요, 나중에 연세를 듣고 깜짝
놀랐습니다. 역술 공부 20여 년에, 올해
62세라고 하시네요. 전주 '인생정담'의
'고삐리' 선생님 이후의 충격이었습니다.

상호 없이 하십니다. 상호가 없을
수밖에 없는 것이, 우연히 한 분을 간명해

주셨는데, 너무 잘 맞아서 그분이 이경진
선생님의 후기를 어느 인터넷 카페에
올리면서 급부상하게 되었고 갑자기 손님이
몰려들었다고 하십니다.
직업적으로 역술을 하는 것은 생각지
않으셨었다고 하시네요. 아마도 조금
지나시면 상호나 아호를 갖추시지 않겠나
싶습니다. 저에게 이경진 선생님을
추천해주신 분의 글을 옮겨보겠습니다.

이름 없는 상호인데 네이버 역학 관련 카페에

> **"사주를 풀어서 좋고 나쁨만을 얘기하는 것이 아니고, 목숨 명命 대신 밝을 명明을 쓰는 명리를 공부했어요.**

후기가 올라와서 한때 핫했던 분이 계시거든요. 신기 없고 사주로만 풀이하시는 분인데 소름 돋는 포인트가 있는 분이셨어요. "육아 휴직중이세요?" 이런 걸 맞췄다는 후기가 많았거든요. 저도 상담받았는데 괜찮았습니다. 이 분도 마찬가지로 단정적으로 시기를 짚어주신다거나 그런 건 아닌데 인생 전반을 훑기에 괜찮았고 특히 건강적인 측면에 자신 있다고 하셨습니다.

저는 전화로 간명을 받았습니다. 간명 시작 초반에 잠시 호기심을 자극하는 말씀을 하셨습니다. 점술 평론 블로그를 하는 저로서는 그냥 지나가기 힘든 내용이라서 다시 질문을 드렸더니, 특이한 스토리가 흘러나왔습니다.
우선 처음에 이런 말씀을 하시는 거였어요.
"저는 족집게 점쟁이 그런 관점 보다는, 사주를 통해서 상담한다는 그런 공부를 했어요. 사주를 풀어서 좋고 나쁨만을 얘기하는 것이 아니고, 우리는 목숨 명命 대신 밝을 명明을 쓰는 명리를 공부했어요."
"선생님, 방금 '우리'라고 말씀하셨는데, 어떤 문파를 지칭하시는 건가요?"
그랬더니 매우 특별한 이야기를 들을 수 있었습니다.

형성된 문파는 별도로 없지만, 명리를 전수 받은 선생님이 계시다고 하십니다. 그 선생님은 이경진 선생님보다 젊은 분이고, 재벌가의 손주이신데 그분에게 신기가 왔답니다. 신기가 온 이 손주를 재벌가 어른들이 외국으로 유학을 보내도 봤지만, 외국에 나가 있으니 신기만 더 극렬하게 발동해서 다시 한국으로 불러들이고, 당시 유명 역술인을 일대일로 붙여서 명리 공부를 시켰다고 합니다. 그 선생님은 1년 공부 끝에 완전 득도를 했다고 하시네요. 그분께 명리를 배우신 거라고 합니다.
이경진 선생님의 간명은 사주 전체의 특징을 파악하는 데 좋고, 강점은 사주 상 조심해야 할 부분을 잘 짚어내시며, 건강을 매우 잘 보십니다. 이경진 선생님 본인도 건강을 잘 보신다는 점에 수긍하면서 덧붙이는 말씀이 간호사 경력 때문에 아무래도 더 깊이 있게 볼 수 있는 것 같다고 하십니다. 향후 조심해야 할 부분들에 대한 지적이 매우 구체적이고 현실적이어서, 잘 귀담아들어야겠다는 생각이 듭니다. 간명 분위기는 매우 편안하고 안정적입니다. 솔직 다감하고 친절하십니다.

이경진 선생님께도 아들의 사주를 봤습니다.

첫 말씀에 매우 큰 사주이고, 의학계, 지도자급으로 나온다고 하십니다. 사주에 약간 부족한 오행을 채우려면 경금, 금으로 보는 정형외과가 좋다고 하시네요. 신기하지요.

또 한 가지 인상적인 간명은, 외국과 인연이 있다고 하신 부분입니다. 근데 지금으로서는 국내에서 의사 생활을 하는 것만으로 족하지, 외국과의 왕래는 계획도 예측도 없거든요. 아 그런데, 다른 관점의 말씀에 눈이 번쩍 떠지더라고요. 외국과 인연이 있는 '관광 의료' 같은 것을 병원의 비즈니스로 해보면 크게 좋을 거라시는 겁니다. 신박한 아이디어 득템입니다.

또 하나 놀랐던 것은, 여태껏 어느 역술인도 알지 못하던 사실을 맞추신 겁니다.

"아들을 혹시 날 잡아서 낳으셨어요? 사주를 보니 도무지 예사롭지 않은데, 이 정도 사주면 날을 잡고 시까지 잡았을 것 같은데요?"

맞습니다. 이 아이는 첫째 낳고 5년간 속발성 불임 끝에, 1년 동안 단 하루도 안 거르고 치열한 연공連功으로 관음 기도하여 아주 늦은 나이에 가졌고, 제왕절개 하면서 날을 받아서 낳았거든요. 이걸 맞추신 분은 이경진 선생님이 유일합니다.

바닐라 젠의 코멘트

Vanilla Zen **점집 소문이 늘 소문대로인 것은 아니지만, 이경진 선생님은 소문대로 건강운, 병점에 특히 능하십니다. 중간중간 신점 같은 예리한 점사가 튀어나옵니다.**

- **명인** 이경진 선생
- **분야** 명리
- **위치** 서울특별시

- **상담** 전화 상담만 가능
- **간명비** 3만 원

051
점술 평론

현지원炫智元
이영애

배우 엄앵란 씨가 예전에 자주 다니던 집이라고 합니다.
이영애 선생님은 블로그 구독자님께서 상세한 후기와 함께 추천해주신 분입니다. 이 구독자님께서는 올 초에 사업하시는 지인에게 소개받아 직접 찾아가서 상담하셨다고 합니다. 사업하시는 그 지인분이 매우 인상적이라면서 소개를 해주셨는데, 그 전 해 신수에서 월별로 짚어주신 운세가 모두 다 정확하게 딱딱 들어맞았다고 하네요.
'돌이켜보니 더 소름'이라는 지인의 말씀에, 이 분도 점을 보게 됐다고 합니다.

이 구독자님께서 마지막에 남긴 글이 서정적이고 인상적이어서 옮겨봅니다.

한강 바람 소리가 거센 뒷 베란다 사이로 임영웅 굿즈들이 있었습니다. 임영웅 씨는 좋겠어요. 본인을 위해 정성 기도 드리실 듯. 혹시 기회가 되신다면 바닐라 젠님의 후기도 듣고 싶습니다^^ 항상 많은 정성을 들이신 귀한 정보 감사 드리며…….

이영애 선생님이 30여 년 전에 명리를 공부하시게 된 것은, 28세 때 남편분께서 세상을 떠나시고 난 다음 따님까지 10년간

크게 아프면서, 단 10원이 아쉬운 생활을
하게 되시면서였다고 합니다.
"추락하는 것엔 날개가 없다더니 정말
그래."
당시에 만 원씩 상담비를 받아 쌀을 사
먹었다고 하시는데, 그렇게 6개월 만에 서울
장안에 소문이 나면서 엄앵란 씨가 사주를
보러 찾아왔다고 합니다. 엄앵란 씨가 한창
유명할 때였다고 하지요. 사주를 잘 봐주어
엄앵란 씨의 고민들이 풀리면서 두 분이
얼마나 친해졌는지, 지금도 이영애 선생님의
따님도 엄앵란 씨와 같은 아파트 같은
동에 산다고 하시네요. 이후엔 문희 씨도
사주를 봐주시게 되어 요즘도 세 분이 자주
만나신다고 합니다.

예전에는 부적을 쓰시기도 했는데,
이영애 선생님이 처음 쓴 부적을 받은
여성분이 그때까지 수 백만 원을 들이고도
남편의 첩을 못 떼고 있다가, 이 부적을 받고
사흘 만에 남편이 집으로 돌아오면서 그때
또 한 번 크게 입소문이 났었다고 합니다.
그 생애 첫 부적을 쓸 때, 자정에 쓰고는
잘 될까 노심초사하다가 새벽에 조계사를
찾아가서 이 부적을 지닌 분이 잘되도록
기도했다고 합니다. 원래는 영락교회가
모태였으나, 역술을 배우면서 불교 신자가
되셨다고 하시네요. 그러다가 YG 양현석
씨의 부친께서 운영하시던 불교 상회에
가게 되면서 그 집안과도 친하게 지내게

되셨다고 합니다. 지금 이촌동 아파트에
모시고 있는 부처님상 뒤의 탱화도 양현석
씨 아버님이 그려주신 것이라고 합니다.

명리로 보시면서 동시에 관상, 성명,
음성, 수리학을 함께 보고, 그 답이 두세
가지가 일치하는 것으로 풀어주십니다.
미국의 한인 블로그에서도 유명하시다고
합니다. 저는 전화로 점을 봤습니다. 따스한
음성의 60대 후반 정도 여자분이십니다.
밝고 편안한 이모 같은 분위기셨어요.
직접 가보신 분들 후기로는 품위 있는
미인이시라고들 입을 모읍니다.

저는 올해 돕는 이가 있고, 이제 비는
다 그쳤다는 큰 얼개만 먼저 말씀하시고,
제 운세도 일단 월별로 죽 풀어주시네요.
저도 내년 가서 '돌이켜보면 소름'이기를
원하면서 들었는데, 월운은 명리로 보는
전체 흐름과 거의 일치했습니다. 월별로
풀이가 끝나면 전체 사주의 특성, 그리고
궁금한 것 질문, 이런 순서로 갑니다.
재물은 죽을 때까지 있고, 머리가 좋고
리더십이 있으며, 일을 한번 들으면
순식간에 다 처리한다고 하시네요. 저의
일은 큰 변동으로 움직이는 시기가
아니라서 월별 운이 민감하게 느껴지지는
않았는데, 아들 사주를 넣어보니 확실히
월운이 잘 맞습니다. 아들은 올해 새로운
출발점에 서며, 지난달에 계획 세울 일,

이번 달에 돕는 사람이 많다고 하는데,
정말 그렇습니다. 큰 사주로 나중에 이름을
크게 날리겠는데, 금을 지니면 좋으니, 24k
납작한 것 반 돈을 휴대폰 뒤에 붙여주면
아주 길하다고 합니다. 흰색이 럭키
컬러라고 하시는 것을 보니, 오행 중 금金의
보강인 듯했습니다.

　제 경우 사업은 내년에 모든 것이
업그레이드되면서 내후년부터 크게
넓힌다고 하시고, 아들은 레지던트 합격을
장담하며, 생시에 천복이 있어 45세부터
85세까지 승승장구하면서 재물을 크게
쌓으니 45세부터 돈 버는 대로 건물 등을
하나하나 사 모으라고 하시네요.
전체 사주와 한 해 월운을 유기적으로
살피면서 간명하시는 것으로 보입니다.
여유 있게 응대를 하시는 분이라서, 질문을
풍부하게 준비하면 더 좋은 답을 얻을 수
있을 듯합니다.
제가 여쭤봤습니다.
"선생님, 진짜 엄앵란 씨가 단골이고

친하세요?"
"그럼요, 문희도 그렇지."
아 근데 선생님 성함도 이영애인 거예요.

> " 명리로 보시면서
> 동시에 관상, 성명, 음성,
> 수리학을 함께 보고,
> 그 답이 두세 가지가
> 일치하는 것으로 풀이 "
> ⸺ 바닐라 젠

바닐라 젠의 코멘트
문의도 많았고 긍정 후기도 많이 들어오신 분입니다. 전화로는 간략하게 간명하시는
경향이 있고 관상이나 음성도 함께 고려하시니, 직접 가는 것이 낫습니다.

Vanilla Zen

- **명인**　현지원 이영애
- **분야**　명리
- **위치**　서울특별시 용산구

- **상담**　방문, 전화 상담 가능
- **간명비**　5만 원

052
점술 평론

혜도慧道
전정훈

명인의 한마디

八十年前渠是我 八十年後我是渠 - 서산대사
팔십 년 전에는 네가 나였으나, 팔십 년 후에는 내가 너로다.

강의실이 쩌렁쩌렁 울리겠구나 싶은 쾌활하고 자신감 있는 통변이 대번에 훅 들어옵니다.
"이 사주 가지면 대단한 수완가입니다."
그러시고는 이어지는 말씀에 화들짝.
"사실 이 사주 보면, 저보다 사주 더 자주 보신 분이에요."
수백 군데 점 본 게 대체 어케 사주에 나온다는 건가요?

혜도慧道 전정훈 선생님은 현재 글로벌사이버대학교 동양학과 교수님으로, <자평진전>이 전문 분야이시고 『용신격국론』 등 명리학 관련 저서를 세 권을 출간하셨습니다. 한국프로사주학회를 이끌고 계십니다. 전정훈 선생님은 저에게도 한참 전부터 메모가 되어 있던 분이신데, 마침 구독자님 한 분께서도 '격국 중심으로 통변하시는 분'이시라면서 몇 달 전에 추천을 해주셨습니다. 늘 관심을 가지고 바닐라 젠 블로그를 지켜봐 주시는 구독자님이시고 명리에 일가견이 있으신 분이십니다.

통변은 우선 사주 상으로 보이는 큰 특성부터 짚고, 지나간 운 가운데 특기할 만한 시기를 훑은 다음, 혜도 선생님 특유의 간명이 나옵니다. 인생을 통틀어 주의해야 할 시기 몇 가지 군群을 순위를 매겨서 정리해 주시는데, 달력 위에 포스트잇을

딱딱 붙여서 신중히 지나가야 할 시기를 표시하듯, 간명 방식이 신박합니다. 사주 상의 특정 '패턴'을 읽으시는 것이 혜도 선생님 간명의 강점이자 장점인 듯합니다. 가령 이런 식입니다. 제 경우, 숫자 4가 뜨는 해, 즉 1994년, 2004년 등등이 브레이크가 걸리는 해라고 합니다. 그다음으로 브레이크가 걸리는 시기는 양띠 해, 토끼띠 해, 그리고 매년 음력 2월과 6월을 짚어주시는군요. 숫자 4가 나오게

되는 연유가 몹시 궁금합니다.

저는 초년운이 조금만 더 좋았더라면 학자로서 큰 이름을 떨쳤을 것이라고 그러십니다. 교수였었다는 말씀을 드리기 전에 그러시네요. 한 분야에서 우리나라 최고가 될 것이라고도 하시는데, 대체 무슨 분야에서 제가 최고가 될 것인지, 저도 궁금합니다.
재물운은 앞으로 9년 크게 가고, 사업운은 다음 달부터 분주히 움직이라고 하시네요. 그런데 사업운을 풀이하시다가 갑자기 이런 말씀을 하시네요. 목소리 톤이 갑자기 올라가서 놀랐습니다.
"아! 방송을 하세요. 방송이 잘 맞아요. 이쪽 공부해서 방송하면 너무 좋겠는데."
"이쪽이라시면… 명리 공부요?"
"아무리 봐도 우리 과인데요."

말씀을 정리해보면, 명리와 완전 합이고 방송이 맞으니, 명리를 공부해서 유튜브를 하면 굉장히 좋겠다는 겁니다. 저는 제 본업과 별도로, 안팎으로 두 가지 일을 해야 하고, 아는 지식을 남들에게 전달하면서 그것이 재물이 되기도 하니, 지금 사업 외에 따로 방송을 하면 엄청 대박이라는 풀이이십니다.
그런데, 이 풀이는 제 상황을 정확히 다 모르시는 상태에서 나올 수 있는 베스트 같습니다. 왜 베스트 해석인지, 독자분들도

들어보면 고개를 끄덕이실 겁니다.
일단 저는 방송이 잘 맞습니다. 교수
시절에 방송 진행자를 십여 년 했습니다.
블로그도 역학에서는 방송과 동일한
카테고리로 치고, 게다가 제가 바닐라
젠 블로그의 점술 평론으로 일종의
'메타 역술'을 하고 있는 셈이니, 전정훈
교수님의 풀이를 들으면서 속으로 '맞다,
맞다' 했답니다. 메타 역술-블로그를 역술-
유튜브로 읽으셨다면, A와 A'이니 사실상 다
읽어내신 셈이지요.

또한 제가 굉장히 예리하다고 하시는데,
특히 그중에서도 잘못된 것을 예리하게
찾아내서 잘 할 수 있게 살려내는 역량, 죽은

것을 살려내는 능력이 매우 좋다는 겁니다.
거기에 재財를 깔고 있어서 돈 쪽으로
흘러가게 되어있다고 합니다. 이 두 가지
특성의 합으로써 끌어낸 결론에서 제가 한
번 더 놀랐습니다.
위의 이 두 가지 요소를 합칠 때, 저는
의사가 아니라면, 경매가 맞는다는 겁니다.
경매는 이미 제가 40대부터 도무지 모를
이유로 관심을 두는 분야이며, 향후의 제
재테크이기도 합니다.
혜도 전정훈 선생님의 이런 해석은 명리를
적용하는 방식이 특출하지 않으면 도출하기
어려운 결론일 듯합니다. 하나의 독자적인
방정식 같습니다.

바닐라 젠의 코멘트
사주의 특정 패턴을 찾아내는 유니크한 간명 방식으로 독자적 관법이 형성되신
Vanilla Zen 듯합니다. 간명 폭이 넓어서 해당 사주의 잠재력을 저인망으로 훑어내는 느낌입니다.

- **명인** 혜도 전정훈
- **분야** 명리
- **위치** 서울특별시 서초구

- **상담** 방문, 전화 상담 가능
- **간명비** 전화 상담 5만 원, 방문 상담 10만 원

053
점술 평론

성진星辰
임동수

명인의 한마디

**가장 중요한 것은 본인의
마음가짐입니다.**

성진星辰 임동수 선생님의 간명은
편안한 '아재'의 은근하고 자상한 조언처럼
느껴지는 장점이 있습니다. 그러나 아재의
부드러움 가운데 날카로운 지적이 있고,
유함 가운데 현실적인 조언이 있습니다.
성진 임동수 선생님은 블로그 구독자님께서
추천해주신 분입니다. 구독자님의 추천과
후기를 공유해봅니다.

제가 부동산 매매 관련 상담받는 선생님이 계셔서
소개해 드리고 싶습니다. 임동수 선생님이시고
저는 항상 전화로 여쭤봤어요.
예를 들면 저희 친정아버님이 출판사를
운영하셔서 출판 단지에 2007년도
입주했답니다. 그러다가 2019년에 매매를 하게
되었는데 그 당시 매매가와 매매 되는 시기를

거의 맞추셨답니다. 그해 8월에 어떤 사람이 저희
사옥을 구매하겠다고 했는데 임 선생님께서는
그 사람이 살 확률은 백만분의 일 확률이라고
하셨는데, 정말 살 줄 알았던 사람은 안 사고 다른
사람이 나타나서 저희 사옥을 매입하셨답니다.
그리고 저희 친정아버지 운에 양력 10월에
큰돈이 들어오게 돼 있다고 하셨는데 결국
10월에 잔금을 받으셨거든요.
암튼 작든 크든 소소한 부동산 관련 그리고
사업운 이런 계통은 잘 보세요.
저희 큰 올케가 김포 신도시에 디저트 카페를
오픈하기 전 여쭤보니 은근 솔솔 잘 될 거라
하셨는데 이 코로나 시기에도 저희 올케 정말
잘 되고 있고요. 참고로 임 선생님 언변이
화려하거나 속사포처럼 말씀하시는 스타일은
아니세요.

대운부터 풀어가시는데, 이번 대운의 경향을 정확하게 파악하시네요. 천간 맨 끝자락에 오면 전반적으로 안 좋다고 합니다. 원하는 것이 잘 안되거나, 일이 시원치를 않고, 질병이 올 수도 있다고 하시는데, 작년이 특히 종합적으로 그랬습니다.

건강은 작년에 딱히 병명도 없이 내내 고생했는데, "아주 나쁜 데도 없이 골골한다."라고 딱 맞게 표현하시네요. 다행인 것은 작년, 올해 사람들이 돕는 운이라는데, 이 역시 그렇습니다.

사업운이 어떠냐고 말씀드렸더니, 말 끝나기가 무섭게 바로 처방을 주시네요. 주변에서 어떤 띠의 사람과 손을 잡고 상의하면 힘이 된다고 합니다. 동업이 아니라 조언을 받으라는 겁니다. 그래도 운은 올 7월부터는 사주가 균형이 맞춰지기 시작하면서 곧 풀린다고 단호하게 말씀하시네요.

부동산을 특히 잘 본다고 하셔서 부동산 운에 대해서 여쭤봤습니다.

"
푸근함 가운데
날카로운 지적, 유함
가운데 현실적인 조언
"

❀ —— 바닐라 젠

사주가 부동산과 잘 맞고, 만약 경매로 낙찰받는 경우가 있으면 오래 갖고 있지 말고 바로바로 매도해서 자금을 회전시키는 것이 좋다고 합니다.

맨 끝에 이런 말씀을 해주시네요.

"사업에 자신감을 갖고 하되, 오늘 처음 하는 일이라고 생각하고 시종일관으로 차근차근하고 신중하게 하면 다음 대운 가서 반드시 돈을 많이 법니다."

은근히 힘이 되는 말씀에 다음 대운을 기대해봅니다.

전화를 끊기 직전에 아호를 여쭈었더니, "별 성星, 별 진辰이에요."

말꼬리에서 얼핏 수줍음이 느껴지는 것이 내내 잔향처럼 인상에 남습니다.

바닐라 젠의 코멘트

Vanilla Zen

부동산운에 특히 능하셔서, 매매 시기, 매매가, 경매 등 부동산 관련 운세 적중에 대한 후기가 많은 분입니다.

• **명인** 성진 임동수	• **상담** 전화 상담만 가능
• **분야** 명리	• **간명비** 3만 원, 4인 가족 5만 원
• **위치** 인천광역시	

054
점술 평론

첩경捷徑
선생

**내리는 비를 인력으로 그치게 할 수는
없으나, 우산을 준비할 수는 있다.**

회사 점심시간이 시작되자마자 전화를
드렸습니다.
"지금 공양 중이라서 15분쯤 후에 전화
드리겠습니다."
음성에서 느껴지는 에너지가 맑고 밝고
힘이 있습니다.
공양 중이시라니, 절에 계신가……?

15분쯤 후에 전화가 왔습니다.
절에 가셨냐고 여쭤봤더니, 절에 방이
있으신데, 곧 내려갈 계획이라고 하십니다.
수행을 하시나 봅니다.

첩경捷徑 선생님은 어느 블로그 구독자님의
입시점 후기에서 언급된 분으로, '첩○
사주'가 대체 누구신지 문의가 많았답니다.
다시 한번 후기를 인용하자면,

그리고 한 분 더 입시점으로 명리 부문에서
추천해 드릴게요. 첩○ 사주예요.
저보고 미친 척하고 고려대 쓰라고 하셔서 제가
고대를 쓴 건데 합격했습니다. 전반적인 운의
흐름을 잘 보시며, 운세 전체 한 번쯤은 볼 만
하다고 생각합니다.

" 사주는 업력의 운반체이고 사고의 경향성, "
즉 습기이기 때문에 명리학적 기호들의
일률적인 적용이 빗나가는 때도 많다.

◈ —— 바닐라 젠

첩경 선생님은 40대 중반으로, 도계
박재완 선생님의 책과 특히 자강 이석영
선생님의 『사주첩경』으로부터 지대한
영향을 받으셨다고 합니다. 아호를
'첩경'으로 사용하시는 것이 바로 이
『사주첩경』의 영향이었군요. 선친과 누님이
모두 무속인이시고, 집안의 신줄 내력으로
인해서 하던 사업들을 자꾸 치는 바람에
역술 공부를 시작하셨다고 합니다.

첩경 선생님은 전체적 흐름 파악이
강점이고, 특정 대목에서 간명법이
독특합니다.
사주를 드리자 첫 말씀이 작년에 아프지
않았느냐입니다. 사실 저는 점술 평론 글을
쓰면서도 점에 대해서는 일정 거리를 두고
관찰하는 쪽입니다.
왜냐. 사주는 업력業力의 운반체이고
사고思考의 경향성, 즉 습기習氣이기에,
명리학적 기호記號들의 일률적인 적용이
빗나가는 때도 많기 때문입니다. 그런데
아팠던 시기를 기점으로 그 전후로 몇
선생님들이 아픈 것을 알아내시는 것을
보면, 적어도 어떤 흐름을 읽어내는 데에
있어서는 확실히 명리가 탁월하기는 합니다.

제 사주는 용신이 헷갈릴 수 있는
구조여서, 용신을 잘 못 잡으면 거꾸로
보게 된다고 하시네요. 가끔 다른 다리
긁는 간명이 있었던 게 그래서인가 봅니다.
목화통명木火通明 사주여서 교수, 의사, 예술
쪽으로 활동한다고 하시고, 재물 걱정 없고,
고위직까지 가능한 사주라고 합니다. 여자

돈은 나가고 문서는 들어온다는 현실 밀착형 풀이가 와닿습니다.

그런데 지금 매입이 문제가 아니라 매도가 문제입니다. 사실 작년 말부터 많은 분들께서도 아파트나 상가가 팔리지 않아 큰일이라시며 댓글을 주셨지만, 저도 매도를 못 하고 있습니다. 지난번에 육효점 본 것은 빗나갔네요. 매도 시점을 여쭤봤습니다. 올해 5월~6월에 좋은 조건으로 팔린다고 하십니다. 경험상 매도 시점 맞추기는 몹시 어려운 분야의 하나인데, 다시 한번 기대해봅니다.

첩경 선생님은 먼저 죽 통변하고 질문을 받는 스타일이 아니고, 사주에서 눈에 띄는 부분을 풀어가고 대화하면서 질문과 답이 이어지는 스타일이니 참고하시고 질문을 잘 준비하시는 것이 좋겠습니다.

사주는 좋은 부분을 안 쓰면 남편이 그걸 쓴다는 말씀도 하나 배웠네요.

사업은 2025년부터 3년간 대박인데, 올해 내년은 지갑을 잠그는 것이 유리하다,

문득 성냥불 확 붙듯, 특이한 답이 나오는데 그걸 잘 기억하시면 좋을 듯합니다. 위의 후기 남겨주신 구독자님처럼, "미친 척하고 고려대 써라." 이런 게 그 전형적 킬포 같네요.

바닐라 젠의 코멘트
전체적 통변 없이 사주에서 눈에 띄는 부분을 중점적으로 다루시며, 신점같이
Vanilla Zen **예리하게 들어오는 간명들이 있습니다.**

• **명인**	첩경 선생	• **상담**	전화 상담만 가능
• **분야**	명리	• **간명비**	5만 원
• **위치**	경상남도 거제시		

055
점술 평론

신촌
윤대중

윤대중 선생님은 젊고 서글서글하고 편안합니다.
젊은 역술인이라서 간명이 현실적이고 합리적인 것이 장점이려니 생각하기 십상이지만, 간명을 잘 분석해보면 매우 깊이 있게 파고들어 갑니다. 간판이 없음에도 법조인들 사이에서 핫하시다고 하더니, 다 이유가 있구나 싶습니다.

윤대중 선생님은 점집 최고수이신 블로그 구독자님께서 추천해주셨습니다. 이 구독자님은 지적이고도 감성적이고 예리한 분인데, 댓글로만 아는 사이이지만, 제가 참 좋아하는 분입니다. 점집을 보는 눈이 정확합니다.
윤대중 선생님에 대한 추천과 후기를 옮겨드립니다.

바닐라젠 선생님, 안녕하세요!
상담비 착한 선생님들 소개해주셔서 넘 감사드립니다.
혹시 아마 아실지 모르겠지만 저도 간명료 3만 원에 잘 봐주시는 선생님 한 분 소개해 드립니다.
내담자 1인에 3만 원이란 가격도 놀라운데, 가족이나 연인 사주 알려드리면 같이 봐주십니다.
신촌에 계신 윤대중 선생님이란 분입니다.
이 선생님은 법조인분들 사이에 입소문 탄 분이라고 들었네요. 간판도 없는 평범한 가정집인데, 핫하대요. 맨 처음 저희 일행에게 소개해준 분도 변호사이시고 이 분도 동기

"표현이 감각적이고 직관적이라서
현실과 매치하여 이해하기에 최고"

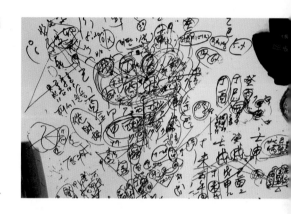

바닐라 젠

변호사분께 들었다고 하세요. 그분은 현재 공직에 계신 분인데 임용 전 부임지까지 맞추셨다고 하네요.

여기는 작년 9월에 친구들 2명이랑 같이 다녀왔는데 다들 감탄했어요. 간명법이 정석적인 거 같으면서도 좀 특이합니다.

TMI이지만 대부분 술사님이 저는 월간에 딱 하나 있는 불과 일지의 나무를 요긴하게 쓰는 구조라고 하는데, 이 분은 불과 나무는 제 인생에 딱히 영향 없고 수와 토만 쓰는 사주라고 하시네요. 그렇지만 상담받은 세 명의 성향은 너무 찍어낸 듯이 맞춰서, 전 그렇게까진 아닌 거 같은데 같이 간 친구들은 "똑똑하고 게으르다+완전히 타고난 리더다."라는 말씀에 "너 딱 맞아!"라고 했어요. 야, 이… ㅋㅋㅋㅋㅋ

저는 직장 이동운 안 들어오는 시기는 정확하게 알려주셨습니다. 당시에 퇴사 생각하고 세 군데 면접 봤던 직장들도 저하고 잘 맞는지 아닌지 주역 점으로 봐주셨구요. 앞에 두 곳은 쎄하다 싶더니 모두 제 성향이랑 안 맞는 곳이고, 특히 마지막으로 봐주신 곳이 꼭 가고 싶었는데, 저하곤 영 안 맞고 빛 좋은 개살구라고 하셨어요. 소셜 임팩트 있는 좀 각광 받는 스타트 업이라 뭔가 했더니, 나중에 본 잡플래닛 평가가 화려했습니다ㅎㄷㄷ

제가 딱 퇴사하고 개인사 와장창하기 직전에 본 곳이라 제 케이스로 검증된 건 딱히 없네요. 같이 간 친구 한 명은 지금 일하고 있는 직종 관련으로 사업해보라는 이야기 나와서, 지금 관련 학원도 다니면서 창업 고려하고 있습니다. 저는 올해 개인적으로 변화가 많아서 한번 다시 보려고요. 여하튼 이분께는 직장, 사업, 궁합을 많이 본다고 들었습니다. 일행들은 모두 겸사겸사 궁합도 같이 봤는데, 각자 성향이 정확하긴 하더라구요.

윤대중 선생님은 우선은 전체 오행 상 특성을 봐주시는데, 표현이 감각적이고 직관적이라서 현실과 매치하여 이해하기에 그만입니다.

가령 제 경우, 봄기운이 있어서 미래적으로도 좋은 기운이 많이 남아있는데, 불이 양쪽으로 있어서 하나가 꺼져도, 띠에서도 시時에서도 안전장치가 작동한다는 겁니다.

이 '안전장치'라는 말이 묘수인데, 살면서 외줄 타기를 해 본 사람은 그 느낌이 어떤 것인지 그냥 직관적으로 느낍니다. 앞으로만 가야 하는 외줄에서 떨어질 듯 떨어질 듯 휘청거리면서도 어찌어찌 버티다가 다시 균형을 잡는 그런 거지요.

"작년엔 신호등이 꺼졌네요."라고 그러시네요. 작년 운에 대한 여러 선생님의 표현만 모아도 사실 너무 재미납니다. 신호등은 꺼지고, 골골, 뒷짐 지고 먼 산 보기……. 큰 재물은 2024년부터 10년간, 두 가지 일하는 사주, 올해 5월부터는 천을귀인으로 좋은 쪽으로 흐른다고 하십니다. 잘 보시는 분들에게서 거의 공통적인 간명입니다.

특히, 성향상 맞는 일과 사업성이 높은 일 가운데 선택하는 문제에서, 이를 현실적으로 조율하는 방법에 대한 조언이 인상 깊습니다. 즉 성향이 맞는 심리치료의 일과 현실적 이익을 창출하는 현재 사업을 어떤 식으로 조율, 운용하는가에 대한 정리를 한방에 해주시네요.

바닐라 젠의 코멘트
Vanilla Zen
블로그 구독자님 후기에는 간명비가 3만 원으로 되어있습니다만, 현재는 5만 원으로 인상됐습니다. 전화 상담이 가능하기는 하지만, 제 느낌으로는 직접 가시면 주역으로도 보면서 훨씬 좋은 간명을 들으실 수 있을 듯합니다. 직장, 사업, 궁합 잘 보십니다.

- **명인** 신촌 윤대중
- **분야** 명리, 주역
- **위치** 서울특별시 마포구

- **상담** 방문, 전화 상담 가능
- **간명비** 5만 원

056
점술 평론

현목昭木
유박사

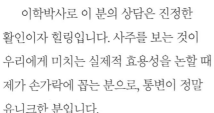

◎ 명인의 한마디
**사주팔자 안에서 희망과
행복을 찾는 상담**

이학박사로 이 분의 상담은 진정한
활인이자 힐링입니다. 사주를 보는 것이
우리에게 미치는 실제적 효용성을 논할 때
제가 손가락에 꼽는 분으로, 통변이 정말
유니크한 분입니다.

원래 블로그 구독자님께서 소개해주실
때, '도사'로 소개받아서 블로그에서는 이

명칭을 그대로 타이틀로 썼습니다만, 막상
박사님은 '도사'라는 용어가 영 마뜩잖으신
것 같습니다. 사실 실제 간명의 특성이나
이미지도 '도사'와 맞지 않기는 합니다.
'도사'를 이런 식으로 쓴다면 좀 마음에
드실지 모르겠습니다.
'상담자를 그 자체로 이해해주며 지지하고
강화해주는데 도사.'

구독자님께서 2022년 3월쯤에 박사님을 다음과 같이 추천해주셨습니다.

지인에게 추천받은 원주 치악산에 계신 도사라고 한번 봤는데 굉장히 친절하시고 명리학적이시고 구체적이셔서, 젠님 한번 상담받으시고 검증해 보시면 좋으실 것 같아요.

짧막한 추천이었지만, 임팩트는 컸습니다.
간명에 깊이와 정확성이 있는 것은 별도로, 그것을 풀어가는 방식이 전혀 새로운 겁니다. 이 분의 기본 신념은 사람 자체에 대한 긍정인 듯합니다. 사주의 틀로 그 사람을 바라보기보다는, 그 사람이 자기 삶을 이해하도록 하는 도구로서 사주를 사용하신다고 느껴지더군요. 화법과 음성도 몹시 인간적이고 친화력이 큽니다.

예약 때 문자로 미리 상담 주제를 간단히 보내드리는데, 저는 사업, 재물, 부동산, 이렇게 써서 보내드렸었거든요.
"그렇겠지, 당연히 부동산 해야지."라고 확고하게 첫 간명이 나왔습니다.
그 이유를 설명하시면서, 이건 중급 명리 이상만 공부해도 교과서에 나온다고 하십니다. 밑동 굵은 커다란 나무가 산 위에 우뚝 서 있는 형상인데, 그 나무가 흙에 뿌리를 박고 있고, 이 흙이 저에게는 돈, 즉 발밑에 돈을 모아놓고 있는 형상이랍니다.
"맨날 발밑에 돈이 모여있으니, 어찌 그걸 탐하지 않겠나." 이 말씀 명언입니다.
근데 그게 끝이 아니고, 명언이 계속 나옵니다. 제가 곧 대운에 바뀌고 새 대운부터 그 앞과는 완전 다르다는 간명은 수도 없이 들었습니다. 이 부분에 대한 박사님의 해석은 이렇습니다.
"앞쪽의 숙제를 다 해결하고, 내 몸에 안 맞는 옷을 벗어 던지는 순간, 새로운 인생이 오는 거지요."
명리 교재는 결국 누구에게나 공통적이겠건만, 이런 새로운 시각으로 해석할 수 있다는 것은 명리와 인생에 대한 깊은 성찰과 궁리를 거치지 않으면 불가능할 겁니다. 박사님은 원래 교수가 되려고 하다가 못 하셨고, 그래서 사주를 보러 다녔는데, "저 보고 형편없다고 하는 거예요. 그래서 열 받아서 명리 공부를 시작했어요."

저는 겉은 단단하고 세지만, 속은 소녀 같고 좋은 사람이라서, 못된 사람을 만나면 '니기미'하고 그냥 흘려보내지 못하고 스크래치가 난다고 하셔서 속으로 웃음을 꾹 참고 있는데, 그다음 질문에 대한 답에서는 혼자 뿜고 말았습니다.

질문은 "올해부터 사업을 활발하게 움직여 볼까요?"

유 박사님 답은 다음과 같은데, 어떠한 농조 없이 담담하게 이런 말씀을 하십니다.

"세계적인 역학자, 신선, 도사가 와서 너 올해 아무것도 하지 말라고 지랄하고 난리를 쳐도, 무당이 너 이년아 가만 있어라 해도, 누가 와서 빤쓰를 잡고 움직이면 죽는다 절벽이다 해도, 무조건 갑니다. 왜냐. 사주가 요동쳤거든요."

요점은 때가 됐다는 겁니다. 가는 겁니다. 마르고 닳도록 오래 사는데, 2024년에 대운이 바뀌면 나무가 더 단단해지고 뿌리가 더 비대해지며, 햇빛과 화火의 계절로 들어간다고 합니다. 그러면 춥던 그 큰 나무가 알래스카에 있다가 아프리카로 가는 거랍니다. 화 기운을 써야 하니, 우중충한 것 입지 말고 빨강이나 파란색 옷, 밝은 기운의 사람 등으로 밝은 에너지를 자꾸 밖으로 내라고 하시네요.

나무가 더 우람해지면, 힘든 사람들의 큰 그늘이 되어 힘들고 지친 사람들을 보좌해줄 것이라고 합니다. 사실 이건

저의 실제적 계획이기도 해서 속으로 좀 놀랐습니다. 재물 추구가 저의 한 축, 보시가 저의 또 한 축이라고 하시는데, 아마도 가장 정확히 제 인생 밑그림을 읽으신 분인 것 같습니다.

여러 고난을 거치면서 트레이닝을 해서 이제 때가 됐으니, 돈을 많이 벌면 다른 사람들처럼 강남에 몇백억짜리 건물 사는 것으로 끝내지 않고, 다른 사람들에게 좋을 일을 함으로써 그 나무가 더욱 울창해질 것이라고 합니다.

원래 스케일과 색깔이 다른 사람들이 있는데, "본인 같은 사람들이에요." 하시면서, 제가 90살 넘어서 죽을 때, "이야, 나무가 참 울창하고 내 그늘에서 쉬었던 사람들이 이렇게 많구나. 잘 살았구나." 할 거라고, 꼭 그럴 거라고 말씀하셔서, 가슴이 울컥해지더군요.

핵심은 이 같은 삶에 대한 강화와 지지가 화술 좋은 립 서비스가 아니라, 정확하고 깊이 있는 간명에 굳건히 결속되어 있다는 점입니다. 제가 거의 천 분에 가까운 선생님들께 간명을 받았지만, 새로운 차원의 간명임에는 분명합니다. 신세대 역술인들에게 시대에 맞는 통변법과 심리적 테크닉을 강의해주셔도 좋을 듯합니다. 사는 데 너무 지쳐서 자기 삶에 긍정적 기운을 불어넣고 싶으신 분들이 상담하시면 좋은 길잡이가 될 겁니다. 따뜻한 울림이 있습니다.

> " 핵심은 이 같은 삶에 대한 강화와
> 지지가 화술 좋은 립 서비스가 아니라,
> 정확하고 깊이 있는 간명에 굳건히
> 결속되어 있다는 점입니다. "
> ———— 바닐라 젠

바닐라 젠의 코멘트
깊이 있는 간명과 심리학적 테크닉이 결속된 특별한 간명으로, 많은 분이 감동
Vanilla Zen 후기를 남기셨습니다.

- **명인** 현목 유박사
- **분야** 명리
- **위치** 강원도 원주시

- **상담** 방문, 전화 상담 가능
- **간명비** 10만 원

057
점술 평론

금산錦山
장인호

💬 **명인의 한마디**
인생은 미완성.
운명을 바꿔라!

금산 장인호 선생님은 제가 우연찮게
찾아낸 노장이십니다.
우리 옛말에 '십문칠10문7'이라는 말이
있는데, 금산 선생님께 간명 받고
전화를 끊으면서 제가 한 혼잣말. "딱
십문칠이네…."

'십문칠10문7'이 여러분 뭔지 아시나요?
연배가 좀 있으신 이웃님들은 아시겠지만,
40대 이하라면 처음 들으시는 분들이
많으실 겁니다. 우리 어릴 적만 해도
할머니들은 고무신 치수를 문수로
얘기했었죠. 문수 가운데 '10문7'은
뭔가가 안성맞춤으로 딱 맞을 때 쓰던
관용어였어요. 꼭 신발 문수가 아니라도,
빈틈에 물건을 끼워 넣을 때 딱 맞게
들어가도 "10문7이네." 그랬지요.
금산 선생님이 딱 '십문칠'이었습니다.
처음에는 맘카페에서 대학 입시 관련
잘 보시는 분이라고 듣고 메모해놓은
분이었습니다. 입시 합불이나 지역을 잘
보시나 보다, 그렇게만 단순하게 생각했지,
이런 고수를 만나리라고는 예상을 못
했습니다. 그런데 간명이 시작되어 큰
흐름을 짚고 명식의 특징점을 캐치하고
질문에 답을 하시는 과정에서 제가 '어이쿠'
했습니다.

금산 선생님과 통화하기 바로 며칠
전에, 유명 고수라고 소문이 무성한 한

> **"** 금산 선생님께 간명
> 받고 전화를 끊으면서
> 제가 한 혼잣말.
> "딱 십문질이네…." **"**
> ⊛ ── 바닐라 젠

역술인을 무려 10개월 기다려 '완전한
엉망진창 그 자체'의 간명을 받았던 터라,
명암이 더 확실했던 것 같기도 합니다.
유튜브 역술강의로도 명성이 자자한 그
선생님의 교만한 엉터리 간명과 이 금산
장인호 선생님의 찬찬하고 알이 꽉 찬 간명
사이의 간극을 생생히 느끼면서, 중요한
한 큐를 좌지우지할 수도 있는 점집을
찾는다면서 대체 우리가 얼마나 왜곡된
소문 속에서 부초처럼 흔들리고 있는 건가,
씁쓸하더군요.

금산 장인호 선생님은 1952년생으로
올해 73세이십니다. 명리는 남해 운대암의
혜운스님께 사사하셨고, 역술 경력은
30년째이십니다. 현재 관법에 특별히
영향을 미친 책으로는 『궁통보감』을
꼽으시는군요.
전화를 드리면 사주를 보내라고 하신 뒤,
약 30분(제 경우 두 사람 간명) 후에 직접
붓펜으로 작성하신 간명지를 사진 찍어서
문자로 보내주십니다. 생년월일이 맞게
작성됐는지 확인하고 나면, 스피커 폰을
켜고 그 사주 명식 원본을 함께 보면서

간명하시는데, 굉장히 꼼꼼하게, 차근차근,
자상하게 설명하십니다.

저는 원래 학자, 연구원 사주이나
부동산도 맞고, 홍염살이 있어서 정도 많고
인기짱이랍니다. 또한 수 - 목 - 화로 운이
흘러서 학문성이 좋고, 식재를 다 가지고
불의 기운이 좋아 사업가로 성공할 수
있다고 하시네요.
금산 선생님이 작성해주신 간명지를 보면
대운표가 있는데, 빨간 표시를 해놓은
대운이 있고 파란색 글씨로 쓴 대운이
있습니다. 빨간색 표시해둔 대운 시기는
비포장길이라서 인풋을 10개 넣는다 해도
아웃풋이 10개가 다 안 나오는 시기이고,
파란 글씨 시기는 포장도로라서 노력한
만큼 결과가 나오는 시기라고 하십니다.
저는 비포장도로는 다 지나가서 이제
울퉁불퉁한 길은 앞으로는 없고, 특히
결과가 가장 많이 나오는 시기가 지금부터
11년간이니, 이때 재물운이 가장 강력하고
원하는 것을 성취한다고 합니다. 저의
고민거리, 매매운을 여쭤봤습니다. 제
말이 떨어지자마자 대번에 올해는 손해를
감수하고 팔라고 하시네요. 음력 10월,
11월에 팔린다고 보십니다.

가을에 레지던트가 결정되는 아들에
관해서 물었습니다.
아 그런데, 경쟁 관계에 대한 풀이

가운데에서는 가장 인상적인 설명을
들었습니다. 인기과의 레지던트라서 경쟁이
격한데, 얘는 경쟁에 안 밀린다는 겁니다.
그 이유인즉슨, 저쪽 뒤켠에 있는 병화가 곧
경쟁자를 의미하는데, 경쟁자는 퇴궁退宮에
앉아있는 데 반해서 아들은 대궁大宮에
앉아있어서, 절대 안 밀리게 되어 있는
구조라고 합니다.

　　이런 것은 공부가 깊지 않으면 나오지
않는 해석입니다.
아들 사주를 분석하시는 것을 보니,
학운이나 시험운을 잘 보신다는 이유를 알
것 같습니다.

바닐라 젠의 코멘트
**간명지를 함께 보면서 운의 전체적 흐름을 짚어갑니다. 전화로 간명 받으실 경우,
스피커폰을 켜고 동시에 문자 보시는 것이 잘 안되시는 분들은 미리 연습해두세요.
학운, 시험운 잘 보십니다.**

Vanilla Zen

● **명인**　금산 장인호
● **분야**　명리
● **위치**　울산광역시 남구

● **상담**　방문, 전화 상담 가능
● **간명비**　5만 원

058
점술 평론

우암愚岩
김연웅

💬 명인의 한마디

**역술은 神과 함께 미래를
만드는 일입니다.**

명리와 사과점四課占과 육효로
간명하시는 분입니다.
노장이시고 점잖으시고 인품이 좋으십니다.
우암 김연웅 선생님은 젊은 시절
동양철학에 심취해서 역술의 기인들을 찾아
주유하던 중, 육효의 대가인 신산神算 김용연
선생님을 만나서 역술에 입문한 분입니다.
우암愚岩이라는 아호도 신산 김용연
선생님이 지어주신 호입니다.
고려대학교 철학과를 나오셨고
아주대학교에서는 부동산 전공으로
행정학 석사 학위를 받으셨습니다. 신산
김용연 선생님과 공저로 『정본 사과점』을
발간하시기도 했습니다.

김연웅 선생님의 간명 방식은 메일과
전화 상담 두 가지로 진행됩니다. 메일로
사주와 이름, 당면 문제, 주거지 동네
이름을 보내드리면, 우선 메일로 큰 윤곽을
간명해주시고, 전화 상담으로 내용을
보충하고 질문을 받으십니다. 메일 간명은,
사주나 연령마다 다르기는 하겠지만, 제
경우는 A4 반 장 정도 분량으로 왔습니다.
메일 간명 내용에서 다른 선생님들은
거의 짚어내지 않는 조금 특이한 부분이
나왔습니다. 종교나 역술에서 대성할
사주라는 부분입니다. 특히나 다음의 이
부분은 제 블로그가 갈 방향을 가리키는
것만 같아서 옮겨봅니다.
"타고난 인품과 문자의 습득력이 좋고, 이를

다른 사람에게 전하는데 탁월한 능력이
있습니다. 역술의 원리와 세상살이의 이치를
잘 파악하고 다른 사람에게 덕德과 복福이
되도록 잘 베풀겠습니다. 곧 널리 이름을
알리는 운이 도래합니다.
세상 사람들에게 덕을 많이 베푸시길
바랍니다."
통화로 간명해주실 때는, 제 사주를
사과점四課占으로 봐도 종교 분야의
공부가 깊고 그 공부를 바탕으로 2년
뒤인 2024년부터 크게 이름을 날린다고
나온다고 합니다.

    비슷한 간명은 석우당 김재홍

선생님에게서 들은 적이 있고 그 외에는
거의 없던 내용이지만, 제가 불교 수행하고
있다는 것을 주변 분들은 알고 계십니다.
아마도 이런 제 성향이 뭔가 외부적으로
개화할 일이 있을 수도 있는 상황이기는
합니다. 제 의지나 계획에 따른 것 같습니다.
사주라는 것이 내 안의 잠재된 것을
찾아주기는 하지만, 그것을 현실로 끌어내는
것은 순전히 자신의 몫인 것, 잘 아시지요?

    참, 육효점 만큼 신통하다고 알려진 이
사과점四課占이 대체 뭘까 궁금하시지요?
사과점四課占은 17세기 말에서 18세기
초에 활약하던 조선시대의 유명한 술사가

창안한 점술입니다. 지금까지는 구전으로만 전수되어 오다가 신산 김용연 선생님이 체계를 재정립한 것을 김연웅 선생님이 사사 받았다고 합니다.

통화할 때는 대부분 부동산 문제에 대해서 간명해 주셨습니다. 제 사주 상으로나 실물 경제 상황으로나 2024년부터 본격적으로 부동산을 하는 것이 좋겠다고 하십니다. 어떻게 해서 실전에도 이렇게 밝으신 걸까 하며 들었는데, 나중에 보니 부동산 전공으로 행정학 석사 학위를 받으셨더군요.

투자는 토지 보다는 건물 위주로 하라고 하시면서, 잘 매도 되는 건물을 사는 방법도 알려주시네요.

사주가 좋아서 놀랐다고, 일이 계속 잘 풀릴 것이고 경제적으로 큰 창고를 채울 거다 라고 하시면서 간명이 마무리됐는데, 새로운 각도에서 사주에 접근하셔서 저의 잠재된 세계를 끌어내어 주셨다는 점에서, 전화를 끊고도 깊이 생각해 볼 여지를 준 그런 간명이었습니다.

> **"** 사주라는 것이 내 안의 잠재된 것을
> 찾아주기는 하지만, 그것을
> 현실로 끌어내는 것은 순전히 자신의 몫 **"**
>
> ❀──── 바닐라 젠

바닐라 젠의 코멘트
메일과 통화 두 가지 방법 모두로 간명하시는데, 메일로 사주를 보내실 때 사과점과 육효로도 함께 봐주십사고 말씀하세요. 명리, 육효, 사과점을 함께 통합적으로 보면 적중률도 올라갈 듯합니다.

- **명인** 우암 김연웅
- **분야** 명리, 육효, 사과점
- **위치** 경기도

- **상담** 전화 상담만 가능
- **간명비** 5만 원

059
점술 평론

토우土遇 소무승

☺ 명인의 한마디
명리학은 예상할 수 없는 것을 예상하는 고도의 인문 철학

올해 70세의 노장으로, 물상에 관한 뛰어난 저서로 중진 역술인들도 참고하는 『물物, 형상 명리학』의 저자이십니다. 아호인 토우土遇는 생멸지신인 흙에서 만난다는 뜻입니다. 또 한편으로는 '토우' 미사일을 연상시키기도 한다는 말씀이신데,

토우 대전차 미사일은 단 한 방으로 적의 탱크를 궤멸시키는 정밀한 미사일이니, 단방에 손님들의 사주를 꿰뚫어 간명한다는 의미도 내포하고 있는 것이겠지요.

소무승 선생님의 명리 스승은

자운紫雲 공완택 선생님과 능인能仁 지정도 선생님이셨고, 공자운 선생님으로부터는 주역도 배우셨습니다. 토우 소무승 선생님의 특별한 강점은 매화역수 주역점입니다. 매화역수 주역점은 수리 매화역수와는 완전히 다르며, 이 매화역수 주역점을 하실 수 있는 분은 현재 제산 박재현 선생님, 즉 박도사의 제자 몇 분과 토우 소무승 선생님뿐이라고 합니다. 관법에 주요 영향을 받으신 책은 난강망의 『궁통보감』입니다.

후학에게 강의하시며 10여 년을 보내신 명리학자답게 학구적이며, 사진에서 보시듯이 여유 있고 자상하고 인간미가 뛰어나십니다. 은발을 길게 길러 묶으신 것이 인상적이기도 하고, 얼핏 자유로운 정신도 느껴집니다. 통변 스타일은 전통적 간명 방식대로 일단 전체 사주의 특성을 훑으시고 당해년의 흐름을 짚으신 뒤에 질문을 받는 형식입니다. 전체 사주의 구조를 매우 상세히 설명하시며, 사주 용어는 좀 쓰십니다.

제 사주의 전체 특성은 '돈과 연애하는 형상'으로 돈이 매우 많으며 돈 욕심도 강하다고 합니다. 조상 자리에 따스한 병화丙火가 있어서 가문은 좋을 것이고, 새로 들어올 대운부터 아주 잘 흐르며, 나이 들어서도 놀지 않고 반드시 일한다고 합니다.

"복 받은 사주"라고 하시네요.
소무승 선생님의 진가는 독자적 관법에서 특히 빛을 발하는 듯합니다.
우선 이런 말씀이 있었습니다. 누구든 여섯 번째 대운에서는 환경의 큰 변화를 겪는다고 합니다. 월급쟁이가 퇴직하는 것은 말할 것도 없겠지만, 이 여섯 번째 대운에서 가령 사업을 접거나 키우거나 새로 시작하게 되는 경우가 많으며, 가정에 있던 사람은 그때 밖으로 나오게 된다고 하시네요.
이 여섯 번째 대운이라는 기점을 잘 대처·준비·관리하는 것이 전체 삶에 큰 영향을 미칠 듯하네요. 특히 요즘 백세시대이니 그렇습니다.
그다음으로 저는 토土가 돈이 아니고 목木이 돈이라는 아주 새로운 해석을 들었는데, 그 이치를 자세히 설명 듣지 못한 것이 지금도 아쉽습니다.

매매운을 여쭤봤습니다.
"개인 사주는 국가 정책이나 천재지변에 묻힌다."고 하시면서, 개인의 사주가 밀리는 이런 경우는 주역점을 치신다고 합니다. 정확히 말해서 주역 매화역수라고 하시네요. 저는 매화역수를 소강절이 창안했다는 것 정도만 알고 있고 홍몽선 선생님이 저술하신 『매화역수』밖에는 읽은 것이 없어서, "매화역수 주역점이 세부적으로 잘 맞나요?"라고 여쭤봤습니다. 그러자 임상

> " 자연은 항상 우리 인간에게 조짐을 "
> 보내고 있어요. 그러나 인간은 물욕에
> 찌들다 보니 그 기미를 놓치고
> 큰 화를 당하고 말지요.

사례들이 줄줄이 나오더군요.

어느 날 미시未時에 손님으로부터 전화가 왔습니다. 할머니가 식사를 하시다가 갑자기 쓰러지셨는데, 단골무당은 내년에 돌아가실 것이니 당장은 걱정 말라고 했답니다. 소무승 선생님이 주역 매화역수점의 단시점으로 물었더니, 목(관)이 흙 속에 파묻힌 형상이 나왔습니다. 내일모레 돌아가시겠다고 했는데, 정말 그날 돌아가셨다고 전화가 왔다고 합니다.

진주에서 17살 여고생이 기숙사에서 가출해서 난리가 났고, 언제 돌아올지를 부모님이 물어왔습니다. 점을 쳐보니, 이르면 다음 날, 늦으면 6일 뒤에 돌아오는 것으로 나왔고, 만약 6일 뒤에도 안 돌아오면 돌아오기 힘들고 관재구설로 퇴학 처리될 것이라고 했습니다. "방향은 북쪽으로 간 것으로 나오고, 수중에 돈이 있으니 안심하라."라고 일러주셨다고 합니다. 바로 다음 날 아이가 돌아왔다는 연락이 왔다고 하네요.

어떤 여성으로부터 급한 전화가 왔는데, 애인과 다툼 끝에 큰 사달이 났다고 하더랍니다. 싸우고 홧김에 남자 집 부인에게 당신 남편과 자신이 내연관계라는 것을 터뜨려버렸고, 결국에는 여성의 남편도 알게 되면서 완전히 불난 집이 돼버렸다면서 이걸 대체 어떻게 해결해야 할까를 물어왔습니다. 괘상을 보니, 불이 나고 도끼로 나무를 쪼개어 계속 불을 때어대는 형국이었습니다. 이렇게 풀어줬다고 하십니다.

"수水가 필요한데, 수水가 편관이라서 법으로 해결된다, 또한 목木이 화火를 생하니, 결국 목이 해결사다. 목의 수는 3, 8이니 8획의 김金씨 성을 가진 사람이 중재하면 되겠다."

결국 이렇게 괘상을 현실에 대입해 추론해가는 능력은 결국 역술인의 공부의 몫인 듯합니다.

"자연은 항상 우리 인간에게 조짐을 보내고 있어요. 그러나 인간은 물욕에 찌들다 보니 그 기미를 놓치고 큰 화를 당하고 말지요. 인간이 조금이나마 욕심을 내려놓고 자연의 도道를 찾는다면 현재보다는 훨씬 더 아름답고 행복하게 살 텐데 말이지요."
이렇게 말씀하는 모습을 다시 보니, 길게 길러 묶은 은발에 도풍道風이 물씬 합니다.

바닐라 젠의 코멘트

독자 관법 체계가 정립되신 분입니다. 세부적이고 구체적인 질문들을 준비하시는 것이 좋습니다. 소무승 선생님의 매화역수 주역점은 박도사의 몇 분 제자 외에는 하시는 분들이 없는 분야로, 예리한 점단으로 유명합니다.

Vanilla Zen

- **명인** 토우 소무승
- **분야** 명리와 주역
- **위치** 서울특별시 영등포구

- **상담** 방문, 전화 상담 가능
- **간명비** 10만 원

060
점술 평론

정이원 貞李院
이길우

🐭 명인의 한마디

**명리를 함에 있어 곧고 올발라야
함을 잊지 말라.**

정이원 선생님은 부동산을 잘 보시는
분입니다.
1968년생으로 올해 57세이십니다.
육효점이 강점인 분인데, 이 육효는
'국제시장 곽 도사'라고 불리시던 유명한
역술인께 사사했습니다. 국제시장 곽
도사라고 불리신 분은 곽용백 선생님으로
국제시장 그 자리에서만 50여 년을 지키신
분이십니다. 정이원 선생님은 곽 도사님의
지근거리에서 거의 함께 생활하다시피
하면서 육효 및 명리를 배우셨고, 역술
경력은 올해로 27년째이십니다.

정이원 이길우 선생님은 부동산 투자
카페에서 제 지인이 보고 알려준 분입니다.
매매 시기, 매매가, 매수자의 특징까지 맞춘
사례도 있다고 해서, 저도 냉큼 2022년
여름에 연락드렸습니다.

예약을 하면 미리 한자 이름, 사주,
궁금한 점을 문자로 보내드리고 간명이
진행됩니다. 매매운과 사업 전망을 보고
싶다고 말씀드렸습니다.
자신감이 넘치는 목소리에 다소 드라이한
분위기.

"부동산이 어디 있나요? 아파트인가요, 상가인가요, 토지인가요?"
육효점으로 뽑으신 듯, 특정 숫자 두 개를 말씀하시면서, 이 물건은 그 숫자가 들어가야 한다고 하십니다. 두 개 숫자 중 하나는 토우 소무승 선생님이 주역 점으로 뽑으신 숫자와 같았습니다. 신기합니다. 그 당시에 공망이 있어서, 원하는 시기에는 매매가 도저히 안 되는 일이고, 정이원 선생님은 2023년에 가야 팔린다고 단호하게 말씀하시네요.
"커튼으로 막을 내린 것처럼 귀신이 집을 가리는 경우도 있고, 도저히 안 되는 것은 안 된다. 지금 초승달이 아무리 해도 보름달이 될 수는 없는 거다."
옳은 말씀이십니다.
그와 동시에 2023년 3월부터 사업상 아주 큰 변화운이 보이는데, 변화의 결과는 좋을 것으로 본다고 하십니다.

저는 영리하고 단아하며, 음성에 강단이 있다고 하시네요. 이름이 사주와 어울리는지도 간단히 봐주십니다. 향후 운이 긍정적이며 집, 땅, 논밭에 관한 사업이 잘 맞을 것이라고 합니다. 아, 특별한 코멘트는 제가 경매를 하면 잘할 것인데, 그 이유는 백호대살 때문이며, 백호살은 승부를 좋아하고 웬만해서 지지 않기 때문이랍니다.

저는 전화 상담을 했습니다만, 아마도 대면 상담을 선호하시는 듯, "직접 보고 상담하면 눈빛과 얼굴이 많은 정보를 준다."고 하시는군요.
점술과 부동산운을 직결시켜 역술의 세분화와 전문화를 꾀한 특별한 예인데, 실제로도 부동산 법인을 몇 개 가지고 계시며 육효로 직접 점을 쳐보고 실행한다고 하십니다.

> " 도저히 안 되는 것은 안 된다. 지금 초승달이 아무리 해도 보름달이 될 수는 없는 거다. "

바닐라 젠의 코멘트
부동산 관련 점에 능하다고 소문나신 분입니다. 한자 이름을 보내드리면, 사주와 이름이 맞는지 간단히 봐주시기도 합니다. 육효점에 능하십니다.

• **명인**	정이원 이길우		• **상담**	방문, 전화 상담 가능
• **분야**	명리, 육효		• **간명비**	5만 원
• **위치**	부산광역시 중구			

061
점술 평론

L.A.
장영기

樂天知命 故不憂
하늘의 도를 즐기고 자신의 명을 아니
근심하지 않는다.

미국 로스앤젤레스에 계신 분입니다.
올해 52세이신데, 역술 공부를 시작하신 지
32년 됐다고 하십니다.
고등학교 때 미대에 진학하려고 했으나,
덜컥 병이 들어 꿈이 좌절되고 20대
후반까지 투병 생활을 하면서 역술 공부를
시작하셨다고 하네요. 삼사십 대에는 철학과
대학원을 다니셨고, 4년 전에 결혼하셔서
미국에 가셨다고 합니다.
장영기 선생님은 블로그 구독자님께서
2023년 1월에 추천해주신 분입니다.

미국 장영기 이분도 한번 살펴보세요.
2월 전까지 간판 내리라고, 송사 휘말릴
수 있다고 하셨어요. 사업 안 접어서 진짜
소송당했어요.
소송 중에도 이상하리만큼 평균 걸리는 시간보다
더 오래 걸리길래, 중간중간 여쭤보니 12월이
지나야 마무리된다고 하더니 진짜 그 시기가
지나서 잘 마무리되었습니다.

　저는 곧바로 1월에 간명 받았습니다.
처음에 보이스 톡으로 연결되면 우선
생년월일시를 확인하시고 생시를 정확히
따져보십니다.

컬컬하고 편안한 목소리에서 소탈하고
인간적인 성품이 묻어납니다. 목소리
성상과 말투가 사진 그대로의 느낌이라고
생각하시면 됩니다.
자녀 수로 생시를 확인하시고, 우선은 전체
사주 흐름 및 올해 세운부터 풀어주십니다.
제 사주를 딱 보시고 "이야, 건물주
팔자구나." 이 생각부터 드셨다고 합니다.
결코 어설픈 사주가 아니고 손도 크고
여성이지만 대단하다고 하시네요.
성격, 직업 등 정적인 사주적 특성보다는,
위의 구독자님 간명 예에서 보시듯이,
운세의 추이와 판도를 월별로 세밀하게
읽어가면서 사주의 역동을 파악하는 데
있어서 매우 뛰어난 분입니다.

　저는 50대에 큰 재물을 얻었다고
하시던데, 이 부분을 짚어내신 역술인들이
거의 없었던 것 같습니다. 그 무렵에
친정아버지가 돌아가시고 유산을
받았거든요. 올해 내년 사이에 나쁜 운은
이제 싹 빠지고, 진짜 큰돈이 들어오는데
2025년부터 2030년까지 빵 터진다고
합니다.
공투, 명의나 돈 빌려주는 것은 절대
금하고 "오너가 되어 혼자 먹어라."라고
하시는데, 이것은 주의 사항이라기보다는
오히려 '독고다이'로 가는 제 성향을 정확히
파악하신 것 같습니다.

부동산 운과 매매운을 여쭤봤습니다. 저는 부동산이 굉장히 잘 맞고 촉이 기가 막히답니다. 매매 건에 대해서는 4월부터 8월 사이에 팔리는데, 30% 정도 다운시킨 가격으로 4월부터 다시 내놓으라고 하시네요. 2025년부터 '운빨'이 돌면서 진짜 먹어야 할 것들이 훨씬 큰 사이즈로 들어오니, 지금 매매 가격 놓고 전전긍긍하면서 뜸 들이다가 놓치지 말라는 조언입니다.

또한 올해 어느 달이 좋고 어느 달이 달갑지 않다는 것을 정확히 짚어주시고, 지금은 '숨 고르기'를 할 시기라는 것도 정리해주시는데, 향후의 운세, 사업, 중요 계획의 그래프를 선명히 잡은 느낌이었습니다.

전체적 운세 흐름의 업 다운 속에서 어떤 일의 성사를 보시려는 분들께 유용한 간명이 될 듯합니다. 전·현직 정계 인사들이 장영기 선생님께 간명을 자주 받는다고 하던데, 그 이유를 알 것 같습니다.

은둔 고수를 찾아내는 것이 바닐라 젠의 목표 중 하나인데, '도미渡美 고수'를 찾았습니다.

> " 은둔 고수를 찾아내는 것이 "
> 바닐라 젠의 목표 중 하나인데,
> '도미渡美 고수'를 찾았습니다.
> ⚜ —— 바닐라 젠

바닐라 젠의 코멘트

Vanilla Zen 제 경우 보이스 톡으로 30분 정도 상담했습니다. 보이스 톡은 녹음이 안 되니, 나중에 간명 내용을 다시 들으시려고 하는 분들은 가족이나 지인 폰을 빌려서 옆에 놓고 녹음하시면 됩니다. 블로그에 글을 올리자 이미 장영기 선생님을 아시는 분들의 후기가 바로 들어왔는데 잘 적중했다고 합니다.

- **명인** L.A. 장영기 선생
- **분야** 명리
- **위치** 미국 로스앤젤레스

- **상담** 보이스 톡으로 상담
- **간명비** 10만 원

062
점술 평론

해성海成
김창욱

◉ 명인의 한마디

**取吉避凶(길한 것을 취하고
흉한 것을 피하는 것)을
알려주는 역학인**

해성 선생님은 올해 66세로, 역술
경력은 35년이 넘으셨습니다.
1987년부터 해운대 스펀지 뒤편 빨간
벽돌집으로 유명했었지요. 3년 전에 그 지역
재개발로 다른 곳에 사무실을 내셨더군요.
저는 2021년도 여름에 간명 받았고,
지금까지 흐름을 지켜보니 잘 맞아가고
있습니다.

해성 선생님 간명의 트레이드 마크는
뭐니 뭐니 해도 '강 건너가는 운'입니다.
'강 건너가는 운'이라니, 요단강, 황천,
레테 강을 건너 죽는 때를 말하는 건가
싶으시지요?

해성 선생님이 짚어주는 '강 건너가는 운'은
누구에게나 오며, 사람마다 시기가 다르며,
5년 기간으로 들어오는데, 평생을 통해 가장
조심해야 할 일생일대의 위기의 시기입니다.
그런데 해성 선생님이 짚어주시는 이
시기가 정말 잘 맞습니다.

우리 운세라는 것이 호조일 때 잘
관리하는 것 보다, 흉운을 잘 대비하고
잘 버티는 것이 더 중요하다고 봅니다.
좋은 운일 때는 조금 문제가 있어도
이럭저럭 평타로 갈 수 있지만, 흉운일 때
삐끗하면 회복 불능까지 가는 경우도 많기
때문입니다.

저는 그래서 이 '강 건너는 운'의 기간을 염두에 두고 있는 것이 매우 중요하다고 봅니다. 이것만 알아도 반은 가는 듯합니다. 해성 선생님은 강 건너는 운일 때의 키 포인트 두 가지를 이렇게 정리해주십니다. 즉 이때는 '첫째 돈을 움직이면 돈이 날아간다. 둘째 건강이 안 좋아진다. 강 건너는 운이라는 것을 안다면, 첫째 돈을 안 움직이면 된다. 둘째 강 건너는 운이 오기 5년 전부터 운동을 한다'입니다.

제가 이번에 노트를 보니, 저는 강 건너는 운이 2020년부터이더군요. 힘들었던 것 맞고 악운도 많았고 건강은 안 좋았습니다. 나쁜 운은 요사스러워서 꼭 한 타이밍 놓치고 나서 뒤늦게 깨닫는 경우가 많은 듯합니다.

'강 건너가는 운'이 해성 선생님 간명의 압권이지만, 그 외에도 한 해의 큰 키워드와 월운도 봐주시며, 건강운, 자녀운도 봐주십니다.

저는 내년부터 꽃 피는 봄날이 도래하며 새로운 인생을 산다고 하십니다.

" 위기의 시기인 " '강 건너는 운'을 알려주는 간명
🌸 —— 바닐라 젠

부동산 투자로 대성할 운이라고 하며, 2023년까지는 잔잔바리로만 하고 크게 움직이지 말고 총알을 모으라고 조언하시더군요.

이 강만 잘 건너고 나면, 2025년부터 10년을 신선같이 살겠다고 하시네요.

바닐라 젠의 코멘트
Vanilla Zen 한 해의 키워드를 잘 잡아주시기도 하지만, 해성 선생님께 간명 받을 때는 평생을 통해 가장 힘든 시기인 '강 건너는 운'을 놓치지 마셔야 합니다.

• **명인** 해성 김창욱		• **상담** 방문, 전화 상담 가능	
• **분야** 명리		• **간명비** 5만 원	
• **위치** 부산광역시 해운대구			

063
점술 평론

홍상우 洪尙右 선생

🔵 명인의 한마디

**한 사람의 사주를 완성하는 것은
참된 삶과 바른 인성이다.**

20년 전쯤, 역술의 메카인 부산에 포진된 고수들을 표현하던 드립 가운데 이런 것이 있었습니다. '홍상우에게 큰 틀을 보고, 경수원에서 확인 사살하고, 서면 스님에게 구체적 그림을 그린다'는 것이 그것인데, 이것을 '부산 역술 방정식'이라고 불렀었습니다. 드립 치고도 재미나서 많이 웃었었지요.
이 방정식 말고도, 부산 여행 겸 점보러 가는 사람들의 리스트에서 빠지지 않았던 분들이 박청화, 정암, 청암, 명세, 그리고 홍상우 선생님이었습니다. 내로라하는 별들의 전쟁이었는데, 편찮으시거나 돌아가시는

분들도 생기고, 서면 스님은 밀양 사찰로 들어가시면서, 그때 그 시절 전성기의 느낌은 살짝 주춤한 듯합니다.

당시에 홍상우 洪尙右 선생님은 부산 명륜동에 계셨습니다. 그러다가 편찮으셔서 5년을 쉬시고 2022년 하반기에 해운대 센텀에서 다시 오픈하셨습니다. '부산 역술 방정식'의 고수 세 분 가운데, 경수원 선생님과 서면 스님께는 한참 전에 봤으나, 홍상우 선생님만 못 뵙고 있었던 터라, 다시 활동을 재개하셨다는 소식에 단숨에 달려가 오픈 런해서 드디어 간명을 받았습니다.

> " 맞습니다. 땡깁니다. 근데 땡기고 "
> 끌린다는 것도 두 가지가 있습니다.
> 해로울라케도 끌리기도 하고,
> 좋을라케도 끌리기도 합니다.

신세계 센텀이 바라보이는 위치에 있는
쾌적한 건물 2층에 사무실이 있습니다.
전화 간명이나 예약은 안 되고 무조건 가는
순서대로 봅니다. 많이 기다리지 않으려면,
저처럼 오전 9시 즈음에 오픈 런 하는 것이
낫습니다.
사무실 로비에서는 사무장이신 홍태웅
선생님이 붓펜으로 간명지를 작성한 뒤,
상담자가 들어갈 때 안쪽 상담실 홍상우
선생님께 전해드립니다. 오랜만에 보는 손때
묻은 만세력이 정겹더군요. 홍태웅 선생님은
홍상우 선생님의 동생으로, 같은 스승에게
명리를 사사 받았고, 홍상우 선생님이
쉬시는 동안 철학관을 이끌어오셨지요.

상담실을 들어가면, 제임스 딘 안경이
인상적인 홍상우 선생님이 탁자 건너편에
계십니다. 내성적이고 후덕하신 얼굴입니다.
탁자에 준비된 종이와 볼펜을 집으라고
하시고는 통변을 시작하십니다. 번호까지
붙여서 죽 불러주시는데, 종이 앞 뒷장으로
번호 18번까지 나갈 때까지, 한 치의
흔들림과 오차도 없이 인생의 특성이 줄줄
흘러나옵니다.
꼼꼼하게 불러주시는데, 심지어는 '괄호

열고, 괄호 닫고'까지 일러주십니다.

저는 이미 2번에서 허걱 했습니다.
2번의 내용은, '재산은 건물, 상업용 땅,
임야, 경매에 투자하면 더욱 증식되고 큰
창고가 된다'로 제가 내용에 깜짝 놀라서,
받아쓰다가 선생님을 올려다보면서, "어머
이거 너무……"라고 하니까 웃으시면서
끄덕끄덕하시더군요.
18번까지 받아쓰면서, 왜 홍상우
선생님이 부산 역술 방정식에서 큰
틀을 맡으셨던지를 크게 수긍했습니다.
거기에는 제 특성, 제 계획이 압축되어 다
들어있었거든요.

건강, 지인 관리법, 자식운, 길한 직종,
향후 10년 정도 나이별 특성과 주의점
등도 말씀해주십니다. 통변이 끝나시면
질문하라고 하십니다.
아까 2번에서 흠칫 놀라 선생님을 쳐다본 그
기세를 이어서, 제가 전공·직업·경력이 모두
부동산·경매 같은 분야와는 거의 대척점에
있다고 할 정도인데, 왜 부동산·경매에
마음이 끌리는 것인지 정말 궁금하다고 첫
질문을 드렸습니다.

"맞습니다. 땡깁니다. 근데 땡기고 끌린다는 것도 두 가지가 있습니다. 해로울라케도 끌리기도 하고, 좋을라케도 끌리기도 하는데, 분명한 건 이 사주에서 부동산, 경매가 끌리는 것은 좋기 위해서, 잘 되려고, 나한테 딱 맞는 옷이기 때문에 끌리게 된 거라는 겁니다."

톤을 높여 강조하시는데, 강단에 서신 교수님의 열강 모드입니다.
상담실 문고리 잡고 웃는 적은 없었던 것 같은데, 나오면서 문고리 돌리는데 만족한 웃음이 번지네요.
짧고 간결하지만, 촌철살인, 핵심 공략 바로 그거였습니다.

바닐라 젠의 코멘트
사주의 특성, 흐름을 압축판처럼 정리해주시는데 파악이 정확하고, 옛날에 상담한 분들 후기에 따르면 거의 그 흐름대로 왔다고들 하십니다. 대기실에서 보니 젊은 층에서 궁합도 많이 보러오더군요. 질문을 잘 준비하세요.

- **명인** 홍상우 선생
- **분야** 명리
- **위치** 부산광역시 해운대구

- **상담** 방문 상담만 가능
- **간명비** 10만 원

064
점술 평론

평관枰官
이종희

평관枰官 이종희 선생님은 1990년도
이후부터 부산 수영에서 철학관을 여시고
부산의 손꼽히는 역술인으로 활동하시다가,
경주 불국사 근처로 가서 역술원을 큰
규모로 확장하신 분입니다. 올해로 60세
정도 되셨습니다.

지금부터 25년 전쯤에 부산·경남의 유명
역술인 명단이 돌았었는데, 그 리스트에는
영도의 금중 김상철 선생님, 울산 고형일
선생님, 역산 유경준 선생님 등등 열 분
정도의 쟁쟁하신 선생님들이 계셨고, 평관
이종희 선생님도 그 가운데 한 분이십니다.

좀 특이한 점은 평관 선생님을 제게
추천하신 분이 같은 역술인이셨다는
점입니다.

제가 4년 전에 <전주 상호 없는
집인생정담>에서 간명 받을 때, 통화를 끝낼
무렵에 인생정담 선생님께서 한 분을
추천을 해주셨었습니다. 그분이 바로
평관 이종희 선생님이신데, 역술인이
역술인을 추천한다는 일은 미용실 원장이
다른 미용실을 추천하는 것만큼이나
거의 없는 일이라서 기억에 생생합니다.
지역도 완전히 다르고 연배도 완전히 다른
분이라서, 특별한 연고가 있는 듯하지도
않았고 명리를 배운 스승이신 것 같지도
않았습니다.

아무튼 그때 인생정담 선생님께서 제가

사업을 하고 있고 앞으로 중요한 시기가 남아있으니, 평관 선생님께도 기회가 되면 한번 간명을 받아보라고 하셨지요. 사업 부적으로 유명하시다 고도 말씀하신 기억이 납니다.
제가 평관 이종희 선생님께 간명 받은 시기는 2022년 여름 무렵입니다.

부산에서 잔뼈가 굵은 역술인들에게는 특유의 간명 스타일이 있습니다. 부산은, 한국 전쟁 때 부산으로 피난 온 이북의 역술 대가들이 형성한 '영도다리 점바치'로부터 터전이 만들어져서 역술의 메카가 된 것이지요. 부산의 노장 역술인들에게는 일종의 통변 전통이라 할까, 암묵적으로 형성된 문화적 분위기라 할까 그런 것이 있습니다. 아마도 정작 본인들은 특유의 집단적 특성을 잘 모르실 겁니다. 우리나라 모든 지역의 역술인을 섭렵한 저의 감感인 듯합니다. 일단 통변이 넉넉하고 길며, 간명의 호흡이 두드러지게 깁니다. 평관 이종희 선생님의 간명을 받아보면 역시나 그렇습니다.

사업을 위주로 간명을 받았는데, 지금 노트를 보니 메모가 다섯 장을 빼곡하게 채웠고 간명 시간은 45분간으로 되어 있네요. 노트 세 장 정도 분량이 기본적인 통변이고, 그 이후로는 질문에 대한 구체적인 답변으로 이루어졌습니다. 통변은 한치의 막힘 없이 술술 유려하고 여유 있게 흘러나옵니다. 평관 선생님만의 특징과 강점은 어떤 마이너스적 요소에 대한 보완 안을 반드시 함께 제시해준다는 점입니다.

저는 소나무, 전나무 등 밑동이 크고 높이도 대단한 나무로, 2024년부터 새 대운이 들어오면서 심적, 경제적 변화가 급격히 오며, 이때부터 재물이 진짜 원활히 돌아가기 시작한다고 합니다.
그런데 제 사주는 돈을 쓰는 곳도 많아서, 이런 사주는 나가는 것만 막아주면, 들어오는 것은 어떻게든 들어오고 생각지도 못한 것도 들어오고 그런답니다. 즉 저는 '가오'와 체면을 위해서 쓰는 돈, 신상을 위해 쓰는 돈만 막아도 재물과 인간관계를 다 잡을 수 있다는 신박한 간명입니다.

재산과 대출 간의 균형을 어느 시기까지
어떻게 잡으라는 것도 말씀해주십니다.
인간관계도 아무나 처음부터 다 잘해주지
말고 처음에는 낯 가리는 듯 시크하게 하는
게 오히려 인덕을 끌어올 것이라고 합니다.

가장 특별했고, 다른 간명에서는
들어보지 못한 것으로, 허관虛官, 즉
가짜 관을 쓰는 법에 대한 놀라운
조언이었습니다. 허관은 진관眞官과
구분되는 개념인데, 관이 부족한 시기에
허관을 의도적으로 만들어서 관을 보완하는
방법을 구체적인 사례를 들어서 코칭
해주셨는데, 이것을 실제로 활용해보니 큰
도움이 되더군요.

통변 마무리 무렵에는 좋은 방향,
길한 숫자, 길한 색깔, 건강 조심할 부위를
알려주시고는, 이제 질문하라고 하십니다.
투자에 대한 조언에서는 공매를 꼭
생각해보라는 말씀이 나왔습니다. 경매의
경우는 스킬을 더 보완해서 문서에서
불리할 수 있는 운을 미리 적극적으로
방어하라는 말씀이고, 안정적인 공매를
보완책으로 제시하시는 듯했습니다.

진중하고 실력 좋은 고수의 향기가 풀풀
나지요.
평관 이종희 선생님의 글을 보면, 다음과
같은 내용이 있습니다.

"역학인들의 부정적이고 겁주는 악습과
의뢰자분들의 팔짱식 비효율 상담보다,
역학인이나 의뢰인이 일심이 되었을 때
가장 좋은 결과가 나타납니다. 결론은 모든
응어리를 풀고 방법에 대한 해답을 받는
상담이 본전을 뽑는 최고의 상담입니다."

저는 본전을 뽑은 것 같습니다.

> " 선생님께는 다른
> 간명에서는 들어보지
> 못한 허관虛官, 즉 가짜
> 관을 쓰는 법에 대한
> 놀라운 조언을 들을 수
> 있습니다. "
>
> ✿——— 바닐라 젠

바닐라 젠의 코멘트

Vanilla Zen

평관 선생님의 최대 강점은 사주의 문제 부분을 보완하는 방법을 알려주는 데 있습니다. 가령 허관을 써서 관을 의도적으로 보완하는 방법 등이 대표적인 예입니다. 경주 불국사 근처에 사무실이 있습니다. 예약용 전화로 여성분이 접수하시고, 예약 당일에는 휴대폰으로 평관 선생님이 연락을 주십니다.

- **명인**　평관 이종희
- **분야**　명리
- **위치**　경상북도 경주시

- **상담**　방문, 전화 상담 가능
- **간명비**　10만 원

065
점술 평론

보명 保明
신수웅

올해 80세의 노장으로 올해로 30년째
서울에서 역술업을 하고 계시는 분입니다.
음성은 엄청 젊으시지만, 노장답게 여유가
있고 상담자를 절대로 급히 몰아가지
않으며 편안하고 밝고 유쾌하십니다.
보명 신수웅 선생님은 재작년 여름과 작년
초에 두 분의 블로그 구독자님들께서
추천해주신 분입니다.

❶ 제 성향이나 함께 일하는 이와의 궁합, 제가
하는 직업의 주제를 바로 맞추셨습니다.
다만 그날 입이 풀리셔야 말씀을 술술 하시는
부분은 있습니다.
❷ 조카가 작년에 가고 싶은 대학에 못 가고
올해 재수를 하고 있어서 진로 적성 잘 본다고
해서 소개받아서 언니랑 같이 갔었어요. 적성을
정확히 판단하시고 맞는 과를 알려주셨고 올해는
합격한다고 하셔서 안심됩니다. 저도 직장운을
봤는데, 현재 제가 회사에서 처한 상황을 잘
맞추셨고 평가절하된 지금 이직하기보다는
2년 정도 버티다 보면 재평가받을 수 있다고
하셨습니다. 제 속생각도 그렇기는 했었습니다.

저는 토요일 오후에 간명 받았는데,
다행히 입이 술술 풀리셨고 알토란 같은
간명을 받았습니다. 참으로 신기한 것은,
제가 작년 여름에 출판을 결정하자마자부터,
묻기도 전에 이제 새로 시작하는 것이
있다는 간명들이 나오기 시작했다는
것입니다.

보명 신수웅 선생님의 맨 첫 말씀도,
"올해 하반기에 뭘 새로 시작하는 것이
나오는데……."
완전한 돌발 변수로 나타난 출판이 갑자기
간명에 떠서 깜짝 놀랐습니다. 그걸
여쭤보려고 한 건데, 노장님의 기선 제압에
느낌표 세 개!!!
저는 물 좋고 흙 좋은 엄청 좋은 땅에 견고히
선 10월 갑목으로, 스케일이 크면서도
분석력과 창의력이 좋고, 2024년은 특별히
좋은 운으로, 새로 시작하는 것이 있다면
그것으로 크게 성공할 것이라고 하십니다.
어느 해의 오행과 어떤 사람이 태어난 날이
같은 오행이면 그 해를 최고로 치는데,
올해가 제게 그런 해라고 하십니다.
제가 갑자기 책을 출판하게 됐다고
말씀드렸습니다. 그러자 제 사주를 보면
전체적 그림이 나오는데, 이 나무가 땅을
필요로 하니 부동산이 맞고, 해가 필요하니
글 쓰는 것이 맞는다고 하십니다. 제게는
글 쓰는 것이 곧 햇빛이라고 하시는군요.
제가 글을 쓰고 마무리 하고 나면 환희심이
일고 사우나를 한 것처럼 개운한 것이 바로
그런 이유가 있었던 것이네요. 전체적으로
글 쓰는 것과 투자 두 가지로 압축된다는
것이고 이 두 가지가 재물 축적의 기틀이
된다고 합니다.

   기본 운세 흐름에 대한 해석이
정확하시고, 특히 제가 느끼기에는 남녀

宿命은 不變이요
運命은 信念과
努力이 있으면
可變이다

관계 포함 인간관계의 판세를 잘 읽으시는
듯했습니다. 위에 추천하신 분들의 글도
그런 맥락이지요. 어차피 세 명까지
간명이 5만 원이라서 아들도 함께 봤는데,
아들도 다른 명인들의 간명과 기본은
대동소이했습니다. 다만 특별한 해석이 하나
있었는데, 여쭤보지도 않은 부분이어서
인상적이었습니다. 아들이 30대 중반쯤
결혼할 경우, 여태 영향이 컸고 친밀한
엄마와 아내 사이에서 어떤 입장이 될
것인지를 정리해주시면서 웃으시던데, 흠,
흥미로웠습니다.

아무튼 새로 시작하는 것이 성공으로
가며, 올해는 갑목이 바짝 선다고 하니
이제는 볼펜을 그러잡고 새로운 전투
태세를 갖춰야 하겠나 봅니다.
시아Sia의 <언스탑퍼블Unstoppable>이
브금으로 막 떠오릅니다.
"갑옷을 입고 내가 얼마나 강한지 보여줄게.
난 브레이크 없는 포르쉐."

> " 어느 해의 오행과 어떤
> 사람이 태어난 날이
> 같은 오행이면 그 해는
> 최고의 한해로 친다. "

무릎이 푹 꺾일 만큼 힘들 때마다 들었던
이 노래가 저의 레알 주제가가 되기를
빌어봅니다.

바닐라 젠의 코멘트
Vanilla Zen
운세의 흐름을 잘 보시며 입시, 인간관계 파악, 궁합에도 능하십니다. 노장다운 여유가 있고
상담자를 급히 몰아가지 않아 편안합니다.

- **명인** 보명 신수웅
- **분야** 명리
- **위치** 서울특별시 영등포구

- **상담** 방문, 전화 상담 가능
- **간명비** 2인 3만 원, 3~5인 5만 원

066
점술 평론

추경秋景
기우윤

명인의 한마디
사주는 우주 공학이며 자연학이다.

전화상 음성으로는 60대 정도 연세로
느껴지는데, 올해 86세이시라고 합니다.
요즘은 역술인 선생님들의 활동 연령과
그 정정함을 봐도 확실히 100세 시대에
들어선 것을 실감합니다. 그야말로 노익장을
과시하시는 분입니다. 말씀이 빠르고 톤은
점잖으십니다. 정치인들이 많이 찾아간다고
들었습니다.
사주 흐름을 단칼에 정확히 짚어내시는데,
간명이 길지 않으면서도 명확하고 확신에
차있어서, 그 단칼이라는 것이 몹시
예리한 단도短刀 같습니다. 거기에 보태서
간명비가 3만 원이라는 대중 친화적인
커다란 장점도 갖추신 분입니다.

추경 기우윤 선생님은 2022년 초에
블로그 구독자님께서 추천해주셨습니다.

**기우윤 선생님은 연세가 85세 정도 되시는데,
얼굴이 동안이시고 목소리도 아주 팔팔하십니다.
저희 친정엄마께서 30년 전부터 봐 오시던**

분이시고 저는 기 선생님 통해 사주를 본지를
한 15년 정도 된 것 같습니다. 제가 결혼을
40대 초반에 했는데 남편과 연애를 하고 있을
때 비혼주의자인 남편과의 결혼에 대해 질문을
드렸었습니다. 남편이 그 해에 자식운이 있으니
그해 결혼한다고 하셨는데, 말씀대로 그 해
결혼하고 바로 임신하게 되었답니다.
제가 아들을 낳기 전에 산부인과에서 초음파
검사를 하는데 성별이 여자애라고 해서 기
선생님께 전화를 드려서 다시 여쭤보니 선생님이
봤을 때는 아들로 나온다고 하셨어요. 다음
방문에서 다시 초음파 검사를 했는데 그 전에
자세로 인해 보이지 않았던 고추가 보인다면서
산부인과 교수님이 아들로 정정하셨는데 이런
부분들까지도 정확도가 굉장히 높아서 저나 제
남편은 기우윤 선생님을 엄청 신뢰하고 있답니다.

저는 2022년 3월에 전화로 간명을
받았습니다. 통변이 긴 스타일의 역술인들은
잘 보시는 분인지 아닌지 비교적 금방
판단이 섭니다만, 바로 사안으로 들어가는
단칼 단도식 간명을 하시는 분들은 간명의
적중 여부를 조금 두고 지켜봐야 하는
경우가 많습니다.

간명 받은 지 2년이 흐른 지금 보니,
간명이 제대로 각을 뽑아냈군요.
제 사주를 넣자, "이 양반 건강
괜찮으신가?"부터 첫 말씀으로
물으셨습니다. 제가 음성이 젊게 들려서

엄마 사주를 보는 것으로 아셨던 것
같습니다. 그 당시는 건강에 문제가 없을
때였으나, 몇 개월 후에 유방암 수술
직전까지 갔으니, 가장 중대한 문제를
짚으신 거지요. 바로 또 물으신 것이, 그 해
이사를 가거나 변동할 일이 있는지, 투자를
많이 해야 하는지였습니다. 이건 마치 육효
래정점인양, 제가 묻고자 하는 부분을 다
걸러내신 셈입니다.

"나는 분명코 얘길 해요잉. 올해와 내년 전반까지는 어려움이 반드시 있고, 이때 문서·건강·금전의 관리 요걸 잘 넘고 나서 2024년부터 10년 동안은 틀림없이 좋아요."라고 하십니다. 그때부터는 물어볼 것도 없으니 한바탕 멋있게 살아보라고 하시는군요.

재작년부터 현재까지의 흐름은 이 짤막한 말씀 속에 다 들어있습니다.

당시 레지던트 선발을 약 7개월 정도 앞두고 있던 아들도 간명 받았는데, 활인업을 하는 팔자이며 올해 변화가 있다고 하시더군요. 의사이니 활인업 맞고 레지던트에 뽑혀야 된다고 말씀드렸더니, 관이 들어오고 힘들었던 모든 일들이 풀어지고 합격하겠다고 하셨고 말씀대로 잘 됐습니다.

전화를 끊기 전에 이렇게 물으십니다.
"거기 날씨는 좋죠?"
여긴 해는 났어요 했더니,
"여기도 인제사 해 뜹니다. 하하." 하시는데,
겨울 갑목에 해 뜨는 것 같아 왠지 훈훈합니다.

" 간명이 길지 않으면서도 명확하고
확신에 차있어서, 몹시 예리한 단도短刀
같으며, 더불어 간명비가
3만 원이라는 대중 친화적인
장점도 갖춘 분 "

— 바닐라 젠

바닐라 젠의 코멘트

Vanilla Zen

간명 자체가 길지 않고 궁금한 부분만 핵심적으로 짚고 지나가는 스타일입니다. 대부분의 노장님들이 다 그러하시듯, 전화로는 더욱 짧은 경향이 있으니, 가까우신 분들은 직접 가시는 것이 나으실 듯합니다. 적중률 높습니다.

- **명인** 추경 기우윤
- **분야** 명리
- **위치** 광주광역시 남구

- **상담** 방문, 전화 상담 가능
- **간명비** 3만 원

067
점술 평론

류하流河
이상종

**쉼 없이 모든 것을
이롭게 하여라.**

부산 금정구에서 철학관을 하시는
역술인이시고, 적중률이 높다고 많이
알려져서 한참 전에 메모해 놓은 분입니다.
최근부터 유명한 점술 사이트에서도
활동하고 계십니다.
예약할 때, 주로 보고 싶은 주제를 문자로
보내라고 하십니다. 저는 사업운과 재물운을
알고 싶다고 문자를 보내드렸습니다.
화끈한 말투로 재주 많은 음성이십니다.
사진 보니 관상도 그러시네요.

소문대로 간명이 명확하며 짝짝 붙는
맛이 있습니다.
저는 앉은 자리에 재물이 있다고 하십니다.
무슨 일을 하느냐고 하셔서 심리 클리닉을

한다는 것 한 가지만 말씀드렸더니, "원래
본인의 재물의 원천은 부동산인데…"라고
딱 짚으셔서 흠칫했습니다. 심리상담회사는
서브로, 옵션으로 하라고 아예 그러시길래,
사실은 부동산·경매에 관심이 많다고
실토했더니,
"와!!! 그거 좋은데. 이게 본인 오리지날이고
메인이냐 메인!! 와!! 그거 누가 시켰어요.
누가 하라데요. 와, 진짜. 따질 것도 없이
베스트 오브 베스트야!!"
지금도 저 말씀이 음성지원이 되는
듯합니다.

여기서부터 류하 선생님이 텐션 업이
막 되시면서 말씀이 점점 빨라지시더니,

올 하반기 문서운이 있고 새로운 계획도 있다고 설파하시네요. 속으로 또 한 번 놀라면서, 실은 출판 제의가 들어와서 내년에 책을 내게 됐고, 원래 계획하던 회심의 저서는 그다음 해쯤에 내려고 한다고 말씀드렸습니다.

제가 신들린 것 같이 글을 쓰는 신필神筆이라고 하십니다. 2025년 되면 완전히 터진다고 하시네요.

"억수 좋네. 대단한 게 터집니다. 왠지 아십니까. 내게 들어온 기운이 밖으로 꽃이 만발해요. 갑목에 꽃이 확 만개하는 거예요. 세상이 확 밝아져요."

두 번째 책의 출판 시기를 말씀드렸더니, 대찬성! 대찬성! 하시면서,

"오늘 좋은 사람 만났네. 가까이 지내입시다."

결론은 부동산과 책, 이 두 가지를 양수겸장 하라시는 겁니다. 명리 간명이라기보다는 '사주 리딩'이라는 표현이 더 적합한 듯합니다.

무척 쾌활하고 친화력이 큰 분인데다가 정신이 번쩍 들게 예리해서, 상담하고 나면 박카스 한 병 들이켠 것만 같군요.

" 쾌활하고 친화력이 큰 분인데다가 정신이 번쩍 들게 예리해서, 상담하고 나면 박카스 한 병을 들이켠 듯 **"**

ⓐ —— 바닐라 젠

바닐라 젠의 코멘트

Vanilla Zen

공감 능력과 친화력 좋은 쾌활한 분위기가 장점으로, 사주 상의 운로運路, 특성 파악에 능하시고 사업운, 재물운 잘 보십니다.

●**명인**	류하 이상종	●**상담**	점술 사이트를 통해 전화 상담
●**분야**	명리	●**간명비**	점술 사이트에서 포인트로 차감
●**위치**	부산 금정구		

068
점술 평론

가보원家甫元
이강산

사권師拳, 스승의 주먹

　지난 40여 년 동안 제가 수백 명의
역술인의 간명을 받아봤지만, 자신에게
학문을 전수해준 스승에 대한 존경의
념念을 깊이 지니고 있는 분들이 아주
많지는 않았습니다. 한 숟가락이라도
자신이 평생 먹고살 기반이 될 학문을
떠먹여 준 스승이라면 감사해야 하는 것이
마땅하다고 생각하는 제 생각이 너무
촌스러운 것인지는 모르겠으나, 심지어는
스승을 부정하는 분들도 드물지만 있었으니,
세상은 요지경이고 역술계는 좀 더 요지경
같았습니다.
그런 가운데, 작고하신 스승을 지금도 늘
언급하면서, 스승이 창안한 학문을 이어받아
발군의 적중률을 보이는 한 분이 눈에
띄었습니다. 스승은 동원東垣 최봉수1929-2020
박사님, 수제자는 이강산 선생님이며, 그
연결고리는 심명철학心命哲學이라는 독특한
형태의 명리학입니다.

　'스승의 주먹'을 아시는지요.
스승의 주먹, 즉 사권師拳이라는
것은 석가모니 당시 고대 인도의
다양한 교단에서 일반적으로 있었던
관습이었습니다. 스승이 죽기 전에 핵심
깨달음을 손바닥에 적은 다음, 상수 제자를
불러서 주먹을 펴 보이는 것, 즉 최후 비결의
비밀 전수를 '스승의 주먹'이라고 합니다.
말하자면 교단의 정통성을 그 제자에게

동원 최봉수 박사 (1929~2020)

명리의 독특한 분야인 심명철학에서
이강산 선생님은 이 '스승의 주먹'을
본 분입니다. 따라서 이강산 선생님에
대한 부분을 쓰려면 필연적으로 최봉수
선생님으로부터 출발해야만 온전한 그림이
그려집니다. 제가 몇 년만 서둘렀어도,
최봉수 선생님을 직접 만나 뵐 수
있었을 텐데 하는 아쉬움이 진하게 남는
이유입니다.

동원 최봉수 박사의 심명철학

1970년대에 이미 명성을 굳히고
있던 최봉수 선생님은 당시 청와대와
중앙정보부의 요청으로 매년 국운國運과
대통령의 운세를 작성해서 보내주고
있었습니다.최봉수, 『나의 삶과 심명철학』 2016, p.76
그런데 1978년 무오년에 이르자, 박정희
대통령의 사주를 보니 운세가 달라지고
있었습니다. 1978년을 기점으로 백팔십도
다른 운이 시작되는 커다란 분기점에
놓이고 있는 것이 보였던 것이지요.
감히 대통령의 운이 나쁘다는 풀이를
제출한다는 것이 망설여지고 심적 부담도
무척 컸으나, '닥쳐올 사주의 운명을 그대로
밝혀서 전해드리는 것이 올바른 길이자
역리학자로서 그 도리를 다하는 것'이라
판단했다고 자서전에서 밝히고 계시는군요.
그 결과 청와대에 작성해서 올린 박정희
대통령의 1978년 무오년 운세는 다음과
같은 것이었습니다.

전해주는 상징적인 행동인 것이지요.
물론 『상윳따 니까야』에서 석가모니는
아난 존자에게 "여래의 법에는 사권師拳이
따로 없다."라고 분명히 밝힘으로써, 당시
인도의 이러한 관습에 충격적인 반전을
가져오기는 했지만, 비전祕傳 관습은 사실상
전 세계적으로 일반적인 양상이었습니다.
밀교의 사자상승師資相承이 그 대표적인
것이지요. 사자상승에서 사자師資란 곧
'스승의 재물'이라는 뜻이니, 보석 같은
스승의 깨달음을 계승한다는 의미가 됩니다.

관운기진 환승용배 소중도리 근이신지

官運氣盡 換乘龍背 笑中刀裡 謹以愼之

관운의 기운이 다 했으니 다른 용으로 바꾸어 타라.
웃음 속에 흉계가 숨겨져 있으니 매사에 신중을 기하라.

주마상족 금정절족 근지원행 신지담화

走馬傷足 金鼎折足 謹之遠行 愼之談話

달리는 말이 발을 다치고 솥을 받치고 있던 다리가 부러져 쓰러진
격이니 원행을 삼가고 공적인 말을 신중히 하라.

이 보고서를 작성해서 보낸 후 한 달이
지나자, 007 가방을 든 '맨 인 블랙' 두
사람이 찾아왔습니다. 추궁 조로 꼬치꼬치
여러 가지를 묻고 갔는데, 다행히도
이후로는 아무 연락이 없었습니다. 이 보다
몇 년 앞선 1972년에 청와대에서 박도사
제산 박재현 선생님을 찾아와서 유신維新에
대한 점사를 물었을 때, '유신維新은
유신幽神:유령'이라고 예측했다가 남산에
끌려갔던 사건이 생각 나는 장면입니다.
그해 여름 제9대 대통령 선거가 치러졌고,
최봉수 선생님의 예측과는 달리 무탈하게
한 해가 넘어가고 있었습니다. 그 당시
최봉수 선생님은 나라의 안녕이라는
입장에서 본다면 천만다행이라고는
생각하면서도, 아무튼 예측이 빗나간 간명을
두고 자신의 공부에 대한 의심이 일어나고
학자로서의 자존심도 많이 상했다고 합니다.
'나의 오류가 어디서부터 비롯된 것일까.
무엇을 잘못 해석한 것일까…'
그런데 그로부터 1년 후.
1979년 10월 26일에 박정희 대통령은

중앙정보부 김재규 부장의 총에 유명을
달리하게 됩니다.

이 1년 오차라는 간명 오류의 쓴 경험이
이후 간명의 세밀함을 정교히 다듬고
보강하는 큰 계기가 된 듯합니다. 이후로
굵직굵직한 사건들의 예측에 필중必中했다는

동원 최봉수 박사님(좌)과 이강산 선생님

小不忍則亂大謀

언론의 보도가 자주 있었습니다. 대표적인 것으로 김일성의 사망을 두 달 전에 예측하고 김정일의 사망을 2년 전에 예측한 기사가 『월간조선』과 『주간동아』 등에 수록되어 있습니다.

이런 적중률을 보이는 심명철학心命哲學이란 과연 어떤 역술일까요? 점을 봤다하면 모두 다 '사주 본다'고 퉁쳐서 말하는 우리에겐 낯선 역학인 것은 사실입니다. 하지만, 요즘 삼사십 대 소장 역술인들도 공부의 심화를 위해 많이 참고하는 간명법인 것을 모르셨지요? 가령 탈도사 김정훈 선생님도 최봉수 선생님을 원리적 부분에서 최고로 꼽고 있는 글을 볼 수 있습니다. 심명철학의 꽃은 바로 '상리통변'이라고 봅니다. 1964년 삼강하드 이병각 대표삼성 이병철 회장의 형님의 사업 실패 운세를 정확히 적중하고 예측하면서, 이를 계기로 상리통변 이론이 완전히 정립됐다고 합니다. 육임에서

가져온 이 '상리象理'란 개념은 사주의 여덟 글자 각각에 나타난 형상의 상징적 이치를 그대로 직관적으로 파악하는 것을 말합니다. 특히 '사주 여덟 자 모든 글자가 용신이다'라는 기본적 사고가, 늘 용신부터 따지고 들어가는 일반적 간명과는 지반 자체가 달라 매우 신박하게 다가오더군요.

최봉수 선생님이 주로 세계 정세, 정계, 기업가 같은 큰 상대만 봐주셨던가 싶어서 거리감을 느끼실 수도 있습니다. 하지만 이런 부분들은 적중 여부가 만천하에 드러나는 것이라서(역술인 입장에서는 그만큼 위험 부담도 큽니다) 그 결과가 자료로 남아서 그런 것이지, 실제로는 당시 서민들이 북적이는 점집이었습니다. 제가 어릴 적에 종로구 삼청동에 살았는데, 지금은 돌아가신 엄마가 당시 종로에 있던 최봉수 철학관 단골이어서, 친구들과 자주 다녔던 것으로 기억합니다.

명리 관법에 새로운 돋보기를 하나
더 쥐여준 격이었던 최봉수 선생님의 이
심명철학은 수제자인 이강산 선생님에게서
또 하나의 돋보기가 추가됩니다. 바로
하락이수의 합류입니다. 역술이 계속
아이템을 모으면서 진화해가는 형국입니다.

이강산식 관법체계

이강산 선생님은 1955년생으로 올해
70세이시고, 역술 경력은 40년째입니다.
1994년도부터 최봉수 선생님 문하에서
심명철학을 사사했고, 같은 해 하락이수의
대가이던 만석 서정기 선생님으로부터
하락이수를 사사했습니다. 이강산식의
유니크한 관법체계의 토대가 바로
이 지점입니다. 명리는 30대부터

『사주첩경』 위주로 자독했고, 대산 김석진
선생님으로부터 주역을 배우기도 해서,
이강산 선생님이 간명 시 구사하는 역학은
결국 심명철학, 하락이수, 명리, 주역인
셈입니다.

거를 타선이 없습니다만, 간명을 실제로
받아보면서 제가 느끼기로는 심명철학과
하락이수, 이 두 가지가 간명 상 주요 맥락은
일단 다 끌어오는 것 같았습니다. 마치
이도류二刀流 같다고 속으로 생각했습니다.
이도류란 양손에 검劍이나 도刀를 하나씩
들고 공수하는 검법으로 일본 검술에서
많이 나오지요. 미야모토 무사시가 이도를
쓴 것으로 유명합니다. 보통은 긴 칼과
단도의 조합으로 쓰는데, 아무튼 제게
심명철학은 긴 검으로, 스냅 사진 같은

> **" 최후 비결의 비밀 전수인 사권師拳, "**
> **즉 스승의 주먹은 제자로 인해 완성됩니다.**
> ———— 바닐라 젠

하락이수는 단도로 느껴졌습니다.

2011년 김정일이 사망하자, 국가기관 두 군데에서 이강산 선생님을 찾아왔습니다. 김일성의 사망과 김정일의 사망을 예측했던 스승 최봉수 선생님으로부터의 바톤 터치가 이루어지는 순간입니다.

모 국가기관에서 김정일의 죽음 이후 권력의 판도를 보기 위해서, 김정은, 최룡해, 이설주, 장성택 등 10명의 사주를 가져왔고, 이강산 선생님은 하락이수를 통해서 김정은의 생일이 축시라는 것을 찾아냈습니다. 그리고는 "김정은이 적어도 10년은 지배하다가 40대 초중반이면 요절한다, 최룡해는 2인자로 롱런할거다."라고 예측했다고 합니다.

그리고 2년이 흐른 어느 날, 그 국가기관의 고위직 인사가 가족들 점을 보러왔다고 합니다. 찾아오게 된 이유가 흥미롭습니다. 2년 전에 직원들이 김정은의 사주를 가지고 여러 군데서 점을 본 자료가 아직도 사무실에 모아져 있는데, 당시에 간명했던 역술인들의 절반은 김정은이 6개월을 못 간다고 했고, 또 그 삼 분의 이는 1년을 못 간다고 했답니다.

"2년이 지난 지금 보니 현재 남은 건 이강산 선생님뿐이더군요. 그래서 가족들 운세를 보러왔습니다."

이강산 선생님이 정계, 방송가, 기업인들 사이에서 입소문이 두텁게 난 이유가 바로 이런 뛰어난 예측력 때문이겠지요. 제가 들은 몇몇 인사들에 대한 간명이 특별해서 잠시 정리해보겠습니다.

2016년도에 당시 안희정 충남지사의 사주를 분석한 하락이수 원문은 이렇습니다.

수유부귀 종불원대 항룡유회

雖有富貴 終不遠大 亢龍有悔

비록 부귀해도 끝내 멀리 크게 갈 수 없다. 지나치게 높은 용이 후회하게 된다.

이런 하락이수 원명와 함께, 이강산 선생님은 안희정 지사가 "정치적 역량과는 다르게 생각지 못한 엉뚱한 일로 꿈을 잃게 될 것이다."라고 풀이했습니다. 그리고 문제의 그 사건이 2년 뒤에 터집니다.

이재용 삼성전자 당시 부회장이 서울구치소에서 맹장이 터져 수술받았던 일을 모두 기억하실 겁니다. 2021년 그 당시에 삼성전자 법무팀에 들어갈지 말지를 망설이던 변호사가 이강산 선생님을 찾아왔습니다. 이강산 선생님은 우선 이재용 부회장의 사주부터 보고는 "갑 일주인 이재용 부회장이 올해 8월 7일부터 병신월이 되면 얼음에서 벗어나니, 8월 이후에 구치소를 나오겠군."이라고 딱 짚으셨답니다. 이 말에 그 변호사는 번뜩 '아하 8.15 특사로 작업할 수 있겠구나'라고 내심 셈법을 놓았고, 자신이 이재용 부회장의 일을 맡으면 어떻겠는지를 구체적으로 물었습니다. "이재용 부회장은 갑진, 당신은 수水이니, 수생목水生木해서 마치 엄마 역할처럼 할 수 있을 것 같다. 일이 잘될 것 같은데."라고 풀어주셨답니다. 그 변호사는 결국 삼성 법무팀으로 들어갈 결심을 했고, 영입되자 곧바로 이재용 부회장의 프로포폴 사건을 맡았다고 합니다. 그 변호사가 서울 구치소를 세 번째 방문하던 날, 이재용 당시 부회장은 맹장이 터져서 삼성병원에 입원을 했습니다. 아파서 힘들어하는 사람에게 차마 프로포폴에 대해서는 묻지 못하고 지켜보다가 이렇게 말했다고 합니다.

"회장님, 8월이면 나오신다고 하니 힘내시기 바랍니다."

얼마나 반가운 말인지 이재용 부회장이 벌떡 일어나더랍니다. 그때가 3월이었고, 정말 8월에 이재용 부회장은 특사로 풀려났습니다.

이쯤 되면 심명철학의 상리통변이라는 것이 어떤 것인지 궁금하시지요. 상리는 단건업의 맹파명리에서도 중요시하는 부분입니다.

상리로 보면 그 인생이 마치 한 폭의 정경처럼, 드라마처럼 보인다고 하는데, 사실 역학을 모르는 우리로서는 "무당이 보는 화경畵境도 아니고, 명리에서 어떻게 그림처럼 보여."라는 말부터 나옵니다.

그런데, 상리로 보는 사주의 단적인 예를 하나 보고는 저도 충격을 좀 받았습니다.

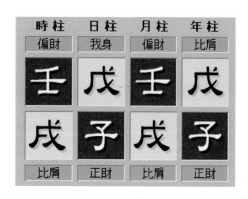

명리를 몰라도, 일단 검정과 노랑만 보입니다. 수水와 토土가 씨실과 날실처럼 섞여들어 있습니다. 이 사주는 섬진강 시인이라고 불리는 김용택 시인의 사주입니다. 시인의 환경과 조건이 병풍처럼 저렇게 보인다니 신기하고 또 신기합니다. 김용택 시인의 시 <하루>에 보면 '하루 종일 산만 보다가 왔습니다. 하루 종일 물만 보다가 왔습니다'라는 구절이 있는데, 이를 두고 이강산 선생님은 "아니 시詩가 바로 사주 아닌가." 하고 무릎을 '탁' 치시는군요.

이강산 선생님은 특히 생시 보정과 택일 분야에 특출하게 보입니다. 생시는 하락이수로 찾아내는데 매우 정확히 찾아진다고 합니다. 추자연·우효광 부부가 이강산 선생님의 왕팬이라서 추자연 아기의 출산일을 택일해주기도 하셨다는데, 출산 택일에 대해 매우 흥미로운 사실을 한 가지 들을 수 있었습니다.

산부인과에서 아기가 태어나는 양상을 보면, 어느 날은 40명이 태어나고 어느 날은 2명만 태어나는 등 출생이 일정하지 않다는 사실을 접하고, 진짜 좋은 사주를 몇 개 뽑아서 아는 병원 40군데에 이 시간에 태어나는 남자 아기가 있으면 연락 달라고 하셨답니다. 심증을 굳히기 위한 자료 수집이었는데, 역시나 그 시간에 태어난 아기는 한 명도 없었다고 합니다. "사주가 너무 좋으면 그 시간에 많이 안 태어납니다." 아기 출생이 없는 어느 날을 죽 짚어보니 그날 대통령 사주가 쏟아져 나오더라는 신기한 임상이더라고요.

이강산 선생님의 스승에 대한 존경, 명학命學에 대한 치열한 열정, 오랜 연륜으로 다져진 임상, 타고난 변재辯才를 보면서, 사권師拳 즉, 스승의 주먹으로 시작했던 이 글에 대해 이렇게 주석을 달고 싶습니다. '스승의 주먹은 제자가 완성한다.'

바닐라 젠의 코멘트

사주의 큰 흐름부터 당장의 가부에 대한 점단 모두 능통한 분이고 적중률도 높습니다. 전화상담도 하시지만 직접 가셔서 들어보시는 것이 낫고, 돌려서 말하지 않는 직설화법이므로 멘탈을 정비하고 가시는 것이 좋습니다.

- **명인** 가보원 이강산
- **분야** 심명철학과 하락이수가 간명법의 핵심이고 일반 명리와 주역으로도 겸간
- **위치** 경기도 성남시 분당구
- **상담** 방문, 전화 상담 가능
- **간명비** 기본상담 20만 원, 심층상담 30만 원, 재상담 10만 원, 전화상담 10만 원, 출마 등 기타 중대사 특별상담 50만 원

069
점술 평론

진묵당 震默堂
진성 震性 스님

명인의 한마디

入塵垂手 饒盆衆生

깨달음을 얻은 수행자가 해탈의 경지에
머물지 않고 세상으로 들어가 중생을
이롭게 함

불교 정법대로의 천도재와
구병시식救病施食의 진정한 대가입니다.
귀안鬼眼이 열려 천도재로 유명하셨던
청화清華 큰스님 이후로, 천도재에서 가장
괄목할만한 분으로 인정받는 스님이기도
합니다. 점을 보는 분이 아니고, 한국 대표적
종단의 노장 스님입니다.
불교 의례에 완벽히 정통하신 스님으로,
다른 스님들도 의식, 기도법 등에 대해
자문을 구하는 정도로 통달하신 분입니다.
연세는 속가 연세로 70세 정도 되셨고,
6세에 동진 출가하셨다고 들었습니다.
사실 제가 여기 공개하는 것은 큰마음 먹지
않고는 힘이 든 일입니다. 죽비 날아들어 올
각오하고 씁니다.

형형한 안광眼光이라는 것이 진짜 있다는
것을 처음 느꼈을 정도로 눈이 크고 빛이
납니다. '안광眼光이 지배紙背를 철한다'는
말 들어보셨지요? 눈빛이 종이를 뚫을
정도로 통찰력이 있다는 의미인데, 하, 이런
것을 실제로는 처음 봤습니다. 잘못한 것도
없는데 눈을 마주 맞추기가 힘이 듭니다.

정식 퇴마 의식이 있는 것은 천주교와
불교입니다.
정의하기 가장 모호하고 어려운 분야가
바로 퇴마이지만, 천주교에서는 장엄
구마驅魔·엑소르치스무스라는 용어와 의례,
불교에서는 구병시식救病施食이라는 용어와

" 귀안鬼眼이 열리신 청화 "
큰스님 이후로 천도재에서
가장 괄목할만한 분으로
인정받는 스님
──── 바닐라 젠

의례가 정식으로 있습니다. 개신교에서도
엑소시즘이 있고 축사逐邪라고 부릅니다.

교황청의 최고위 퇴마사였던 분은
가브리엘레 아모르트Gabriele Amorth 1925~2016
신부님입니다. 우리 시대의 최고 구마
사제였던 아모르트 신부님은 1991년에
국제구마사제협회를 설립했고, 교황청은 이
협회를 2014년에 정식으로 승인했습니다.
이탈리아에서는 작년만 해도 구마를
해달라고 신청한 사람들이 자그마치 50만
명이었고 요즘도 구마 사제 교육기관에서
구마 사제를 지속적으로 양성하고 있다고
합니다.
작고하신 아모르트 신부님이 생전에 퇴마
의식으로 악마를 떼어낸 사람의 숫자는
무려 5만여 명이라 합니다. 재미있게도
아모르트 신부님이 제일 좋아하시던 영화는
<엑소시스트1973>라고 하네요. 현실대로
잘 그려져서 그렇다고 합니다. 엄청나게
쇼킹했던 영화인데, 그게 허구가 아니라
현실과 아주 가깝게 묘사된 것이라고 하니
진짜 무섭습니다.

오랜 빙의로 다 죽게 된 국악 명인을 고쳐줬다거나, 중대사를 앞두고 사업가나 정치인들이 기도나 천도재를 하러 간다는 등 도력의 영험함으로 유명한 진묵당 진성 스님을 찾아간 것은 가까운 친구의 기이한 증상 때문이었습니다. 밤에는 꿈에 시달리는데 아기들이 방울 소리를 내며 까르르 웃어대고 친구 몸에서 미끄럼을 타고, 배를 자그만 손가락으로 콕콕 찌르고는 하더랍니다. 낮에는 낮대로 온종일 몽롱하고 '뇌를 시키면 늪에 처박고 있는 느낌'이라고 했습니다. 전신이 쓰라리고 아픈데 아무리 검사를 해도 문제점을 찾지 못했습니다. 그 상태로 두 달쯤 지난 상태에서 SOS를 받았습니다.

스님과 통화는 어렵고 친견은 더 어렵습니다.
저희 둘이 절 마당에 들어섰는데 연못가에 한 여성이 쪼그리고 앉아있었습니다. 나갈 때 들었는데, 그 여성은 신병이 왔고 무당이 되기 싫어서 찾아와서 며칠째 있는 참이라고 합니다. 핏기 없는 입으로 중얼거리면서 손바닥에 침을 뱉고는 그 냄새를 맡고 있어서 사실 무서웠습니다. 그 후 구병시식을 받고 신병에서 완전히 벗어나서 취직해서 잘 산다고 나중에 들었습니다.
스님은 차탁을 가운데 두고 친구의 말을 들으면서 친구의 눈을 응시했습니다. 옆에 앉아있는 제게는 그 응시가 광선검劍 같은 느낌이 들었고 잠시 침묵이 흘렀습니다. 잡스럽고 요망한 어떤 에너지가 들어왔는지, 영가 장애인지, 눈을 보고 그냥 금세 아신다고 들었습니다.
구병시식은 위의 구마 사제 경우와 마찬가지로, 할 수 있는 능력과 힘이 되는 스님이 많지 않으며, 그 가운데도 으뜸이 바로 진묵당 진성 스님입니다. 스님들이 한다고 해도, 힘이 달리면 되레 병이 나거나 빙의가 되는 스님들도 많아서 함부로 안 한다고 합니다. 그렇게 돼서 진묵당 스님을 찾아오는 스님들도 많다고 하는군요. 친구는 한 달 반 뒤에 구병시식 날짜를 잡았고 저도

入廛垂手 饒益衆生

華山房 文人震作

중봉여수 친필

그 귀중한 의식儀式의 장면을 목도할 수가
있었습니다.

그 의식에서 느껴지는 강한 힘으로 인해
저에게도 쇼크가 왔으니, 친구는 말할 것도
없었겠지요. 무려 태아령 5명이 나왔는데,
친구가 지금까지 낙태한 아이가 다섯
명이라고 합니다. 아기를 한 번 낙태한 것은
알고 있었지만, 다섯 명일 줄은 몰랐습니다.
구병시식은 날이 저물어 어두워진 후에
시작합니다. 법당 불도 모두 끈 암흑 속에서

스님의 기도가 시작되는데,
그 음성이 마치 거대한 무쇠솥이 울리는
듯 깊고 어마어마한 힘과 기가 느껴집니다.
바로 이게 말로만 듣던 법력法力이로구나
싶었습니다.

의식은 한 시간 조금 넘게 진행된 것으로
기억합니다.
맨 마지막이 구병시식 의식의 절정입니다.
오! 너무 무섭고 신비한 체험이었습니다.
암흑 속에서 갑자기 어떤 진언이 센 강도로

「적지원명寂知圓明」| 진묵당 진성스님 作 | 은해사 중악관에 소장되어 있는 대형 사진 작품

반복되기 시작합니다. 속으로 '뭐가 온다 온다…' 생각했지요. 청룡 열차 수직 낙하 직전 그 느낌 아시지요.

스님이 천둥 같은 큰 목소리로 "옴 아아암악!!唵 阿阿暗惡" 하면서 친구에게 팥을 세게 던지는데, 기감이 제게도 느껴질 정도로 강력합니다. 어둠 속에서 병풍에 맞은 팥알들이 불타듯이 타닥거리는 소리, 친구의 흐느끼는 소리, 제게도 튀어오는 팥… 이런 경험은 처음이었습니다.

다시 기도는 계속되고 이제 우리에게 가라고 하십니다. 바로 빠져나가서 아예 뒤돌아보지도 말고 물 먹지 말고 뭐 먹지 말고 집으로 직진하라고 하시더군요. 완전 혼수상태로 더듬거리며 기어 나온 우리는 말씀대로 했지요. 뒤에서 기도는 계속되고 있었고요.

친구는 완벽히 회복했고, 태어나지 못해 한恨 많은 다섯 생명을 위해서 태명을 지어주고 천도재를 지내줬습니다. 마음에 빚이 컸기 때문에 생긴 신체 증상이려니 하고 심리학적으로 해석해보지만, 그게 모두는 아닌 것 같더군요. 안 보인다고 없는 것은 아니라는 생각이 듭니다.

그 이후에 프랑스에서 의식儀式과 통과의례通過儀禮 Initiation, 비밀결사 등을 전공하는 한 교수님이 오셔서, 진성 스님에게 모시고 가서 구병시식을 참관하도록 했습니다. 그 교수님은 숨도 못 쉬고 보더니 의식이 끝나고도 감격이 복받치는 듯, 스님께 큰절을 하더군요. 저는 들었습니다. 카리스마 넘치던 이 교수님이 팥 세례와 더불어 "옴 아아암악!!!"을 듣는 순간에 "몽 디외!!!Mon Dieu 불어로 오마이갓" 하면서 소스라치는 소리를.

湛湛撲卅玄
追尋水閣
山岑路
天涂
力盡
神
瘦無
聖見但聞
楓樹晚蟬吟
坐去山六主人震性

「달마도」| 진묵당 진성스님 作 | 진묵당 진성스님은 국내 3대 달마도 화가로 손꼽힌다.

바닐라 젠의 코멘트
천도재로 유명하셨던 청화 큰스님 이후 천도재에서 가장 특출하다고 알려진 분으로, 영험
후기가 많이 들어온 스님입니다. 천도재나 구병시식 외에 신묘장구대다라니 기도가 무척
영험해서 한 달에 한 번 있는 밤 기도에 전국 각지에서 모여들어 '빡세게' 기도합니다.

Vanilla Zen

- **명인**   진묵당 진성 스님
- **분야**   천도재, 구병시식
- **위치**   대구광역시 달성군

- **상담**   방문만 가능. 친견 예약 후 빙의 여부 감정은 무료

070
점술 평론

도은島隱
정성화

💬 명인의 한마디

**아무 생각 없이 지내는 오늘이
내 일생에서 최고로 젊은 날이다.**

두말할 필요 없는 육효의 명인입니다.
육효점 분야에서 신산神算 김용연 선생님
다음 세대를 이어가는 두 번째 높은
봉우리일 듯합니다.
1966년생으로 올해 59세이시고, 충북
단양 출신으로 부친께서 역학자이셨다고
합니다. 육효는『복서정종해설』을 쓰신
김동규 선생님에게서 사사하셨고,
관상은 백포 선생님의 제자로 창원에서
활동하시는 하석호 선생님과 제천
영선암 주지 스님으로부터 배우셨습니다.
역술업을 본격적으로 시작하기에 앞서서
압구정동에서 2만 명을 감정하면서 임상
베이스를 철저히 다지셨다고 하시는군요.
『40일 만에 완성하는 육효학』 등 육효에
관한 저서를 여러 권 출간하셨고, 현재
박청화 선생이 운영하는 <홍익 TV>에서
육효 강의를 하고 계십니다. 또한 다음 카페
<육효방>을 운영하고, <도은 육효학회>를
이끄시면서 많은 후학을 양성하고
있으십니다.
많은 분이 한때 좋아하셨던 역술인 티트리
선생님(현재 안 하심)도 도은 선생님께
육효를 배웠습니다.

제가 도은 선생님께 처음 전화를
드렸을 때, 바이크를 타고 계시는 중이라고
하셨습니다. 세게 달리고 계신지 맑고 높고
젊은 목소리 뒤로 바람 스치는 소리가
났습니다.

"1, 3."

숫자 두 개를 혼잣말로 하시더니,

"사업이나 매매 보려고 하시지요?"

순간적으로 "앗! 육효점을 제대로 찾았네!"

싶더군요.

육효점을 완성한 명나라 유기劉基, 유백온가

말을 타고 달리면서 주원장을 위해

육효점을 쳤다던데, 도은 선생님은 바이크를

타시면서 래정점을 치신다니, 말을 바이크로

갈아탄 것만 다를 뿐, 그 육효가 이 육효군요.

신구新舊 합작의 이런 언매칭이 멋졌습니다.

저녁에 통화하기로 하고 일단 전화를

끊었지요.

통화가 되자, 정면으로 찍은 사진을

보내라고 하십니다.

운의 전반적인 흐름은 관상으로 보십니다.

육효는 특정 사안에 대한 점사이니,

전반적 운세를 관상으로 보완해서 보시는

듯했습니다. 사진의 관상에서 특징적 상相을

말씀해주십니다.

"이마가 넓지요."

" 단칼에 끝장내는 "
쾌도난마형
◎ —— 바닐라 젠

"눈썹과 눈 사이 간격이 넓지요."

이런 것 짚어주시면서, 재물운이 들어온

것은 41세부터, 돈의 흐름은 좋으나 모으는

데에는 신경 쓰라고 하십니다.

관상으로 전체 운을 짚고 나면 육효점으로

넘어가십니다.

사업운과 매매 문제가 명료하게

정리되었네요. 전성기가 오는 시점을 정확히

짚어주셨고요. 적중률이 거의 80% 이상

가는 듯한 놀라운 점사였습니다.

상담 시간은 10분이 채 안 되게 짧았습니다.

중언부언하시는 스타일이 아니고,

중언부언을 받아주는 스타일도 아니고,

단칼에 끝장내는 쾌도난마 형으로, 한마디로

쿨하고 강하고 심플합니다.

풍기는 인상도 그러하시지만, 은근한

카리스마가 있어서 제자들이 잘 모여들고

존경받을 것이라는 생각이 들더군요.

바닐라 젠의 코멘트

Vanilla Zen

관상으로 전체적 운의 흐름을 보고 육효로 점단占斷하는데, 날짜까지 2번 적중했다는
후기도 있었습니다. 짧고 강한 쾌도난마형입니다. 제 경우 간명비를 상담이 끝난 후에
받으셨는데, 돈 문제를 언급하는 것에 익숙지 않으신 듯해서, 술사로서 보다는 학자의 삶을
살아오셨다는 느낌을 받았습니다.

● **명인**	도은 정성화	● **상담**	방문, 전화 상담 가능
● **분야**	육효와 관상	● **간명비**	5만 원
● **위치**	울산광역시 중구		

071
점술 평론

나무철학관
강경희

육효점으로 이름 날리시는 분입니다.
명리와 육효로 겸간하시는 50대의
여성 역술인입니다. 육효가 주 분야로,
특히 입시점에서 석계 김성철 선생님과
더불어 가장 유명하고 가장 적중률이
높은 분입니다. 호불호가 없는 역술인은
없겠지만, 입시점 적중 후기가 들어오는
것을 보면 화력이 대단하긴 합니다.

강경희 선생님은 음성이 30대 초반으로
젊게 느껴지지만, 역술 경력은 20년 되신
분이십니다. 집안에 큰 스님을 비롯해서
스님들이 많으시고 신점을 보시는 분들도
계시는데, 강경희 선생님은 신기는 없으나
집안 내력에서 오는 영감은 확실히
발달하신 듯합니다. 육효는 집안 스님들께
배웠고, 명리는 신살 위주로 보십니다.
젊은 시절에 인생이 너무 안 풀려서 공부를
시작하셨다고 하시는군요.

사주의 큰 틀은 명리로 간명하시고,

명인의 한마디
사주와 육효로 길을 찾아드리겠습니다.

디테일한 질문이 나오면 바로 육효점으로
답을 주십니다. 사주 상의 성향, 특성,
직업적 적성이 명료하게 나옵니다. 저는
주관이 강하고 쓰는 직업 아니면 말하는
직업이라고 하시더군요. 큰돈을 버는 시기는

강경희 선생님 경우, 문서운의 흐름과 매매운도 잘 일치했고, 특히 육효로 본 매매는 "뭔가 꼬여있는데, 그것이 안 풀리는 것이 아니라 실마리를 찾아 풀면 되는 일이다."라고 하셨는데, 얼마 지나지 않아 그 실마리를 찾아 풀었으니 신기합니다. 다음 해 4월에 매매 될 거라고 하셨는데, 딱 그때 매도했습니다. 매매점이 원래 적중하기 어려운 분야 가운데 탑급에 속합니다.

68세부터라고 하시고요. 사업에 관해서 주로 상담했는데, 그 당시 전후 2년간의 운세 업 다운이 정확히 일치했고, 다음 해부터의 운세 상승세는 다른 고수 역술인의 간명 내용과 동일했습니다. 점을 봐본 분이라면 잘 아시다시피, 사주를 많이 보면 대략 나오는 자신의 운세가 있습니다. 특히나 고수들이 간명한 것은 큰 윤곽의 흔적이 마치 트레이싱 페이퍼로 대고 그린 것처럼, 중요 사거리에서는 서로 일치하는 경우가 많습니다. 고수高手라 해서 모두 유명 역술인만은 아닌 것은 잘 아시는 바대로이고요.

육효로 급부상한 강경희 선생님의 강점은 상대적으로 부담이 적은 대중적인 간명비에도 있습니다. 큰 틀과 운세의 업 다운과 특정 사안의 점단占斷에 있어서 소위 우리가 일상적으로 말하는 '가성비'가 훌륭하신 분입니다.

> " **특정 사안의 점단占斷에 있어서 우리가 흔히 말하는 '가성비'가 뛰어나신 분** "
> ⊛ —— 바닐라 젠

바닐라 젠의 코멘트
Vanilla Zen
육효점의 적중률이 뛰어나서, 점단占斷으로 접근하면 유리한 사안들에 특출합니다. 특히 입시점 합불에 적중 후기가 많았습니다.

- **명인**　나무철학관 강경희
- **분야**　명리와 육효
- **위치**　서울특별시

- **상담**　전화 상담만 가능
- **간명비**　2만 원

072
점술 평론

신산神算
김용연

○ 명인의 한마디
모든 것이 변하듯 역학 또한 시대에 따라 판단 방법이 달라져야 한다.

단시점의 신인神人으로 불리시는 분입니다.

육효의 대가 중에서도 대가로, 『육효신강』, 『이것이 귀신도 곡하는 점술이다』 같은 중요한 책을 발간하신 학자이시자, 역술 경력이 50년 되시는 백전노장이십니다. 신산神算 김용연 선생님은 10대 나이에 기인 술사를 만나 역학에 입문하셨습니다. 특히 육효, 관상, 명리에 두루 밝으신데, 그 가운데에서도 육효에 있어서 입신의 경지에 달한 분이십니다. 단시점인 육효점은 작괘를 할 때 일반적으로는 작대기 모양의 산대를 사용하는데, 특이하게도 김용연 선생님께서는 문점객의 이름이나 입고 온 옷으로도 괘를 뽑으십니다.

이름으로 괘를 뽑을 때는 상담자의 나이를 상괘로 삼고 이름의 한자 총획수를 하괘로 삼습니다. 옷으로 괘를 뽑을 경우는 옷의 색깔을 오행대로 해석해서 작괘를 하시는데, 그 어떤 방법을 사용해서 작괘를 해도 그 적중률이 엄청나다고 합니다. 결국 그 적중력이라는 것은 괘를 통해 자연의 의중을 묻고 심오한 통찰로써 그것을 읽어내는 힘 같습니다. 신산神算이라는 아호 그대로 신통한 계책을 주는 '신神의 산수算數'입니다.

제 지인이 선릉역에 계신 선생님께 상담받고 주식에서 대박을 냈다고 하는 말을 들었었는데, 얼마 전에는 구독자님 한 분께서 마침 김용연 선생님을 추천하셨습니다.

여기서 잠시, 육효점을 집대성하여
완성한 유기劉基 1311~1375가 육효점으로
원나라 말기에 주원장을 도와 명나라를
건국하는데 일조한 스토리가 매우
흥미로워서 한번 보고 지나가겠습니다.
유백온으로 많이 불리는 유기는 주원장의
책사로서, 제갈량과 함께 천재적 군사軍師로
손꼽히는 군사 전략가입니다. 명나라의 3대
개국 공신의 한사람으로 유기는 육효점을
전투에 활용하여 승리를 끌어냈습니다.
명리학의 중요 서적인『적천수』를 주석한
사람도 바로 이 유기입니다.
명나라 정사에 다음과 같은 기록이
있습니다.

파양호에서 전투를 벌이고 있던 시기에 유기가
갑자기 당장 다른 배로 옮겨타야 한다고
주원장에게 진언하였다.
평소와 다르게 다급히 재촉하는 형국이었다.
주원장이 그 의견을 좇아 다른 배로 옮겨탔는데,
그 순간 원래 타고 있던 배가 불붙은 노에
맞으면서 파괴되었다.

주원장이 이끄는 5천 명의 군대가 적의 복병을
만나 다급히 후퇴하려 하였다. 유기가 달리는 말
위에서 육효점을 보더니, 적의 후방은 비었으니
그대로 전진하라고 말했고 과연 그리되어 큰
승리를 이끌었다.

이 정도이니, 명나라 주원장이 유기를
칭해 '나의 장자방'이라고 부를 만합니다.
달리는 말 위에서 육효점을 친다니,
멋집니다.

자, 다시 신산 김용연 선생님께로
돌아오겠습니다.

452

처음에는 "뭘 물어보시려고 그러십니까?"로
시작하십니다. 차근하고 섬세하고
치밀하되 역시나 연륜이 짙게 묻어납니다.
선생님은 제게도 사주 이외에 한자 이름도
물으셨습니다.
"예… 조금만 기다려보세요."
산대가 내는 찰랑찰랑 맑고 경쾌한 소리가
적막 속에서 이어지더니, 이윽고 나온 첫
말씀.
"지금 여러 가지 생각을 많이 하는 때인데,
움직이지 말고 가만히 계셔야 합니다."
이 말씀 하실 때는 단호한 어조가 말씀
끝마디에 설핏 지나갑니다. 지금 여러 가지
생각으로 산란한 것은 참으로 맞습니다.

음력 5월까지는 어떤 것도 기대하지
말고 있으면, 음력 5월 지나서 운이 열리기
시작해서 입추가 되면 사업이 다시 잘
되겠다고 하십니다. 다소 막혔다지만,
조금만 기다려보라고 하십니다. 그리고
덧붙이시는 말씀에 적이 안심됩니다.
"이 사주는 재운이 아주 좋은 사주예요."
그런데 특이한 점사가 하나 있었네요.
"괘로 봐서는, 일체 부정한 사람은 만나지
않는 것이 좋아요."
"부정한 사람이라면… 어떤 사람인가요?"
"쉽게 얘기해서 복을 입은 사람이라던가,
이런 사람들. 부정 타지 않도록 잠시
근신하시는 것이 좋아요."
제가 들은 역술 점사가 셀 수도 없이

많았지만, 듣던 중 가장 오묘한 말씀의
하나였습니다.

신산 김용연 저 『육효신강』

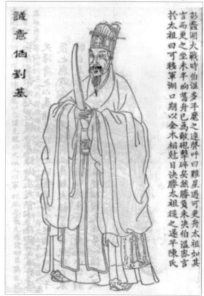

육효를 집대성한 유백온 (1311~1375)

바닐라 젠의 코멘트
육효의 최고봉이라고 해도 과언이 아닌 분이십니다. 저서가 큰 영향을 미쳤고 제자도 많이
배출하셨습니다. 특정 사안에 대한 점단占斷이 육효이니, 질문은 구체적으로 준비하세요.

Vanilla Zen

- **명인**   신산 김용연
- **분야**   육효와 명리
- **위치**   서울특별시 강남구

- **상담**   방문 상담만 가능
- **간명비**   5만 원

073
점술 평론

겸사兼思
이시송

명인의 한마디

**교만하면 손해를 부르고, 겸손하면
이익을 얻는다.**

국내에서 최초로 육효를 주제로 한
논문으로 공주대 대학원에서 학위를 받은
분입니다.
1969년생으로 올해 56세의 여성
역술인입니다. 『육효의 신』, 『육효박사』의
저자이기도 합니다. 겸사兼思라는 아호는
겸필사심兼筆思心의 약자로, 겸손한 생각과
마음을 의미합니다.

겸사 이시송 선생님은 저도 육효 잘
보시는 분들 리스트에 메모해 놓았던
분인데, 마침 블로그 구독자님 한 분께서도
추천을 해주셨습니다. 사업을 하시는
남성분으로 점에 일가견이 있는 분이시고
바닐라 젠 블로그에 항상 큰 지지와 관심을
보내주시는 고마운 분입니다.

국내에서 최초로 육효를
주제로 한 논문으로 대학원에서
학위를 받은 분

⟐ ──── 바닐라 젠

제가 추천해 드릴 분은 겸사 이시송 선생님으로 육효로 상당히 유명한 분입니다.

제가 감동 받았던 것은 이분께 회사 특정 사안에 관해서 물었는데, 제가 직접 의사결정 당사자가 아니면 정확도가 떨어져 안 봐준다고 거절하셨던 점, 그럼에도 불구하고 신수점을 통해 임박한 시기의 움직임을 정확히 맞추신 부분입니다.

(중략)

이 분의 단점이라면 육효만 본다는 점, 따라서 사주나 큰 틀을 겸간해주길 기대하는 분들은 실망하거나 당황할 수 있습니다. 방배동 쪽에 계시고 전화 상담도 받으시는데, 군더더기 없이 짧게 답변하시고 분명한 스타일입니다. 상담료는 2~3만 원이라는데, 이 분이 이런 부분도 딱 정해놓지는 않고 보시는 것 같아요.

다음 날 다시 댓글이 올라왔습니다.

겸사 선생님으로부터 오늘까지 연락이 온다는 점사가 하나 있었는데 한 시간 전에 왔네요. 이럴 땐 육효점에 놀라고 또 미래가 정말 정해져 있는가라는 것에 대해 다시 생각해보게 됩니다.

　겸사 이시송 선생님과 전화가 연결되면 이름과 나이를 넣고, 질문을 넣습니다.

저는 세 가지를 차례로 물었습니다. 내년 사업의 재물운, 내놓은 물건의 매매 시기, 아들의 의사 국가고시 실기시험 결과를 질문으로 삼고, 우선 내년 사업에서 재물의 움직임을 물었습니다.

그러자 산가지인지 흔드는 소리인지 육효용 주사위인지를 짤깍짤깍 흔드는 소리가 야무지게 들려오면서, 이시송 선생님이 이렇게 고합니다.

"우리 ○○세 ○○○ 선생님이 하는 법인이 내년에 재물이 어떤지 좀 알려달래유."

상담해보시면 아시겠지만, 충청도 토박이 사투리가 묘하게 육효점의 신비성을 높여주는 분위기입니다.

"택화혁, 택화혁!"

작게 혼잣말하시는 소리가 들립니다. 택화혁 괘가 나왔나 봅니다.

기본적인 고정 수입은 계속 들어오는 상태에서, 내년 4월 5일까지 횡재수가 와있고 내년 재물운은 좋다고 합니다.

두 번째 질문.

"우리 ○○○ 선생님 ○○억짜리 물건 내놓은 것 언제 팔리는지 알려달래유. 알려주세유."

이 매매건은 11월부터 내년 양력 4월

5일까지 나가는데, 가격은 깎아야 한다고 하셨습니다. 누가 달라붙으면 거기서 털으라고 하셨는데, 신기한 것이 12월 초순이 되자, 친구 사이인 남성 두 분이 와서 가격을 조정하고 싶어했던 것입니다. 저는 부동산이 재미있다고 하시네요.

세 번째 질문은 아들이 보는 의사 국가고시 실기의 합불과 성적을 여쭤봤습니다. 그때가 시험 보기 이틀 전이었습니다. 괘상은 합격으로 나왔고 성적은 상위권으로 나왔습니다. 실제 결과가 그대로 맞았습니다.

매매가 완결되는 것과 재물의 움직임은 좀 더 지켜봐야 하겠습니다. 적중 후기는 위의 이웃님 결과도 참고하시고요.

 바닐라 젠의 코멘트
적중 후기가 많았던 분입니다. 질문을 구체적이고 세밀하게 준비하시는 것이 도움이 됩니다.

- **명인**   겸사 이시송
- **분야**   육효
- **위치**   서울시 서초구

- **상담**   방문, 전화 상담 가능
- **간명비**   전화 3만 원, 방문 5만 원

074
점술 평론

하정
최인숙

◉ 명인의 한마디
**준비와 노력으로 자신의
운명을 바꾸자.**

하정 선생님은 육효점 전문이신
중년의 여성 역술인입니다. 역술 경력은
10년이십니다.
육효의 큰 봉우리의 한 분이신 도은島隱
정성화 선생님의 제자입니다.

하정 선생님은 블로그 구독자님께서
추천해주신 분입니다.

**하정 선생님은 육효로 보시고 지난 2년간 세 번
보았는데 결과가 모두 적중했습니다. 사안에 대한
상당히 심도 있는 육효 풀이해주시고 타로처럼**

흐름이나 현재 상황을 본 듯한 말씀도 해주셔서
깜짝 놀란 적이 몇 차례 있습니다.
육효는 제 경험상 아주 간절한 질문이 있을 때
질문해야 맞는 것 같습니다만, 상담하면서 내공이
매우 깊은 분이라는 인상을 받았습니다.
일단 젠님께 밀린 1차 숙제(?)를 한 기분입니다.
도움이 되셨길 바랍니다.

저 개인적으로는 육효, 구성학, 육임,
호라리, 타로 같은 점단占斷이 진짜 점을
보는 '점 맛'이 있다고 생각합니다.
점단占斷으로 가부, 합불 양단을 점칠 경우,

한번 점을 볼 때 적중 확률은 0%냐 100%
양단 가운데 하나라는 절박한 특성이
자못 짜릿하지요. 특히나 육효점은 어쩐지
러시안룰렛 같은 그런 느낌이 있습니다.
6연발 리볼버 탄창에 총알 한 알만 장전된
러시안룰렛으로 총알이 발사되어 죽게
될 확률은 17%, 발사되지 않아 살아남을
확률은 83%인데, 육효점의 적중 확률은
얼마나 될까요.
위에 추천해주신 이웃님 경우는 연속 3회
100% 적중률을 얻으셨군요.

다음과 같이 매우 흥미로운 입시 합불
후기가 하나 있었는데, 모두 육효, 구성학
같은 단시점 점단이라서 인용해봅니다.

젠님 새해 복 많이 받으세요.
딸아이 수시 합격 적중률입니다. 수시 접수
때 12개 대학 추려서 6개 대학을 뽑아달라고
했습니다.
석계 김성철쌤, 나무 강경희쌤 ▶ 3곳 합격
신산 김용연쌤 ▶ 1곳 합격
보현 한인수쌤 ▶ 1곳 합격
도은 정성화쌤 ▶ 1곳 합격
정말 정말 고맙습니다.

참고로 위에서 언급된 석계 김성철
선생님은 남파 자미두수의 명인이시기도
하지만, 육효점도 치십니다. 제가 이전에
석계 선생님께 직접 들은 대로 옮겨보자면,

"가끔 짱돌도 던져요."
"네? 짱돌 던지는 게 뭔가요?"
"허허, 육효요."

자, 이제 하정 선생님의 육효점으로
넘어가 볼까요.
하정 선생님의 육효를 뽑는 스타일은
새롭습니다. 3년 전에 작고하신 어디로
가려나 육효의 김영순 선생님은 1~9 가운데
숫자 세 개를 뽑아서 보내라고 하셨었지요.
하정 선생님은 1~48까지의 숫자 중 6개를
순서 상관없이 보내라고 하시며, 사주는
드리지 않습니다. 1~9가 아니고 48인
점이 특별하네요. 저는 13, 47 같은 낯설고
엉뚱한 숫자들이 떠올랐습니다.

하정 선생님의 적중률을 조속히
판단하기 위해서, 매매 시기를 질문으로
넣었습니다.
이야, 근데 매매 시기나 가부가 문제가
아니었습니다. 육효점을 어지간히도
쳐봤지만, 이 분은 부동산과 관련지어지는
여타 운세들도 육효로 모두 읽어내는
것이 놀라웠습니다. 위의 구독자님 표현
가운데 타로 같다는 말씀이 있었는데,
진짜 그렇습니다. 카드 리딩 잘하는 분들은
중심 사안을 둘러싼 백 그라운드를 다
읽어내는데, 꼭 그 느낌이었습니다.
매매는 마음고생한다고 나왔고, 기세가
약해서 3월이나 4월에 팔리겠다고

하십니다. 현금 기준으로 보면 3월, 문서 기준으로 보면 4월이라는 세부 분석입니다. 육효 상으로 볼 때, 부동산 부자이거나 부동산 관련 일을 한다고 나온다고 합니다. 점단占斷인 육효점에 그게 나오느냐고 여쭤보니, 나온다고 하시네요. 육효에서 재산은 재록財祿과 부록富祿으로 나뉘어서 나오는데, 재록은 현금 부자로 쓸 만큼 다 쓰고 죽는 부자, 부록은 부동산 부자로 내가 쓰고 남기는 부동산 부자라고 하는데, 저는 부록이 강하게 들어있다고 하십니다.

기왕 부동산이 언급된 길이고, 상담 시간도 넉넉히 남아서 부동산 운을 봐주십사고 했습니다. 5번 부爻에 부동산 문서가 있고, 올 7월에 큰 건에 하나 투자할

수 있다고 합니다. 남향 쪽 물건이 좋으며, 구체적으로 인천 부평을 짚으셨고, 노후된 것이거나 재개발로서, 이 건물이 2033년 가면 완전히 새로 태어나는 건물이 될 거랍니다. 땅 모양새가 좋다는 부분까지 나옵니다.

하정 선생님 본인 말씀으로는 특히 날짜와 시간대 짚는 것이 아주 잘 맞는다고 하시네요. 이 정도면 육효 리딩의 귀재라고 봅니다. 우리가 점을 볼 때 느끼는 그립감이라 할까, 그 부분도 좋습니다.

제가 육효점 파트에서, 묻혀있던 진주 같은 명인 한 분을 캐낸 것 같습니다.

" 점단인 육효점은 어쩐지 "
러시안 룰렛같은 느낌!
— 바닐라 젠

바닐라 젠의 코멘트
육효를 타로 리딩하듯 선명하게 뽑아내는 분입니다. 적중률 높습니다.

Vanilla Zen

● **명인**	하정 최인숙	● **상담**	인터넷 운세 사이트에 소속되어 계시며, 개별 활동도 하심
● **분야**	육효		
● **위치**	서울특별시	● **간명비**	5만 원

075
점술 평론

역산逆算
김동후

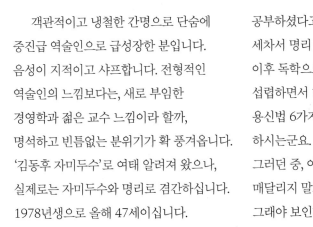

⊘ 명인의 한마디

**운명은 시계태엽처럼
모두 맞물려 돌아간다.**

　객관적이고 냉철한 간명으로 단숨에
중진급 역술인으로 급성장한 분입니다.
음성이 지적이고 샤프합니다. 전형적인
역술인의 느낌보다는, 새로 부임한
경영학과 젊은 교수 느낌이라 할까,
명석하고 빈틈없는 분위기가 확 풍겨옵니다.
'김동후 자미두수'로 여태 알려져 왔으나,
실제로는 자미두수와 명리로 겸간하십니다.
1978년생으로 올해 47세이십니다.

　자미두수는 김동후 선생님이 캐나다
리치먼드에서 공부하실 당시, 중국인
자미두수 고수로부터 통역을 두고 입문했고,
한국에 들어와서도 국내 자미두수 역술인을
스승으로 모시고 일대일 지도로 5년간

공부하셨다고 합니다. 인생의 파도가
세차서 명리 책을 잡은 것이 20년 전이고,
이후 독학으로 국내 명리 이론은 모두 다
섭렵하면서 대체 뭐가 맞는지를 모르니
용신법 6가지를 모두 다 마스터했다고
하시는군요.
　그러던 중, 어느 선배 역술인께서 "용신에
매달리지 말고 여덟 글자 그대로 봐라.
그래야 보인다."라고 하신 말씀이 나중에
김동후 선생님 관법에 한 소식을 가져오는
키워드가 됐습니다.

　젊은 중진답게, 김동후 선생님의 최대
강점은 실전 탐구와 많은 임상입니다. 특히
궁합을 잘 보십니다. 궁합 데이터가 많이

축적됐다고 하시더군요. 결혼 날짜를 이미 잡았어도 궁합이 안 좋으면 안 좋다고 직설적으로 말해주신다고 합니다. 덕분에 김동후 선생님은 현타가 오는 가차 없는 간명으로 유명하지요.

제가 2107년도에 처음 간명 받았을 때, 저는 교육, 종교, 철학, 언변, 정신분석, 힐링, 이런 카테고리 중 하나 이상과 반드시 엮인다고 하셨습니다.

투자 문제를 여쭤봤는데, "부동산 중에서 특히 하자가 있는 경매 형태가 좋다."고 하셔서 놀랐습니다. 이상하게도 경매가 늘 끌리는 이유가 제 명조에 있었나 봅니다.

간명에 깐깐하다고들 하지만, 2019년도 이전에는 '그래도 스위트 한 편'이었다고 하시길래, 2019년도에 무슨 계기가 있으셨던 거냐고 여쭤봤습니다. 매우 의외의 답이 돌아왔습니다.

"2020년과 2021년에 보러오는 사람마다, 지인들도, 나까지도, 한결같이 운이 너무 안 좋게 나오는 게 정말 이상한 거예요. 이렇게 전체적으로 비슷하게 나올 수가 없는데… 전쟁이 나려나… 이런 생각을 했지요."

코로나가 시작된 것인데, 더 큰 영역에서의 운의 흐름이 70% 이상 개인 운세에 반영되고 있다는 놀라운 실증적 경험을 하신 겁니다. 이것을 계기로 미시적인 것과 거시적인 것의 상호 순환을 깨달았고 그 후로 관법의 스펙트럼이 더 넓어졌다고 하시는군요. 역으로 계산한다는 의미의 역산逆算이라는 특이한 아호도 미시적인 것에서 출발해서 거시적인 것을 추론하는 관법을 의미합니다.

"그럼 지금은 안 스위트 하신 건가요?"라고 물으니.

"시크해졌지요." 하시며 웃으십니다.

외국인 사주 임상과 쌍둥이 사주 임상 사례를 지금도 꾸준히 쌓고 계신다던데, 이 분이 60대 연세쯤 되면 발군의 대가로 도약하리라 예측해볼 수 있을 만큼, 각이 딱 잡혔고 야무지고 야심 차고 명석합니다.

바닐라 젠의 코멘트

쿨한 스타일. 궁합과 사업운, 재물운을 특히 잘 보십니다.

Vanilla Zen

- **명인** 역산 김동후
- **분야** 자미두수와 명리 겸간
- **위치** 경기도 부천

- **상담** 전화 상담만 가능
- **간명비** 5만원, 궁합 7만원

076
점술 평론

석계 碩溪
김성철

시간과 공간의 운명을 찾아서

자미두수와 명리로 상황과 사안을 마치 신점 보듯 파악하는 석계식 추론碩溪式 推論으로 이름난 분입니다. 1996년도에 김성률 기자가 저술한 『역술의 명인을 찾아서-한국의 역술명인 36인』에서 샤프한 흑백사진과 함께 '무서운 신예'로 소개됐던 분이 어느덧 60세가 넘으셨군요. 1965년생으로 올해 60세이고, 역술 경력은 30년째이십니다.
1993년도에 의료 전문직을 접고 신설동의 통원서당에서 역술 공부에 첫발을 디뎠는데, 공부를 시작하고 얼마 지나지 않아 이미 너무 잘 맞춰서 '김 도사'라고 불렸습니다. 그 별명을 아직도 갖고 계십니다. 제 인생에서 가장 격렬한 통증이었던 시기의 대처를 잘 맞춘 분입니다.

석계 김성철 선생을 소문으로 처음 알게 된 흥미로운 비하인드 스토리부터 시작해 보겠습니다. 한 모임에서 우연한 기회에 듣게 된 이야기입니다. 얘기를 꺼내니 다른 분들도 두어 분이 알고 있더군요.
어떤 기자의 이야기입니다.
서울의 한 기자가 아들을 얻고 돌잔치를 할 무렵이었습니다. 아들의 머리에 종기가 생겼는데, 당시는 아무리 이리저리 병원에 다녀도 병명도 나오지 않았고 원인도 몰랐다고 합니다. 한번 고름을 짜면 돌밖에 안 된 아기 머리에서 거의 '한 바가지'라고 표현할 정도의 고름이 나왔다고 하니 부모의 시름이 엄청나게 깊었겠지요. 아기에게 차도가 없자, 기자는 답답한 마음에 김성철 선생에게 점을 보러 갔다고 합니다. 이미 아는 사람들 사이에서는 잘 본다는 입소문이 나 있을 무렵이었지요.

자미두수 명반을 본 김성철 선생은 첫 마디에 "자식궁이 할아버지 묘에서 오는 나쁜 영향을 받고 있다."라고 말했다고 합니다. 이 점사를 듣고 궁리하던 기자는 결국 할아버지 묘를 찾아 고향에 갔습니다. 친척들도 동네 사람들도 할아버지 묘의 위치를 정확히 알지 못해 애를 먹다가 마침내 묘를 찾았습니다. 묘지를 둘러보니 소나무가 묘 가까이 자라고 있었습니다. 섬뜩한 마음이 들었고, 시급히 이장하는 사람들을 모아 묘를 파보기로 했지요. 할아버지 묘지를 개장하기 전에 묘지 서쪽으로 가서 곡괭이로 땅을 찍으며 "파묘~~" 하고 세 번 외치는 것을 들으며 기자는 왠지 불안한 예감을 떨칠 수가 없었습니다. 파묘가 시작됐습니다. 묘지를 파 내려가는 현장을 지켜보던 기자는 너무나 경악하여 다리에 힘이 죽 빠지는 것을 느꼈습니다. 묘를 파서 내부를 보니 소나무 뿌리가 자라나서 관을 온통 하얗게 뒤덮고 있었고, 큰 뿌리들이 관 내부를 관통하고 있었던 것입니다. 기자는 할아버지의 유골을 잘 수습하여

정성을 다해 화장을 해드렸습니다. 얼마 지나지 않아 아기 머리에 꼬득꼬득한 딱지가 앉았고, 다시 얼마 후에는 딱지도 나무 거스러미를 대패로 밀어버리듯 시원하게 떨어져 나갔습니다. 가히 전설적인 스토리이지요. 자미두수의 묘미는 이런 예리한 점사에 있습니다.

하락이수를 공부하여 30대 초반에 이미 발군의 소질을 보이던 김성철 선생이 새로이 남파 김구열 선생 문하로 들어가서 자미두수를 배우기 시작한 것은, 한 사건을 겪은 뒤의 일입니다. 처음에 하락이수의 명인이시던 서정기 선생님의 문하로 들어가던 그 당시 김성철 선생은 이공계 의료 계통 전문 인력이었습니다. 1994년도 서울방송의 인기 시사 프로그램 <그것이 알고 싶다>에서 서정기 선생이 거지의 사주를 정확히 알아맞히는 것을 보고 공부할 결심을 단단히 세우고 서정기 선생을 찾아갔다고 합니다. 김성철 선생 자체가 특이한 사주일 것으로 생각되는 부분입니다. 서정기 선생이 무조건 들이미는 하락이수 책으로 한문과 씨름하며 밤을 새워야 했다지요. '운명이 대체 무엇인가?'를 화두로 잡은 김성철 선생은 특출나게 비상한 능력으로 하락이수를 터득했고, 1년 반 동안 사서 업무를 보면서 임상 사례도 많이 접할 수

있었다고 합니다. 이때 서정기 선생님에게서 석계碩溪라는 아호를 받았습니다. 하루 내내 고심하시고 지어주셨다고 합니다.

그러던 어느 날, 김성철 선생의 길을 바꾸어 놓은 계기가 되는 일이 터졌습니다. 같이 사무실에서 일하던 여성 한 사람이 불쑥 사주를 내밀면서 좀 봐달라고 했습니다. 평소 절대 그런 부탁이 없던 직원이었지요. 본인 것이 아닌 다른 여성의 사주였습니다. 하락이수로 점을 친 김성철 선생은 다음과 같은 점사를 주었습니다. '혼인유휴婚姻有虧' 즉, 혼인이 이지러진다는 뜻입니다. '깨진다' 보다 '이지러진다'가 어쩐지 더 불길하고 더 끔찍한 느낌이군요. 그러고 말았나 싶었는데, 며칠 뒤 그 사주의 당사자가 김성철 선생을 찾아왔습니다. 사무실 여직원의 언니였지요. 남자와 사귀면서 임신하였으나 결혼을 못 하고 결국 쓰라리게 헤어졌다고 합니다. 다시 한번 김성철 선생의 점사를 듣고 확인하더니, 그 여성이 돌아서면서 하는 혼잣말이 김성철 선생의 뇌리에 비수처럼 날아와 꽂혔습니다.

"알면 뭐 해. 바꾸지도 못 하는걸." 이 말에 김성철 선생은 며칠 식음을 전폐하고 궁리에 궁리를 거듭했다고 합니다. "알면 뭐 해. 바꾸지도 못 하는걸." 이 말이 머리에서 떠나질 않았습니다. 하락이수가 바코드 읽듯 적중하는 것은 맞지만, 피해 갈 변수를 과연 찾아낼 수 있는가를 생각해 본 것이지요.

이 일을 계기로 김성철 선생은 남파 자미두수의 대가 유당 김구열 선생 문하에 들어가서 새롭게 자미두수를 배우게 됩니다. 이후 김성철 선생은 2년여간 모든 일을 잠시 접고 자미두수와 명리 공부에 몰두했습니다. 제가 직접 여쭤봤습니다. "사주를 받으면 주욱 보이시는 겁니까?" 선생의 답은 이랬습니다. "특정 글자가 바로 통통 튀어 올라 눈에 들어옵니다." 사주 원국과 자미두수 명반을 작성하고 나면 어디가 막혔으며 무슨 글자가 필요한 것인지가 곧장 좌악 스캔된다는 것입니다. 이런 것은 공부에 필사적으로 매달리고 임상이 오래 쌓이지 않으면 불가능한 일이겠지요.

석계 선생님께 혹시 멘토가 있으신지를 여쭤봤습니다. 인상적인 역사적 사례를 하나 들어주셨는데, 이 사례와 같은 식의 간명이 바로 김성철 선생님 특유의 간명 스타일이고, 선생님의 간명이 마치 신점처럼 느껴지는 이유이기도 합니다.

"조선 세조 때, 좌의정 권람이 넷째 딸의 사위로 남이南怡장군을 들이기 위해 점을 본 점쟁이가 있었습니다. 그 점술사는 남이 장군의 사주를 보더니 "남이 장군은 역모죄로 단명할 것이다"라고 했습니다. 그런데 넷째 딸의 점도 쳐보더니 '딸도 단명한다. 그런데 사위가 역적으로 몰려 가문이 화를 당하기 전에, 복만 누리고 죽는다. 혼인시켜라'라고 나왔습니다. 두 사람은 혼인했고 남이 장군은 25세 나이에 병조판서로 있다가 3년 후에 역모죄로 처형당하지만, 권람의 넷째 딸은 그 전에 병으로 죽어 말 그대로 판서 부인으로 복만 누리다가 요절했습니다.

저는 이런 답을 할 수 있는 점쟁이가 되고 싶습니다."

저도 이런 점사를 실제로 듣기도 했고 주변 사람들의 결과를 지켜보기도 했습니다. 제 작은 오빠의 친구가 큰 회사를 경영하고 있었는데, 내부 고발로 인해 일이 걷잡을 수 없이 커지는 중에 제 소개로 5월에 석계 선생님께 찾아갔습니다. 오빠의 친구는 이미 중형은 각오하고 있던 터였는데 의외의 점사가 나왔습니다.

"이 일이 3월에 터졌다면 형사사건이 되나, 지금은 흐지부지 끝나겠습니다. 근데 가을부터 조심해야겠는데요. 대비하시는 게 좋겠는데요."

잡혀갈 것은 기정사실이라고 생각하던 오빠 친구의 얼굴에서 묘한 비웃음과 저에 대한 원망이 엿보여서 엘리베이터 안이 춥더군요. 그런데 정말 폭풍 전야이던 5월이 그대로 지나가더니, 결국 아무 일 없이, 언론에서도 조용히 지나갔습니다. 그러나 그해 10월, 다시 다른 문제가 터지더니 결국 현재는 아주 비참하고 곤란한 처지에 있습니다.

제 절친의 얘기도 흥미롭습니다. 남편과 바람을 피우는 여자가 있었는데, 친구 표현으로는 '낭창한 여우년'이라서 남편이 헤어나지를 못하고 있었답니다. 저도 함께 가서 김성철 선생님께 점을 봤습니다. "이 여자는 한강 물이 둥둥 흐르는 모습인데, 볕 들고 꽃 필 때라서 예뻐 보이는 것이고 사람들이 발도 담그고 하는 것이다. 물이 좋다고 사람들이 뛰어들지는 않는다. 여자에게는 곧 또 새로운 임자가 나타나는 정처 없는 운이다." 이런 기막힌 비유가 석계 선생님 간명의 백미입니다. 명불허전이지요. 쓱 친구 기색을 살피니 친구가 좋아서 소리 없이 오열 중이더군요. 결국 그 외도는 얼마 안 가서 정리됐습니다.

어떤 중대한 문제의 흐름에서 이 정도의 맥을 짚는다는 것은 화살 백 발을 쏜 것 중에 어쩌다 한 발을 맞춘 경우는 아닌 것은 분명해 보입니다. '사지사지 귀신통지思之思之 鬼神通之'라는 말이 있지요. 생각하고 생각하면 귀신이 알려준다는 뜻입니다. '미쳐야 미친다' 혹은 '몰입해야 깨우친다'는 의미이지요. 제가 좋아하는 구절입니다. 이것이 바로 고수와 대가들의 경지가 아닐까 생각합니다.

바닐라 젠의 코멘트
Vanilla Zen 신점 같은 정확한 예측, 깔끔한 성품, 운세 상황에 대한 비유가 압권이고 2~3년 지나고 보면 적중률이 높습니다. 현재 중대 사안에 대한 예측 전반에 두루 능하고 구독자님들 후기 상으로는 입시점에서 특히 적중률이 높았습니다.

• **명인**	석계 김성철	• **위치**	서울특별시 강북구
• **분야**	자미두수로 주 간명. 명리, 육효로 겸간. 특이한 것은 청소년의 건강 문제는 하락이수로 봄	• **상담**	전화 상담만 가능
		• **간명비**	3만 원

077
점술 평론

이두履斗
김선호

◎ 명인의 한마디

一燈能除千年暗
一智能滅萬年愚

등 하나가 천년의 어둠을 제거하고
지혜 하나가 만년의 어리석음을
소멸할 수 있다.

자미두수의 명인입니다. 이두식
추론이라는 독자적 관법의 자미두수를
창안하여 이두 자미두수 학파를 만든
분입니다. 『왕초보 자미두수』를 비롯한
수많은 저서로 국내 자미두수의 새로운
지평을 연 분이기도 합니다. 전남 여수
출신으로 현재도 여수에서 활동하고
계십니다. 60대 초반이시고 간명이
거침없되 지성적입니다.

2007년도에 여수에 철학관을 오픈해서
활동을 시작했는데, 그다음 해인 2008년
<월간조선 11월호>에 '김정일 언제까지

사나'라는 기사에서 김정일이 2011년도에
세상을 떠날 것으로 예측했고 그대로
적중했었지요. '김정일이 70세가 되는
신묘년에 조객弔客별이 자리 잡고 있으므로
그 해 사망할 것'을 예측했다고 합니다.

저는 이두 선생님에게 2012년도부터
장기간 상담했습니다. 저와 가족에 대해서도
간명 받았고, 특히 당시에 회사 운영상 많은
직원을 채용할 시기에 걸쳐있어서, 지원자를
사주로 파악해보기 위한 상담이 많았습니다.
당시는 제 감感과 간명이 얼마나 일치하는
것일까가 궁금했었는데, 시간이 많이 흐른

지금, 다시 노트를 보니 자미두수로 얼마나 인물 파악이 적중하는가를 살필 수 있는 좋은 자료가 된 셈입니다.

제게 "말년운이 좋다, 아주 될 것 같다."라고 단번에 첫 운을 떼셨던 기억이 납니다. '빙동삼척 비일일지한氷凍三尺 非一日之寒 3척의 두꺼운 얼음이 단 하루 추위로 만들어지지는 않는다, 즉 어떤 일도 짧은 기간에 이루어지는 것이 아니다'이라는 것으로 특정 운을 설명하셨는데, 저도 후한의 사상가인 왕충王充의 이 문구를 좋아했던 터라서 역시 기억에 많이 남습니다. 딸이 카이스트 갈 때 애는 의사 사주라고 했는데,

나중에 전공을 바꿔 의전원으로 갔습니다.

간명 가운데 가장 인상적이었던 것은 어떤 큰 조직에서 고위직으로 있던 분이 승진 등 스트레스에 못 견뎌서 전문직으로 독립하려고 하면서 저에게 대신 운세를 봐달라고 한 적이 있었습니다. 본인이 직접 보면 신분이 드러날까 싶어 저에게 부탁한 것이지요.

이두 선생님이 그분의 운세를 보더니, 독립해서 개업하면 완전 폭망한다며 그냥 남아있으라고 했습니다. "잘 나갈 때는

" 『왕조보 자미두수』를 비롯한 수많은 저서로 "
국내 자미두수의 새로운 지평을 연 분

—— 바닐라 젠

모르나 웃 벗고 나서 어려운 일이 닥치면
감당 불가다."라는 것이었지요. 그러시면서,
그 사람에게 꼭 이 말을 전하라고
신신당부하시더군요. 여기서 이두 선생님의
인간적인 성품을 봤습니다.
그 사람에게 그대로 전했고, 그분은
조직에서 버텼습니다. 3년 뒤 최고위직으로
크게 승진하면서, 제게 고맙다고 전화가
왔더군요.

　　아호인 '이두履斗'는 아마도
『북두칠성연명경』 가운데
'섭강이두躡罡履斗'와 관련이 있을
듯합니다만, 왜 이 특이한 아호를 쓰시게
됐는지는 여쭤보지는 못했네요.

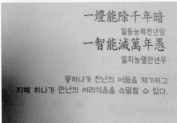

바닐라 젠의 코멘트
운의 흐름 파악이 강점으로, 특히 그런 흐름 가운데 길하게 혹은 흉하게 튀는 시점을 잘
짚어내십니다. 직업운, 직장운 잘 보시고, 회사 운영하는 분들이시라면 채용할 직원의 성향
파악에 유용한 조언이 됩니다.

Vanilla Zen

●**명인**	이두 김선호	●**상담**	방문, 전화 상담 가능
●**분야**	자미두수	●**간명비**	10만 원
●**위치**	전라남도 여수시		

078
점술 평론

단계段階
방용식

단계 방용식 선생은 우리나라 북파 자미두수의 태두泰斗로서 이미 많은 팬층을 거느리고 계시는 분이지요. 1965년생으로 올해 60세이고, 강릉 출신이십니다. 간간이 증발하여 은둔생활을 하십니다. 이름만 대면 모두 아는 연예인들도 단골이라고 합니다. 웃어도 겁나고 안 웃어도 겁나는 분으로, 동네 아저씨 같은 푸근한 얼굴이 전부는 아닌 것이 분명합니다. 다정다감하게 말을 해주시는 듯하지만, 난데없이 이단 옆차기로 날카롭게 악운을 지적하고 들어오기도 합니다. 혹시 그래서 아호가 단계段階인 가요.

방용식 선생의 자미두수 인연은 20세 때, 성곡사 절에 계시는 스님께 남파 자미두수를 배우면서 시작되었습니다. 그 당시 은사 스님의 도반이면서 풍수지리에 능하시던 맹간장 스님께서 지어준 호가 바로 '단계'라고 합니다. '맹간장' 스님의 한자를 조심스레 여쭤봤습니다. 맹간장이란, 뭐 심오한 뜻이 있는 것이 아니고, 그 스님이 공양하실 때 늘 밥에 맹 간장만 찍어 드셔서 맹간장 스님이셨답니다. 단계대로 공부를 밟아가라고 '단계'라고 지어주셨다고 합니다.
이후 공부가 깊어질 무렵, 관법에 획기적인 방점을 찍어줄 인연을 만났으니, 바로 대만 북파 자미두수의 이명李明 선생이십니다. 1996년도의 일입니다. 대만의 자미두수

대가로는 왕정치, 포여명, 이거장, 심평산 선생 등이 유명한데, 이명 선생님은 대외 활동이 적어서 유명세를 치르지는 않았지만 실전 점사에서는 대단하셨다고 합니다. 적중률로 말할 때는 다른 술사와 게임이 안 되는 분이었다고 하는군요.

제 경우, 크게 아팠던 때가 있었는지를 물으시며 생시生時를 확인하셨고, A급의 운은 '대박치는 판'을 가지고 있어야 하는데, 저는 그걸 가지고 있다고 하시면서, "양손에 황금을 쥐고 있는데 그걸 잘 활용할 방도를 궁리해야 한다."라며 그 방도를 구체적으로 제시해주시네요. "한 번씩 폭발적으로 운이 따른다."라고 하시던데, 제가 그래온 것은 정말 맞습니다. 폭발적으로 가끔 운이 따르는 특성을 맞춘 분은 여태 점을 봐 온 수백 명의 점술사 가운데 몇 분 안 계셨습니다. 단계 선생님께 간명을 받고 수년이 흐른 지금에야, "양손에 황금을 쥐고 있고 그걸 잘 활용하라."는 말씀이 현실로 다가와 있습니다.

우리의 운을 공략할 때, 명리가 파성추破城椎처럼 육중하게 충격을 준다면, 확실히 북파 자미두수는 서슬 퍼런 날카로운 단검短劍 같습니다. 자미두수가 '귀신의 뒷 그림자를 잡는다'라고 하고 날카로운 북파는 더욱 그렇다지만, 단계 선생님은 다른 분야에서 진짜로 '귀신 뒷 그림자'를 잡으시니 참고하세요. 도교道敎식 방술과 처방에 능통하십니다.

" 웃어도 겁나고 안 웃어도 **"**
겁나는 분으로, 난데없는
이단 옆차기로 날카롭게
악운을 지적하는 명인
—— 바닐라 젠

바닐라 젠의 코멘트
사업점에 능하고, 특정인의 사회적·직업적 외면과 실제 인간의 모습 사이의 간극을 잘 지적해냅니다. 소탈한 듯하지만 직설적인 얄짤 없는 간명도 나와서 악운 지적에 예리하다는 평이 있는 만큼, 유리 멘탈인 분들은 멘탈을 잘 잡으셔야 합니다.

Vanilla Zen

- **명인** 단계 방용식
- **분야** 북파 자미두수
- **위치** 경기도 용인

- **상담** 방문, 전화 상담 가능
- **간명비** 15만 원

079
점술 평론

홍장弘張
송치용

나에게서 나를 구하라.

홍장弘張 송치용 선생님은 자미두수와 하락이수로 보시는 분인데, 이력이 매우 특별합니다.
소설 『단丹』의 실제 주인공인 봉우 권태훈 선생님 문하에서 30년 선도仙道를 수련한 학인學人입니다. 권태훈 선생님 댁에서 20년 가까이 함께 사셨다고 합니다.
1966년생이시니 올해 59세이십니다.

『세상 속에 뛰어든 신선』정재승 저에 따르면, 홍장 선생님이 봉우 선생님을 만나게 된 스토리는 이렇습니다. 송치용 선생님은 1991년에 계룡산 청룡사에 기거하면서 투병 생활과 더불어 독학으로 의학서 공부에 매진하고 있었습니다. 그러나 병이 급격히 나빠져서 위험한 상황까지 이르렀고 결국 병원으로 실려 나가는 길이었는데, 길목에서 봉우 선생님을 비롯한 학인들 일행과 우연히 딱 마주친 것이었죠. 한눈에 봉우 선생님을 알아본 홍장 선생님은 간신히 몸을 일으켜 차 밖으로 나가서 봉우 선생님께 "저 좀 살려주세요!"라고 절박하게 외쳤답니다. 당시에 아흔 연세가 넘으셨던 봉우 선생님은 "그래야죠." 하시고는 바로 진맥을 하셨고 "수도水道만 통하면 되지."라고 하셨다고 합니다.

병은 한 달만에 완치되었습니다. 육신의 병이 치료된 것뿐만 아니라, 마음속 깊은 병의 근원을 파악할 수 있게 되면서, 그동안 공부해온 치료법들이 두루 연결되는 깨달음도 얻었다고 합니다.

그 이후로 홍장 선생님은 '진정한 심의心醫', 즉 마음의 의사가 되기로 발심하고 수도 정진에 들어갔습니다. 선도에 대해서 멋진 정의를 해주셨습니다.
"누구나 배울 수는 있지만, 아무도 가지 못한다."

입문해서 정상까지는 아니더라도 적어도 쉬어가는 위치 정도에 가기도 매우 어렵다는 것이지요. 선도 수련하시는 분의 생생한 경험과 증언이 가차 없고 매섭습니다. 자신에 대해서는 '봉우 선생님을 닮아가고자 하는 사람'이며, 하산한 이후로는 매일매일 세상을 겪어가면서 알아가는 과정이라고 하십니다.

자미두수 공부는 봉우 선생님의 소개로 시작했고, 이미 계룡산 근방에서는 잘 본다는 소문이 많이 났다고 합니다. 주변 사찰의 많은 노스님과 자미두수에 관한 토론을 자주 하면서 실전을 익히셨고, 그 시기에 절차탁마가 됐다고 하시는군요. 올해로 하산한 지 4년째인데, 처음에는 사회를 전혀 모르고 고지식했었고, 한문만을 했던 분이라서 상담자들이 알아들을 수 있는 언어를 사용하기까지 어려운 적응과정을 거치셨다고 합니다. 첫해는 나오는 간명을 일체 필터 없이 돌직구로 있는 그대로 날리기도 하셨던 것 같습니다. 사실 이런 '날 것 그대로'를 들어야 진짜인데 말이지요.

홍장 선생님 간명의 장점은 단전호흡과 전통 의학에 능통한 베이스를 기반으로, 사주를 우리 몸과 연결시켜 바라본다는 점입니다. 제 체격을 물으시더라구요. 호리호리하다고 했더니, 운동을 하건, 먹건,

근육을 만들건, 어쨌든 몸을 키우라고
하십니다. 몸을 키워야 본운本運대로 살기
수월해진다고 하시는데, 이런 간명 내용은
오랜 기간 선도 수련을 한 분이기에 들을 수
있는 소중한 내용이었습니다.

"다른 사람의 운명에 관여하면 그 사람의 안
좋은 부분, 혹은 악운을 짊어질 수 있다."는
흥미로운 내용도 있었습니다. 침을 놓아주면
대신 아픈 경우가 그런 것이었다고
하시네요. 저의 염정성廉貞星 기운이 '다른
사람도 바르기를 원해서' 참견하게 되기도
하는데, 그걸 하지 말라시는 얘깁니다.

" 단전에서 올라오는 "
묵직하고 편안하며 느린
음성, 그 자체가 호흡
명상을 하고 난 다음처럼
힐링을 주는 분

⸺ 바닐라 젠

단전에서 올라오는 묵직하고 편안하며
느린 음성, 그 자체가 호흡명상을 하고
난 다음처럼 힐링을 주는 분입니다.
'홍장弘張'이라는 호는 하산 전에 세상을
위해 널리 쓰라는 의미로 받으셨고, 전
재산이었던 배낭을 잃어버리면서 그것이
하산 신호의 결정적 계기가 됐다는, 참으로
마음이 이상해지는 말씀도 들었습니다. 배낭
한 개의 전 재산.
홍장에서 장張 자는 회의 문자로 보면
활弓을 멀리長 쏜다는 의미입니다. 모쪼록
자미두수와 선도의 귀한 활을 멀리 쏘셔서
널리 유익하게 하시기를 기원해봅니다.

바닐라 젠의 코멘트
선도仙道로 단학 수련을 하신 분이고 전통 의학 공부를 많이 하셔서, 간명의 각도가
특이하고 사주와 몸의 관계에 대한 통변이 강점입니다. 전화 상담도 가능하나, 직접
가시는 것이 좋겠습니다.

Vanilla Zen

- **명인** 홍장 송치용
- **분야** 자미두수와 하락이수로 겸간
- **위치** 서울특별시 종로구

- **상담** 방문, 전화 상담 가능
- **간명비** 5만 원

080
점술 평론

유당由堂
김구열

● 명인의 한마디

**운명을 살아 숨 쉬게 만드는 삶의
기획자**

점험파占驗派 자미두수紫微斗數의
대가입니다.
1961년생으로 올해 64세이시고, 전남
순천에서 태어나셨습니다.

유당 김구열 선생님은 자미두수의
본질적 효용을 현대적으로 파악하여
자미두수의 새로운 패러다임을 제시한
분입니다. 역술에 입문한 후 20년의 세월을
거쳐 패러다임의 변곡점에 이르기까지의
히스토리가 세간에는 알려지지 않았던
것이고, 우리나라 현대 자미두수의 역사를
더듬는 데 있어서 너무나 흥미롭고 귀중한
자료라서 말씀을 옮겨보겠습니다. 듣다
보니 유당 선생님은 타고난 변재辯才가
있으십니다. 리스펙입니다.

김구열 선생님이 자미두수에 정식으로
입문하게 된 계기는 1986년에 전주로
발령받으면서 만들어졌습니다. 전주는
역학이 흥왕한 도시였는데, 그 이유는
전주의 모악산 밑에 옛날부터 도꾼들이
많이 모여 살았기 때문이었습니다. 그
영향으로 신흥종교도 근처에 많았고 술術에
능한 사람들도 많았습니다.
그 가운데 김제 출신의 조진민 선생이
자미두수에 아주 뛰어나서, 전주와
광주를 오가면서 영업을 했는데 무척 잘
봐서 그 영향으로 자미두수가 급속히
확산되기 시작했습니다. 정식으로

간판을 걸고 활동하는 자미두수 술사도 나오기 시작했는데, 전주의 이흥순李興順 선생이 실력이 출중한 술객으로 이름이 드높았습니다. 이흥순 선생은 이미 1986년 무렵 그 당시에 간명비로 5만원을 받았고 내용을 모두 타이핑해서 서너 장의 간명지를 줬다고 합니다.

이런 분위기 속에서 김구열 선생님이 제일 먼저 스승으로 모신 분이 모산 이정찬 선생님입니다. 육임의 대가셨고 학문에 두루 능하셨는데, 모산 이정찬 선생님께 자평명리와 역학의 기본을 배우셨다고 하니, 역술 전반에 대한 학문적 기틀이 여기서 형성된 듯합니다. 모산 선생님은 그 후 5~6년 뒤에 뇌졸중으로 작고하셨습니다. 한편 모산 이정찬 선생님께 자평명리 등을 배우던 그 무렵에 마침내 자미두수의 대가인 청암 송기열 선생님을 스승으로 모시게 됩니다. 대학 시절에서부터 서울의 중국 대사관 앞 중국 서점인 <중화서국>을 자주 드나들고 중국인들과 교류하면서 이미 자미두수라는 학문은 익히 알고 있었지만, 제대로 자미두수를 공부하기 시작한 것은 20대 중반이던 이때부터였습니다. "꼬장꼬장하셨고, 여러 학문을 다 하셨는데, 특히 자미두수가 빼어났습니다."라고 스승님을 기억하시는군요.

1990년에 전주에 처음으로 <단원역리학원>이라는 학원을 차리고 강의를 시작하셨습니다. 1970년에 자강 이석영 선생님이 설립한 <한일역리학원> 이래 두 번째의 관인 학원으로, 역학 분야에서 관인은 이 두 학원뿐이고 이후로는 그 제도가 사라졌다고 합니다. 3년을 강의하다가, 순천으로 자리를 옮겼는데, 이두 김선호 선생님이 배우러 왔던 것도 바로 이때입니다. 생업으로 카센터를 시작하긴 했는데, 카센터에 사람들이 차를 고치러 오는 것이 아니라 자미두수 점을 보려고 몰려와서 길게 줄을 섰다고 하는 전설적인 스토리도 있습니다.

그런 과정을 거치면서 동시에 학문적인 회의도 깊어졌습니다. 역술업에 대한 사회적 인식으로 인한 갈등도 있었지만, 방황했던 가장 큰 이유는 점이 맞기도 하고 안 맞기도 하니 학문 자체에 대한 회의감이 엄청나게 밀려왔던 것입니다. 마음이 부단히도 흔들리던 그때, 1999~2000년 사이에 획기적인 신세계를 보게 됩니다. 책을 구입하러 대만에 갔는데, 한 달에 무려 180억을 버는 운세 사이트를 접하게 된 것입니다. 대만대학교 벤처협회장을 역임한 사람이 대만 은행연합회의 투자를 받아 <클릭108>이라는 운세 사이트를 만든 것이 대박을 터뜨린 것을 보고 일대 충격을 받게 됩니다. 한국에 들어온 김구열 선생님은 운세 사이트 회사 설립을 준비했고, 2003년에 오픈했습니다. 그러나 3년 운영

후 큰 적자를 내고 문을 닫고 말았습니다. 2005년에 서울에서 다시 상담을 시작했는데, 1990년 이래 지속되어온 점술의 본질에 대한 갈등과 실패의 쓴 경험 속에서 진하게 익어진 새로운 가치체계가 그때 만들어졌습니다. 패러다임의 대전환이 이루어진 것이 바로 이 시점입니다. 패러다임의 대대적 전환이 김구열 선생님의 세계관을 과연 어떻게 변화시켰는지는 나중에 보기로 하고 점사 얘기부터 잠깐 해볼까요.

저는 '양재동 김구열'로 이름나셨던 때인 2009년 3월에 김구열 선생님께 처음 상담받았고, 4년 전에 확인한 차 한 번 더 상담했습니다. 당시에 저보고 교직, 컨설팅, 상담, 사람 사이를 연결하는 일에 능하다고 하셨는데, 그때 교수 생활을 막 접고 사업을 시작하던 시기였습니다. 회사가 부부클리닉을 주축으로 하는 심리상담 회사였으니 완전 정곡을 찌르는 직업 적성이지요. 그런데 이런 말도 하셨습니다. "한 10년 하고 나면 다른 회사도 차리겠는데?" 그 이후에는 특히나 사업점에 능해서 사업가들이 많이 찾는다는 소문을 듣게 되어 다시 전화를 드렸습니다. 이제 새 대운에 들어서는데, 이제부터 재복財福이 제대로 시작된다고 하십니다. 굉장히 좋은

모티브가 새로운 측면으로 시작될 거라고 하시면서, "2021년 연말에 하고 있을 일이 진짜다."라고 하시더군요. 남들 은퇴하는 시기에 번창하기 시작해서 70대 후반까지가 현역이라고 하시는데, 이 부분은 특히 명리에서의 해석과 똑같아 신기합니다. 지난 대운 10년간은 남들 보기엔 좋아 보이고 화려했지만, 혼자서는 마음고생 많았다고 하십니다. 어케 아신 건가요?

"자미두수가 귀신 뒷 그림자를 본다."라는 말씀을 처음 하신 분이 바로 김구열 선생님이십니다. 영통한 도꾼들도 쓰는 말이라고 합니다. 이 말을 북파 자미두수에서 그 예리함을 표현하기 위해 많이 빌어다 쓰곤 했지요. 중국에서 자미두수가 나온 배경은 도교입니다. 주로 화산파華山派에서 자미두수의 일가를 이뤘지요. 가령 어떤 사람이 도사가 되고 싶어서 도교 화산파를 찾아가면, 장로 세 사람이 이 신참이 어떤 사람인지를 함께 분석하는데, 그 툴tool이 바로 자미두수였다는 겁니다. 그러니 당연히 자미두수는 바로 사람의 성향 분석에 최고인 인간학인 것이지요.

패러다임의 전환이 가져온 가치체계의 변화는 어떤 것이었을까요. 김구열 선생님은 7년간 장고를 거쳐 자미두수를 현대적으로 활용하도록

시스템을 만들었다고 합니다. 자미두수가 인간 파악에 가장 뛰어나서 화산파 장로들이 "너는 이러이러한 틀로 태어났으니 어떻게 어떻게 살아가는 것이 가장 효율적이겠다."고 분석한 그 툴tool과 틀을 현대에 사는 우리의 자기 계발의 툴과 틀로 활용하도록 개발했다고 하니, 점술계의 새로운 도전장입니다. 이름하여 <도시의 수행자>라는 프로그램이고 <내 운명 보고서>라는 형식으로 내담자 각자의 책이 만들어진다고 합니다.

26세 때 어느 대가가 해주신 말씀이 "복채는 쌀 한 됫박 값 정도만 받으라"고 하셨던 것이 뇌리에 박힌데다가, 복채라는 것은 '남들의 절박함으로 번 돈'이라는 생각으로 늘 마음이 개운치 못했었고, "나의 소명이라던가 엘랑비탈삶의 약동을 느끼지 못해서 늘 갈등했다."고 하십니다. 이 새로운 프로그램 개발이 바로 그런 부분을 극복하도록 했던 것 같습니다. 즉 그냥 점쟁이가 아닌 진정한 의미에서의 현대적

활인活人, 사람들이 침몰하지 않도록 돕고자 하는 꿈의 실현인 듯해서, 김구열 선생님을 한번 다시 보게 되더군요.

유당由堂이라는 아호는 모산 이정찬 선생님께서 주신 아호인데, 유由자를 뒤집어서 보면 갑甲자가 됩니다. 인생의 갑이 되라고 지어주셨다고 합니다. 자미두수를 자기 계발의 도구로 활용하는 새로운 패러다임으로써, 꼭 그리되실 듯합니다.

바닐라 젠의 코멘트

Vanilla Zen

첫 상담은 대면 상담으로 명반을 보면서 간명 받는 것이 좋습니다. 구수한 사투리의 달변으로 시간 가는 줄 모르고 통변하시며, 성향과 성정 파악에 능통하고 사업운을 잘 보십니다. 질문은 구체적으로 준비하시는 것이 좋습니다.

- **명인** 유당 김구열
- **분야** 자미두수
- **위치** 서울특별시 서초구

- **상담** 방문, 전화 상담 가능
- **간명비** 5만 원

081
점술 평론

현철 鉉喆
윤재열

◉ 명인의 한마디
행복 가정

윤재열 선생님을 알게 된 계기도
특별하고 점사도 특별하고 결과도 특별해서,
지금까지 인상에 남는 분입니다.
은은한 향기가 풍기는 아이디에 문체가
점잖으신 한 분께서 어느 날 문득 블로그에
비밀 댓글을 남기셨습니다.
"제가 잘 아는 형님이신데, 자미두수로 매우
잘 보십니다."
저는 구독자님들께서 추천하시면 반드시
점을 봅니다. 본인이라고 짐작이 되어도
홍보가 아니라 제안이라면 꼭 봅니다.
저인지 모르도록 시간을 한참 두고 점을
보는데, 그 가운데에는 제 운세 파악에는
잘 맞지 않아서 포스팅이 안 되는 분들도
많으셨습니다.

윤재열 선생님은 추천받고도 몇 개월
흘러서야 간명을 받은 듯싶습니다.

예상대로 점잖으신 선생님께서 전화를
받으셨습니다. 인천에 사시며 당시에
73세라고 하셨습니다. 사주를 먼저 드리니,
25분 후에 다시 전화를 달라고 하셨습니다.
늘 그렇듯이 사업운으로 질문을
시작했습니다. 그러나 답은 전혀 다른
방향으로 달려가고 있었습니다.
"올해에는 몸이 제법 아플 듯하다. 건강
체크를 잘해라. 잘 안 나타날 수도 있다."
사실 조금 뜨악해지기는 했습니다. 몸이
아플 기미가 없었거든요. 건강검진을 한
것도 그리 오래되지 않았었고요.

재차 사업을 여쭤봤으나, 답은 여전히 같은 방향으로 가고 있었습니다. 사업은 뒷전으로 밀려난 거지요.

"지금 재적^{財的}인게 문제가 아니라 건강 체크가 급선무입니다. 이게 거의 맞을 겁니다. 자미두수는 하늘이 예정해준 것이라, 운명이 보이거든요. 재적인 것은 두 번째예요. 올해 건강 잘 회복하면 그다음 해부터 사업은 많이 좋아집니다. 지금 어디 아픈 데 없는지 어서 체크해보세요. 몸 회복이 먼저예요. 손해날 것 하나도 없는 겁니다."

조용해진 저를 느끼셨는지, 마무리하시는 말씀은 다음과 같았습니다.

"좋은 말을 못 해주는데, 이게 사실은 좋은 말입니다. 기분 맞춰주는 말을 못 해서 미안합니다."

그러고는 통화가 끝이 났습니다. 잘 못

본다고 생각되는 선생님들 경우 항상 그러했듯이, 그냥 잊었습니다.

윤재열 선생님과 통화한 때가 1월 중순, 제가 여기저기 갑자기 뼈가 아프기 시작한 것이 2월 중순부터입니다.

놀라울 따름입니다. 병점이 특출한 재야 고수이십니다.

바닐라 젠의 코멘트
간명은 가장 문제로 보이는 것 딱 하나 짚어서 임팩트 있게 중점적으로 보시는 듯했습니다. 간명 시간 역시 길지 않습니다. 저는 약 5분 남짓 걸렸습니다.
구독자님들 후기를 봐도 역시 병점이 강점입니다.

Vanilla Zen

•**명인** 현철 윤재열		•**상담** 전화 상담만 가능	
•**분야** 자미두수		•**간명비** 3만 원	
•**위치** 인천광역시 연수구			

082
점술 평론

월야月野
장영주

⊘ 명인의 한마디

思思又思 盡思未 戒戒且戒 餘戒有
생각하고 또 생각해도 생각을 다하지 못하며
경계하고 또 경계해도 경계할 바가 남는다.

점에 밝으신 한 구독자께서 전주의 자미두수 명인이시라며 귀띔해주신 분입니다. 전주가 자미두수가 매우 흥왕한 지역인데, 자미두수 술사로서 현역으로 활동하시는 분 가운데에는 월야 선생님이 전국적으로도 가장 원로이십니다. 1939년생이시니 올해 86세이시고 전북 순창에서 출생하셨습니다. 35세에 역술업을 시작하셔서 올해로 51년째이십니다. 17세부터 자미두수를 공부하셨는데, 운봉 한중수 선생님의 자미두수 구판 책으로 완전 자독하셔서 깨우치셨고, 역술 경력으로는 50년 전에 서울 천호동과 동대문에서 활동하시다가 45년 전부터 현재 계시는 전주에서 활동을 시작하셨습니다. 수많은 제자를 양성하셨고, 『개천직감開天直感』이라는 한시집도 2012년에 발간하셨습니다.

대운 잡으시는 것을 보니, 자미두수로만 간명하시는 것이 맞습니다. 사주 뽑는데 10분가량 걸리십니다. 첫 말씀에 운세가 아주 좋다고 하시며, 저는 올해가 운이 바뀌는 해라고 하십니다. 사업이 향후 어떻겠는지를 여쭤봤습니다. 올해 소 같은 짐을 져도 포기 말고 밀어붙이라고 하십니다.
"그 결과가 1실3득1失3得 하나 잃고 셋을 얻음으로 크게 나와부러."
결과가 '곱게' 나오며, 크게 얻는 운이

제가 "항상 바쁜 양반이여."라고 하시면서 동분서주하며 1인 2역을 거뜬히 해낸다고 말씀하시고, 바쁜 만큼 재복에 천기성이 들어있어서 재물에 기틀이 있고 규모가 단단할 것이라고 합니다.

대부분의 노장 선생님들이 그러하시듯이, 전화로 간명하시는 것보다는 직접 상담자를 대면해서 상담하시는 것에 익숙하신 듯 했습니다. 저는 전화로 간명 받았기 때문에 짧은 통화이기는 했으나, 한 가지 중심 사안에 대한 명확한 큰 틀은 확실하게 간명 받았습니다. 저처럼 특정 사안의 길흉과 추이를 예측하려는 경우에는 자미두수 특유의 짧고 예리한 점사를 들을 수가 있습니다. 특히나 월야 선생님의 간명은 육효 같은 점단占斷의 느낌이 강한 것이 특징입니다.
월야 선생님의 한시 한 구절을 인용합니다.

중심의정 후덕래 重心意定 厚德來

신중한 마음으로 뜻을 정하면 두터운 덕이 돌아온다.

" 월야 선생님의 간명은 육효 같은 점단의 느낌이 강한 것이 특징 "
———— 바닐라 젠

올해만 아니고 앞으로 10년 운이 그렇다고 하십니다. 현재 다소 정체되더라도 안심하고 가라는 말씀이네요. 1실3득이라는 점사가 가장 축약적 점단占斷이자 핵심 포인트로 느껴졌습니다. 그 1실失이라는 것과 소 같은 짐이 당시 전반기의 건강 상 문제일 수도 있겠다는 생각도 지금 듭니다.

바닐라 젠의 코멘트

Vanilla Zen

현역 자미두수 술사로는 최고령이시고 50년 경력의 경험치 보고寶庫입니다. 대면 상담을 권하며, 세부적 질문을 준비하세요. 월야 선생님께서 내내 건강하시기를 진심으로 기원합니다.

- **명인**　월야 장영주
- **분야**　자미두수
- **위치**　전라북도 전주시 완산구

- **상담**　전화 상담 가능하나 원로이시라서 방문 상담이 나음
- **간명비**　3만 원

083
점술 평론

레베카 정

> ☺ 명인의 한마디
>
> 긍정의 힘으로 자신을
> 믿고 서두르지 말자.

사주타로로 조용히 많은 팬층을
거느리신 분입니다. 레베카라는 이름이
아름답습니다.
『실전 사주타로』 서적을 출간하셨고
대학원에서 현대 명리 강의를 하시기도
한 분입니다. 본명은 정창순이시고
1962년생이십니다.

홍대 앞 <21세기 사주타로>에서
후학을 가르치시면서 디테일하고 날카로운
타로로 이름 드날리시다가, 현재는 전화
상담만 하십니다. 상담 중간중간 "오케이?
(알아들었냐는 말씀)", 혹은 "예스!!
(상담자의 질문에 대한 확신 찬 대답)"라고
마치 추임새 넣듯 말씀하시면서 딱
부러지게 진행하십니다. 감정의 흔들림이
전혀 없고 중성적인 모노톤으로 답하시는데,

그런 화법이 묘하게 신뢰감을 줍니다.
간명할 때 사주와 타로의 비중은 비슷해서
어디에 더 중점을 두지는 않으십니다.
타로, 명리 모두 독학으로 깨우쳤으나,
사주와 타로를 완벽히 통합된 형태로
간명하는 '사주타로'라는 독자적 관법을
구축하셨습니다. 명리는 20년 전에 창광
김성태 선생님 책으로 공부하셨다고
하시는군요.

타로와 명리로 종합적 운세를 보기
때문에 타로의 장점인 단시점과 명리 상
보이는 큰 흐름이 모두 나온다는 것이
레베카 정 선생님의 강점입니다. 제 경우
당시 질문한 일에서 "열매를 맺고, 귀인을
만나 문서와 연관된 일에 길하다."라고
하셨는데 모두 적중했습니다. 그 해의 정체

상황에 대해서도 말이 나왔는데, 그런 말씀을 한 것이 마치 미리 내다본 듯만 합니다.

"나중에는 전문성을 심화시킬 공부를 할 틈조차도 없을 거다. 2020년부터 2~3년은 공부해라."라고 하셨더니만, 지금에 들어서 보니 금과옥조 같은 말씀이었네요.

레베카 정 선생님의 적중률이 높은 분야는 남녀문제, 궁합, 애정 분야입니다. 극심한 파국으로 치달으며 이혼하려고 레베카 정 선생님의 상담을 받은 한 여성이 있었는데, "이 시기만 넘기면 이혼 안 한다. 되레 더 잘 산다."는 점사에 이혼 생각을 일단 접고 기다렸고, 현재 다시 신혼처럼 정겹게 사는 분도 있었습니다.

레베카 정 선생님은 가끔 전화 연락이 안 됩니다. 그런 때는 성지 순례 가셔서

기도하시는 시기입니다. '레베카'라는 이름이 세례명이라고 하시는군요. 독학으로 마스터해서 독자 관법을 일구셨는데, 적중률도 좋고 성품에 대한 후기도 좋다고 말씀드리니, 의외의 답이 돌아왔습니다.

"왜냐하면, 나는 간절하니까. 이걸 해야 사니까. 그러니 한 사람 한 사람 정성을 다하고 혼신을 다해서 보는 겁니다."

배수진을 치고 간명하신다니, 그래서 많은 후기에서 호평을 얻으시는가 봅니다.

바닐라 젠의 코멘트
대부분의 역술인은 연령층별 선호성향이 뚜렷한 편입니다만, 레베카 정 선생님은 젊은 층과 중년층 구분 없이 선호도가 높고 재상담이 많으며 긍정적인 후기가 눈에 띄게 많습니다.

Vanilla Zen

• **명인**	레베카 정 (본명 정창순)	• **상담**	전화 상담만 가능
• **분야**	타로와 명리 겸간 (사주타로)	• **간명비**	3만 원
• **위치**	서울특별시		

084
점술 평론

심바타로
신동욱

숨은 고수입니다.

타로를 깊이 읽는 것은 물론이지만, 특히 우리에게 잘 알려지지 않은 채널링 상담과 레이키靈氣의 고수입니다. 채널링 상담은 우리가 역술이나 신점에서는 절대 들을 수 없는 문제에 대한 답을 얻을 수 있는, 영성 상담이라는 매우 희귀하고 특별한 영역입니다.

50대 초반의 연세이고, 타로는 아라우네 문현선 선생님의 제자이며, 타로 경력은 15년 되셨습니다. 영성주의靈性主義에 두루 밝으며, 영성 스터디 센터인 <빛의

⊖ 명인의 한마디

삶의 모든 길은 자기 안에서 흘러나온다.

사진 신동욱 / 레이키 명상 중인 심바타로

아갈탄agartan>에서 수행을 이어가고 계십니다. 술명術名인 '심바'는 신동욱 선생님이 사자자리라서 산스크리트 어에서 유래한 심바라는 이름으로 쓰신다고 합니다. 일반적 상담은 타로를 메인으로 잡고 점성학은 필요할 때 겸간합니다. 일반 웨이트덱 타로와 심볼론 타로를 함께 보시는데, 심볼론 타로는 점성학 차트를 기반으로 한 타로입니다. 저는 2020년 9월에 타로로만 처음 상담받았습니다. 전화 연결은 쉽지 않았습니다. 수행과 명상을 하시는 분이라 그럴까, 맑고 산뜻한 미성美聲이 마음을 차분하게 합니다. 통화가 되자, 카드 펼치는 소리가 들려오고는,
"오른쪽, 왼쪽 중 하나를 선택하세요."
"왼쪽이요."

작년에 회사가 정체기에 빠지기 전에 상담했습니다. 이후에 정체될 것을 모르던 상태였지요. 그런데 카드는 이렇게 나왔네요.
"흐름 자체가 활로가 막혔다. 내년 9월 정도 되어야 좋아지기 시작한다."
사실 그 당시는 올가을까지 활로가 막혔다고 해서, 속으로 말도 안 된다고 생각했어요. 제 오판이었지요. 전혀 예측 못하던 사건을 적중한 것으로는, 이런 것도 나왔었습니다.
"누가 돌아가시겠다. 가을 겨울에 돈 나가는 일이 생기겠다."
12월에 친정어머니가 돌아가셨고, 돌아가실 무렵 전후로 큰돈을 썼습니다. 서림 선생님도 상복 입는다고는 말씀하셨으나, 이 부분을 둘 다 맞춘 분은 신동욱 선생님뿐이네요. 또 한 가지 중요한 지적이 있었는데, 3년 지나면 현재 하는 일과 전혀 다른 분야의 일을 시작하며 그 일이 큰 주축이 될 것이라고 하셨습니다. 실제로 3년 뒤부터 생각지도 못하게 글을 쓰는 일이 시작됐으니, 신통하지요.
참고로 정통 레이키 치료에 능하신데, 특히나 반려동물의 레이키 치료도 잘 듣는다니, 늘 동물들의 고통을 보면 너무나 괴로운 저에게는 심바타로 신동욱 선생님이 더욱 각별히 느껴집니다.

심바타로에서 정확한 간명을 받으신 한 구독자분의 후기가 인상적이라서 인용합니다.

안녕하세요, 젠님.
늘 도움만 받고 있어서 후기를 꼭 남기고 싶습니다. 지금은 39살을 바라보는, 지방에서 서울로 올라온, 두 남매의 워킹맘입니다. 이 문장으로 유추되는 것들이 제가 짊어지고 있는 삶의 굴곡입니다. (중략) 그랬기에 지금도 고달프고 외롭게 살아가고 있습니다. 재산 형성 측면에서도 맨땅에 헤딩이라 할 것도 없이 그냥 헐벗어 사는 느낌입니다.

최근에는 회사 이직 및 승진과 관련된 점사를
주로 받았습니다. 결과가 오래 걸리는 답들도
있는지라 아직 점사의 결과는 모르겠습니다만,
작년 기준으로 말씀드려 봅니다.

심바타로: 이 분은 제가 꾸준히 상담을
부탁드리고 있습니다. 타로로 보시지만 마음 속
깊은 상처를 이미지로 형상화하시는 느낌입니다.
2022년 기준으로 제 이직이 어렵다, 자신감을
갖고 어필하면 가능성 있을 것이나 경쟁자가 너무
강하다, 절반의 확률보다 조금 못 미치는 확률로
떨어질 듯하다 라고 해주셨습니다.

실제로 강력한 경쟁자와 저울질 구도였고, 이직
면접 탈락 후 들었던 피드백에서 조금 더 자신감
있고 스스로에 대해서 더 강력히 어필했었으면
어땠을까 라는 이야기를 들었습니다.

❝ 수행과 명상을 하시는 분이라 그럴까, **❞**
맑고 산뜻한 미성美聲이 마음을
차분하게 합니다.
🌸 ─── 바닐라 젠

바닐라 젠의 코멘트
Vanilla Zen

지금 관심 있는 일의 추이가 어떻게 될 것인지에 대한 타로 리딩이 정확합니다. 의외의
리딩이라서 마음에서는 부정하게 되는데, 시간이 지나고 보면 맞습니다. 채널링에 관심 있으신
분들에게도 귀한 상담이 될 듯합니다. 채널링 상담은 2가지 질문에 8만 원입니다.

•**명인**	심바타로 신동욱	•**상담**	전화 상담만 가능
•**분야**	타로와 점성학 겸간	•**간명비**	30분 5만 원
•**위치**	충청북도 보은		

085
점술 평론

임우석 선생

ⓒ 명인의 한마디

**맞히는 술사가 아닌 듣고 판단하고
조언하는 상담사를 지향합니다.**

타로점을 보시는 임우석 선생님은 다음
소송점 추천과 후기에서 보듯이, 일어날
상황을 그림 그리듯이 예측하고 묘사하는
분입니다.

제가 젠님처럼 간명을 어떻게 하더라 할 수준은
안 되고, 승소도 맞췄고, 강제집행 시 현장의
상황을 그림처럼 설명했어요.
흉물스럽게 뭘 늘어놨을 거다. 일찌감치 가구와
짐을 마당에 늘어놓고 있었습니다.
절대 혼자 가지 말고, 동행한 사람 뒤에 있어라.
아니었으면 큰 봉변 당할 뻔했어요.
이처럼 미래의 구체적인 상황과 대안이 잘
맞았어요.
물어보는 것은 다 얘기해주고, 힘을 주려 애쓰는
스타일이십니다.

저는 전화로 상담했는데, 음성으로는
30대 정도로 느껴졌습니다. 상담자의
말에 매우 주의를 기울여서 잘 들으시고
유연합니다.
제주시에 계십니다.
구독자님께서 이미 아주 선명한 후기를
주셨기 때문에, 저는 아파트 매매 시기와
아들의 레지던트 지원에 대해서 가부가
분명한 부분만 검증 차원에서 타로점으로
봤습니다.

임우석 선생님의 타로점의 특성은
카드를 통해서 해당 사안의 배후 상황을
마치 그림으로 밑그림 스케치하듯이
보신다는 점입니다. 상담자가 묻는 것에
대한 답변에서 마치 고구마 줄기가 줄줄이

올라오듯 딸려 올라오는 배후의 답들이
있다는 것이 인상적입니다. 카드를 읽는
나름의 특별한 방식이 있으신 듯합니다.
우선 매매 시기를 여쭤봤습니다.
아파트 매매시기는 7~8월, 늦어도 9월
안에는 정리된다, 그런데 카드가 얘기하는
것은 그걸 팔아서 기쁘기는 한데 약간
뒷맛이 씁쓸할 수가 있으니 손해와
아쉬움은 감수하고 매도한다, 그러나 그다음
단계에서는 더 큰 복이 된다고 나왔습니다.

아들의 카드를 읽는 것을 보면, 고구마
줄기라는 위의 표현 그대로인데, 확실히
배후를 읽으시는 시야가 넓다고 보입니다.
아들이 지원하는 과에 레지던트로
합격하겠는가를 여쭤봤습니다.
카드로는 충분히 원하는 대로 들어가며
본인이 지금 잘하고 있다고 나왔다고
하십니다. 그런데 다음의 이 말씀을 듣고
깜짝 놀랐습니다.
"혹시 아드님이 다른 과도 생각하고
있나요?"
"아닌데요. 오로지 그 과만 생각하는데요."

"탐내는 사람들이 많아서 주위에서
스카우트 제의가 들어올 수 있다고
나와서요."
헉!! 입니다. 인턴들은 전체 과를 약 2주씩
돌아가면서 진료하는데, 이미 다른 세 군데
과에서 자기들 과로 레지던트 지원하지
않겠느냐는 제의가 들어왔거든요.
경이로운 리딩입니다.

" 상담자의 질문에
마치 고구마 줄기가
올라오듯 줄줄이 따라오는
답변이 인상적 "
—— 바닐라 젠

바닐라 젠의 코멘트
Vanilla Zen 묻는 사안의 주변에 매복되어있는 정보들에 대한 리딩reading에 능하셔서, 생각지
못했던 부분들을 짚어볼 수 있습니다. 적중 후기 많았습니다.

- **명인**   임우석 선생
- **분야**   타로
- **위치**   제주시 노형동

- **상담**   방문, 전화 상담 가능
- **간명비**   타로만 3만 원. 사주 함께 5만 원

086
점술 평론

오서정
선생

💬 명인의 한마디
**타로는 모든 질문이
가능한 인생의 나침반!**

전주에 계시는 점성가이시고 구성학,
사주로도 겸간하시며 타로 마스터이시기도
합니다. 중년의 연세 정도입니다.
오서정 선생님은 제가 전화를 끊고 나서
깊이 심호흡을 한번 했습니다. 그만큼
탑티어 급입니다. 명리가 아닌 분야에서
고수를 제대로 만난 것 같습니다.

우선 구독자님의 추천 글을 보겠습니다.
추천하신 이웃님께서는 사업가이시면서,
취미 삼아 독학으로 명리, 타로, 점성학,
주역, 육임을 공부하신 분이고, 명상과
요가도 하시는 분이십니다. 포털 검색하면
이름도 나오시는 분인데, 이런 분께서
이름을 걸고 칭찬하고 추천하신다면, 나름의
검증이 확실하셨을 것이지요.

오서정 선생님은 타로 외에 구성학, 사주, 점성을
두루 섭렵하셨으며, 내담자들을 위해 항상
기도하고 주변에 베푸는 분입니다.
저는 같이 육임과 점성 공부하던 시기에 알게
됐는데, 사업과 소송에서 제 주변 소개했을 때
피드백이 좋고 적중했습니다.
통변을 뭉뚱그리지 않고 딱 끊어서 풀어주는
편, 특히 물상대체와 비방을 잘 치시고 저도
사업 매각이나 매매 시 도움 많이 받았습니다.
전주에 계시는데 전국, 글로벌에서 카톡 전화로
상담합니다. 상담료는 30분에 5만 원으로 질문에
제한은 없습니다. 당연히 매매나 소원 성취
비방은 별도이나 먼저 권유하는 편은 아닙니다.

예약된 시간에 선생님께서 전화를
주십니다.
활달, 화끈, 화통하셔서 통화하다 보면 나도
모르게 에너지 레벨업이 확 되는 밝고 힘
있는 분위기가 있습니다.
"아이고 카드 미치겄네!! 참말로 어쩌쓰까이.
근데 이걸 보는 이유는 방법을 찾자는
거잖아요. 이렇게 안 할 겁니다. 우리는
변화를 가질 겁니다."
이런 마인드가 오서정 선생님이 이끌어가는
타로점의 방향입니다. 답답한 상황이라서
점을 보는 것인데, 점괘대로는 안 할
거야, 우린 방법을 찾을 거야, 이런 적극
대처입니다. 그렇다고 듣기 좋으라고 좋게
말할 순 없다고도 분명히 못 박으시네요.

  '저 미치겄네 카드'가 나온 건
매매점에서입니다.
2024년 봄에나 팔린다고 나왔습니다.
"우리가 방법을 찾을 겁니다." 하시면서
물으시는 말씀이 누가 소개했는지, 매매
비방을 준다고 하던가, 그걸 물으시네요.
소개하신 분을 설명하자면 저도 노출이
되니, 제가 급당황했습니다.
"뭐 저기 딸이, 아니다, 딸 친구가… 그…
준다고 했든가 안 준다고 했든가, 음
준다고 한 거 같기도 하고… 아 조금
주신다고……."
이러고 말도 안 되게
버벅거렸습니다. 치매가 왔나

하셨을 듯.

  카드 소리가 계속 납니다. 잔잔바리
질문에도 다 각각 카드를 펼치시는 것
같았습니다.
매도 시기를 몇 개월을 앞당기는 매매
비방을 기가 막힌 것으로 알려주시네요.
비방 자체는 점성으로 하시고, 시행할
날짜와 방향, 피울 향의 개수는 구성학으로
뽑아주십니다. 정식 비방으로 선생님이
하시면 수백만 원이라고 하시는데, 약식
방법을 이렇게 선뜻 알려주시니 너무
감사하네요. 게다가 알려주실 때, 마치 자기
일 같이 열성을 다해 꼼꼼히 알려주시는
자비로운 자세가 매우 존경스럽습니다.

  사업운은 현재 걱정이 쩔었는데,
결과적으로는 무지개가 뜨고 일이 강력하게

진행돼서 향후 굉장히 좋다고 하십니다.
내년부터는 해야 할 일이 넘칠 거라고
하시네요. 법정 카드가 두 개 나왔으니
절대 편법 쓰는 일은 금하고, 직원 단속도
잘하라는 충고도 있었습니다.
간간이 "우와 이 카드는 좀 보여주고
싶다."라고도 하시는데, 영상통화가
괜찮으신 분들은 영상통화를 활용하시는
것이 카드 이해와 소통에 훨씬 좋겠습니다.

추천받아서 검증하건, 혼자 앉아
하염없이 찾고 찾아 간명 받건, 아주 가끔
눈에 불이 확 켜지는 듯 후킹이 강하게
들어오는 분들이 있습니다. 말하자면,
바닐라 젠 입장에서는 묻혀있는 고수를
'건지는' 희열의 순간입니다.
오서정 선생님이 그런 분 중 한 분입니다.

" 후킹이 강한 간명,
묻혀있는 고수를 '건지는'
희열의 순간 "

🌸 ── 바닐라 젠

바닐라 젠의 코멘트
Vanilla Zen

전화 상담인 경우, 영상통화로 하시면서 타로 카드를 함께 보시는 것이 좋습니다. 적중 후기가
많은 분입니다. 비방 치는 법을 가르쳐주시는데, 거부감이 들지 않는 내용들이고, 후기를 보면
비방한 다음에 일이 해결된 분이 많았습니다.

- **명인** 오서정 선생
- **분야** 타로점이 메인이고 점성술, 구성학 겸간
- **위치** 전라북도 전주시

- **상담** 방문, 전화 상담 가능
- **간명비** 30분 5만 원

087
점술 평론

호원昊原
이강국

**홍국 기문둔갑은 천지인
기 흐름의 미분학이다.**

호원 이강국 선생님은 기문둔갑의
고수로, 우리나라 고유의 기문둔갑인
홍국기문의 거대한 봉우리이던 수봉
이기목 선생님의 직계 제자이니 '청구기문'
문파입니다. 1956년생으로 올해
69세이십니다.
홍국기문이 얼마나 샤프한지, 우선 간명
사례부터 하나 보겠습니다.
몇 해 전에 마약 문제로 구설에 오른
셀럽이 있었습니다. 이 셀럽과의 친분으로
애를 먹고 있던 여성분의 어머니가 호원

선생님에게 딸의 점을 봤습니다.
엄마 속을 어지간히도 썩이고 있던 참인데,
호원 선생님이 포국도布局圖를 보시더니,
이미 그 딸은 '휴문休門에 유혼遊魂'에 들어가
있다고 했답니다. 쉽게 말해서 아무것도
안 하고 놀고 방황하겠다는 거지요. 전문
의료직에 종사하던 그 여성은 뜬금없이
사직하더니 지금까지 백수로 있습니다.
휴문이니, 유혼이니 이런 용어가 낯설고
신기합니다.

기문둔갑이 우리 고유의 기문이라고 위에서 말씀드렸지요. 사실 우리가 통칭 '사주를 본다'면서 점을 보면 대부분 명리, 조금 더 나가면 자미두수 정도의 역술에 접하는 것이 일반적입니다. 그러니, 이 '기문둔갑'만도 생경한데, 거기에

또 구분이 있다니, 일단 간단히 구분을 해드려야 이 학문을 이해하시는 데 도움이 되실 듯합니다. 간결하게 설명해드리고 호원 선생님의 간명 얘기로 넘어가도록 하겠습니다.

기문둔갑				
홍기洪奇	연기煙寄	장신법	둔갑술	비술
홍국수/일주日柱중심	연국기문/시주時柱중심	부적, 주술	변신	귀신
인사 및 운세 파악 등 넓은 활용	병술, 점술			
우도右道		좌도左道		
한국	중국	일부에서 사용		사라짐

기문둔갑은 우리나라의 기문둔갑인 홍국기문洪局奇門과 중국의 기문둔갑인 연국기문煙局奇門으로 구분됩니다. 쉽게 설명하자면, 홍국기문은 명리, 연국기문은 육효 같은 성격과 기능이라고 보시면 됩니다. 현공 풍수의 대가이시고 한때 백자명이라는 술명으로 장안을 사로잡았던 장태상 교수님도 기문을 잘하셨는데, 주로 연국기문이었다고 들었습니다.

우리나라에서 정식으로 기문둔갑을 정착시킨 것은 고구려의 명재상 을파소乙巴素입니다. 을파소는 '청구기문 좌우총방'이라는 문파를 만들고 초대 도조道祖가 됩니다. 우리나라의 기문을 '청구기문'이라 부르는 것의 유래가 바로 여기겠군요.
을파소 이후 우리나라의 기문은 대부분 이 계열을 통해서 전수됐습니다. 중간에 도류道流가 아닌 맥에서도 훌륭한 연구가 이어지기도 했는데, 이율곡, 서경덕, 이지함 이 세 분이 대표적인 분들입니다. 특히나 화담 서경덕과 토정 이지함은 기문에 지대한 영향을 미쳤답니다. 그것이 기문학을 담정학화담+토정이라고도 부르는 이유입니다.

을파소를 잇는 청구기문의 맥은 1,800여 년 동안 총 34대의 전맥자를 거쳐 지금에 이르렀습니다. 청구기문의 제34대 방주가 바로 수봉粹峯 이기목1931~2006 선생입니다.

호원 이강국 선생님이 이 수봉 이기목 선생님께 사사한 것이지요.

수봉 이기목 선생을 잇는 수제자는 누구였을까요. 호원 이강국 선생님의 말씀에 따르면, 1대 제자는 두 분으로 알고 있는데, 한 분이 학봉 강영석 선생님이고, 또 한 분은 10년 전에 이미 작고한 분으로 그야말로 귀신같이 잘 맞추는 분이었다고 합니다. 수봉 선생님 못지않은 고수였다지요. 시력이 아주 나빠 돋보기안경에 또 커다란 돋보기를 들고 볼 정도였지만, 간명의 정확도가 마치 그림을 눈앞에 보는 듯했다고 합니다. 가령 아파트를 구하면서 가서 물어보면, 평수가 어느 정도이며 구조가 어떠한지까지를 맞히었다고 하니 입이 떡 벌어지는군요.

호원 이강국 선생은 현재 국내에서 가장 큰 기문둔갑 카페를 이끄는 분입니다. '남대문 전소'라는 불행한 그 사건 때, 남대문의 지형을 기문둔갑으로 풀어서 유명했던 분이기도 합니다. 호원 선생의 가장 큰 강점은 현시점에 대체 왜 그런 일을 겪고 있는가, 그 일의 방향은 어디인가를 포국도布局圖를 놓고 정확히 진단한다는 점입니다. 노트를 보니, 제가 호원 선생님께 간명 받았던 것은 2017년, 2018년이군요. 저는 사업할 사주라기보다는 철학적 성향이 강한데도, 사업하는 운으로 흘러가는 특이한 경우라고 합니다. 이미 2017년도에 앞으로 유방암을 잘 챙겨보라고 하셨는데, 2022년에 문제가 생겼었지요. 송사訟事도 잘 보셨고 자신과 맞는 변호사의 성씨를 알려주는 점이 특별합니다.
제 지인 가운데 모 전문대학의 이사장이 자꾸 일이 꼬여서 호원 선생님에게 점을 봤습니다.
'절명絶命에 휴문休門'에 들어가 있다고 하던데요. 용어를 듣기만 해도 절망적으로 느껴집니다. 누렸던 것이 거의 다 끝나고 망해서 노복대주奴僕大主 주인이 망하여 종을 데리고 야반도주한다 할 것이라 했지요. 결국 그

전문대학은 얼마 있지 않아서 부실대학이 됐지요.

은근한 말투에 인간미가 있어서 편안한 분입니다. 첫 말씀에 저보고 '치귀자治鬼者' 사주라 하시던데, 단어 자체가 귀신 귀자가 들어서 무섭기도 하지만, 다스릴 치자가 들어서 폼도 좀 납니다.
무엇보다 일반인들이 접하기 어려운 홍국기문의 전체 계보와 비사祕史를 구술로 정리해주신 점에 대해 호원 이강국 선생님께 진심으로 감사드립니다.

> " 청구기문의 제34대 방주인
> 수봉 이기목 선생님의 직계제자 "
> ◉ —— 바닐라 젠

Vanilla Zen

바닐라 젠의 코멘트
포국도布局圖를 함께 보면서 현재 내 상황이 이런 이유는 내가 지금 어디에 위치하기 때문이라는 것, 이 상황의 방향은 어떠하다는 것을 정확하게 알려주시는 방식이 호원 선생님 간명의 장점입니다. 길운이건 흉운이건 일단은 자신의 정확한 위치와 흐름을 아는 것이 우리 삶살이에서 일차적으로 가장 중요하기 때문입니다.

- **명인** 호원 이강국
- **분야** 기문둔갑 중 홍국기문
- **위치** 서울특별시 송파구

- **상담** 방문, 전화 상담 가능
- **간명비** 5만 원

088
점술 평론

학선鶴仙
류래웅

☺ 명인의 한마디

**운명을 담담하게
받아들이고, 자기 안의
향기를 품는 사람이 되자.**

학선鶴仙 류래웅 선생님께 저는
2008년도에 처음 간명 받았었고, 포스팅을
쓰기 위해서 재작년에 확인차 한 번 더
간명을 받았습니다.
부산 출생 1953년생으로 올해
72세이십니다.

학선 류래웅 선생님은 14세 나이에
백두노인이라는 기인奇人을 만나 역학에
입문한 이후, 21세 젊은 나이에 신림동에
철학원을 차리셨습니다. 신림동에서는
손님이 거의 없더니, 성남으로 철학원

자리를 옮기자 유명세를 치르면서 명리의
대가셨던 홍몽선 선생님께서도 인정하는
뛰어난 후학으로 자리 잡기 시작했습니다.
남편과 함께 찾아온 여성에게 "당신
샛서방 있지?!"라는 돌직구를 날린
일화는 유명하지요. 또 정초에 온 여성
문점객이 14세 아들의 사주를 내놨는데,
기문법 신수에 쌍오雙五가 있어 눈을 다쳐
시각장애인이 될 수도 있다고 나왔답니다.
그 중년 여성은 기분이 상해 뛰쳐나가
버렸는데, 몇 달 지나지 않아 그 아들은 그만
불구가 됐다고 하네요.

1998년에 <고려기문학회>를 창설해서
기문둔갑의 후학을 양성하기 시작하셨고,
『역학춘추』라는 잡지의 발행인이기도
합니다.

　제 기억에 2008년도 당시에 처음 볼
때는 포국도布局圖를 주시지 않았던 것
같은데, 요즘은 전화로 상담해도 포국도와
간명지를 함께 문자로 보내주십니다. 두
번째인 재간명의 경우는 다음 해까지 월운
위주로 보내주셨네요.
두 번째 예약하면서 다른 이름을 썼더니,
대번에 "이건 본명이냐?" 물으시네요. 제가
경계시라서 생시 보정을 받은 시를 아무
말 없이 드렸는데, 이 시가 정확한지 다시
물으셨고요. 오랜 역술 경험에서 오는 촉이
티 나지 않게 예리하십니다.
12년이 지난 지금에 보니, 당시에
짚어주신 진로와 사업 방향대로 대부분
흘러왔습니다. 새로운 전문 자격증, 새로운
창업에서 연도에서 일 년 차이가 있을 뿐,

" 오랜 역술 경험에서 "
오는 족이 티 나지 않게
예리하신 명인
　　 —— 바닐라 젠

당시에는 계획에 전혀 없던 일이 간명대로
됐습니다. 78세까지 크게 이룬다는 말씀은
12년 전이나 지금이나 표현하신 글자
하나 틀리지 않고 똑같네요. 역시 명인은
명인이십니다.

바닐라 젠의 코멘트
기문둔갑은 다른 역술에 비해서 한동안 소강 국면이 있었던 분야로서 일반인들은 잘 모르던
역술이었습니다. 그런 분야에 다시금 추진력을 불어넣어 주는 중요한 역할을 하신 분입니다.
전체적 흐름 파악에 능하시고 특히 악운 지적에 예리하십니다. 전화 상담 보다는 직접 대면
상담으로 포국도 설명을 들으시면서 간명 받는 것이 좋습니다.

Vanilla Zen

● **명인**	학선 류래웅	● **상담**	방문, 전화 상담 가능
● **분야**	기문둔갑과 명리. 기문 가운데 우도기문右道奇門	● **간명비**	15만 원
● **위치**	경기도 성남시		

089
점술 평론

평강 平襁
김용회

💬 명인의 한마디

**지금 힘들어도 변화가 온다는 걸
믿고 기도하며 걸으세요.**

'홍국기문둔갑'이라는 이 강자가 어디에 숨어있다가 이제 나온 것인지 알 수가 없습니다.

평강 김용회 선생님의 간명 내용을 보기 앞서서, 잠시 이 홍국기문이 대체 어떤 것인지부터 알아보는 것이 좋을 듯합니다. 기문둔갑이라면 동양의 삼수三數인 기문, 태을수, 육임 가운데 들어가는 뛰어난 학문입니다. 중국에서의 기문둔갑은 주로 병법에 사용되어 제갈공명, 강태공, 장자방 등 명 군사軍師들이 운용한 탁월한 방법이었습니다. 『삼국지연의』에 보면

제갈량이 바닥에 구궁九宮을 그리며 뭔가 계산하는 장면이 있는데, 이게 전략을 짜는 것이지요. 제갈량이 육손의 군사를 물리칠 때 사용한 팔진도八陣圖 팔괘진 같은 귀신이 곡할 전략이 바로 기문의 병법을 추론하여 만든 것입니다.

그런데, 놀라운 것은 우리나라 자생술수로서의 기문둔갑이 있다는 것입니다. 홍국기문洪局奇門이 바로 우리나라 고유의 기문둔갑입니다. 중국의 기문은 연국煙局이라 불리고, 우리 기문은 동방의 동국東局, 또는 넓게 적용된다는 의미로 홍국洪局으로 불립니다. 연국은 단시점

적용에 좋고 홍국은 평생운을 보는 데에
활용하기 좋습니다.
홍국기문의 요체인 홍국수洪局數를 창안한
분이 화담 서경덕1489~1546 선생입니다.
이른바 송도삼절로서, 기일원론으로 유명한
학자입니다. 유혹에 실패한 황진이가 화담
선생의 문하 제자로 들어간 것도 나름
유명한 일화지요. 화담 서경덕 선생을
계승해서 홍국기문을 발전시킨 분이
토정 이지함1517~1578 선생입니다. 토정
선생이야말로 기문에 완전 능통했다고
합니다. 화담 선생의 담潭과 토정선생의
정亭을 합하여, 우리나라의 기문학을
담정학潭亭學이라고 부르는 연유입니다.

이제 평강 김용회 선생님의 간명 내용을
볼까요.
명리와는 다른 안경을 끼고 제 사주를 보는
것이라 할까, 그런 느낌입니다. 홍국기문이
평생운을 보는데 좋다는 말이 맞는다는
것을 실감할 수 있었습니다. 전화 연결이
되자, 평강 선생님의 사진과 똑같은
목소리가 특이한 간명 분위기를 조성하면서,
무심한 듯 아닌 듯, 플랫하게 들려옵니다.
포국도와 통기도를 보면서 찬찬히
생각하시며 말씀하시는 것이 느껴집니다.
나쁜 것을 말씀하실 때도 얄짤 없습니다.
첫 말씀은,
"뵙고 싶을 정도로 그릇이 큰
양반이시네요."

제가 갑목으로 대표자적 기운이 있는
데다가, 홍염 기운까지 강화되어 어딜 가나
눈에 잘 띄고, 한 미모 한다고 하십니다. 한
미모라는 말씀에 홀려 정신줄 놓고 있다가,
다음 말씀에 급 현타가 왔습니다.
"인생이 여객선이라면 이 사주는 크루즈
선인데, 운전을 잘못하면 타이타닉 호로
바뀔 수도 있어요."
뭐시라, 대형 난파선…….

홍국 용어로 삼살三殺이 그런 기운이라고
하는데, 삼살은 여객선이 크루즈로 변하는
기운이기도 하면서, 어떤 상황에서
어긋나버리면 타이타닉이 되기도 한다는,
아주 드라마틱한 비유를 들어주시네요.
삼살로 제 직업을 찍어보면, 누구를 돕고
어루만지는 성향이 있어서 사회복지, 교육,
상담과 잘 맞는다고 하니, 제 인생 전반부의
직업이 여기 다 들어있네요. 그런 일을 할 때
운도 잘 돌았을 거라고 하십니다.
이전에 릴리 김봉건 선생님께 호라리로 볼
때, 제가 바닐라 젠 블로그를 운영하면서
아낌없이 시간과 금전과 에너지를 쓰는

> " 포국도와 통기도를 보면서 "
> 찬찬히 생각하며 무심한
> 듯 플랫하게 하시는 말씀이
> 주변을 압도
> ⊕──── 바닐라 젠

것이 어쩌면 '삽질'로 보일 수도 있지만, 그게 바로 저 자신에게 복을 부른다고 하시던데, 거의 같은 맥락의 풀이였습니다. 그런데 흥미로운 것은 이 삼살의 끝이 금金 기운으로 끝나는데, 이건 곧 재財로서, 돈에 관한 기운이 늘 작동한다는 겁니다. 가장 강력한 기운인 금을 재운에 깔고 있으므로, 재능의 부자이고 어떤 일에 관심을 가졌다 하면 그것을 반드시 자기 것으로 만들어버린다고 하십니다. 헌데, 그게 쌍방적이어서 본인이 그 재능으로 박살도 내고 튼튼하게 세우기도 하니, 이런 대세를 스스로 운에서 이해하고 있으면 도움이 많이 될 것이라는 말씀인데, 매우 설득력 있는 해석입니다.

문제는 앞으로 이 크루즈가 타이타닉이 되면 어쩌냐는 거지요. 영화 <타이타닉> 주제가가 자꾸 귓가에 맴도는 거 같기도 하고…….

거의 30분 이상을 평강 선생님이 막힘 없이 계속 통변 하시는데, 그 답이 후반부에 나왔습니다. 2023년쯤부터 인생의 최고의 상황이 오며, 무너지는 일은 더 이상 없는 기운으로 흘러간다고 합니다. 다시 대박의 흐름으로 가서, 크루즈를 운전하며 순항한다는 거지요. 타이타닉 안 되려고 하도 기를 쓰고 들어서 진땀이 다 나던데요. 다만 올해는 금전적 운용은 '참아야 하느니라'이며 마음도 급하고 투자 욕구도 일어나고 어떻게든 찔러서 회사를 키우려고 하는데, 올해는 그러다가 얻어맞는답니다. 멋지고 폼나는 것에 대한 기운이 큰데, 수수해야 할 때는 수수할 줄 알아야 한다는 좋은 조언도 들었습니다.

간명 마무리에는 맞는 색과 맞는 숫자를 알려주십니다.

사업적 업무를 위해 은행, 관청 등에 갈 때는 쥐회색의 옷을 입으면 성사가 잘 된다는 신박한 말씀도 들었네요.

바닐라 젠의 코멘트
Vanilla Zen 홍국기문의 숨겨진 파워를 실감케 하는 간명입니다. 운세 전체의 업 다운을 특정 문제와 연결시켜서 보시기에 적합합니다. 운로 파악에 있어서 적중도가 높고 후기도 좋습니다.

- **명인** 평강 김용회
- **분야** 홍국기문둔갑
- **위치** 경기도 일산시

- **상담** 방문, 전화 상담 가능
- **간명비** 10만 원

090
점술 평론

점성가 종준

🟠 명인의 한마디

Pax domini sit semper vobiscum
주님의 평강이 언제나 함께하시길

점성가 종준.
자유분방해서 오히려 와닿는 파라독스.
자유로운 영혼 그 자체로, 1986년생 우리 나이로 올해 39세입니다.
독일에서 태어나 10대에 미국으로 이민 갔고, 16세 나이에 점성술을 공부하기 시작했습니다. 조지아 대학교에서 심리학을 전공했고, 20세에 호라리 점성술의 대가인 존 프라울리 선생께 사사 받았습니다. 전국 라틴어 경시대회에서 금상을 수상했다고 하니 여러모로 고전 점성술을 심도 있게 공부할 조건을 갖추었다고 보입니다.

사실상 여태껏 저는 점성술 복은 없었습니다. 유명하다고 해서 상담해보면,

생시生時 보정한다고 중요한 인생 히스토리는 미리 다 듣고는 거기 맞춰서 풀이하니 땡감 먹은 듯 떨떠름하지요. 종준 선생님의 경우, 생시에서 머뭇거리는 것 전혀 없이 바로 본론에 들어갑니다.
생년월일시를 말하면, 그다음엔 와, 이건 너무 신박한 아이디어이던데, 챠트를 뽑는 약 1분 동안, 인도 음악의 볼륨이 높아지며 갑자기 이국적 분위기로 몰아갑니다.
독창적이었고, 상담하려다 갑자기 이국 무드로 힐링이 되는데, 종준 선생이 따라 부르는 소리도 간혹 들립니다.
"언니는 말야~."로 시작해서 잠시 멍했는데, 그다음엔 "ㅈㄴ 운 괜찮다."고 한 번 더 충격을 주시네요.

그런데 말투에만 브레이크가 없을 뿐, 현재 상태 파악, 향후 계획 등에 대한 적중률이 정말 높은 겁니다. 그렇다고 어려운 점성술 용어를 쓰는 것도 아니고, 자유롭지만 다감하고 친절하고 편안합니다. 점성술에도 대운大運이 있다는 것을 이때 처음 알았습니다. 저보고 대운이 토성운土星運, 흙별에 막 들어섰다고 했는데 다행히 나쁘지 않은 토성 기운이라고 하네요. 토성이 좋아야 재물이나 땅운이 있다고 합니다. 저는 "잔머리, 여우머리는 없고 공부 머리가 있으며, 천생 문관으로 타고난 학자나 교육자, 상담자가 본래의 아이덴티티이다. 말을 착 감기게 하며 글 쓰는 사람으로 살면 좋다, 아니면 돗자리를 펴는 것도 맞는다."라며 열정적으로 통변 하시는데 핵심 특성은 다 짚어내시는군요. 저는 죽는 날이 쉬는 날이랍니다. 전통, 관습, 오래된 기관, 재물, 부동산 쪽으로 길하다고 하시는군요. 하던 일에 머지않아 도가 튼다고 하니 당시에는 반가운 말 정도였지만, 몇 년이 흐른 뒤에

보니 이 지적이 정확합니다.

점성술로 삶의 특성이나 정체성을 명쾌하게 정리해내는 특출한 재주가 있는 분입니다. 게다가 이국적 분위기가 유니크하고 선생님의 성품 자체도 솔직 경쾌해서 묘한 힐링을 주는 상담입니다. 유튜브에서 '종준'을 검색해서 <점성학에서 토성> 동영상을 한번 보시면 이 분의 인생관을 엿볼 수 있습니다. 커다란 흰 강아지 두 마리가 화면 앞에서 왔다 갔다 하네요.

> **"** 이국적 분위기가
> 유니크하고 선생님의 성품
> 자체도 솔직 경쾌해서 묘한
> 힐링을 주는 상담 **"**
> ⊛ —— 바닐라 젠

바닐라 젠의 코멘트
미국에 주니버스Junibus라는 이름으로 사업자 등록을 내어 점성술업을 하고 있습니다. 결제는 페이팔 결제창을 보내주는데, '복채'라는 항목으로 결제됩니다. 상담은 약 한 시간 진행되는데, 시간이 남으면 가족이나 지인들도 봐줍니다.

Vanilla Zen

•**명인** 점성가 종준	•**상담** 보이스 톡으로 상담
•**분야** 점성술	•**간명비** 1시간에 60달러
•**위치** 미국	

091
점술 평론

아네 김학진

점성학자라고 표현하는 것이 더 적합한 분입니다.
학자적 면모와 날이 선 간명을 양대 축으로 끼고 점성술을 자유자재로 굴리는 보기 드문 분입니다. 아네 김학진 선생님께 점성술 간명을 진행하는 몇 주 동안은, 일곱 개의 행성이 빛나는 적막한 우주의 심오 속을 무중력 상태로 유영하는 기분이었다고나 할까요.
나라는 이 소우주小宇宙를 대우주大宇宙의 움직임에 대입하면서 자신의 인생을 통째로 관조해볼 수 있는 특별한 시간이었습니다.
명리학에서 사주를 통해 우리 인생에 접근하는 것과는 다른 각도의 관조가 묘한 두려움을 일으키더군요.

잠깐 점성술을 살펴보고 아네 김학진 선생님의 간명으로 들어가 보겠습니다.
유럽의 아침 지하철에서 어김없이 사람들이 보고 있는 '오늘의 별자리' 열심 구독이 우리의 '오늘의 운세' 못지않습니다. 서양 점성술의 시작은 기원전 17세기경 고대 바빌로니아로부터입니다. 이미 이때 일곱 행성태양, 달, 수성, 금성, 화성, 목성, 토성과 황도 12궁의 관계가 형성됐습니다. 이후 고대 바빌로니아 지역을 페르시아가 통일시키면서, 전 세계로 확장되던 페르시아 영토와 더불어서 점성술도 급속히 퍼져나가게 됩니다. 점성술은 페르시아, 이집트, 인도 문화로 파급되었고 특히 그리스를 중심으로 한 헬레니즘 문화에 접목되어 비약적인 발전을 이루게 됩니다. 바로 이 시점에서 점성술은 천문학과 이별하고 본격적인 서양 신비주의 전통에 접어들게 됩니다.

그런데 대체 왜 별들의 움직임이 지상의 움직임과 인간의 운명에 영향을 미치는 것일까요? 서양 밀교 전통의 헤르메스 주의Hermeticism 기원전 3세기~기원후 3세기에서 점성술의 이 근거를 정립했습니다. 바로 대우주大宇宙와 소우주小宇宙의 유기적 관계가 그것입니다. 천상과 지상의 상응이지요. 헤르메스 트리메기스투스가 한 말은 이렇습니다.

위에서 그러하듯이, 아래에서도 그렇게

As above, so below

타로 카드의 마법사 카드에서 이것을 잘 보여주는 그림이 있습니다. 오른쪽 그림은 타로의 마법사 카드와 헤르메스 트리메기스투스입니다. 마법사 카드에 제가 빨간색으로 화살표시를 해놨는데, 천상과 지상의 상응을 가리키고 있습니다. 참, 참고로 카드 속 마법사가 허리에 두르고 있는 것 보이시나요? 저건 벨트가 아니고, 꼬리를 물고 있는 뱀 우로보로스입니다. 황도 12궁 주위를 이 뱀이 둘러싸고 있는데, 영겁회귀나 전일全一을 상징하며 서양 밀교 부적에 많이 그리지요.

헤르메스 트리메기스투스는 서양 밀교 전통에서 매우 중요한 존재입니다. 제가 프랑스에서 박사과정을 들을 때, 서양 신비주의 강의에서 그노시스 등과 함께 반드시 언급되던 존재이지요. 헤르메스 트리메기스투스는 '세 번 위대한 헤르메스'라는 의미로, 그 세 가지는 바로 전 우주의 지혜의 세 가지, 즉 점성술, 연금술, 백주술白呪術을 가리킵니다. 점성술에서는 천상의 별들이 움직이면 지상의 인간 운명도 상응하여 움직인다는

때의 언어적 한계 때문에 동북 아시아권 사람들이 접근하기가 힘들었던 것은 사실입니다. 서양인이 『적천수』로 명리 공부를 하는 것을 상상해보시면 되겠지요. 언어의 장벽도 장벽이지만, 종교·문화적인 디테일을 속속들이 골수까지 이해한다는 것은 매우 어려운 일입니다.

그러나 아네 선생은 중세 점성술과 아랍 점성술에 관한 원서를 많이 읽으면서 점성학의 탄탄한 기반을 닦은 분입니다. 전문의라는 본래 직업으로 인해서 점성술 서적에 대한 학문적 접근성이 훨씬 용이했을 듯싶고요. 특히 아네 선생님은 점성술 가운데서도 '사건의 예측' 부문에서 타의 추종을 불허하는 독보적 간명으로 이름이 높은 분입니다. 위에서 크라프트가 사용한 추운 기법이 바로 프라이머리 디렉션, 이것이겠지요.

아네 김학진 선생님은 1976년생으로 올해 49세이십니다. 점성술 공부를 시작한 지 30년이 되셨습니다. 기독교 집안에서 성장하셨는데, 동박 박사가 예언서를 보고 예수님 탄생한 곳을 찾아간 것이 아니라, '별'을 보고 이스라엘의 왕이 나셨다는 것을 알고 찾아간 점, 이 부분에 대해서는 천문학자 케플러도 고민했다는 기록 등을 읽으면서 점성학에 관심을 갖게 되셨다고 합니다. 대부분 원서로 자독하셨고

것인데, 그 정확도가 어느 정도인지는 다음과 같은 스토리를 통해서도 기록이 남아있습니다.
히틀러의 전속 점성술사로 유명했던 스위스의 점성술사, 『천체 생물학의 특질』의 저자인 칼 에른스트 크라프트Karl Ernst Kraft 1900~1945의 예언입니다. 크라프트는 1939년 11월 2일에 가공할 만한 점성술 예언을 합니다. "히틀러가 11월 7일과 10일 사이에 목숨이 위태롭게 된다."는 예언이었지요. 11월 8일, 독일 뮌헨에서 히틀러를 목표로 한 폭탄이 터집니다. 히틀러는 폭발 바로 몇 분 전에 그 장소에서 빠져나갔다고 합니다. 너무나 정확한 예측이라서 이 사건의 범인으로 의심받은 크라프트는 게슈타포에 체포까지 되었다가 풀려났다고 하지요. 이 정도의 정확도라면 놀랍습니다.

사실상 서양의 점성술은 공부할

중간에는 한의사이시면서 점성학자이신 말크 선생님의 강의를 듣기도 하셨다고 합니다. 현재 마취통증의학과 전문의로 활동 중이시면서 꾸준히 연구와 간명을 해주고 계십니다.

아네 선생님께 간명지 신청을 하고 나면, 간명지 자체만은 완성까지 약 2주가 걸립니다. 우선은 생시生時 보정에 일주일이 걸리고 간명지 작성에 다시 일주일이 걸립니다. 현직이 따로 있으신 분이라서 한 달에 한 명 내지 두 명만 간명해 주십니다. 그런데 앞서 다른 상담자의 예약으로 대기하는 시간을 합치면, 제 경우는 신청부터 간명지를 받을 때까지 두 달이 소요됐습니다. 그런데 두 달의 기다림이 문제가 아닌 간명지를 받았습니다. 총 17장의 간명지가 치밀하게 세부 항목별로 작성되어 있어서, 새벽 1시에 메일을 열어보고는 잠시 멘붕 상태에 있다가 정신 수습하고 읽었습니다. 저는 발복 시기를 위주로 봐달라고 말씀드렸기 때문에, 네이탈 차트의 전체 분석과 함께 발복 시기에 대한 추운推運을 해주셨습니다. 간명지를 보니… 낯선 점성술 용어들과 함께 제 운명의 편린들이 별처럼 명멸합니다. 역술과 신점 위주로 평생 수 없이 점을 봐왔던 저인 터라, 서양 점성술의 정수를 맛본다는 것은 참으로 귀하고 특별한 체험이었습니다.

'상승궁 사수의 주인인 목성은 10처녀에 위치'
갑목에 백호대살에 목화통명, 이런 것만 듣던 제 귀가 생경하고 신박해서 화들짝 놀랍니다.

성격, 성향, 전공, 직업 분석은 거의 100% 가깝게 적중했습니다. 35세 경을 기점으로 인생의 전반과 후반으로 나뉜다는 분석은 어떤 점술 방식의 점사에서도 들어본 적이 없는 것이지만, 저만이 알고 있는 정확한 분석입니다. 흉성의 주기를 보고, 흉성이 도래할 다음 턴의 시기를

유추하고, 그 대비책도 제시해주시는 것이 크게 도움이 됩니다. 그 흉성이 돌아오는 주기에 대한 유추가 과학적이면서도 신비로운 것이라서 정말 놀랍습니다. 악운을 알고 미리 대비하는 것이, 길운 때 상승기류를 잡는 것 이상으로 중요하다고 저는 생각하거든요.

앞으로 발복하는 시기의 유추는 네 가지 기법으로 정리가 됐습니다. 보통 1년 정도의 오차라고 하시네요. 최근 발복 시기가 두 번째 창업 시기와 딱 맞물려있군요. 네 가지 기법마다 발복을 추정하는 시기가 조금씩 차이가 있지만, 중복되는 시기를 중점 포인트로 잡아서 자신의 계획에 대입해서 보면 큰 도움이 됩니다.

간명 마무리에서 전체를 정리하시면서, 두 종류 사업에서 두 마리 토끼를 다 잡으면 좋겠다는 세심한 배려와 배신 및 건강 조심 시기에 대한 조언이, 투명한 천구天球 너머에서 헤매던 저를 다시 사람 사는 냄새 나는 지상으로 소환하네요.

메일을 여러 차례 주고받다 보면, 학문과 점술에서의 독보성과 더불어서 인간미, 겸허함, 신중함이 진하게 느껴지는 분이 아네 김학진 선생님입니다.

<blockquote>
" 학자적 면모와 날이 선 간명을
양대 죽으로 끼고 점성술을
자유자재로 굴리는 보기 드문 명인 "
 —— 바닐라 젠
</blockquote>

바닐라 젠의 코멘트

인생 전반의 총체적 패턴과 본인의 타고난 성향에 대한 <점성학적 보고서>를 알고자 하는 분들에게 적합할 듯합니다. 간명지는 약 15 페이지 이상에 달하며, 각종 점성술 차트와 더불어 매우 전문적으로 치밀하게 작성되어 있습니다. 현직 마취통증의학과 전문의로서, 한 달에 한두 분만 간명해주는 원칙이 있어서 대기가 길 듯합니다.

- **명인**   아네 김학진
- **분야**   점성술
- **위치**   서울특별시

- **상담**   메일로만 연락
- **간명비**   20만 원

092
점술 평론

릴리
김봉건

◎ 명인의 한마디

**작게라도 도움이 되는
점성가가 되겠습니다.**

입시 적중률이 높기로 유명한 분입니다. 어느 구독자님께서는 자녀 입시를 앞두고 릴리 선생님께 1년간 총 10회를 상담받으셨는데, 입시 결과가 그대로 적중했다고 하지요.

40대 초반의 남성이시고, 영문 원서를 독파해가면서 점성술을 공부하신 분으로, 전문 분야는 점성술 가운데에서도 '호라리Horary' 점성술입니다. '호라리'라니, 어쩐지 한자 표기인 듯이 느껴지는 묘한 느낌의 단어입니다.

'순간 점성술'이라고도 불리는 호라리는 질문을 받는 순간에 점성술사가 천궁도를 구성해서 답을 얻어내는 고대 천궁도 점성술의 한 종류입니다. 인도에서 전통이 깊습니다. 인도에서는 '프라스나 샤스트라'라는 이름으로 알려졌고, 베다 점성술의 한 갈래로 인도 점성술 전통에서 뿌리가 깊습니다.

유럽에서는 잉글랜드의 점성가 윌리엄 릴리William Lilly 1602~1681가 전설적인 호라리 점성가입니다. 이제 김봉건 선생님이

'릴리Lilly'라는 술명術名을 사용하시는 이유를 아시겠지요? 릴리 선생님께 우리에게 낯선 이 호라리의 특성을 여쭤봤습니다. 말씀해주신 내용을 정리하면 이렇습니다.

네이탈 점성술 생년월일시 필요. 의뢰인이 출생한 시각의 별들 위치로 판단. 생시의 주인이 부여받은 전체적 소명과 운명을 판단.
호라리 점성술 생년월일시 필요 없음. 의뢰한 시각의 별들 위치로 판단. 현재 시각에 질문자가 질문한 내용을 마치 상징 그림처럼 점단(占斷). 호라리 차트가 별도로 있음.

"호라리 점성술은 의뢰인이 처한 상황과 상호 관계를 알아보는데 뛰어나므로, 연애처럼 관계를 묻는 질문에 특히 유용하고, 취직, 입시, 매매, 사건, 사고 등 구체적 사건을 보는 데 장점이 있다."

역술과 비교하자면, 네이탈 점성술은 명리 시스템과 흡사하고 호라리는 육효, 육임, 구성학 등의 단시점 점단占斷과 유사한 시스템입니다. 점단占斷은 예스냐 노냐, 승패 진퇴의 갈림길에서 줄타기하는 질문, 딱 떨어지는 단답형이 주력이니, 사실 점보는 짜릿함이 여기 있기는 합니다.

제가 이런 질문을 했습니다.
"답을 낼 때, 상징 그림을 읽는 듯하다고 하셨는데, 호라리에 순간적 통찰력이 개입되나요?"
릴리 선생님의 답이 예상외였고 매우 흥미롭습니다. 저는 당연히 직관이나 통찰이 필요하리라고 생각했거든요.
"아닙니다. 하늘이 우리에게 무언가 길을 알려주는 것이라면, 아마도 그 방식은 누구나 알 수 있는 형태가 아닐까 합니다. 우리가 쓰는 언어와 형태만 다른 상징 언어의 형태이지요."
"예를 좀 들어주시면 더 좋겠습니다."
답은 다음과 같습니다.

"언제쯤 정전이 끝날까요?"라는 의뢰인의 질문이 있었습니다.
질문 순간은 동쪽 하늘에서 태양이 떠오르기 직전이었고, 태양이 세상에 빛을 비추기까지는 대략 황경 3도 정도 차이로 보였습니다. 즉 세 시간입니다. 세 시간 후에 정전이 끝나고 불이 들어올 것으로 판단했고 적중했습니다.
또 다른 의뢰인이 이렇게 물었습니다. "연인과 헤어지게 될까요?"
의뢰인을 의미하는 금성과, 연인을 의미하는 화성이 서로 마주 보면서 접근하는 중이었습니다. 옆이 아니라 마주 보고 있었고, 대립하고 있다는 의미이니, "네, 곧 크게 충돌할 것이고 다투게 될 겁니다."

이렇게 상징 언어와 물리 언어가 서로 관계하면서 엮이는 형태가 점성술의 상징 언어인 듯합니다.

공부와 성찰이 깊은 분이시라는 것을 릴리 선생님의 답변에서 충분히 읽을 수 있습니다.

실제로도 매우 지적이고 젠틀하며 진솔합니다. 내친김에 적중했던 사례를 또 여쭤봤습니다. 결혼을 파기하기로 결심한 의뢰인이 결혼 파기가 가능한지를 물었답니다. 판단 결과로 보니 곧 마음을 돌려서 화해하고 결혼까지 갈 것이라고 나왔고, 결국 지금은 결혼해서 잘살고 있다고 합니다.

또한 대출 조건이 아주 까다로운 상황에서 대출을 꼭 받아 이사를 가려 하는 분이 여러 차례 질문을 해왔다고 합니다. 점을 보니 계속 대출이 가능하다고 나왔고 결국 그 힘든 조건에서도 대출이 잘 됐다고 합니다. 또 아내의 출산이 임박해서 언제 출산하겠는지를 물어오신 분이 있었는데, 7일 걸리겠다고 답이 나왔고, 실제로 7일 후에 무사히 출산했다고 합니다. 이 부분에서는 릴리 선생님의 흐뭇하고 뿌듯한 느낌이 그대로 전달 되더군요.

저는 운영하는 회사의 향방과 딸의 문제를 질문했고 일단 호라리 점사 결과부터 메일로 받았습니다.
사업은 현재 상황은 좋지 않으나, "토성이 사인을 이동하여 목성이 주는 피해에서 벗어나는 중인 배치가 상당히 긍정적으로 보여, 머지않은 미래에 법인의 운영 상황이 점점 좋아질 것이다."로 나왔습니다. 호라리에서 머지않은 미래가 언제인지는 특정되지 않는다고 하십니다.
딸의 경우는 '좋지 않은 배치'로, 현재 딸이 처한 상황을 잘 읽어냈습니다. 딸의 현 상황의 경우, 늘 명리로는 한계가 느껴지는 간명이 나왔던 점과 대조가 됩니다. 이대로 두면 현재 상황이 장기화할 것이니, 어떤 방식으로건 개입이 필요해 보인다는 결과가 나왔습니다. 딸에 대한 개입 문제는

호라리의 순간을 묘사한 Ambrogio Lorenzetti의 작품 | 출처 Astrowki

결론적으로 큰 도움이 되는 점사였습니다.

호라리로 볼 때는 생시가 필요 없기는
하지만, 간명을 신청할 때 일단 정확한
생시까지 받으신 뒤에 네이탈 차트까지
참고하셔서 답을 주십니다. 급하고 긴박하고
간결한 문제는 카톡으로 답을 주시고,
대부분은 메일로 『점성술 소견서』를
보내주십니다.

> " 호라리는 의뢰인이 처한 상황과 상호
> 관계를 알아보는데 뛰어나므로,
> 연애처럼 관계를 묻는 질문에 특히 유용 "
> ───── 바닐라 젠

바닐라 젠의 코멘트

**국내에 호라리 전문 점성술사는 매우 드뭅니다. 현재 판도 파악, 입시 합불, 현안의
길흉 파악에 적중률이 높습니다. 적중 후기가 많은 분입니다.**

Vanilla Zen

- **명인** 릴리 김봉건
- **분야** 점성술, 특히 순간 점성술인 호라리 전문
- **위치** 서울특별시 은평구

- **상담** 메일과 카톡으로 간명 진행
- **간명비** 3만 원

093
점술 평론

보현普賢
한인수

구성학의 대가이자 은둔 기인奇人입니다.
블로그 구독자 한 분께서 제게 감사하다며
알려주신 분이 바로 보현 한인수
선생이십니다. 이 구독자님은 명망 있는
경영자이신 듯하던데, 비장의 역술인을
여러분들과 기꺼이 함께하시고자 공개를
해주셨습니다.

보현 한인수 선생은 전북 익산 출신으로,
1950년생이니 올해 75세이십니다. 젊은
시절에 출가하여 스님이 되려 하다가
역술과 인연을 맺고, 이후로 변만리
선생으로부터 명리를, 한중수 선생으로부터

자미두수와 육효를 익혔습니다. 그러던
중 재일 교포인 배성현 선생이 일본에서
들여와서 강의를 시작한 <구성학>에 관심을
갖게 되어 그 강의를 수강한 것이 구성학과
깊은 인연을 이끌게 됐습니다.
이미 다른 역술 분야를 공부하신 대가들
가운데에는, 적중률을 높이기 위한 겸간兼看
방책으로 구성학을 재차 공부하신 분들도
많습니다. 구성학을 전수 받았던 분들이
한인수 선생님에 대해 붙이는 묘사는
이렇습니다.
"소강절을 보는 듯하다."
"신기하게 백발백중!"

현재 각자의 영역에서 입지가 단단한 대가들의 스승 격이면서, 성함도 흔적도 후기도 일절 없이 세상에 알려지지 않고 일반인에게 공개되지 않으셨던 분, 말 그대로 '은둔 대가'를 공개하게 된 것에 저 역시 가슴이 설렘니다. 이 과정에서, 보현 한인수 선생님이 점을 봐주시고 상대가 놀라서 넘어가게 한 사례들을 들을 수 있었는데, 매우 흥미롭습니다. 특유의 카랑카랑한 음성과 사투리로 "뿅 가요잉~!!" 하시는데, 노장 대가의 소탈한 인간미가 넘칩니다.

우선은 우리에겐 조금 낯선 구성학의 역사를 간략히 보기로 하겠습니다.

구성학九星學, 정확히 구성기학九星氣學의 최초 창시자는 알려지지 않았습니다. 확실한 것은 기문둔갑과 현공풍수처럼 중국의 하도河圖와 낙서洛書를 기원으로 하고 있다는 점입니다. 우리나라에 언제 어떻게 어떤 형태로 유입되었는지에 대한 기록은 남아있는 것이 없고, 본격적인 구성기학의 체계는 백제 때 형성되었다는 기록이 남아있습니다. 현재 전 세계적으로 구성기학이 가장 발달한 일본에 최초로 구성학을 전한 것은 백제의 승려였습니다. 『일본서기』의 기록에 따르면, 602년에 백제의 승려 관륵이 전한 <둔갑방술遁甲方術>이 일본 구성기학의 시작입니다. 기문둔갑이 제갈량 등에 의해 전술로 활용되었던 것처럼, 일본에서

"구성학의 대가이자 은둔 기인으로 70% 이상의 높은 적중률 단시점에서 "

✿──── 바닐라 젠

<둔갑방술>은 전국시대 무사武士들의 전략으로 은밀히 사용되다가 민간으로 서서히 퍼져갔습니다. 현재는 일본에서 가장 활발하게 사용되는 점술의 하나가 바로 이 구성기학입니다.

1980년대에 배성현 선생에 의해서 다시 우리나라로 유입된 구성학을 이어받은 분이 바로 보현 한인수 선생님입니다. 2000년도에 강의를 들었다고 하십니다. 구성학은 단시점으로 적격이며, 현 상황 파악에는 거의 필중이라고 합니다. 제가 "적중률이 어느 정도 되십니까?"라고 여쭤봤더니, "100 프로는 못 돼요." 하시길래, "70% 이상 적중하면 잘 보는 분인데요." 하니, 이렇게 받으시네요. "그 정도보다야 훨씬 더 맞추지요." 한인수 선생님이 적중 잘하시는 분야는 남녀문제, 사업, 병점, 현재 돈 상태 등이라고 하십니다. 노환이 있는 분이 돌아가시는 날짜도 잘 맞추신다고 들었고요. 몇 월쯤에 남자를 만나는지, 지금 만나는 사람과 헤어지는 운수가 있는지, 언제 헤어지는지도 잘 맞히셨다고 하네요.

흥미로운 사례를 몇 가지 보겠습니다.

한 여성이 결혼하려 하는데 괜찮겠는지를 물어보려고 찾아왔습니다. "결혼은 하는데 혼인 신고는 하지 마시라."고 답하셨다고 합니다. 그런데 그 여성은 결국 결혼식 후 몇 개월 가지 않아 신혼에 두 번의 외도를 한 남편과 헤어졌다고 합니다. 혼인 신고를 하지 말라고 하신 이유가 나온 거지요. 또 아주 고위직에 있었던 분이 여러 명이 모인 자리에서 점을 봐달라고 했는데, 그 사람에게 "선생님, 지금 은행 이자도 못 내고 있는데요."라는 말을 해버렸고, 그분은 고개를 숙이더랍니다.

여덟 명이 수업 중에 각자 임상 삼아 한 사람씩 봐주셨던 일이 있었습니다. 그중 한 여자분을 보고는 "남편이 배 위에서 쓰러졌네." 했는데, 사연을 들어보니 잠자리 중에 남편이 뇌출혈이 되어 그 당시에 몸이 안 좋은 상태였다고 하니, 참으로 놀라운 점사입니다. "마누라가 야밤에 고무신 거꾸로 신었네요.", "아들 문제로 경찰서에서 전화가 왔네요." 이런 점사도 있었는데, 이런 내용이 다 적중한 것이었다고 합니다. 거의 무당 공수 수준입니다.

제가 보현 한인수 선생님께 제 사주를 넣고 보면서 느낀 것은, 구성학 이론만으로 보시는 분이 결코 아니었습니다. 영점靈占이 필시 섞여 있었습니다. 제가 이런 말씀을 드렸습니다.

"선생님, 선생님은 어디까지가 구성으로 보시는 것인지, 어디까지가 영점靈占인지 스스로도 구분 못하시는 상태로 혼연일체 된 말씀이 터져 나오는데요."

제 말에 수긍하시면서, 꿈에 저 밑바닥에 구성판이 짜여진 것이 보이기도 하신다고 하네요.

제 나이만 넣었을 때는 래정점來定占으로 나온 것으로, 네 가지를 물어볼 것이라고 미리 못 박고 지나가셨습니다. 사주를 넣자, 내년 하반기 내지 2022년부터 사업이 크게 번창하여 큰돈을 번다고 하십니다. 장기적으로 부동산이 큰돈으로 된다고 하시고요. 지금 눈이 거의 녹아서 꽃을 막 피우려고 하는 시기에 있다는 말씀도 하셨네요. 아, 그러고 보니 래정점대로 제가 네 가지를 여쭤봤네요.

아 참, 그런데 몽골 기병이 마지막에 말을 돌려서 활을 쏘는 것을 회마사回馬射라고 하지요. 전화를 끊으려 하는 직전에 "근데 나한테 말 안 한 게 하나 있죠?" 하십니다. 완전 회마사였는데, 그 화살 적중입니다.

바닐라 젠의 코멘트

구성학 본학에서 한인수 선생님 나름의 독자 관법이 형성된 것으로 보입니다. 영으로 보는 점사가 섞여 있습니다. 구성학은 단시점 점단占斷이므로 구체적인 질문을 잘 준비하셔야 합니다. 구성학은 3개월 정도까지의 단시점이라는 말도 있는데, 현재 사안의 추후 시간적 영향 등을 배제하지는 못하므로 실제로는 6개월에서 1년 정도 유효하다고 생각됩니다.

•**명인**	보현 한인수	•**상담**	전화 상담만 가능
•**분야**	구성학	•**간명비**	10만 원
•**위치**	경기도 안양시		

094
점술 평론

창궁무영
권인현

지극하라, 지극하다,
지극하여진다.

창궁무영蒼穹無影 권인현 선생님은 철판신수鐵版神數의 불모지였던 우리나라에 정식으로 철판신수를 소개하고 연구를 거듭하고 있는 상수역학자이자 명리학자, 철학자입니다. 1969년생으로 올해 56세로 역술 경력은 30년째이십니다.

'철판신수'라는 역술을 들어보신 분들은 많지 않으실 겁니다. 철판신수는 북송의 소강절이 창안한 이후 1,000년, 그것을 집대성한 명·청 시대의 철복자鐵卜子 이후 400년 만에 한국에서는 창궁무영 권인현 선생님에 의해 처음 완역됐습니다.

특히 '철판'이라는 단어가 강렬한 인상으로 다가옵니다. 데판야끼(철판구이)가 자꾸 생각나는 건 저만 그런가요.

이 철판이라는 단어를 쓴 이유에 대해서는 두 가지를 들었습니다. 하나는 마치 철판에 새긴 듯 운세가 명확하다고 해서 붙여진 이름이라 하기도 하고, 또 하나는 철판신수를 집대성하여 재창출한 명말 청초의 술사 철복자鐵卜子 이름에서 '철'을 따오고, 소강절 신수神數의 재창출 판본이라는 의미에서 '판'을 썼다고 합니다. 후자가 정설인 듯합니다. 『철판신수 1, 2』 권인현, 2021

이해하시기 쉽도록 철판신수를 한번 살짝 둘러볼까요.
이렇게 주판을 놓고 치는 점 보신 적 없으시지요. 신기합니다.

철판신수를 창안한 분은 중국 송나라의 유학자 소옹邵雍 소강절邵康節 1011~1077입니다. 소강절 선생은 도가道家에서 상수학象數學을 익혀 신비적 수학을 설파한 분이자 진희이 선생의 4대를 잇는 제자로, 매화역수로 유명하지요. 하락이수는 진희이 선생이 창안해서 소강절 선생이 주해한 것이었고요.

소강절 선생이 창안한 철판신수는 이후 3개 지파남파, 북파, 광동파 | 조문의 수로 구분한 지파. 해석 방식을 기준으로 나누면 지파가 7개 이상이다로 나누어졌다가, 청나라 중기에 이르러 철복자鐵卜子 철도인鐵道人에 의해 집대성되어 완전한 모습을 갖추게 됩니다. 철복자는 원래 문인이었으나, 현실에 실망하고 속세를 떠나 도사가 된 분입니다. 철판신수 남파南派는 소강절의 딸이 형성한 지류이고 철복자는 이 남파 계열입니다. 일반적으로 가장 정통적 철판신수라고 하면 이 남파를 지칭합니다.

철판신수의 숫자를 뽑는 과정은 이렇습니다.
사주 여덟 글자로 괘卦를 뽑은 다음 ▶ 그 괘를 숫자로 전환하고(이때 주판 사용.

요즘은 컴퓨터 프로그램 사용) ▶ 찾은 숫자를 가지고 한시漢詩처럼 되어있는 조문條文을 찾습니다.
철판신수의 백미인 이 조문의 수가 12,000개입니다. 토정비결이 경우의 수가 144개이니, 그 정확도의 확률은 10배로 뛰는 것이지요. 계산까지는 수학적이지만, 괘의 해석이 종국적인 핵심이며, 이 해석의 능력이 곧 철판신수의 징험함으로 이어집니다.
더구나 철판신수에서는 명리의 2시간 단위가 아니라, 1시간을 4단위 8개로 쪼개어

평생운수

조문수	나이	길흉단사
8351		入地慾知誰是竹(입지욕지수시죽) 一塵不染出入踪(일진불염출입종)
2381	55, 56	劫殺凶人(겁살흉인) 家室有害(가실유해)
6473	89, 90	立之堅固(입지견고) 未可搖動(미가요동)

보기 때문에 명리보다 8배 더 정밀하고 간명의 미세함이 뛰어나다고 합니다. 창궁무영 선생님께 부탁을 드려서 철판신수의 간명지 일부를 받아볼 수 있었습니다. 명리 간명지, 자미두수 명반, 기문둔갑 포국도에만 익숙하다가 처음 보는 철판신수 조문이 신기합니다.

위의 표는 어느 해외 사업가의 조문 일부인데, 전 생애를 두 살씩 끊어서 각각의 운세를 표현하는 문장이 붙어있는 것을 볼 수 있습니다.

창궁무영 선생님 말씀으로는 명리와 철판신수로 겸간해서 정식으로 보려면 5~7일이 걸리는 세밀한 작업이라고 합니다. 저는 단시점 철판신수에 명리 간명으로 신청해서 봤는데, 시간이 될 때 꼭 제대로 된 정식 철판신수로 보고 싶더군요. 중국에서는 2~3일 함께 지내면서 감정한다고 합니다. 2년 간격으로 전 생애의 풀이가

나오는데 명리로 들여다볼 수 없는 부분을 잡아낸다고 들었습니다.

저는 간략한 단시점이라 올해와 내년, 2년간의 운세를 문장으로 받았습니다. 조문條文이라고 불리는 문장은 이랬습니다. 얼핏 하락이수의 문장 느낌이 듭니다.

진보회생다부족 액전실후유춘풍

進步晦生多不足 厄前失後有春風

뭔가는 몰라도 액厄도 보이고 춘풍春風도 보이고, 길한지 흉한지 헷갈리는데요. 해석을 붙이면 이런 내용입니다. "진보하나 어두워 부족함이 많고 액으로 잃은 뒤에 봄바람이 불어오리라." 창궁무영 선생님 말씀은 "지금 헤매고 있는 상태에서 전진하고 있으니, 이를 어려움으로 여기지 말고 저력을 다하면 조력자가 나타날 것이므로 대세는 좋다."는 뜻이라고 하십니다.

철판신수로 단시점을 봐주신 후에 명리 간명으로 넘어갔습니다.

특이한 것은 생월로서 어머니에게 입태한 시기 태월 胎月를 보고 그 길흉을 보는 부분입니다. 입태를 언급하는 것은 여태 사주 보면서 처음이었습니다. 사실은 이 입태가 매우 중요합니다. 불교에서는 수태 순간부터를 <생유生有>라 해서 부.모.본인 3자의 업으로써 어떤 사주를 받고 어떤 새로운 육체를 받는가 하는 중요한 순간입니다.

저는 팔자에서 재물 자체가 안정적이고 정신적 출발도 안정적 구도에서 출발하되, 그래도 재물이 일어나는 사업을 추구하는 양면성이 있다고 하십니다. 사업은 반드시 독자 모드로 가고 동업은 절대 불가하다 하시고요. 창궁무영 선생님은 화법이 직설화법입니다.

내년 초반이나 중반부터 확 풀려나간다고 하시면서, 문득 저보고 달변가라고 하십니다.

마지막에는 구성학으로도 봐주셨는데, 구성학으로 보면 올해 존장, 윗사람, 관 등에 힘을 얻으며, 든든한 배경을 만들 수 있다고 하는데, 이 말씀이 전격 적중입니다.

철판신수는 철복자 이후로 400여 년간 중국 소수 지역에서 학파를 형성하고 이어져 왔고 비전秘傳은 수제자에게만 비밀리에 전수 되어왔다고 합니다. 현재는 주로 대만과 홍콩에서 성행하고 있습니다. 명리 간명에서는 결코 나올 수 없는 내용을 철판신수 간명을 통해서 얻을 수 있다는 점에서, 국내에 이 철판신수를 도입해서 뿌리내리도록 한 창궁무영 선생님이 우리 역술에 이바지한 바가 크다고 하겠습니다.

" 철판신수를 도입해서 **"**
뿌리내리도록
이바지한 명인
— 바닐라 젠

바닐라 젠의 코멘트

주판으로 계산해서 운세를 축약한 문장을 뽑으니, 자주 접하는 명리나 자미두수와는 완전히 다른 간명 방식이 신비롭습니다. 철판신수에서 내주는 조문條文이 매우 함축적이고 운세 흐름에 대한 적중도가 높습니다.

Vanilla Zen

- **명인** 창궁무영 권인현
- **분야** 명리, 철판신수를 메인으로 구성학, 육효, 육임으로도 겸간
- **위치** 경기도 김포시

- **상담** 방문, 전화 상담 가능
- **간명비** 일반상담 20만 원. 일반상담+철판신수 1년 30만원 일반상담+철판신수 5년 50만 원

095
점술 평론

부산 서면 스님
법흥사 도명 스님

> ◎ 명인의 한마디
>
> **죽을 만큼 힘들다면, 불을 밝히고 길을 가르쳐주고 싶을 뿐.**

도명道明 스님. 27년 전에 <대청동 태극기>로 돌풍을 몰고 왔던 분입니다. 그리고는 비녀에서 삭발로 직진, 즉 비녀를 꽂은 무속인으로 있다가 스님으로 출가한 분입니다. '부산 서면 스님'이라는 명칭은 그때 만들어졌지요. 10년 전쯤 부산에서는 "홍상우에게 큰 틀 보고, 경수원 가서 확인 사살하고, 서면 스님에게서 구체적 그림을 그린다."라는 재미난 방정식이 있었습니다. 역술 공부하는 어느 분인가가 만든 재치 있는 드립이었는데, 그분도 아마 부산에서 어지간히 점을 보고 다니시면서 만드신 공식일 겁니다.

대청동에 태극기를 꽂게 된 이유는 무엇이었을까요? 27년 전쯤 하늘을 쳐다보면, 태극기를 들고 아주 많은 군사를 이끄는 누군가가 항상 보였다고 합니다. 일을 마치고 들어온 어느 새벽, 갑자기 한쪽 귀에 전기를 땡기는 것처럼 '이따만한 전선'이 쫙 들어오는 것이었습니다. 그러더니만 고향의 일월산이 갑자기 눈앞에 보여 그 길로 바로 일어나

일월산으로 찾아갔습니다. 차비로 돈을 다 쓰고 한 푼 없이, 산꼭대기에 올라가서 물로 곱게 머리를 빗고 물을 마시며 기도했는데, 사흘째 '천신천왕, 사대천왕'이라는 말이 산이 쩌렁쩌렁 울릴 정도로 크게 터져 나왔습니다. 외친 신들의 명칭을 보면 무巫와 불佛 계열의 혼합형태 같습니다. 도명스님은 신병을 거쳐 신을 받은 분이 아닙니다. 신병과 신내림 없이 말문이 틔는 무불통신이라고 해도 보통은 자신의 몸주를 정확히 알고 있습니다. 그런데 도명스님은 지금까지도 몸주가 있는 건지도 모르겠다고 하시고, 공수 내리는 것도 몸주를 통하는 것이 아니니, 곧바로 상담자의 식識을 읽는

영점靈占으로 보입니다. 이런 분은 사실 '영능력자'이지 딱히 우리가 알고 있는 개념의 '무당'은 아닙니다.

'부산 서면 스님'이라는 이름으로 명성이 굳혀질 때가 지금부터 10년 전입니다. 지리산 대원사에 계시던 은사 스님께서 보현사로 가셨고 그 비구니 스님이 출가시켜주셨다고 합니다. 산신각에서 기도하던 어느 날, "야야 출가하러 가자!"라는 큰 소리가 들려서 그 길로 출가를 결심했습니다. 도명 스님은 상담자의 "의식을 공유한다."고 표현하시던데, 길게 말씀 나누다가 보면,

" 그 사람에 대해서 공유를 하면, 순간 "
나 자체는 죽은 송장이 되고, 점 보시는
분 그 사람의 '나'가 되어 마음이
느껴지면서 다 보이게 됩니다.

그렇다는 것이 휙휙 느껴집니다. 그냥 초를 켜주신다고 하시길래 "아이구, 괜찮습니다." 하니, "아니기는, 집도 팔아야 하고 아들도 붙어야 하고……." 저는 정보가 될 만한 아무 말도 안 했었거든요. 앞에 있는 상담자의 식▣뿐만 아니라, 누군가를 언급하면 바로 거기로 옮겨가서 그 사람에 대해 언급하는데 아주 깊이까지 읽어냅니다. 유전자 속에 갇혀있는 성향과 생각을 읽어내신다고 합니다.

작년 여름에 밀양 법흥사로 찾아뵈었을 때, 어쩌다가 지금 레지던트를 하는 아들 얘기가 나오자 곧장 이런 말씀을 하셔서 흠칫 놀랐습니다. "아이고 그놈이 없었다면 느그 엄마 이미 자살 두 번 했을 거다. 아들이 최고의 은인이다."라고 하시던데, 뭐 만감이 교차합니다.

"그 사람에 대해서 공유를 하면, 순간 나 자체는 죽은 송장이 되고, 점 보시는 분 그 사람의 '나'가 되어 마음이 느껴지면서 다 보이게 됩니다." 이러니까 당연히 이름, 생년월일, 본관 없이 점을 봅니다. 그게 왜 필요하냐고 반문하시는군요. 눈이 웃고 있고 걸걸한 목소리에 말씀이 소박해서 이런 예리함을 자칫 놓치기 십상입니다. 그냥 아무렇지도 않게 태연히 말씀하셔서 훈수 또는 덕담이나 스님의 가르침 같아, 이것이 공수라는 것을 잘 놓칩니다. 게다가 일반 무속인의 공수처럼

몸주를 부르고 답을 얻어 한 번에 쏟아내는 것이 아니라, 긴 대화 중에 틈새 틈새에 공수가 나오므로, 도명 스님과 상담할 때는 반드시 구체적이고 세부적인 질문을 미리 준비해놓는 것이 필수입니다. 처음 시작 때 말한 '부산 점술의 방정식'에서 서면 스님에게서 구체적인 그림을 그린다는 것이 가능한 이유를 이제야 알 것 같습니다.

덧붙이시는 말씀이 "죽을 만큼 힘들면 나를 찾아와라. 길을 가르쳐주고 싶은 마음밖에 없다."라고 하시네요. 진짜 만나야 하겠다 싶은 사람은 만나주시지만, 급하지 않으면 절대 안 만나주신다고 하시며, 2020년 이후로 3년째 기도만 하셔서 요즘 상담은 거의 안 하신다고 합니다. 대신 일본 오사카 고야산에 있는 스님이 항상 부르셔서 일본에 자주 가서 법회를 하고 계십니다.

점심 공양으로 주신 밥과 반찬이 맛있었습니다. 여주도 쌉싸름하니 맛깔났고 산에서 딴 야생 콩도 입맛에 딱 맞았습니다. "스님, 사찰음식이 요즘 유행인데 그거 하셔도 될 정도 솜씨이신데요." 돌아온 답은, "그럴 시간 있으면 기도하고, 지나가는 힘든 사람한테 말 한마디 더 해주겠다."

스님은 '죽을 만큼'이라는 것을 좋아하신다고 합니다. 우리 최고의 거름이 바로 이 '죽을 만큼'이라고 하십니다.

바닐라 젠의 코멘트

Vanilla Zen 일반적인 '무당'을 생각하시면 안 됩니다. 대화 중에 공수가 나오므로 상담 시간이 충분해야 좋습니다. 구체적인 질문을 준비하시는 것이 큰 도움이 됩니다.

- **명인** 부산 서면 스님 (법흥사 도명 스님)
- **분야** 영점볼수
- **위치** 경상남도 밀양시

- **상담** 방문 상담만 가능
- **복채** 20만 원

096
점술 평론

박대박 박도영

박수무당, 그러니까 남자 무속인입니다. 올해 58세로, 51세에 신을 받았으니, 이제 애동을 갓 지난 분입니다. 보통 애동 시기는 신내림 후 5년~7년 정도까지로 칩니다. 박대박 영매사 경우처럼 오십이 넘은 나이에 신을 받는 경우는 사실 드뭅니다. <미스터리 극장 위험한 초대>에 신병

테스트 편에 나와서 신병을 테스트받은 무속인입니다. 신이 올 때 신병으로 온 것이 아니었고 재물을 바닥까지 완전히 다 날리게 했다고 합니다. 보통 신이 내릴 경우, 가장 보편적으로는 신병을 앓고, 그 밖에 재물로 치는 것, 가족 등 중요한 사람들이 세상을 떠나는 인다리 신을 받아들이지 않고 거부할

때 당사자의 가까운 사람을 죽음에 이르게 하는 신의 벌 등등 형태가 다양합니다.

박대박 선생님의 몸주는 대신 할머니라고 합니다. 공수받는 형태는 화경畵境인데, 상담자의 눈을 보면 화경으로 보인다고 하시는군요. 화경은 쉽게 말하자면, 과거·현재·미래가 마치 사진이나 동영상처럼 보이는 것이라고 생각하시면 됩니다.

저는 박대박 선생님이 신 받은 지 2년째 되던 해에 전화로 상담했습니다. 직접 찾아가지 않고 전화 상담을 할 경우, 사진을 두 장 정도 보냅니다. 저는 한 장을 더 보내라고 하시더군요. 사진에서 눈을 보고 식識을 읽는 이런 방식은 물점에서도 많이 하지요. 사진을 보내자, 저 보고 촉이 빨라 무당을 거들떠보지도 않는다, 반 보살이라고 첫 말씀을 띄우시네요.

저는 절대 지지 않는 승부사이고, 사람을 끄는 재주가 있어 뭘 하면 사람들이 막 모여든다고 하는군요. 타고난 돈복과 일복이 많고 늘 귀인들이 도우려고 줄 서 있는 형국이라고 합니다. 말을 많이 하라는 것, 돈을 따라가지 말라는 것, 땅이 잘 맞는다는 것은 명리 간명에서와 똑같아서 신기합니다.

" 선생님의 장점은 상담자를 따뜻하게 "
감싸 안고 지지하는 긍정적 워딩
—— 바닐라 젠

사진 정보만으로 이런 것을 읽어내는
신기神氣가 대단했습니다.

　그 당시 힘든 시기였는데, 제 상황에
대해서 아무 언질도 주지 않았으나, 제2의
인생이 남아있으니 주눅 들 것 없고
웃음을 되찾아보라고 하시더군요. 다른
구독자님들의 후기를 봐도 박대박 선생님의
장점은 상담자를 따뜻하게 감싸 안고
지지하는 긍정적 워딩에 있는 듯합니다.
힘들어 죽겠는 참에 감정선을 따스하게
건드려주니, 눈물 콧물 쏟으며 한바탕 울고
왔다는 분들이 많더군요.

　제가 상담했던 때가 아직 애동이셨던
때라서 그런 건지, 원래 성품이 그런
것인지는 모르겠지만, 닳은 느낌의 말투가
없고 수사도 화려하지 않고 무속인 특유의
메소드도 없어서 편안했습니다. 근데
"OO야~"라고 부르며 반말을 하기는 합니다.
얼결에 "네!"하고 대답했네요.

아 참, 제가 게으르다는 것과 돈이 떨어진다
해도 어떻게든 신기하게 돈이 들어온다는
이런 특급 비밀들은 대체 어떻게 간파하신
건지 지금도 궁금합니다. 이 화경이라는
것이 참으로 만화경의 세계 같습니다.

바닐라 젠의 코멘트

**친화력이 큰 긍정적이며 따뜻한 상담이지만, 그 가운데 튀어나오는 송곳 같은 점사가
가슴을 시리게도 합니다. 전화로 상담하실 분은 사진 두세 장을 준비하세요.**

Vanilla Zen

- **명인**　박대박 박도영
- **분야**　신점
- **위치**　인천광역시 부평구

- **상담**　방문, 전화 상담 가능
- **복채**　10만 원

097
점술 평론

백운암
김창숙

☺ 명인의 한마디
인연은 소중합니다.

따뜻하고 조근조근한 공수, 그러면서도 인간 심리의 바닥을 다독거리는 깊고 묵직한 공수가 특징입니다. 신점에서는 보기 힘든 양상입니다.

제가 신점에서 가장 싫어하는 것이 윗대 무속인들로부터 아무 근거 없이 정형화 되어 내려온 스테레오타입입니다. 가령 '산소 바람, 공줄, 칠성줄, 윗대에 빌던 분' 등등, 왜 첫 마디에 나오는 무속인들의 단골 서사 여러분도 잘 아시잖아요. 우리 엄마들 세대쯤에서는 아마 이런 말들로써 점 보러 온 사람들의 기선 제압이 됐겠지만, 지금에야 그게 먹히겠나요. 귀신 군단이나 화술만으로는 이제 너무 머리가 영리해진 이 시대 대중을 사로잡진 못할 듯합니다. 결국 무속인의 가장 큰 무기는 맑은 신기神氣뿐입니다.

백운암 김창숙 선생님은 친정어머니께서도 태백산 큰 암자에서 30년간 큰 무당을 하신 분입니다. 백운암 선생님이 신을 받은 과정은 일종의 무불통신이지만, 인다리 신을 받아들이지 않고 거부할 때 당사자의 가까운 사람을 죽음에 이르게 하는 신의 벌가 있던 것으로 봐서는 딱히 그런 것도 아닙니다. 아무튼 무속인이셨던 어머니의 장례식 3일째 바로 어머니가 곧장 주신主神으로 몸에 들어왔는데, 그 순간이 드라마틱하네요. 어찌나 극적인지, 당시 상황을 다시 되살리시는 단어와 말투가

이미 흥분 상태입니다.

"엄마 신이 벼락같이 치고 들어와 몸이 '뻥!'하고 날아갔어요. 그러면서 내 몸이 내 것이 아니면서 몸이 안 움직여지고 엄마가 느껴졌어요." 중유 中有 상태에 들어간 귀신은 하나의 에너지체이지요. 그 힘을 그대로 물리적으로 받는 듯하니 참 드문 일입니다. 그러니 안 보인다고 없는 게 아닙니다.

그 무렵, 남편을 비롯해 다섯 명의 가족이 세상을 떠났으니, 이게 바로 신병보다 무섭다는 '인다리'입니다.

일본에서 살다가 어머니 초상으로 갓 난 둘째만 데리고 한국에 들어온 그때가 서른다섯 살 때였습니다. 선택의 여지 없이 이 길로 접어들었다고 하시는군요. 모시는 신은 어머니가 주장대신, 즉 몸주이고, 천신을 모신다고 합니다.

저는 신기가 강한 무속인과 통화를 하면 약간의 두통 비슷한 것이 옵니다. 헤어밴드를 한 것 같은 그런 느낌이랄까요. 이 분이 그랬습니다. 전화 통화가 되면, 궁금한 사항을 말씀드리고 생년월일, 생시,

" 하루가 끝나면 피가
흐르는 듯했는데, 그렇게
열심히 하다 보니 신이
나를 북한산 꼭대기에
올려놓으셨네요.

이름, 본관을 드립니다. 방울 소리가 두 번
나고 나면 바로 공수가 나옵니다.
방울이 울리면 왜 늘 침이 꼴깍 넘어가는
걸까요? 무속인의 방울을 단순한 무구巫具로
생각하시면 안 됩니다. 상징과 역사가
깊은 물건을 지금 여기에서 흔들고 있는
것입니다. 한번 찰랑 흔들 때, 길고 긴 무巫의
역사도 한번 출렁합니다. 환웅이 하늘에서
내려올 때 가져온 신물神物 가운데 하나가
방울이었지요. 근데 '환웅'이라는 단어가
바로 '무당'의 의미인 것을 아시는지요?

이능화, 『조선무속고』 p.52, 『조선신교원류고』 그리고

또 하나, 귀신은 금속성 소리에 예민하게
반응한다는 거, 이거 모르셨지요?

제가 처음 상담한 것이 2018년
무렵인데, 그 사이 5년 이상 시간이
흐르면서 보니, 그때 그 공수를 통한 상황
파악과 인물 파악이 정확하군요. 회사에
매우 중대한 역할을 할 사람을 놓고 제가
심각하게 갈등하고 있었는데, 그때 얼마나
깊게 울림이 있는 공수를 내렸는지 지금도
생생합니다. 잘 설득 당하지 않는 제가 그
말을 잘 받아들였고, 지나고 보니 보물
같은 사람이었습니다. 회사에 공헌한 것이
어마어마했지요.
제 특정 사안의 전망에 대해서는, "하늘에
하얀 새가, 흰 봉황이 나는 것이 보인다,
크게 잘 될 것이다."라고 하시는군요. 저는
좋은 기운을 가지고 있는데, 글을 쓰는 길로
직성을 풀고 간다고 하시네요.
흰 봉황에 대해서 제가 "이건 화경畵境으로
보신 건지요?"라고 여쭤봤더니, 그렇다고
하시면서, 공수 때 어느 신에 들어오느냐에
따라서, 화경, 음성, 느낌 등 알려주는
방식이 각각 다르다고 합니다. 어느 신이
들어오는가는 손님에 따라서 다르다고
하고요.

내심을 알고 싶은 어떤 상대(사업 상대,
친구, 연인, 남편, 자식, 경쟁자 등)의 마음
상태를 정확히 알려줍니다. 상대방에 대해서

알고 싶은데 사주를 정확히 모르는 경우가 많습니다. 그럴 때 유용할 듯합니다. 그리고 그런 상대방에 대응하는 방법도 일러주는데, 그게 설득력이 있고 실제로 잘 먹힙니다.

인생의 큰 파란과 충격적인 일을 겪고 무속인이 되셨는데, 지금은 편안하신 듯했습니다. 전화 끝에 이러시는군요. "하루가 끝나면 피가 흐르는 듯했는데, 그렇게 열심히 하다 보니 신이 나를 북한산 꼭대기에 올려놓으셨네요."

바닐라 젠의 코멘트
부부나 연인 등 인연 잘 보며 특히 상대 속마음 읽기, 그 상대가 나에게 어떤 작용을 할 사람인지 등의 파악에 능합니다.

Vanilla Zen

- **명인** 백운암 김창숙
- **분야** 신점
- **위치** 서울특별시 강북구

- **상담** 전화 상담만 가능
- **복채** 5만 원

098
점술 평론

법화림 김기연

법화림 선생님에게는 연예인급의
화려한 과거사가 있습니다. 자세히 쓰자면
엄청난 정치계 비사祕史들도 있는데 조금
걸러서 정리해보겠습니다.
법화림 선생님은 눈에 띄는 영험한 공수로
인해서 발탁되어, 전국을 주름잡던 유명한
박수무당 최 도사의 오른팔이 되어 한
팀으로 일하게 됐다고 합니다. 최 도사는 모
대기업 창업주의 아들이었으나, 신이 와서
결국 박수가 된 분으로 돌아가시기 전까지
정계 인사들과 기업가들 사이에서 명성이
대단하던 분이었습니다. 최 도사의 부친인
그 회장님이 누군지 검색해보고 저도 깜짝
놀랐습니다.
이 최 도사와 함께 국민대 뒷산 굿당에서 모
인사를 위해 큰 굿을 했었다고 합니다. 원래
최 도사가 작두에 올라가기로 하고 다들

준비하고 있는데 갑자기 최 도사에게 쥐가 나면서 "누이가 좀 대신해라."라고 법화림 선생님에게 부탁했다고 합니다.

"작두에 올라갔는데, 얼마나 날을 갈았는지 짝짝 달라붙더라고."
당시 얘기하시는데, 그 굿판 현장의 후끈한 느낌이 마치 눈앞에 보이듯 생생히 전달되더군요. 바로 뇌리를 치는 강한 공수가 할아버지 신으로부터 내렸고 그대로 공수를 소리쳤습니다. 앞에는 유명 인사들이 한가득 모여있었습니다.
그리고 실제 그 공수 그대로 되면서 한때 대단한 명성을 누리셨습니다. 그러나 모든 인맥을 쥐고 있던 최 도사가 갑자기 세상을 떠나면서, 법화림 선생님은 큰 충격을 받아 2년간 동두천에 내려가 세상과 단절하고 칩거했습니다. 그러면서 서서히

사람들에게서 잊혀갔지요.
그러나 이름은 잊힐 수 있겠지만, 그 능력이 어디 가겠나요?

저에게 법화림 선생님을 소개해 준 제 회사의 직원이 받은 공수가 하도 날카롭고 놀라워서 저는 2014년도에 처음 상담했습니다. 직원의 경우, 휴대폰에 집착하는 등 아무래도 행동이 평소와 다른 아내 주변을 잘 살피니, 아내가 다니는 회사의 연하 직원이 아무래도 자꾸 눈에 밟히더랍니다. 심증을 굳힌 채 날밤을 새우고 법화림 선생님께 전화를 했다고 합니다.
첫 마디에, "남자 있는 거 100%."
멘붕이 왔고, 당연히 아내 마음을 돌릴 수 있겠는지, 혹은 둘 사이를 잡을 수 있겠는지를 물었겠지요.

── 바닐라 젠

"아내가 수가 안 좋기도 하고, 속궁합에서는
저들 둘이 부닥치니, 일단 아무런 티도 내지
말고 태평하게 있어라. 음력 3월, 양력으로
4월 19일쯤부터 주목하면 잡히겠다." 4월
28일에 둘이 있는 현장을 잡았습니다. 흠.

1957년생이시니, 올해 68세이시고,
신을 받은 것은 27세 때이십니다. 신당은
이태원에 있습니다. 신기神氣 기복이 크지
않고 안정적입니다. 이미지가 푸근하고
말투가 유해서, 용하다는 무속인 특유의
내리꽂는 서슬 퍼런 공수의 분위기와는

거리가 있으니, 자칫 공수가 무디게 느껴질
수 있으나, 위 사례에서 보듯이 편하게
던지는 말이 천 리를 갑니다.
저는 말년에 엄청나게 바쁘고 외국을
많이 왕래하겠다고 하십니다. 진짜 재물은
60대부터라고 하셨는데, 지금 와서 메모를
보니 사업운과 주변인들의 운세를 정확히
보셨군요. 한 직원에 대해서는 성격 문제가
평탄치 않고 되는 노릇이 없으니, 절대 쓰지
말고 내보내라고 하던 사람이 있었는데,
제가 그 공수를 귓등으로 넘겨 들었습니다.
근데 너무 이상한 성격으로 직원들 사이에

원망이 켜켜이 쌓이더니, 분탕이 생기고 결국 안 좋게 나갔습니다.
저 역시 그 당시에는 법화림 선생님의 둥글둥글한 외모와 편하게 툭툭 던지는 말투에 가려서, 그게 샤프한 공수였다는 것을 미처 몰랐습니다.

법화림 선생님은 푸근하고 넉넉하게 다가서는 것이 장점 같습니다. 애정운, 부부운을 특히 잘 보시고 사업운의 점사도 날카롭습니다. 또한 30장~50장에 이르는 특이한 부적을 쓰십니다. 경면주사를 이용해서 한 붓 한 붓 수십 장의 부적을 써가시는 모습은 경이롭기까지 합니다. 현실적 처신이나 마음가짐 부분에서 젊은 분들에게 큰 도움이 될 말씀을 많이 주십니다.
가령 제 딸과 절친한 친구도 법화림 선생님께 봤는데 상황이 시급하다고 펄펄

뛰니, 얼른 법당에 가서 불 켜고 봐주신다고 했다고 하더군요. 남친 문제로 모든 것을 쏟아붓고 골똘하다가 공황장애가 있던 친구였거든요. 공수도 주면서 동시에 남친에게 어떻게 대하라는 방법도 알려주셨는데 그게 아주 유효했다고 합니다.

바닐라 젠의 코멘트
아주 특이한 부적을 쓰시는데, 잘 듣습니다. 유한 말투와 모습으로 인해서 점사가 나올 때 유념해서 듣지 않게 되는 경우도 있으나, 지나고 보면 적중하는 공수들입니다.
유순한 말이 천 리를 갑니다.

Vanilla Zen

- **명인** 법화림 김기연
- **분야** 신점
- **위치** 서울특별시 용산구

- **상담** 방문, 전화 상담 가능
- **복채** 5만 원

099
점술 평론

춘천
이쁜이네 집
이순덕

💬 명인의 한마디
**모든 일에서 성공하시길
기원합니다.**

32세에 신이 실려서 지금 80세 연세가 되신 무속인이십니다. 옛날에는 나라굿도 하셨다고 합니다.

무속인 생활이 50년쯤 되신 터라 처음에는 신기神氣의 지속성 문제도 생각해 보기는 했습니다. 기도를 부단히 해야 신발神發 신빨을 유지하는데, 그 부단함이라는 것이 사실 참으로 힘이 들거든요. 그런데 점술 카페에서 후기가 좋아서 일단 부딪쳐보자 싶어서 연락을 해봤습니다. 후기를 쓰신 분이 전화번호를 네 가지를 남겨주신 것을 봤는데, 모두 맞는 번호가 아니라서 다시 물어물어 알아냈습니다.

처음 연결됐을 때 전화로 상담받고 싶다고 말씀드렸습니다.

"이런 건 직접 봐야지. 그냥저냥 보면 안 돼."
일단 전화로 안 봐주시려고 하네요. 제가

춘천에서 멀리 산다고 심약한 목소리로 흐르듯 호소하자, 선생님 목소리가 흔들렸습니다. 첫 음성만으로는 60대로 느껴졌으나, 사람을 감싸 안고 도는 품이 넉넉해서 그 순간에 연세가 더 되는구나 싶기는 했습니다. 우리가 외할머니에게 갖는 원형처럼, 푸근하고 인정 많고 "그래 다 이해한다."라는 그런 느낌이 물씬 났지요.

신빨 문제를 고려했다고 위에서 제가 썼는데, 생년월일을 물으시더니(생시는 안 물으심) 탁 첫 질문이 나왔습니다. 질문을 보니 신빨이 불붙어있는데요.
"사업을 하시다가 더 보탠 거 있는 거 아냐?" 이 질문에서 그만 목이 턱 막히더군요. 이 질문은 통상 제 나이의 여성이 점을 본다고 할 때, 소위 '겐또'로 나올 수 있는 첫 질문은 아닙니다. 그다음 풀어내시는 말씀이 명리 간명과 똑같습니다.
"돈복이 있고, 어디를 가도 까막까치가 물어다 주는 형국"이라는데, 맥락상으로는 사주와 같건만 오, '까막까치가 물어다 준다'니, 표현 역시 너무나 민속적 아닌가요. 여기서부터 신빨에 대한 처음의 우려는 무너지기 시작했습니다. 그리고는 무엇이 신기를 유지하는 원인이 되었는지도 알게 됐네요. 아프고 슬픈 내력이 있으시더군요.

서른두 살에 신내림을 받은 이후, 미국 일본 중국까지 알려져 손님이 오고,

정치인들(누군지 듣고 놀랐습니다)의 점도 봐주시고, 전국에 발 안 간데없이 다니며 굿도 하고 작두도 타도 앉은 축원도 다 하셨었다고 합니다. 당시는 이쁜이네 집 보살을 모르면 간첩이라고 했다고 하시는군요.
그런데 부부간 불화로 이런 무업巫業을 못 하게 신당을 두드려 부수는 것을 말리다가 그만 눈을 다쳐 시각장애인이 되셨다고 합니다.
"내가 앞을 못 보니 진짜 신으로만 판단해요."

"올해는 사방은 열려있지만 딱 쥐이는 것이 없다."하셨는데, 그때 사실 그랬습니다.
"귀주는 팔자에 돈이 많고 평생에 돈에 진짜 애타게 속 썩는 것은 1~2년뿐이야. 잘 될 만하다가 툭 터지는 인간 곤혹이 있었는데 그게 두 번 있었어." 맞습니다. 대인관계가 좋고 크게 먹고 크게 쓴다고 하시고요. 사람들에게는 평생 세 번의 운이 오는데, 7년 운, 10년 운, 15년 운이 있답니다. 저는 2021년부터 굉장히 좋은데 이번에 7년 운으로 온다고 하십니다.

그런데, 제가 점을 어지간히 많이 봤어도, 다음과 같은 신기한 일은 처음입니다.
"앞으로 일주일 내에 약속이 있는 사람을 조심해. 그 사람을 믿지 마."

아 제가 혼란스러워지기 시작했습니다. 제가 점을 본 날이 화요일이었는데, 그 주에 약속된 사람이 다섯 명이었어요. 네 명은 평범한 비즈니스 관계여서 별반 문제가 없었지만, 딱 한 분이 제 사업에 중요한 영향력을 가진 사람이고

> **"** 내가 앞을 못 보니 **"**
> 진짜 신으로만
> 판단해요.

인품으로도 제가 신뢰하는 분이었어요. 이 사람을 조심하라고?? 그런데 어떻게 됐는지 아세요? 그분이 급체했다며 점심 약속을 취소하자는 전화가 온 겁니다. 이게 바로 말로만 듣던 '역공수'였습니다. 결론적으로는 그 사람은 믿어도 된다는 것을 말해준 미묘한 셈법이었지요.

한 달 전부터는 단골들이 하도 전화들을 해서 귓병이 나셨답니다. 코로나 때문에 다들 전화로 점을 보려고 한다는 말씀이신 거지요. 그래서 투명 아크릴 칸막이를 설치해서 보려고 하신답니다. 저보고 꼭 찾아오라시며 주소까지 불러주셨네요. 점 보는데 너무 빠져도 안 된다고 하시면서, 다 맞히지는 못하니 반만 믿으라고 하십니다. 제대로 보려면 꼭 직접 와서 보라고 여러 번 말씀하셨고요. 이쁜이네 집 이순덕 할머니께서 모쪼록 늘 건강하시고 편안하시기를 진심으로 기원합니다.

바닐라 젠의 코멘트
직접 가서 공수받으신 분들의 후기가 많았습니다. 젊은 층이 더 선호하는 듯하고 인간관계, 애정운 잘 보십니다. 사진은 "눈이 불편하셔서 얼굴 사진은 못 드리니, 내가 좋아하는 해당화 사진을 넣어주세요."라고 하셔서 넣은 사진입니다.

Vanilla Zen

- **명인** 춘천 이쁜이네 집 이순덕
- **분야** 신점
- **위치** 강원도 춘천시

- **상담** 방문 상담만 가능
- **복채** 개인, 가족 전체 구분 없이 모두 5만 원

100
점술 평론

청도
막걸리 도사

> ⊙ 명인의 한마디
> **인간이 왜 사노?**
> **조상을 믿어라!**

블로그 구독자께서 보내주신 청도 막걸리 도사님의 후기가 인상적이어서 우선 인용하고 시작하겠습니다.

얼마 전 막걸리 도사님이랑 예약하고.
점사를 받았습니다.
사람들이 자꾸 오전에만 예약 원하신다고
투덜거리시면서, 본인은 오후에 술을 많이 드셔야
점사를 잘 본다 하셔서,
오후로 예약하고 봤습니다.
할아버지랑 대화하시는 듯하시더니,
좋은 일이 있을 거라고 설 지나서 방생을 꼭
하라고 하시더군요. 설 지나고.
바닷가에 방생하고 왔구요.
제게 좋은 일이 생겼습니다.
복권 2등에 당첨되었거든요^^
너무 좋은 일이 생겨서 바닐라 젠님께
말씀드리고 싶었습니다.

예전에는 부산에서 '연산동 막걸리 할아버지'라는 명칭으로 유명하시던 분입니다.
찾아갈 때 막걸리 한 병씩 사서 가면, 점을 보면서 함께 마시거나, 못 마시는 분들은 한 잔 받아드리거나 했던 것이 '막걸리 할아버지'라는 명칭의 유래입니다. 저는 직접 가는 것이 아니고 전화로 보는 것이라서 복채에 막걸리 한 병값을 더 보내드렸습니다. 아주 약소한 금액이었지만, 몹시 좋아하십니다.

저는 막걸리 도사님이 명리로 보시는
줄로 잘못 알고 있었습니다. 이름과
생년월일을 드리자, 조금 있다가 요령
소리가 전화기 너머로 들려왔습니다.
"요령 소리 들리지요? (신이) 오셨다는
뜻입니다."
그제야 저는 신점으로 보시는 분이라는
걸 알게 됐네요. 모시는 신이 조상신으로
할배신이신데, 그 신명께서 막걸리를 꼭
청하기 때문에 막걸리를 마셔야 한다고
하시는군요.

"묻는 것에만 대답하세요."로 일단
말문을 여십니다.
말씀 중에 "내가 말하면서 '제가~'라고
말하는 건 할배를 의미합니다."라고도
덧붙이시는군요.
막걸리 때문에 보통 갖게 되는 느낌,
그러니까 컬컬한 목소리에 털털할 것이라는
짐작과는 달리 무게감이 있습니다. 경상도
사투리를 아주 많이 쓰시는데, 목소리는
이지적입니다. 교수나 의사, 고위직
공무원들도 단골이라고 하시네요.
첫 질문은 이랬습니다. "이번 사업에 무슨
구상 하고 있나?"입니다. 사실 제 나이의
여성이 점을 본다면, 사업 구상에 관해 첫
운을 떼기는 힘든 일인지라, 좀 놀랐습니다.
사업은 올해 7~8월부터 운이 들어온다는
말씀이고, 국가 정책상 힘든 것도 있겠다고
하십니다. 회사 두 가지에 대해서는, 원래

“ ”
내가 모시는
신이 조상으로
할배신이신데, 그
신명께서 막걸리를
청하기 때문에 꼭
막걸리를 마셔야 한다.

운을 두 가지 다 주지는 않으니, 새로 시작한 것에 더 힘을 쏟으라고 하셨고요.

　제가 불佛줄이 세다고 하며, 요즘 몸이 안 좋은 것 아니냐고 하십니다.
뼈로 한창 고생할 시기여서 그렇다고 말씀드리니, 조상이 잠시 몸에 와있어서 그런데 곧 괜찮아진다고 하십니다. 그 얼마

전 꿈에 돌아가신 친정어머니가 보여서, 돌아가신 이래 정말 조용하시던 분이 왜 보일까 생각했었는데, 오, 좀 신통했습니다. 기도를 열심히 하라고만 하십니다.
"그리하면 몸이 나을낍니다." 할배께서 그리 가르쳐주신다고 하네요.
마지막 공수는 "돈복이 있고 손과 눈에 돈을 많이 가지고 있심다. 복 받을 낍니다."

바닐라 젠의 코멘트
신점 특유의 짜릿함을 여실히 느끼게 해주시는 분입니다. 서울 경기 지역 분들은 진한 경상도 사투리를 반도 이해 못하는 분들도 많지만, 그래도 어떻게든 알아들으시고는 적중되었다는 후기를 많이 올려주셨습니다. 전혀 모르고 있던 수술운을 들었는데 바로 다음 달 수술했다는 후기도 있었습니다. 막걸리를 너무 많이 드시는 것이 늘 마음에 걸립니다. 항상 건강하셔서 우리를 즐겁게 해주는 그 특유의 공수를 오래 들려주시기를 기원합니다.

● **명인**	청도 막걸리 도사	● **상담**	전화 상담만 가능
● **분야**	신점	● **복채**	3만 원
● **위치**	경상북도 청도		

101
점술 평론

지리산
건강원
박인상

> **명인의 한마디**
>
> **一切唯心造**
> 모든 것은 마음먹기에 달려있다.

속마음 타로라는 것이 있던데, 이 분은 '속마음 신점'입니다.

지리산 건강원 박인상 선생님은 신점을 위주로 하고 명리로도 보시는 분으로, 생시까지 넣으면 운율과 박자를 맞춘 점사가 쏟아집니다. 랩 같습니다.

60대 정도 연세이신데, 궁금한 상대방의 속마음을 놀라울 정도로 그대로 읊어내는 것이 강점입니다. 마치 상대의 속마음을 그 상대 본인이 불러주는 심정을 듣고 옮기는 듯 정확하게 말씀하셔서 쓰러집니다. 현 상황 파악은 짧아도 촌철살인입니다.

부부운이나 연인운을 잘 보신다고 그 일대에서는 이름이 나 있다고 합니다. 특히 배우자 바람 피우는 걸 잘 잡아내는 것으로 유명하셨답니다.

전화로는 잘 안 봐주시고, 본다 해도 전화로는 핵심만 봐주셔서 시간이 짧습니다. 직접 가서 뵈면 좋은 것이 손금과 관상도 함께 보신다고 합니다. 옛날에 청와대 직원들이 손금과 관상을 보러 찾아가곤 했다고 합니다.

여기는 제 지인이 자주 가는 곳이라서 추천받았습니다.

8년 전쯤, 50대 초반이던 지인이 처음 갔을 때, 대뜸 "지금 남편과 헤어졌고 새로운 남자가 들어왔네." 하시면서, 근데 그 남자가 진실하고 괜찮다고 하시더랍니다. 속궁합에 대한 뜨거운 공수도 있었는데, 제가 여기서 자세히 표현은 못 하지만, 아무튼 신기하게 똑같아서 지인도 쓰러졌다더군요. 지인은 딱 그 상황에서 재혼의 길흉을 물으러 간 것이었기에, "무릎이 방바닥에 닿기도 전에 맞춘다는 게 그런 거더라구요."라며 입을 못 다물던데요. 지인이 재혼을 고려하고 있는 그 남성의 마음을 죽 읊으시는데, 그 남자가 빙의한 듯, 속마음을 꿰뚫더랍니다. 결국 점사대로 지인은 그 남성과 재혼해서 완전히 새로운 인생을 살고 있답니다.

저는 전화로 봤습니다. 처음에는 띠부터 물으시고 그다음에 생시까지 물으십니다. 현재는 사업이 힘들다고 하시네요. 하는 사업은 저와 잘 맞고, 나이가 70대에 이르면 부자가 되고 80대에 이르면 갑부가 되니, 좌악 밀고 나가라고 하시네요. 뭐 갑부까지야 안 바라지만, 아무튼 신은 납니다. 운세를 설명하시면서, 안궁유복 등 여러 종류의 '00유복'을 말씀하시던데, 처음 듣는 용어이고, 어떤 점술에서 온 용어인지는

> **우리가 궁금해 하는 그대의 속마음을 말해주는 '속마음 신점'의 1인자**
> ────── 바닐라 젠

제가 알 수가 없던 것이 아쉽더군요. 말이 엄청나게 빠르셔서 자칫하면 내용을 놓칩니다.

저는 딱히 속마음을 들어보고 싶은 남자가 없어서 묻지를 못 했지만, 제 지인이 지리산 선생님을 흉내 내면서 옮긴 공수를 들어보면, 완전 랩입니다. "지가 나를 만나서 행복하고, 지가 내가 있어 기쁘고, 지가 내가 있기 때문에 사는 맛이 나고, 지가 내가 있기에 용기가 난다고 그럽니다." 우리가 언제나 목말라 있는 그대의 속마음이네요.

바닐라 젠의 코멘트
Vanilla Zen
제가 볼 시기에는 전화 상담도 간혹 해주셨으나, 지금은 전화 상담은 안 하십니다. 배우자나 연인의 속마음, 이성 관계의 길흉, 판도 파악에 능하십니다. 적중률 높고 후기가 좋습니다.

● **명인**	지리산 건강원 박인상	● **상담**	방문 상담만 가능
● **분야**	신점	● **복채**	5만 원
● **위치**	서울특별시 은평구		

102
점술 평론

방울동자
황지아

💬 명인의 한마디
**눈에 보이지도 손에 잡히지도
않지만 신은 늘 우리와 함께하고
있습니다.**

댓글로 자주 교류하는 다정다감하신
구독자님 한 분께서 후기와 함께
추천해주신 분입니다. 추천 글과 후기는
다음과 같습니다.

젠 선생님, 모처럼 반가운 글이 올라와 있네요.
여기는 어제까진 정말 덥더니 오늘은 비가
내리면서 갑자기 추워졌어요. 선생님 갑자기 변한
날씨에 감기 조심하세요.
저는 신점은 좀 무섭기도 하고 굿이나 부적
쓰라는 곳이 많아서 가지 않았는데, 며칠 전
지인이 정말 용하고, 아픈 곳 잘 보는 곳이라고
하여 보러 갔었어요.

특이하게 그림으로 보시고 설명해주시고, 미래의
모습을 동영상처럼 보시더라구요. 지금까지는 잘
맞는 것 같아요. 그리고 주변 지인도 몸 아픈 건
신기하게 정말 잘 맞췄어요.
젊은 여성이고요, 무속인 같지 않고 마음 편하게
대해주고, 상담비는 기본이 5만 원이고 가족
한 명당 1만 원 추가로 받아요. 전화 상담도
하시고요.
그리고 젠 선생님이 가르쳐주신 관음기도 열심히
하고 있어요. 정말 감사합니다. 그 기도로 너무나
많은 마음의 위안을 받고 있어요.

이 '동영상'이라는 표현에 마음이

사로잡혀, 전화 통화가 시작되자
방울동자님의 동영상 플레이가 언제
되려나 이제나저제나 기다리다가 먼저
내년 사업운부터 물었습니다. 우선 "돈을
벌기에는 이만한 사주도 없다."라고 하시니,
일단 다행입니다. 점을 보던 해 다음 해에
문서운이 들어오기는 하지만 금전운이 가득
차있지는 않다고 합니다. 4월까지는 굴곡이
있겠다고 하십니다.
아, 문서 애기로 들어가자, 드디어 동영상
같은 화경이 보이시는가 봅니다. 그대로
리얼하게 옮겨봅니다.
"내가 어떤 깜깜한 공간에 들어갔어. 양쪽엔
아무것도 안 보이고 내가 가는 긴 길만
보이는 거예요. 그 길을 죽 따라가니까 맨
끝에 두툼한 책이 몇 권 이렇게 턱턱턱
쌓여있어요. 지금 제가 보이는 '영적인

그림'을 제가 선생님께 설명해 드리고 있는
거예요."
"이 책이 턱턱턱 두세 권 정도 놓여있는데
밑의 책은 새카맣게 가려져서 잘 안 보이고,
위의 책 두 권 정도는 햇빛을 받은 것처럼
빛을 발하고 있어요. 짠하고 이렇게 보이는
거예요."

방울동자님의 설명으로는 이 책이
사업상 문서라고 했습니다. 문서가 있어야
그다음에 일이 되고 돈이 들어오는 것이니
일단 문서운은 좋다고 합니다. 그리고 책의
두께가 백과사전 정도로 보이니, 그만큼
많은 문서가 들어와 있다고 하시네요. 이 책
옆에 쌀이나 물그릇이 보이면 곧바로 다음
해에 돈이 되는 것이라서 더욱 좋은데, 그게
아쉽다고 합니다.

콩나물시루처럼 사람들이 바글바글 있는 장면도 보이는데, 그걸 봐서는 사람이 많고 인복도 따른다고 하십니다. 저 대신 TV를 보고 얘기해주는 것 같은 그런 느낌이라고 할까, 아무튼 신기한 경험입니다.

저 화경을 본 지 2년 된 지금, 출간할 책 원고를 정리하다가 블로그에 실었던 이 공수를 보고 깜짝 놀랐습니다. 그 당시는 사업운으로 물어서 화경에 나타난 책들을 문서로 해석해주셨지만, 지금 보니 직설적으로 '책'이 그대로 보인 것입니다. 작년 하반기에 갑자기 출판하게 됐으니까 당시엔 생각도 안 하던 일이었습니다.

> " 미래는 화경으로 보고
> 몸수는 직접 몸으로 느끼는
> 것을 말씀해 주는데
> 약명이 세서 아픈 곳을 잘
> 짚어냅니다. "
> ──── 바닐라 젠

공수 방식이 특이한데, 앞으로 올 일은 그림이나 동영상 등 화경으로 보고, 몸수는 직접 방울동자 몸으로 느끼는 것을 말씀해주십니다. 약명이 엄청 세서, 아픈 데를 짚어내는 것이라고 하네요.

통화를 하는데 머리가 굉장히 어지럽다고 하십니다. 저를 포함해서 이 집안에 기립성 저혈압이나 혈관 질환이 있는 사람이 분명히 있을 거라고 하십니다. 여기까지는 일반적인 증상들일 수도 있으니 그러려니 했는데, 아들이 치아 치료를 해야겠다고 해서 기절할 뻔했네요. 그 당시 충치도 많고 매립 사랑니가 있어서 치과를 다니고 있었거든요.

또 하나는 제가 귀 한쪽이 안 좋다고 하시던데, 오 이건 너무 합니다. 주차할 때마다 우리 강아지가 오른쪽 귀에다 바짝 대고 마구 짖어대는 바람에 오른쪽 귀가 멍하고 계속 이명이 들려서 병원에 갈 수준이었으니, 방울동자님 정말 약명이 엄청 센 것 맞습니다.

공수가 끝이 나자, 방울동자님이 신 받은 얘기로 자연스럽게 흘러갔습니다. 37세 무렵에 시아버지의 천도재에 갔다가, 그 자리에서 시아버지가 실려서 말을 했다고 합니다.

"니는 애비도 못 알아보나!!"

그날부터 바로 보이고 들리고 터져버렸다고 합니다. 주전자 같은데 사람들이 가득 차서 상반신을 내밀고 밖으로 나오려고 팔을 뻗고 하반신은 낑겨서 못 나오는 장면도 계속 보였답니다. 이건 모셔야 할 신들이 그만큼 가득 찼다는 의미였다고 합니다. 그 후 3개월 만에 애동 무당이 되셨다네요. 무당이 되고 나서도, 영상이 보이는 자신이 미친 것이라 생각했는데, 보이는 화경들이 실제로 현실에서 벌어지는 것을 보고 나서야, "아, 이게 현실이구나!" 하는 것을 깨달았다고 합니다. 영화 제작사에서 찾아오기도 했고, 영화 <사자> 제작자도 찾아와서 큰 관심을 보였다고 합니다.

몸주로는 할매를 모시고 있습니다. "화경을 보는 무당은 명이 짧다."라고 방울동자님이 그러시던데, 화경을 볼 때 에너지를 그만큼 많이 쓴다는 의미이겠지요. 성무成巫 과정에서 기존 무속계의 병폐를 느끼고 가난과 정직함 사이에서 갈등하면서, 아주 드문 재능인 동영상 화경을 보는 젊고 참신한 무속인의 패기 넘치는 목소리가 지금도 인상적으로 남아있습니다.

눈에 보이지도 손에 잡히지도 않지만
神은 늘 우리와 함께 하고있습니다.

바닐라 젠의 코멘트
동영상으로 미래의 모습을 보며 아픈 것을 몸으로 직접 느끼는 방식의 공수가 리얼하고 신통합니다.

Vanilla Zen

- **명인** 방울동자 황지아
- **분야** 신점
- **위치** 대구광역시 달서구

- **상담** 방문, 전화 상담 가능
- **복채** 1인 5만 원, 추가 1명당 1만 원

103
점술 평론

팔도시장
천수千手
김연희

💬 명인의 한마디
마음에서부터.

사주를 섞어서 보시기도 한다고는
말씀하시는데, 저는 신점으로만 봤고 신점
공수만으로도 답이 충분하게 느껴졌습니다.
목소리만 듣기에는 40대 정도의 여성이시고
순수하며 친절하고 겸손합니다.
천수 선생님의 신기에 불이 활활
붙어있다고 느껴졌습니다. 화경畵境과
소리를 듣고 전해주시는데, 진짜 눈앞에
보이듯 설명하십니다. 저는 모 신도시
인터넷 카페에서 이 분을 알았는데, 제가
'팔도시장 찬수'로 블로그에 글을 올려
사실은 그 이름이 더 알려져 있기는
합니다만, 원래대로 '천수千手'로 수정해서
제목을 잡았습니다. 천수천안 관세음보살을
의미하는 듯합니다.

천수 선생님의 공수는 일단 이름과
나이만 드리는 데에서, 오염되지 않은
신점이 맞구나 하는 생각을 했습니다.
그다음, 이런 말씀을 하시네요.
"제가 내림굿은 안 받아서 무당들처럼
자불 대지는 못하지만, 궁금한 것을 물어봐
주시면 제가 느끼는 대로 설명을 잘해드릴
수 있어예. 간혹 되게 좋다 되게 나쁘다를
(신명들이) 짚어주실 때가 있는데, 그러면
느끼는 대로 설명해드리겠습니다."

저는 부동산 운, 아들은 지금 큰 병원의
인턴인데 지원하는 과의 레지던트로
뽑히겠는지, 두 가지 질문을 했습니다.

> "제가 내림굿은 안 받아서 무당들처럼 자불
> 대지는 못하지만, 궁금한 것을 물어봐 주시면
> 제가 느끼는 대로 설명을 잘해드릴 수 있어예.

신점은 단시점 점단식으로 질문을 구체적으로 하시는 것이 좋은 것은 여러분들 잘 아시지요. 사실 부동산 운도 흐름 보다는 특정된 사안으로 질문하는 것이 좋습니다. 아 참, 천수 선생님은 복채 한 번에 한 가족을 다 봐주시기는 합니다만, 정말 필요한 사람만 보시는 것이 아무래도 집중도가 높아지겠지요.

부동산은 "한 바꾸, 두 바꾸" 그러니까 2023년 생일 이후로 돈이 되기 시작한다고 합니다. 싹 풀어내는 힘도 좋고, 할 때마다 엽전이 짤랑짤랑 붙어 들어오는 것이 보이고 들린다고 10년간 돈을 많이 벌겠다고 하십니다.

한 가지 신기한 것은, 묻지도 않았는데 연필을 꽉 쥐고 있고 그 연필이 주욱 잘 그려져 나가는 것이 보여서 누구를 가르치거나 공부하거나 상담해주거나 하는 기운이 보인다고 합니다. 제가 곧 책을 쓰게 되리라는 것을 그때 예측하신 듯하니 신기하지요.

결국 제가 못 참고, "선생님, 그런 게 눈에 보이세요?" 했더니, "예!" 그러시네요.

아들의 경우는 답이 가부간 확실한 것이고 제가 아들의 상황을 잘 파악하고 있는 터라서, 천수 선생님 공수의 정확성을 파악하기에 좋았습니다.

경쟁자의 점수가 A이기는 하나, 아들은
A+로 나오기 때문에 레지던트로 뽑힐
것이라고 하시며, 지금 이미 인정받아서
아들을 향해 '손가락을 모두 가리키고
있다'고 상황 묘사를 하시는데, 이 묘사가 딱
맞습니다.

천수 선생님이 레지던트 채용 과정을
아마도 자세히 모르실 건데도, 이 표현이
정확한 상황입니다. 레지던트는 지원하는
과의 교수진 전체, 선배 레지던트 4년
차까지 모두 평가를 하거든요.

순수하고 예리하고 정확해서 사람들한테
마음으로 받는 의사가 될 거라시니, 듣던 중
덕담입니다.

아파트 매매 건을 물었습니다.
집 자체에 나쁜 기운이 없으니 머지않아
나갈 건데, 어떤 비방을 써보라 하시면서
방법을 하나 알려주셨습니다. 그렇게 하면
좀 더 "땡겨들일 것 같다."라고 하십니다.
제가 절대로 무속인의 말은 안 듣는데, 냉큼
마트로 달려가서 사다가 그날로 집안 일곱
군데에 갖다 놓았네요.

바닐라 젠의 코멘트

후기가 좋은 분입니다. 신점이라서 가능하신 분들은 아무래도 직접 가시는 것이 낫습니다.
Vanilla Zen   화경의 묘사가 무척 신기하며, 육효 묻듯이 세부적 질문으로 하시는 것이 좋겠습니다.

- **명인**   팔도시장 천수 김연희
- **분야**   신점으로 거의 보시고, 때로 사주로도 섞어서 보심
- **위치**   부산광역시 수영구

- **상담**   방문, 전화 상담 가능
- **복채**   5만 원

104
점술 평론

해선암
김보살

> ● 명인의 한마디
> **신령님의 공수로 어려운
> 인생에 조력자가 되겠습니다.**

　　해선암 보살님은 블로그 구독자님께서
추천해주신 분입니다.
추천의 글은 다음과 같습니다.

젠님 안녕하세요.
이제껏 젠님 블로그의 추천으로 총 20분
정도 간명 받았습니다. 보통 큰 궤를 비슷하게
말씀해주시며, 완전히 잘못 짚으신 분은 두 분
계시네요. 대부분 참 훌륭하셨습니다.

구독자님들의 추천을 받으신다는 말씀에 저도
추천해 드리면서 어떠신지 젠님께 고견을
여쭙고자 합니다. 제가 여쭙고자 하는 분은,
해선암입니다.
해선암의 경우 문의하는 사안에 대해 상당히
정확한 답을 주십니다.
철저한 검증으로 블로그에 글을 올려주시듯 한번
확인 주시면 감사하겠습니다.

음성으로는 30대 정도의 젊은 여성으로 느껴졌습니다만, 실제는 50대 중년이시라고 합니다. 약간의 비음이 섞인 화통한 목소리로, 친절하십니다.
질문을 넣으면 휘파람을 불고 방울을 흔드는 소리가 들려오는데, 휘파람 소리가 묵직하고 두세 번씩 붑니다. 휘파람 부는 간격이 길어지면 침묵이 깔리고 저절로 침이 꼴깍 넘어갑니다.

요즘은 상담자분들의 요청이 많아서 가족 또한 추가 복채를 받지만, 당시에는 식구들 모두 간단히 봐주시던 때입니다. 저는 다른 가족은 딱히 질문 사항이 없어서 아파트 매매와 아들의 레지던트 건을 여쭤봤습니다. 이름과 생일까지 넣습니다. 생시는 필요 없습니다.
저는 점을 볼 때 항상 제 원래 이름을 안 쓰고, 작명 받아서 그냥 일상에서 쓰는 이름을 넣습니다. 그런데 이러십니다.
"이 이름이 아니라고 나오는데요?"
어머나, 원래 이름을 냉큼 내드렸습니다.

저는 삼재가 2022년 쌍으로 들어오는데 사업에서는 무난하게 평타를 치다가, 2024년 나갈 삼재부터 매우 좋다고 하십니다. 들어올 때 몸으로 치는 삼재이니 부인과 갑상선·유방 쪽은 꼭 자주 검진을 받아보는 것이 좋고, 병원에 자주 가면 되는 문제라고 하셨습니다.

이 공수를 들은 것이 2022년 7월 중순이었는데, 두 달쯤 뒤에 뜬금없이 유방암 검진을 받아봐야겠다는 생각이 강하게 들었습니다. 그때 그 갑작스러운 충동이 해선암 공수의 무의식적인 영향이었는지 아닌지는 모르겠지만, 아무튼 그 공수가 기억난 것은 유방·갑상선 클리닉에 가서였습니다.
검사 결과에 생전 들어본 적도 없는 미세석회화라는 것이 난데없이 나왔습니다. 부위가 아주 작은 상태이기는 했지만, 맘모톰으로 조직검사를 해보자고 의사가 그러더군요. 바로 그때 해선암 생각이 났습니다. "수술이 아니면 시술이라도 할 거라더니, 이거네."
많은 검사를 거쳐 11월 중순에 대학병원에서 나온 결과는 고위험군이기는 해도 관찰만 잘하면서 가면 괜찮겠다는 최종 진단이 나왔습니다. 석 달에 걸친 혼돈이 그렇게 끝이 났지요. 아마도 다음 해 정기 검진까지 두었으면 문제가 커졌을 수도 있는, 엄청나게 운 좋은 케이스였던 것 같았습니다.
사실 제가 바닐라 젠 블로그의 역술 명인, 용한 점집 찾는다고 그렇게 많은 점을 봤어도, 건강에 대해 이처럼 구체적인 양상으로 적중한 곳은 해선암이 유일해서 참으로 놀라울 따름입니다.

매매 건에 대해서는 해당 물건지 주소를

555

부르라고 하십니다. 긴 텀으로 휘파람 두 번, 이어서 "음……." 하시며 숙고하는 소리…….
양력 9월~10월에 임자가 나서긴 하는데 삼재라서 운이 약하니, 나서는 사람 있을 때 잘 잡아보라고 하시네요. 그러고 나서 하시는 말씀.

"이것 말고 다른 물건이 보이는데요. 다른 데 정리될 게 또 있다고 나오는데요."
회사 명의의 건물이 정리할 것이 하나 있거든요. 신기하지요?
아들을 여쭤봤습니다.
"운이 굉장히 좋은데요."
칼을 대고 피를 보는 쪽으로 전공을 너무 잘 잡았다고 하시면서, 원하는 그 과에 분명히 들어간다고 하십니다. 경쟁자에 대해서는 사고방식이 보통 사람하고는 다른 사람인데, 게임이 안 되니 걱정하지 말라고 하시네요. 근데 그 경쟁자가 사고방식이 독특한 것을 대체 어찌 아셨을까요.

해선암 보살님의 공수 스타일에 있어서는, 가능한 한 세부적 질문을 많이 준비하시면 공수를 전략적으로 잘

활용할 수 있습니다. 추천하신 구독자께서 "여쭤보는 사안에 상당히 정확한 답을 주신다."라고 말씀하신 이유를 알 듯합니다. 육효점 보시듯, 구체적인 질문으로 미리 메모해서 준비하시면 좋으실 듯하네요.

> **" 건강에 대해 이처럼 "**
> **구체적인 양상으로 적중한**
> **곳은 해선암이 유일**
> ———— 바닐라 젠

바닐라 젠의 코멘트
Vanilla Zen **신점 분야의 스타입니다. 적중 후기가 엄청나게 들어온 분입니다. 신점이니 아무래도 직접 가시는 것이 낫긴 합니다. 구체적인 사안 위주로 질문을 세부적으로 잘 준비하시면 더 좋습니다.**

• **명인**	해선암 김보살		• **상담**	방문, 전화 상담 가능
• **분야**	신점		• **복채**	개인 5만 원, 가족 10만 원
• **위치**	경기도 남양주시			

105
점술 평론

군자역 도사
김경란

**손가락질하지 말자. 두 개는 타인을
향하지만, 세 개는 나를 향한다.**

중년의 여성 무속인으로 <효수암>에
계십니다.
군자역 도사님은 블로그 구독자님께서
추천해주신 분입니다.

올 초에 운세를 여쭌 선생님이 계신 데,
신점으로 보시고 연월생시는 물으십니다.
저는 학교 선배 통해 '군자역 도사님'이라고만
듣고 연락처를 여쭈어 점사를 보게 되었는데 중년
여성분이셨습니다. 조부모님 직업, 아버지 관련,
조부모님 대 복잡한 가정사 등등 말씀드리지 않은
과거나 인적 사항을 아주 잘 보세요.
당시 대인관계로 많이 힘들었던 일이 있었던 터라
여쭈었는데, 조상복이 있으니 견디면 잘 해결될
거라고 말씀 들었는데, 그렇게 되었습니다.

가장 신기했던 건 집에 침대가 창문과 나란히
있지 않냐고, 할머니가 방향을 바꾸라고 하시니
집에 가면 바꾸라고 하시더군요. 침대 방향을 한
번에 맞추신 건 용했습니다.

저는 전화로 상담했는데, 똑 떨어지고
명확하며, 공수 스타일이 특이하십니다.
궁금한 사안 위주로 진행하며, 도중에 그
자리에서 사안을 정리해서 몸주 할머니께
기도를 올립니다. 또한 중간 중간에 비방을
알려주시는 것이 군자역 도사님만의
주특기인 듯합니다.
중간 기도와 비방을 축으로 공수를
진행하는 방식이 낯설고도 유니크하게
느껴졌습니다.

처음에 사주를 드리고 나면 "뭐가 궁금한가?"로 바로 들어가십니다. 우선 전반적 사업운부터 여쭤봤습니다. 사업운에 대해서는 "이걸로 숨 쉬고 여태 살았는데, 뭘 걱정하냐?"라고 할머니가 그러신다고 하시네요. 요즘 경기가 최악이라도, 사업은 올해 동지 지나서 내년 들어가면 매우 좋아지고 문서운을 잡는다고 하시네요. 매매운을 여쭤봤습니다. 물건의 가격을 물으시더니, 매매가 안 되는 것은 체한 격이니 약국 가서 활명수 하나 사다가 뚜껑을 따서 현관문 앞에 놓아두라고 하십니다. 이런 것은 바로 유사율에 바탕을 둔 유감주술類感呪術의 한 형태이지요. 활명수 따놓고 하는 기도문까지 알려주십니다. 이 방법을 알려줘서 70억짜리 매물을 얼마 전에 매매한 손님이 있었다고 하시네요. 보통 100일 이내에 팔린다고 합니다.

그리고는 군자역 도사님의 몸주 할머니한테 기도에 들어갑니다. 이때 몸주와 바로 소통하는 것 같았고, 이때 화경을 보시는 듯했습니다.

> " 중간 기도와 비방을 죽으로 공수를 진행하는 유니크한 방식 "

"할머니, ○○생 ○○월에 우리 ○씨 안당 귀주님 금전문 열어주실 적에……."
기도가 이렇게 시작됩니다.
기도가 끝나면 화경으로 본 것을 알려주십니다.
"자, 노란 개와 흰 개가 나왔어요."
노란 개와 흰 개는 조상에서 보살펴주신다는 것이랍니다. 또한, "이 집의 할머니 한 분이, 본인의 몸주이신 분인 것 같은데, 내 도와주마 하시니 한번 해보세요."

그런데, 이 상황이 매우 리얼합니다. 화경을 본다는 것은 확실히 느낄 수 있었습니다.
마치 굿 현장에서 바로 공수를 받는 듯 신비하고 특별한 상담이었습니다.

바닐라 젠의 코멘트
화경으로 사진처럼 보시며 조상 관련, 집안 내력 등에 능하십니다.

• **명인** 군자역 도사 김경란	• **상담** 방문, 전화 상담 가능
• **분야** 신점	• **복채** 6만 원
• **위치** 서울특별시 광진구	

106
점술 평론

금성당 애동 강민진

◉ 명인의 한마디

흐르는 시간은 잡을 수 없지만, 기회는 잡을 수 있습니다.

금성당 보살님은 어릴 적부터 무병을 앓았으나, 10여 년간 무용인으로 지내다가 결국 신내림을 받은 애동입니다. 광주의 인터넷 카페를 통해서 알게 된 분으로, 레지던트 선발을 앞둔 아들 문제를 놓고 2022년 4월에 점을 봤습니다. 사업운은 사주로 보는 것과 크게 다르지 않은 흐름으로 나오기는 했지만, 특히나 금성당 애동님은 인연, 이성 문제, 그리고 합불을 정확히 예견하셔서 글을 씁니다.

30대 정도이시고 밝고 경쾌하고 친절합니다. 기도 등 권유는 일절 없었고 무속인들이 쓰는 전형적인 언어 사용도 없어서 편안했습니다. 사주는 생시까지 모두 드리고 본관도 알려드립니다. 생시를 물으시길래, 사주도 함께 보셔서 그러시는지를 여쭤봤더니, 순수 신점으로만 보시며 할머니가 일러주는 방식이 따로 있다고 하십니다. 금성당 애동님은 이북 만신 계열이라고 하십니다. 사주를 드리고 나면, "제가 일단 부채 방울을 흔들게요."라고 하시면서 발원에 들어갑니다. 발원이 단정합니다. "안팎으로다가 굽어살펴달라는 정성입니다. 멀리서 유선으로 찾아주었으니 (……) 알려주시옵소서." 점을 볼 당시가 4월이니, 늦가을 무렵에 있을 레지던트 선발까지는 치열한 경쟁을 뚫고 험난한 길을 가야 할 상황에 있었지요.

자꾸 무릎 두드리는 것이 보이는데 혹시
뼈 쪽이냐고 하시더군요. 아들이 정형외과
맞습니다.

올해는 새 출발의 해이며 기회의 해라고
하시면서, 경쟁자들이 밑에서 치고 올라오려
하고 자리를 넘보려고 하지만, 경쟁자가
그럴 자질이 안 되니 반드시 레지던트에
합격할 것이라고 할머니가 그러신답니다.

특히 신통했던 것은 아들과 여친의
문제였습니다. 사실은 이 애동님의 차후
적중률이 어떤지를 보려고 여친은 그냥
한번 물어본 거였었는데, 10개월이 지난

지금 와서 보니 둘의 인연과 변화 과정을
모두 맞췄으니 놀랍습니다.

아들의 여친도 당시에 함께 같은 병원
인턴이었습니다. 국가고시 성적도 뛰어난
재원이었고 호리호리하고 예뻤지요. 헤어질
기미 같은 것은 전혀 없는 상태였고요.
그런데 이렇게 말씀하시는 것이었습니다.
"다음 달이면 이미 이별수가 들어오고
올해 하반기에 헤어질 겁니다. 이 여자애가
머리가 똑똑하고 손재주도 많은데, 그러다
보니 자기 잘난 맛이 있고, 그러니 이기적
성향이 커서 자기밖에 몰라요. 이 여친
옆에서는 아들이 들러리 같은 느낌이

스스로 들 겁니다. 아닌 인연은 빨리 쳐내야 좋은 사람이 들어와요. 내년 초가 되면 새 인연이 들어올 겁니다. 결혼은 30대 중반이 좋은데 그때까진 두세 번 바뀌면서, 이런 만남을 통해서 진짜 자기 사람을 찾아가는 거지요."

고기가 물 만난 듯 공수가 쏟아졌는데, 결국은 놀랍게도 11월에 아들은 여친과 헤어졌습니다. 아들은 레지던트에 합격하고 여친은 역시 경쟁 많은 과에서 경합에 붙었다가 탈락하면서, 먼저 이별을

통보하더랍니다. 여친의 성격적 특성은 금성당 애동이 묘사한 대로입니다.

곧 새 인연을 만난다는 부분도 사실 믿지 않았습니다. 잠도 제대로 못 자는 격무에 시달리면서, 어느 틈에 새 여친을 사귀겠나 속으로 생각했거든요.

아하, 그런데 제가 지난주에 알아차렸는데, 서너 주 정도쯤 전부터 새 여친이 생긴 것이었어요. 아직은 제게 소개는 안 했지만, 같은 병원 내에 있는 사람 같았습니다.

그 인연 공수 한번 놀랍네요.

> **"** 고기가 물 만난 듯 공수가 쏟아졌는데, **"**
> 그 인연 공수 한번 놀랍네요.
>
> ❀──── 바닐라 젠

바닐라 젠의 코멘트

Vanilla Zen

경쾌하고 단정하며, 기도 권유는 일체 없습니다. 인연, 이성 문제,
시험 합불을 잘 보십니다.

• **명인**	금성당 애동 강민진	• **상담**	방문, 전화 상담 가능
• **분야**	신점	• **복채**	1인 포함 4인까지 10만 원
• **위치**	광주광역시 남구		

107
점술 평론

호주암

사랑하는 신도님들은 모두
제 가족입니다. 항상 고맙고
최선을 다하겠습니다.

73세의 안숙희 보살님은 부산에서 신점을 많이 보시는 분들께는 이미 유명한 분입니다. 제가 호주암 소문을 들은 것이 10년도 넘은 것 같습니다.

'호주암'이라고 이름 붙인 이유는 안 보살님이 호주분이시기 때문입니다. 외국인이 신점을 보신다니, 좀 놀랍지요. 정확히는 혼혈이십니다. 모습은 우리 할머니들 모습과 다를 바 없는 편안하고 후덕한 모습에 부산 사투리를 구사하시는데, 다만 오똑한 코와 아름다운 청회색 눈동자 때문에 문득 한국어 더빙된 화면을 보고 있는 착각이 들었네요.

예약 후 대기 기간은 약 3개월 정도 됩니다. 30분 간격으로 예약을 잡는 듯했습니다. 전화 상담은 안 하시기 때문에, 정말로 오랜만에 모처럼 신점 점집을 찾아갔습니다. 창밖으로 멀리 보이는 광안리 바다와 광안대교에 마음이 설렙니다.

아파트 거실에 들어가니 여성 두 분이 대화를 나누고 있었는데, 모두 자녀 공부와 진로 때문에 점을 보러왔다고 하시네요. 한 분은 다른 지방에서 소문 듣고 찾아왔고, 한 분은 부산 분인데 단골인 듯했습니다. 점 보는 것에 영판 문외한인 척하고, 이 두 분께 보살님이 용하시냐고 물어봤습니다. 한 분은 가족 4명을 봤는데, 마치 집에 와서 보고 간 듯이 상황을 아시더라고 했고, 단골인 듯한 또 한 분은 여태까지 학운이

" 푸근함에 더해진 뛰어난 "
'식識 스캔' 능력이 많은
단골을 지니신 비결
⊗──── 바닐라 젠

매우 잘 맞았다고 합니다. 과외 선생님 선택
문제로 신점을 보러왔다고 하셔서 사실 좀
놀라기는 했습니다. 호주암이 궁합을 잘
본다고 들었었는데, 실제로 가보니 의외로
중고생 학부모들이 멀리서도 찾아온 점도
특기할 만했습니다.

상담실 겸 신당에는 불상을 모시고 있고
불단 왼쪽에는 큰스님으로부터 받으셨다는
옥황상제 상이 있습니다. 몸주는 돌아가신
시어머니라고 하십니다.

30분 동안 가족을 모두 다 봐주시는데,
이름과 생일을 불러드리면 노트에
적으십니다. 그런데 생일까지 딱 쓰고
볼펜이 종이에서 떨어지자마자, 3초 안에
해당인의 현 상황이 줄줄 나옵니다. 장판에
무릎이 닿기도 전에 말하는 무릎팍 도사나
진배없는 듯합니다.

그다음부터는 공수를 주면서 노트에
필기하십니다. 그 필기가 몹시 신기해서
그걸 꼭 사진 찍어오고 싶었는데, 차마
대놓고 찍을 수가 없어서 결국 못
찍었습니다. 지금 생각하니, 참 아쉽습니다.
공수 겸 노트 필기는 대충 흉내 내면 이런
겁니다.

○○씨는 지금 사업을 두 개 놓고 마음이
'(노트에 씀) 갈등 갈등 갈등'
마음이 두 갈래 두 갈래 두 갈래
'(노트에 씀) 2 2 2 2' 이런 식입니다.
2 2 2 2 라고 쓰시는데, 머리카락이 쭈뼛
서더라고요. 사업상 두 가지 중에 한 가지
선택할 일이 있었거든요.
직접 보러 간 사람에 대해서는 노트 한
칸에 빡빡하게 반 페이지 정도 가득
쓰시는데, 중간중간에는 알 수 없는 복잡한
싸인 같은 부호가 들어갑니다. 그 부호가
뭔지 궁금해서 결국 못 참고, "선생님, 그
표시가 뭔데요?"라고 여쭤봤습니다. 하루
상담이 다 끝나면 그날 상담한 손님들의
중요한 문제는 모아서 기도를 그날그날
드리신답니다. 기도비를 받는 것이 아니고

그냥 드려주신다고 합니다. 복잡한 싸인 같은 그 표시는 기도할 문제의 표시라고 하시네요.

가족들의 현 상황은 정확히 보시는데, 확실히 현재 앞에 와있는 사람의 식識 대한 '스캔'이 확연히 더욱 명확했다는 점이 인상적입니다. 제 상황, 제 현재 생각, 감정, 입장, 전망, 아픈 곳 이런 것의 주요 맥락은 다 훑으시더군요. 사업상 귀인의 존재를 정확히 짚으셨고요. 무의식까지 탈탈 털리는 느낌이어서, 안 보살님 앞에 와서 앉아있는 사람에 대해서는 스캔이 아니라 MRI 정도 되는 것 같았습니다.

네 식구를 보니 30분이 훌쩍 넘어갔고, 뒤에 예약하신 분도 역시 단골이신 듯하던데, 심각한 부동산 문제로 기다리고 계셨습니다. 하루 상담을 마무리하고 나서 핸드폰을 보면 단골들로부터 보통 약 80통의 문자가 와있다고 하시네요.

배웅을 하시면서 말린 바나나 칩을 챙겨주시더군요.

이런 푸근함에 더해진 뛰어난 '식識 스캔' 능력이 많은 단골을 지니신 비결이 아니겠는가, 모처럼 눈부신 광안리 백사장으로 내려가 검정 비니루 봉다리에서 바나나 칩을 꺼내 먹으며 한 생각입니다.

바닐라 젠의 코멘트

Vanilla Zen

결혼 시기, 아픈 곳을 정확히 맞췄다 등 적중 후기가 많은 분입니다. 노트에 적으시면서 줄줄 공수 나올 때 잘 들으시는 것이 좋습니다. 궁합, 입시, 병점 잘 보십니다. 전화 예약은 보살님이 그 아파트에서 상담하시는 날인 월, 목, 토요일만 받습니다. 저는 월요일 오전 9시쯤에 전화해서 바로 통화됐습니다. 예약은 약 3개월 후로 잡힙니다. 상담 시간은 한 가족당 30분이고, 복채는 상담 후 신단에 올려놓으시면 됩니다.

● **명인**　호주암
● **분야**　신점
● **위치**　부산광역시 수영구

● **상담**　방문 상담만 가능
● **복채**　가족당 30분 5만 원

108
점술 평론

천무 天巫
애동 김아영

💬 명인의 한마디
비가 없이 무지개는 뜨지 않아요.

2021년에 내림을 받은 애동으로 노원구
당고개에 계십니다.
MZ세대인 듯, 젊고 상냥하고 친화력이
있습니다.
점 보기 전날 점심때, 유튜브로 랄랄의
얼큰한 무당 씬을 보고 뿜었던 터라 유독
더 맑게 느껴지네요. 랄랄 무당 씬 보신 분
많으시지요? 손님이 굿할 돈이 없다고 하자,
혀를 말아 초를 훅훅 꺼버리고 팥을 냅다
뿌리면서 "잡귀야 물러가라!!"
천무 애동님은 블로그 구독자님께서
추천해주신 분입니다. 추천해주신
구독자님은 어느 회사의 이사로 계신
명석하고 유능한 젊은 여성분으로, 점술
인싸이십니다. 추천 글을 공유합니다.

바닐라 젠님, 안녕하시지요.
최근 저희 맞은 편 사무실을 휩쓸고 지나간 신점
선생님 한 분을 소개해드립니다. 혹시 노원구
당고개 쪽에 있는 애동 들어보셨는지요?
점사비는 개인 5만 원, 가족 8만 원입니다.

그 자리에 없는 사람 점사를 볼 때는 사진을 보여주는 식이구요. 저는 가족 점사를 다 봐서, 가족들 사진을 한 장씩 보여드렸는데 사진이 전부 저희 강아지를 껴안고 있는 거라 엄청 웃으셨어요ㅋㅋ 윤대중 선생님을 알려준 로펌에서 지난달에 한바탕 휩쓸고 지나간 핫한 신점이라 저도 예약 잡고 다녀왔는데, 신기가 활활 타오르시는 것 같았어요.

다만 아직 애동이어서 점사를 보고 해석을 100% 정확하게 하는 건 아닌 것 같다는 점이 있네요. 방송을 자주 하시는 변호사님께서 키가 크고, 외모가 화려하신데 천무 애동님이 보시기에 방송 촬영장과 카메라가 많이 보인다, 월급 받는 직업은 아닌 것 같다고 혹시 모델 아니시냐고 물었다고 하네요.

저한테는 일반 직원이랑 경영진 그 어딘가 사이로 보인다, 일반 직원치고 아는 게 너무 많다고 하셨어요.

다녀오고 신기해서 제 대학 친구에게도 알려줬는데요, 누구에게 추천했다는 말도 한 적 없는데 제 소개로 왔냐고 물어보셨다고 하네요. 덕분에 그 친구는 처음으로 제 음력 생일을 알게 되었습니다.

저한테 "종교가 독실한가요? 따로 속으로 비는 게 많은가요? 많이 빌고 있는 사주인데요."라고 하셨어요. 방생 다니고 초파일에 등, 초 켜는 거 느껴지시나 봐요. 여튼 내용이 해선암 선생님과 많이 비슷했어요.

말씀을 참 아름답게 하시는 여성분이셨구요. 마지막에 "점 같은 거 보면 선생님들이 좋은 이야기 많이 해주시죠?" 하면서 배웅해주셨네요.

저는 전화로 봤습니다.

신점은 애동일수록 사실 직접 가시는 것이 좋기는 합니다. 위의 구독자님 말씀대로 애동이라서 신기가 활활 타올라서 보이기는 뜨겁게 잘 보이는데, 그것을 현실에 대입하는 과정에서 애동의 경험상 핀트가 조금 어긋나는 경우가 가끔 있으므로, 그때 당사자가 앞에 있는 것이 훨씬 낫습니다.

전화로 볼 경우는, 예약 전에 사진과 사주를 보내드리면 예약일 약속 시간에 전화가 옵니다.

본관을 알려드리면, 신명께 상담자를 고합니다. 방울이나 휘파람 소리는 나지 않고 "따락따락" 하는 소리가 나는 것으로 봐서, 오방기 돌리시는 것 같았습니다.

천무 애동님의 강점은 현재 처한 상황, 속마음, 현재 인간관계도, 특정인의 성격에 대한 세밀한 파악으로 느껴졌습니다. 자신도 모르게 마음속에 지니고 있던 특별한 감정선을 신기로 잡아내기도 합니다. 그 감정선이 현실에 영향을 주는 것일 경우는 해결책으로 어떤 공수를 주십니다. 이런 강점은 애정 문제나 인간관계의 판세와 판도를 읽고 풀어가는 데 적합해 보이네요. 제 경우도 가슴 속 깊이 있는 감정이나 현재 상황을 정확히 찾아내시는데, 그걸 제시하는 방법이 다른 무속인들과 달라서 인상적이었습니다. 즉 <공수 키워드>를 알려주십니다. 미리 보내드렸던 사주를 옮겨적을 때 올라오는 공수를 기록하신다고 하던데, 가령 제 공수 키워드로는 "우두머리, 대장 노릇, 사람 생각에 슬픔, 내 사업, 하고 있는 일, 부동산 명의" 등등이 나왔다고 합니다.
현 상황에서 내 주변에 있는 에너지 모음 같았습니다.

애동님도 이건 뭘까 하시는 것으로 '빨간 색깔 만신의대만신용 의례복'가 나왔다고 하시면서, 혹시 윗대에 무당이 있었던 건 아닌지 물으시더라구요.
그렇지는 않다고 말씀드리고 그 부분은 미해결인 것처럼 지나가기는 했는데, 그게 실은 빨간 갑옷의 위태천동진보살이었을 겁니다. 사찰 신중탱화의 정중앙에 보이는 동진보살은 금어金魚 불화를 그리는 승려에 따라서 묘사가 다른데, 저는 신중기도를 하면 붉은색 갑옷과 투구 차림의 엄청 영험한 동진보살께 기도하거든요. 바로 전날 밤 급성취 일로 화엄성중 기도를 했었던 터라서, 말은 안 했지만 속으로 너무 신기하더군요. 이래서 사람들이 애동 애동 하는구나 싶더군요.

사주로 간명 받을 때는 짚어내기 어려운 부분이 나왔습니다.
수년 내내 제 심중 저변에 깔려있다가, 최근 며칠 사이에 떠올라온 감정을 여지없이 읽어내서 이것 역시 신기했네요. 사람들 생각하면 슬프다는데, 제가 외모가 엄청 동안이고 화려해서 사람들은 제 속마음은 잘 모를 거라고 하십니다.
앞으로도 일복이 많이 남아있으며 우두머리 자리에서 일해야 한다고 합니다.

한 가지 특이한 것이 나왔는데, 이 부분은 역술 쪽에서 몇몇 선생님들, 즉 석우당 김재홍 선생님, 사과점 보시는 김연웅 선생님, 호라리 보시는 릴리 김봉건 선생님 정도에서 짚어주신 부분으로, 사실 저의 오래된 꿈이고 아직 서랍에서 꺼내지 않은 계획들이거든요. 이런 부분을 짚는 분들은 대단한 분들입니다.
천무 애동님이 혼자 축원하실 때 "만인을 도울 수 있는 사람"이라는 말이 나왔다고 합니다. 입에서 그렇게 나온 것이 처음이라서 "어, 이게 뭐지?"라고 하셨다는군요. 지금은 우두머리, 대표로 일하지만, 나중이 되면 알고 있는 지식을 풀어서 사람들의 마음을 돕는 일을 하게 될 것이라고 하십니다. 제 블로그가 구업口業의 그물에 얽혀드는 자극적이고 휘발성 강한 점집 탐방이 아니라, 다른 깊은 이유를 향해 흐르고 있다는 것을 아시는 분들도 많으신데, 그런 분들이라면 이 공수가 어떤 의미인지 대략 아실 듯합니다.

위에서 천무 애동님을 추천하신 분의 글에서 변호사님의 사례를 보시듯이, 제 아들 경우도 역시 유사한 공수가 됐네요. 애가 지금 병원에 있는 것이 보이는데, 혹시 어디 아프냐고 물으시더군요. 아들이 의사인데, 병원에 있는 것이 보인다는 것은 사실 놀랄만한 신기이기는 합니다. 아들은 '보기 드문 되게 특별한 사주'이고 밖에서 뽐내야 하는 사주, 앞으로 막힘이 없는 사주라고 하시며, 레지던트 후 가고 싶은 병원의 펠로우도 너끈히 된다고 합니다. 빠른 시일 내에 좋은 소식이 있을 것 같다고 하셔서, 덕담이려니 하고

지나쳤는데, 며칠 뒤에 아들이 '친절 의사'로 입원 환자로부터 추천받아 게시판에 붙었다며 신나서 사진을 보내왔네요.

빼놓을 수 없는 매매운을 여쭤봤습니다. 역술, 신점 막론하고 여태 매매에 관해 질문한 것이 거의 2년이 다 돼가는 것 같은데, 구독자님께서 어느 선생님의 매매 점사가 맞았는지 묻는 댓글들이 정말 많았습니다. 결론은, 하나도 안 맞았습니닼ㅋㅋㅋ 2024년이나 가야 매매된다고 하는 한두 분이 계셔서 "재수 없다!"며 덮어놓아

버렸는데, 깊이 반성하고 그 노트를 다시
꺼내야 할까 봅니다. 천무 애동님은 올해
음력 2~3월쯤에 나간다고 보시는군요.

　　보통 애동 시기를 5~7년 정도로
잡으니, 신내림 갓 2년 된 분의 활활 타는
신기를 잘 활용해보는 것도 좋겠습니다.
해석 방법과 경험과 노련함과 화술이 몸에
붙을 즈음부터 애동의 딱지는 떨어지는
것이거든요.
천무 애동님은 애동 특유의 장작불 같은
신기도 신기이지만, 힐링을 주는 특별한
장점을 갖춘 것이 느껴집니다. 점을 보고
나니 뭔가 편안해지는군요.

" 애동 특유의 장작불 같은 "
신기도 신기이지만,
힐링을 주는 특별한
장점을 갖춘 분
—— 바닐라 젠

　　우리에겐 '무당'이라고 하면 아직은 위의
저 랄랄의 무당 이미지로 각인되어 있지만,
이젠 세대가 서서히 바뀌고 있다는 신호
같습니다.

바닐라 젠의 코멘트
Vanilla Zen 전화 상담 가능합니다만, 신점의 특성상 직접 가시는 것이 낫습니다. 전화 상담인 경우와
다른 가족을 보실 경우, 최근 찍은 사진이 필요합니다. 현 상황, 묻혀있는 감정을 굉장히
예리하게 읽어내십니다.

- **명인**　천무 애동 김아영
- **분야**　신점
- **위치**　서울특별시 노원구

- **상담**　방문, 전화 상담 가능
- **복채**　5만 원. 추가 1인마다 1만 원

109
점술 평론

백문佰紋
김성문

⊙ 명인의 한마디

**항상 웃어라. 항상 노력하라.
그러면 성공한다.**

족상足相, 족문足紋, 즉 발 관상과 발금 전문가입니다.

제가 방송을 많이 타시는 분들이나 유튜브에 매진하시는 역술인·무속인들은 일단 제외하는 편이어서, 이런 제 방침으로 인해 자칫하면 훌륭한 역술인을 한 분 놓칠 뻔했습니다. 김백문 선생님은 희소한 발금 전문가이니만큼 방송에 많이 나왔고, <뭉쳐야 찬다>가 가장 최근 방송이네요. 국내에서 발금을 보시는 분들이 많지 않습니다만, 『마의상법麻衣相法』의 저자인 진희이 선생은 "발은 일신을 싣고 다니며 백체百體 온 몸를 운행한다." 하여, 발의 상 역시 중요한 것으로 봤습니다.

『마의상법』에 나와 있는 중요한 족상과 족문을 정리하면 다음과 같습니다.

『麻衣相法』한중수 역

① 발바닥에 아무 무늬도 없으면 빈천하다.

② 발바닥에 검은 점에 있으면 부귀하다.

③ 발이 크기만 하고 두텁지 못하면 하천하고, 두터워도 가로로 몽땅하면 빈곤하다.

④ 발바닥에 뱅뱅 돌려진 무늬가 있으면 명예가 천리까지 이른다.

⑤ 발바닥이 널빤지같이 판판하면 빈천하다.

⑥ 발바닥 오목한 곳에 거북을 숨길만 하면 부귀하다.

⑦ 발가락이 섬세하고 길면 귀함을 누린다.

⑧ 발바닥이 부드럽고 매끄러운 가운데 무늬가 많으면 귀하게 된다.

⑨ 발바닥에 거북 무늬가 있으면 높은 벼슬을
　하고 이름이 빛난다.

⑩ 발가락에 팔라문八螺紋이 있으면 부富로
　인해 귀貴를 누린다. 팔라문은 새끼발가락을
　제외한 여덟 개 발가락에 소라 무늬가 있는
　것을 말하며, 새끼발가락까지 무늬가 있으면
　십라문十螺紋이라고 하는데, 이것이 있으면
　오히려 비루하다. 열 개 발가락 모두에
　아무 무늬도 없으면 파패破敗 깨지고 실패함가
　빈번하다.

⑪ 발을 따라 일책문一策紋 채찍이 한번 지나간 듯한 긴
　세로금이 있으면 복록이 풍부하다.

　지금쯤 발바닥 들여다보고 계신 분들

있으신 거지요?
저도 발금을 보기로 작정하고 발바닥을
들여다봤는데, 오!! 무늬가 발바닥을 한가득
채우고 있는 거예요. 그것도 규칙적인
빗살무늬!!
'이야, 귀한 족문이구나' 하고 혼자
좋아했는데, 자세히 보니 실내 슬리퍼 바닥
자국이네요.

　김백문 선생님께 우선은 순수하게
사주만으로 봤습니다.
50대 후반으로 역술 경력이 근 40년이
되는 분입니다. 낭창하고 여유가 있고 유머
감각이 있어서, 상담하는 사람을 편안하게

해주는 장점이 있습니다. 관상으로도 그렇고
음성 상으로도 그렇고 재주 많고 명석한
느낌이 많이 드는 분입니다.
짤깍짤깍, 컴퓨터에 사주 원국을 띄우는
소리가 전화기 너머로 들려옵니다. 첫
말씀에 "어유, 부자 되겠는데요!" 하시고는,
이어서 특별한 부분을 짚어내셨네요. 역학에
큰 소질이 있는 사주라는 겁니다. 점술 평론
블로그를 하면서 쓰리 쿠션으로 역술을
하는 저를 어찌 알아보셨는가요? 김백문
선생님이 죽 통변 하시다가, "근데……."라고
하시는 순간이 있습니다. 그때는 특히 잘
들어야 합니다. 아주 깊은 속 갈피에 있는

어떤 것을 찾아내는데, 보통 명리로는 잘
나오지 않는 부분들이 툭 튀어나옵니다.
돌발적인 지적처럼 보이지만, 기가 막히게
맞습니다.
"근데… 가까운 사람에게 액이 있다."고
짚어내셔서 사실 깜짝 놀랐습니다. 올해
전반기에 일어난 일이었는데, 저와 아주
친밀한 친척이어서 제게 매우 중대한
영향을 끼친 일이었지만, 어느 역술인과
무속인도 그 일을 예측하거나 맞춘 분은
없었거든요.
사업에 관한 부분을 여쭤봤습니다. 그 해는
그냥 현상 유지만 하라는 것은 잘 보시는

> **"** 사주에서 나오는 게 있고, **"**
> 족상에서 나오는게 있어요.
> 족상은 리얼하게 나오죠.

분들이 공통으로 하는 말씀이기는 하지만, 김백문 선생님은 특히 사업의 패턴을 바꾸고 폭을 넓히는 부분에 대한 조언을 주셨는데, 그런 조언이 러프 하게나마 발상의 전환을 주더라구요.

"어디 보자. 좋은 일거리가 언제 보일 것인가… 내년 입춘 지나면서 새로운 것이 보이네요. 봄이요, 아셨죠?"

그리고는 다음에 덧붙이시는 말씀에 한바탕 웃었습니다.

"입춘부터 좋은 사업이 보이는데 그대로 하시면 돈을 벌겠어요, 안 벌겠어요?"

"(저는 이미 웃기 시작) 벌겠습니다!"

"아유, 많이 벌어요. 돈을 많이 버니까 혼자 쓰지 마시고 저도 좀 갖다주시고."

"ㅎㅎㅎㅎ"

이미 명리 간명으로 충분했으나, 사흘 뒤에 족상을 봤습니다. 족상만 별개로 봤을 때 사주로 보는 것과 어떻게 다른지를 보려고 일부러 따로 다시 상담했습니다. 발바닥과 발등을 찍은 사진을 보내라고 하십니다.

가장 궁금한 것을 여쭤봤습니다. 사주와 족상을 함께 보실 때, 어느 것에 더 비중을

두시는지가 궁금했거든요. 답은 이렇습니다. 흥미로운 대답입니다.

"사주에서 나오는 게 있고, 족상에서 나오는 게 있어요. 족상은 리얼하게 나오죠."

사진을 찍으면서 난생처음 제 발바닥 금을 자세히 봤습니다.

제 발바닥 금을 보니, 다른 잔금들은 저로서는 알 수가 없었고, 왼쪽 발바닥에 뒤꿈치부터 둘째 발가락 까지 세로로 굵은 줄이 선명하게 올라가고, 용천혈 조금 아래쪽으로 가로줄이 보였습니다. 크게 보자면 열 십자 모양이 뚜렷한 거지요. 한번 그려 보자면, 이런 발금입니다.

이게 대체 무슨 상일까요?

백문 선생님의 족상 풀이는 이렇습니다. 일단 좋은 족상이라고 하십니다. "행운이 찾아오는 발금인데요." 세로로 길게 올라가는 발금이 바로 행운선이라고 합니다. 나쁜 것은 다 지났고 나이가 들수록 점점 더 운이 좋아진다고 하고요. 이 세로줄이 위에 제가 정리한 『마의상법』에서 말하는 일책문—策紋 인 거지요. 김연아 선수의 오른쪽 발에 저런 세로줄이 있다고

합니다. 원래 저런 줄은 로또가 두 번 되는 발금이라고 하네요. 내일부터 로또방을 돌아다녀 볼까요?

아, 근데 갑자기 이렇게 물으시네요. 동시에 찬물 한 바가지.

"근데 한번 확 말아먹었어요? 아니면 아주 불행한 일을 겪었던가?"

헉, 어떻게 아신 건가요? 그제야 저 가로줄의 정체가 풀렸습니다. 가로줄이 바로 '장애선'이라는군요.

그 해는 사업 면에서 워밍업 기간이며 올해 봄부터 좋다고 나왔으니 명리로 본 것과 동일하게 나왔습니다. 사주로 볼 때는 가족에 대해서 특별한 말씀은 없으시더니, 족상 만으로 남편과 두 아이의 상태가 나왔고 매우 정확합니다. 특히나 큰 아이가 여름 전에 아팠던 것이 나왔는데, 발금만으로 신점 공수 같은 게 나오다니 참으로 신기합니다. 아무튼 신박한 발점을 보고 나니, <오징어 게임>의 달고나 우산 모양 하나를 성공한 그런 느낌이 드네요.

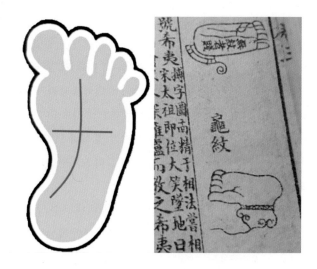

바닐라 젠의 코멘트

Vanilla Zen

전화 상담으로 족상도 함께 보시려면 발바닥과 발등 사진을 보내시면 됩니다. 아무래도 사진은 잔금을 놓칠 수가 있으니, 족상에 관심이 있으시고 철학원과 가까이 거주하는 분은 직접 가시는 것이 좋을 듯합니다.

● **명인**	백문 김성문	● **상담**	방문, 전화 상담 가능
● **분야**	명리와 족상 足相	● **간명비**	7만 원
● **위치**	경기도 성남시		

110
점술 평론

지공 知空
선생

手相

● 명인의 한마디
무슨 뜻이 있겠는가?

지공 선생님은 수상 手相 전문가입니다. 보통은 수상 手相이 곧 손금이라고 생각하는데, 손금은 수상으로 보는 여러 항목 가운데 하나입니다.

손의 상으로써 길흉을 점치는 수상 手相의 기원은 고대 인도입니다. 바라문교의 경전인 베다에도 손금에 관한 내용이 들어있습니다. 고대 인도로부터 그리스, 이집트, 페르시아, 중국 등지로 퍼져나가면서, 동양과 서양에서 각각 독자적인 수상학을 발달시켰습니다. 요즘에 우리가 생명선, 감정선 등으로 칭하면서 보는 손금은 그리스 수상학에서 연원한 서양식 수상입니다.

하지만 얼마 전까지만 해도 『마의상법』과 오행에 따른 체계로 보던 동양식 수상법으로 손금을 봐주시는 분들도 있었습니다. 제가 고등학교 때만 해도, 종로를 걷다 보면 좌판에 밥풀로 <수상>이라고 붙여놓고 동양식 손금을 봐주시는 당사주 할아버지들이 있었지요. 중국 주周나라에서 시작되어 우리나라로 유입된 동양식 손금에서는 중요선의 명칭을 갑을병정 등 십간十干에서 따왔습니다. 가령 생명선은 을기선乙奇線, 감정선은 병기선丙奇線입니다.

그리스에 수상학이 유입된 것은 기원 전 500년경 피타고라스가 인도를 여행하면서

배운 수상학에 심취해서 제자들에게
가르치기 시작하면서부터입니다. 특히
아리스토텔레스는 소아시아 지방에서
수상학에 대한 기록을 발견한 뒤 수상에
관한 본격적인 연구를 통해 수상학을
점술이 아닌 학문으로 정착시키는데
기여했습니다. 아리스토텔레스의 제자였던
알렉산더 대왕이 손금으로 정벌의 성패나
측근 인사의 길흉을 보던 것도 바로
아리스토텔레스의 영향이었습니다.
손금에 대해 아리스토텔레스가 한 말
가운데, 가장 직관적으로 우리에게 다가오는
것이 있어서 인용해봅니다.
"손금이 아무 이유 없이 인간의 손바닥에
그려져 있을 리가 없다."

지공知空 선생님은 손금으로만 보시는
분입니다.
1986년부터 수상학을 시작하셨으니, 적은
연세는 아니실 듯합니다만, 젊고 시크한
모습에 재간이 많은 음성을 가지셨네요.
인간적이고 편안하고 소탈하게 대화를
이끌어가십니다.

보통은 사주를 보면서 참고로 손금을
보는 것이 일반적인 경향이라서, 오로지
손금 만으로 한 사람의 특질을 보고 생애를
판단하고 예지한다는 것은 그리 쉬운 일은
아닐 듯합니다.
지공 선생님께 손금을 보고 나서, 사실 그간

손금을 보완재로만 인식하던 제가 이번에
제대로 한 방 먹었습니다.
명리를 통해 큰 틀 위주로 사주 상의 특성을
짚어내는 분들의 간명과 싱크로율 80%
정도에 육박하며, 사주나 신점에서 들어본
적이 없는 숨겨진 본질적 특성을 기가 막힌
언어적 딕션으로 풀어내셔서, 뭐랄까요,
뇌에 찌리릿 전기가 통했습니다.
지공 선생님은 2022년 8월에 블로그
구독자님께서 추천해주신 분입니다.

지공 선생님과 예약이 되면, 양쪽
손바닥과 손등을 찍은 사진 네 장, 나이와
주로 궁금한 사항을 적어 보내드립니다.
저는 재물운과 사업 전망을 위주로
봐주십사하고 문자를 넣었습니다. 통화
첫 말씀은 "손이 40대 초반의 손인데요.
남들보다 훨씬 젊어 보이시지요? 외모가
수려하고 분위기가 괜찮을 겁니다." 덕분에
제가 모처럼 텐션이 업된 상태로 손금
상담에 들어갔습니다.
사업 전망을 보려면, 이 손을 가지고 어떤
류類의 사업을 어떻게 하고 있는지를 아셔야
전망을 점칠 수 있다고 하십니다. 손금으로
볼 때 잘 맞는 사업이 있다는 의미입니다.
저는 수형手形이 아주 좋고 손이
귀격貴格이라고 합니다. 손금 자체보다
중요한 것이, 손의 격과 손의 형태라고
하시네요. 손금만 보는 것은 하수라고
합니다. 저는 지금까지 제가 손이 크고

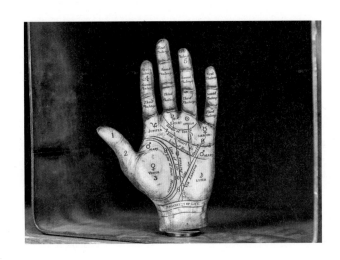

가늘고 손가락이 너무 길어서 분명히
손금으로 읽으면 팔자가 세다고 나올
거라고 생각했었는데, 아주 귀격의
수형이라니 의외였습니다.

지금 운세로는 사업의 과정이 짧은 것이
좋으며 공격형에서 수비형으로 바꿔 가는
것이 좋겠다는 중요한 말씀을 하십니다.
이럴 때는 여러 사람과 연결되어서 큰일을
도모하면 많이 복잡해지니, 어울려서 하는
사업은 하지 말라고 하시네요.
그러면서 하시는 말씀이, 수형이 대단히
좋고 특히 음성도 격이 높아서, 사주를 봤을
때 좋다 나쁘다 이런 것이 제게는 큰 의미가
없을 것이라고 합니다. 말하자면 비행기를
타고 움직이는 운세라서, 길이 막힌들
산사태가 난들 문제가 없다는 겁니다.

다음은 좀 더 세부적인 선과 형태로

들어갑니다.
생명선이 워낙 길상인데, 아마도
유전자적으로 좋은 집안에서 나고 자랐을
것이라고 합니다. 생명선이 이 정도로
길상인 여성이 잘 없다고 해서, 저도 사실
깜짝 놀랐습니다. 선생님이 수상학을
강의하실 때도, 생명선이 길상인 남성 또는
여성을 만나면 무조건 잡으라고 하신답니다.
검지를 보면, 큰 소리 없이 카리스마가
있으며, 많은 것을 소리소문없이 잘
극복한다고 나와 있다고 하네요. 매우
공감이 가는 특성입니다. 흥미로운 것은,
중지가 약지와 떨어져 있는데(사진
찍으려고 손을 쳐들면, 저도 모르게
자연히 더 붙거나 더 떨어지는 손가락들이
있던데요) 이런 상은 겸손하다는 의미라며,
만약 중지와 약지가 붙어있으면 잘난 척이
심한 사람이라고 합니다. 이거 신기하지요?
손금으로는 큰 운세와 큰 흐름이 잘 보이며,

병사인가 단명인가는 매우 잘 나온다고 합니다. 매매운은 볼 수 있지만, 매매 시기 같은 것은 손금으로는 알기 힘들다고 합니다. 제 경우 운세 흐름은 향후가 더 좋으며 재물을 많이 모을 것이며 오래도록 일한다고 하는데, 사주 간명과 동일합니다.

손금에서 보이는 제 특성과 운세를 코멘트하시면서 마무리가 됐는데, 사주 간명과는 다른 직관적 분석이 몹시 가슴을 두드리네요.
즉, 저는 내부적으로 굉장히 강한

무엇인가가 있다고 하시는데, 이유는 모르겠으나 그 말씀에 울컥하더군요. 겉은 유하고 부드러우나 속은 강한 내강외유의 성품이며, 스나이퍼이자 승부사로서 총을 깊숙이 감추고 있다고 합니다. "겉만 보고 유하고 여성스럽다고 잘못 까불다가 큰일 난다."고 하셔서 제가 조용히 오열했습니다.

그리고는 마지막 마침표의 말씀이 느낌표로 찍혔습니다.
"선한 영향력을 전하는 부자!!"
모쪼록 꼭 그리되기를 진심으로 빌어봅니다.

> " 사주나 신점에서 들어본 적 없는 숨겨진 본질적 특성을 선생님의 기막힌 언어적 딕션으로 풀어내실 때는 뇌에 찌릿 전기가 통함을 느낍니다. "
>
> ───── 바닐라 젠

바닐라 젠의 코멘트
문자로 문의드리면 전화 상담 진행 매뉴얼을 보내주십니다. 손가락 포함해서 손 좌우 앞뒤 사진 4장이 필요하며, 나이, 오른손잡이 여부, 상담받고 싶은 내용을 문자로 보내드리면 됩니다. 전체적인 삶의 특성과 정체성, 운세의 큰 흐름, 재물운 간명이 강점이고, 일반적으로 수상에서 기대하는 것 이상으로 세부적이고 구체적인 분석이 나옵니다. 책에는 연락처 공개를 원치 않으셔서 연락처를 첨부하지 않았습니다.

• **명인**	지공 선생	• **상담**	방문, 전화 상담 가능
• **분야**	손금	• **간명비**	40분 4만 원
• **위치**	부산광역시 중앙대로		

111
점술 평론

목경木耕
장광석

약속한 스타벅스에서 목경 선생님이 마스크를 내리자, 마치 일본 조동종曹洞宗 스님의 느낌이 물씬 나는 얼굴과 만났습니다. 은둔 선사禪師라 할까 은둔 기인이라 할까, 아주 특별한 방식으로 관상을 보는 분입니다. 제가 알기로 이런 형태의 관상 관법은 이 분이 유일합니다.

목경 선생님은 상대 얼굴을 보면 얼굴에 새겨져 있는 운명의 길이 산스크리트어나 히브리어로 겹쳐 보인다고 합니다. 아, 이건, <아이언 맨>이나 <마이너리티 리포트>에 나오는 증강현실과 같은 방식으로 얼굴에 정보가 겹친다는 의미 같았습니다. 증강현실의 관상 버전이고, 자연 장착된 증강현실 스마트 글라스 같다고 제가 일단 표현하고는 있지만, 아무튼 놀라운 능력입니다.

70세 초반의 연세이십니다. 세 살 때 명이 짧다고 절에 버려졌고, 절에서 세 살부터 38살까지 35년을 계셨다고 합니다. 스님으로 계신 것은 아니고 공부와 수행을 하셨는데, 영적인 눈이 뜨여 얼굴에서 산스크리트어 증강현실이 보이게 되기까지는 25년이 걸리셨다고 합니다.

우선은 나이와 성씨를 물어본 다음, 얼굴을 잠시 빤히 바라보십니다, 얼굴에 겹친 글이 보이시면, 그것을 노트에 받아적으십니다. 노트에 받아적은 글자는 산스크리트어나 히브리어는 아니고, 목경 선생님 나름의 기술記述 방식인 듯했습니다. 그냥 보면 스프링 모양의 낙서 같기도 합니다. 그 글을 바탕으로 관상에 나온 운명을 풀어주시기 시작합니다. 역학이나 신점에서는 나오지 않는, 가슴 속 깊은 곳에 묻어둔, 정말로 잊고 싶은 슬픈 역사가 두 개나 나와서 가슴이 서늘해지더군요. 신통합니다.

우선, 목경 선생님을 추천해주시고, 그 추천 글을 읽고 제가 서둘러 목경 선생님께 연락드린 계기가 된 분의 글을 먼저 인용합니다.

저는 현재 35살로 미국에 이민하고자 정착 중인 아이 엄마입니다.
저에게 정말 신기하고 놀라웠던 선생님은 목경 선생님이십니다.
대구에 사시지만, 이곳저곳 돌아다니시며 카페에서 만나 관상을 봐주십니다. 타고 오신 기찻값도 안 나오겠다고 말씀드리니 본인은 사람들을 도와야 명이 길어진다며, 목숨 업을 3번이나 넘겼다고 말씀하셨습니다.

서울시장 선거 당시 식당에서 함께 TV를 보고 있었는데, 제가 "이번 서울시장은 누가 될까요?" 하고 여쭤보니, "나는 OOO이 좋은데요, 오세훈이 운이 크겠지요." 하고 답하셨습니다.
대통령 선거 때는 전화 통화 중에 "이번 대통령 누가 될까요? 아주 난리던데…. 분위기로 봐선 이재명이 될 것 같아요." 하고 여쭤보니, "아니요. 이재명이 될 것 같지만, 곧 윤석열이 치고 올라옵니다. 지금 이재명은 대통령 못해요."라고 답하셨고 그 뒤로 정말 윤석열의 지지율이 오르고, 결국 윤석열이 대통령이 되었습니다.
혹시나 이 글을 보고 정치인들이 선생님을 찾아가면 그건 별로 안 좋아하실 듯합니다. 몇몇 정치인들 관상을 봐주고 좋지 않은 내용을 말하면 ㅈㄹ을 한다고 국회의원 정치인들은 안 본다고 하셨습니다. ㅎㅎ

"얼굴에 새겨져 있는 운명이
산스크리트어나 히브리어 글자로 겹쳐
보인다니, 아, 이건 <아이언 맨>이나
<마이너리티 리포트>에 나오는
증강현실과 같은 방식이었습니다.

⊛ —— 바닐라 젠

제가 자주 얼굴 사진을 찍어 카톡을 보내면서, 이런 내용들을 여쭤봤습니다.

오늘 컨설팅 일로 미팅을 했는데 일이 성사될까요?

목경 선생님 일은 당연하고, 오늘 평생 인연을 만났네요. 잘 두고 보시오. 내년 3월까지는 사귀지 말고 옆에만 두시오. 4월부터 사귄다 생각하시오. (4번이나 말씀하셨습니다.)

결과 말 안 듣고 연애했고, 3월에 아이가 생겨 결혼 했습니다;^^;

목경 선생님 영어 공부를 하시오. 미국에서 누가 부르겠어요. 그럼 가세요. 한국에서 벌 돈의 2배 3배 벌겠지요. 한국에 있으면 도둑놈이 많은데 미국 가면 돕는 사람이 많겠지요.

결과 정말 누가 불렀어요. 제 어머니의 사촌 동생. 엄마도 30년 전에 보고 한 번도 못 봤는데, 그 시기에 연락이 되어 미국에서 일할 사람 좀 보내달라고 한 인연이 되어 지금 여기 와있습니다.

제 관상을 보신 얘기를 해보겠습니다. 얼굴을 보시는 순서는 우선 전체 얼굴에서 읽히는 것, 그다음에 세부적으로 이마, 귀, 눈, 다시 전체 평, 그다음엔 물어볼 것 물어보라고 하십니다.

맨 처음에 인연에 대해서 짚으시더군요. 인연에서 악한 인연을 잘 넘겨야 한다는 것과 자식운에 대해서 말씀하시던데, 엄청난 내용이었습니다. 이어서 건강을 보셨는데 위장을 위해서 강한 음식만 가리면 무난하겠다고 하시더니, 혹시 술을 마시느냐고 했습니다. 술은 체질상 입에 못 댄다고 말씀드리니, 집안 조상에 술 귀신이 하나 있어서, 술병으로 돌아간 분이 있을 거라고 하시더군요. 저희 아버지가 술을 너무 좋아하셔서 결국 식도암으로 돌아가셨거든요.

이어서 "이마 함 봅시다." 저는 앞머리가 뱅 스타일이라서 훌떡 까서 보여드렸습니다. 학문에 재주는 있는데, 조상의 운으로 사업을 해야 한다고 합니다. "책 집필하는 것은요?"라고 여쭤봤더니, 책을 내는 것은 사업으로 본다고 하십니다. 베스트셀러 작가가 될 거라고 하시니 날아갈 것만 같습니다. 이마에도 인연이 나온다고 하며, 행行이 더럽고 맞지 않는 인연은 빨리 보낼수록 좋다고 다시 강조하시더군요.

귀를 보시자마자 거의 동시에 "아! 귀는 불성佛性이네요!"라고 약간 감탄하시는 느낌을 제가 읽었습니다. 저는 부처님 복으로 태어났고, 저희 집안에 7대조 할아버지가 병든 사람을 많이 고쳐주고 나라에 좋은 일을 많이 하신 것 같다, 그 할아버지 공덕으로 부처님 복을 타고났다고 하십니다. 근데 이런 말씀도 덧붙이셨습니다.
"부처님 복을 타고났는데, 그 문을 열기가 몹시 어렵죠? 문을 열려면 인간 고행 두 개와 재물 고행도 조금 겪고 지나가면, 그다음에 부처님 문이 열리는데. 언제 열리냐 하면… 말년운에 열려요. 재작년부터 서서히 들어오기 시작해서 앞으로 20년 아주 대길한 운이 들어와요. 2024년에서 2025년 넘어가는 무렵에 아주 큰 문서가 들어올 겁니다."

귀 관상에서 수명도 말씀해주십니다. 이어서 눈을 응시하시며 이렇게 말씀하시는데, 제 영적인 능력을 정확히 짚어내신 분은 석우당 김재홍 선생님과 이

분이 유일합니다.
"눈이 정말로 맑아요. 예감이나 느낌이 맞아들어가지요? 무당이 보면 신이 있다고 하겠지만, 여기는 그런 종류가 전혀 아니고, 능력을 갖고 태어났어요. 영靈 능력이요. 재주로 갖고 태어난 거예요. 그러니 본인 머리에 떠오르는 대로, 느낌과 생각대로 하세요."

눈은 고쳐도 되지만(성형을 말씀하시는 듯), 제 경우 코에는 절대 손대면 안 된다고 하시네요. 코는 제 자체 운하고는 별 상관이 없지만, 저는 제 운이 자식한테로 내림이 되기 때문에 코를 고치면 자식에게로 가는 좋은 기운이 막혀버린다고 합니다. 나도 민효린 코처럼 코 성형 좀 할까 했는데, 눈 성형으로 바꿔야하나 봅니다.
마지막에 두세 번 강조하시는 것은, 성격에 아주 고쳐야 할 성질이 있다고 하시더군요. 너무 선한 기운만 크고 악한 게(독하고 강한 성깔을 표현하시는 것 같았습니다) 부족한데, "사업을 하려면 선한 것만으로는 할 수 없다."

증강현실 관상에서 받은 현타와 카페 안의 소음과 커피 향이 뒤섞이면서 약간 몽롱한 상태로 상담을 마무리했습니다. 그제야 다 식은 라떼를 드시면서, 이렇게 말씀하시네요.
"점집에 가서 들으면 뭐가 나쁘다 하기만

하고 끝나지요. 사람의 운은 아무리 나쁜 사주, 나쁜 관상을 타고나도 살아날 구녕이 있어요. 나는 그걸 가르쳐줘요."

그 '구녕'이 무척 신통하고, 무엇보다 천연 증강현실로 보여준 관상 데이터가 정말 놀라울 따름입니다.

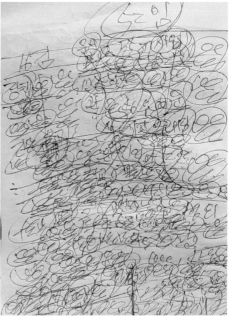

바닐라 젠의 코멘트

Vanilla Zen

얼굴에 새겨진 운명이 산스크리트어 글자로 겹쳐 보이는 특이한 영 능력의 소유자로, 이런 관상 관법은 처음입니다. 운명을 '읽는다'라고 우리가 관용적으로 쓰지만, 이 분은 진짜 '읽습니다.' 추천하신 분의 사례는 적중이 검증된 것이니 참고하시면 좋겠습니다.

- **명인** 목경 장광석
- **분야** 관상
- **위치** 대구광역시

- **상담** 약속 장소를 정해서 대면 상담
- **간명비** 5만 원

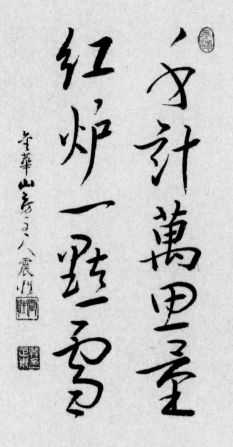

수천수만 헤아리고 생각하던 모든 것들

붉은 화로에 떨어진 흰 눈 한 송이

千計萬思量 紅爐一點雪

천계만사량 홍로일점설

서산대사 임종게臨終偈

무명無明의 기나긴 밤 속에서 어떻게든 살아갈 길을 찾아 우리는 점을 칩니다.

환幻 허깨비 속에서 환을 찾습니다. 무명장야無明長夜 그 밤도

우리가 꾸는 꿈이라는 것만 알면, 그 몽식夢識을 깨면, 점을 칠 근본부터 허물어집니다.

점占이 덧없는 점點이 되는 바로 이런 이치.

BONUS
PAGE

역술인 연락처

<주의 사항>
역술인 연락처를 촬영 후 무단 배포 시에는 법적 책임을 묻게 되니 절대 금지합니다.

부디 독자 여러분과 좋은 인연으로 맺어지는
연락처가 되기를 기도합니다.